D1752141

Freies Explorieren und Experimentieren

- eine Untersuchung zur selbstbestimmten Gewinnung von Erfahrungen mit physikalischen Phänomenen im Sachunterricht

Vom Fachbereich I (Erziehungs- und Sozialwissenschaften)
der Universität Hildesheim
zur Erlangung des Grades

einer Doktorin der Philosophie (Dr. phil.)

angenommene Dissertation

von
Hilde Köster

Hildesheim, im Juli 2006

Bibliografische Information Der Deutschen Bibliothek

Die Deutsche Bibliothek verzeichnet diese Publikation in der Deutschen
Nationalbibliografie; detaillierte bibliografische Daten sind im Internet über
http://dnb.ddb.de abrufbar.

©Copyright Logos Verlag Berlin 2006

2., unveränderte Auflage, 2018

Alle Rechte vorbehalten.

ISBN 978-3-8325-1348-1
ISBN-10: 3-8325-1348-5

Logos Verlag Berlin
Comeniushof, Gubener Str. 47,
10243 Berlin
Tel.: +49 030 42 85 10 90
Fax: +49 030 42 85 10 92
INTERNET: http://www.logos-verlag.de

Kurzfassung

Physikalische Inhalte werden im Sachunterricht kaum thematisiert. In einer Voruntersuchung wird nach Gründen für dieses Phänomen gesucht. Es stellt sich heraus, dass es vielfach persönliche Gründe der Lehrerinnen und Lehrer sind, die sich als ‚Lehrgrenzen' gegenüber physikalischen Inhalten charakterisieren lassen. Diese Lehrgrenzen werden zu ‚Lerngrenzen' für die Kinder.

Da Lehrerfortbildungen gegen dieses Problem zu wenig greifen und sich die Lehrgrenzen nur schwer überwinden lassen, richtet sich die Forschungsabsicht in erster Linie auf die Kinder: Untersucht wird, ob Grundschulkinder dazu in der Lage sind, Erfahrungen mit physikalischen Phänomenen auch selbstbestimmt und ohne die Anleitung zu gewinnen.

Voruntersuchungen liefern Hinweise darauf, dass Kinder im schulischen Rahmen dazu in der Lage sind, selbstbestimmt und selbstorganisiert Erfahrungen mit physikalischen Phänomenen zu erwerben. Außerdem werden erste Hinweise darauf gefunden, dass Kinder mit Vorerfahrungen auf einem Gebiet der Physik sich in Bezug auf ähnliche Phänomene systematischer und eher analysierend verhalten als ihre Mitschüler ohne diese Vorerfahrungen.

Die Hauptuntersuchung wird in zwei vierten Klassen durchgeführt. Die Kinder erhalten das Angebot, sich eine Experimentierecke im Klassenraum einzurichten. Um eine intrinsische Motivation zu ermöglichen, steht es ihnen frei, sich für dieses Vorhaben oder dagegen zu entscheiden.

Die Ergebnisse zeigen, dass die Kinder sich selbst ein physikalisches Erfahrungsfeld im Klassenraum schaffen und dieses produktiv und kreativ nutzen können. Sie organisieren sich weitgehend selbst, sind motiviert und erleben Flow. Ihre Leistungsbereitschaft erhöht sich und sie entwickeln Interessen. Die Kinder führen im Verlauf der Untersuchungen vielfältige Experimente durch, erwerben dabei grundlegende Erfahrungen, bilden eine wissenschaftsorientierte Haltung aus und erweitern ihre sozialen Kompetenzen.

Die Lehrerinnen gewinnen im Verlauf der Untersuchung eine positive Einstellung gegenüber dem Explorieren und Experimentieren.

Im Anschluss wird die Diskussion über das Konzept ‚Freies Explorieren und Experimentieren' (FEE) angeregt: Ist es möglich und sinnvoll, FEE einen Platz im Sachunterricht einzuräumen? Gibt es eine Kompatibilität mit den allgemein anerkannten Aufgaben und Zielen des Sachunterrichts?

Mit Abschluss der Untersuchungen öffnet sich gleichzeitig ein neues Forschungsfeld. Es werden daher Forschungsfragen und Thesen für eine mögliche Anschlussforschung aufgeworfen.

Einleitung 1

1 Problemanalyse: Physikalische Inhalte im Sachunterricht 7

   1.1 Aufschwung und Rückgang physikalischer,
   technischer und chemischer Inhalte im Sachunterricht 7

   1.2 Gründe für die geringe Aufnahme
   physikalischer Inhalte in den Sachunterricht 9

      1.2.1 Forschungsbefunde 9

      1.2.2 Eigene Untersuchungen zur Nichtaufnahme physikalischer
      Inhalte in den Sachunterricht 12

         1.2.2.1 Entwicklung der Interviewmethode
         ‚Kollegiales Gespräch' 12

         1.2.2.2 Probleme bei der Realisierung kollegialer Gespräche ... 16

      1.2.3 Ergebnisse der Voruntersuchung ‚Lehrgrenzen' 17

         1.2.3.1 Persönliche Grenzen (Ein Beispiel) 17

         1.2.3.2 Kompetenz 19

         1.2.3.3 Zeitmangel 20

         1.2.3.4 Finanzielle und organisatorische Grenzen 21

         1.2.3.5 Bildungsrelevanz 21

         1.2.3.6 Kindliches Interesse 22

         1.2.3.7 Mangelndes Zutrauen in die Fähigkeiten der Kinder 22

         1.2.3.8 Fehlende Kreativität bezüglich physikalischer Themen 23

         1.2.3.9 Fazit 24

      1.2.4 Entwicklung eines theoretischen Ansatzes: Lehrgrenzen 25

         1.2.4.1 Lehrgrenzen durch ‚Schullernen' 25

         1.2.4.2 Lehrgrenzen durch fehlende direkte Erfahrungen 27

   1.3 Folgen der Nichtrealisation physikalischer Inhalte
   im Sachunterricht 29

      1.3.1 Lehrgrenzen - Lerngrenzen 29

      1.3.2 Folgen für den Anfangsunterricht Physik 30

   1.4 Maßnahmen gegen die Nichtrealisation physikalischer Inhalte
   im Sachunterricht 31

   1.5 Zusammenfassung 34

2 Gegenstand und Fragestellungen der Arbeit 37

   2.1 Gegenstand 37

   2.2 Vorannahmen und Erwartungen 37

3 Selbstbestimmte Erfahrungsgewinnung
  mit physikalischen Phänomenen 43

3.1 **Zum Erfahrungsbegriff** **43**
    3.1.1 Wahrnehmung, Erfahrung und Erkenntnis
        aus der Sicht der Ästhetik 44
    3.1.2 Der Zusammenhang zwischen ästhetischer Erfahrung, Lehren
        und Lernen 49
    3.1.3 Implizites und bereichsspezifisches Wissen 51
    3.1.4 Fazit 55

3.2 **Zum Erwerb von Erfahrungen
mit physikalischen Phänomenen** **57**
    3.2.1 Angeborenes ‚physikalisches Wissen' und erste Erfahrungen . 57
    3.2.2 Neugier, Spiel und Exploration 59
        3.2.2.1 Neugier 59
        3.2.2.2 Spiel und Exploration 60
    3.2.3 Spielen und Explorieren im Sachunterricht 62

3.3 **Bedingungen für den weitgehend selbstständigen Erwerb
physikalischer Erfahrungen** **64**
    3.3.1 Selbstbestimmung 64
    3.3.2 Selbstorganisation 67
    3.3.3 Motivation 68

3.4 **Entwicklungsmöglichkeiten** **71**
    3.4.1 Flow-Erleben 71
    3.4.2 Leistungsbereitschaft 74
    3.4.3 Interesse 75

3.5 **Zusammenfassung und Konkretisierung der Fragestellung** **78**

4 **Empirische Untersuchungen** **81**

   4.1 **Methodologische Überlegungen** **81**
      4.1.1 Qualitative Methoden 81
      4.1.2 Teilnehmende Beobachtung 82
      4.1.3 Qualitatives Experiment 84

   4.2 **Anlage der Untersuchungen** **85**
      4.2.1 Zugang zum Feld 85
      4.2.2 Voruntersuchungen 85
      4.2.3 Hauptuntersuchung 86

   4.3 **Beobachtungs- und Auswertungsverfahren** **87**

   4.4 **Voruntersuchungen** **90**
      4.4.1 Forschungsleitende Fragestellungen 90
      4.4.2 Erste Voruntersuchung: Zum selbstständigen Umgang
          mit Literatur und Experiment 92
          4.4.2.1 Beobachtungen, Deutungen und Interpretationen 92

4.4.2.2 Ergebnisse 95
4.4.3 Zweite Voruntersuchung:
Zur Erkenntnisqualität von Erfahrungen 96
  4.4.3.1 Beobachtungen 98
  4.4.3.2 Deutungen und Interpretationen 100
  4.4.3.3 Ergebnisse 103
4.4.4 Dritte Voruntersuchung:
Verhaltensänderungen durch Erfahrungen 106
  4.4.4.1 Beobachtungen, Deutung und Interpretation
    – Optische Täuschungen 107
  4.4.4.2 Kontrollgruppenexperiment – Spiegelungen 108
  4.4.4.3 Auswertung der Protokolle und Beobachtungen 110
4.4.5 Erstes Phasenmodell der Erfahrungsgewinnung 114

**4.5 Zusammenfassung und Folgerungen
für die Gestaltung der Hauptuntersuchung 119**

4.6 Hauptuntersuchung 122
4.6.1 Komponenten der Untersuchung 123
  4.6.1.1 Lehrerinnen und Lehrer 123
  4.6.1.2 Experimentierecke 125
  4.6.1.3 Kinder 126
  4.6.1.4 Organisatorische Bedingungen 127
4.6.2 Beschreibung der Handlungsverläufe in den Klassen 128
  4.6.2.1 Klasse A 129
    4.6.2.1.1 Die Planungsphase 129
    4.6.2.1.2 Erste Erfahrungen und Experimente 131
    4.6.2.1.3 Erstes längerfristiges Experimentieren ... 134
    4.6.2.1.4 Erstes systematisches Experimentieren ... 136
    4.6.2.1.5 Entdeckungen von Randerscheinungen ... 137
    4.6.2.1.6 Explorieren und Experimentieren 139
    4.6.2.1.7 Forschen 140
  4.6.2.2 Klasse B 145
    4.6.2.2.1 Die Planungsphase 145
    4.6.2.2.2 Anlaufprobleme 146
    4.6.2.2.3 Explorieren und Experimentieren 147
    4.6.2.2.4 Planung und Durchführung einer Ausstellung ... 152

4.7 Ergebnisse 155
4.7.1 Nutzung der Bedingungen für den weitgehend selbstständigen
Erwerb physikalischer Erfahrungen durch die Kinder 155
  4.7.1.1 Selbstbestimmung 155
  4.7.1.2 Selbstorganisation 156
  4.7.1.3 Erfahrungsgewinnung 160
  4.7.1.4 Motivation 164
4.7.2 Entwicklung von Flow, Leistung und Interesse 166
  4.7.2.1 Flow-Erleben 166
  4.7.2.2 Leistungsbereitschaft 172

   4.7.2.3 Interesse 173
  4.7.3 Zur Rolle der Lehrerinnen 177
 4.8 Zusammenfassung 182

5 Theoriebildung 185

 5.1 Erweiterung des Modells der Erfahrungsgewinnung 185

 5.2 Begriffsbestimmung
  ‚Freies Explorieren und Experimentieren' 190

6 Diskussion: Verortung des Freien Explorierens und Experimentierens im Sachunterricht 193

 6.1 Kompatibilität zu Aufgaben und Zielen des Sachunterrichts ... 193

 6.2 Kompatibilität zum Unterricht 198

7 Ausblick: Forschungsfragen und Thesen für mögliche Anschlussforschungen 201

 7.1 Forschungsfragen und Thesen hinsichtlich der Kinder 201

 7.2 Forschungsfragen und Thesen hinsichtlich der Lehrerinnen
   und Lehrer 208

 7.3 Forschungsfragen hinsichtlich der Experimentierecke 211

 7.4 Forschungsfragen hinsichtlich der Schule 212

 7.5 Forschungsfragen hinsichtlich der Eltern bzw.
   Erziehungsberechtigten 212

8 Zusammenfassung 215

Literatur 219

Einleitung

„Experimente sind toll und spannend, davon lernt man viel.
Im Sachunterricht würde ich gerne mal Experimente machen."
(Alex, 8 Jahre)

Kinder sind neugierig und interessiert, wenn sie die Gelegenheit erhalten, Phänomene zu erforschen (vgl. Lück 2000). Bereits Vorschulkinder nehmen Angebote zum experimentellen Erforschen ausgiebig wahr (ebd., S. 176). Fragt man Grundschulkinder nach ihren Wünschen für den Sachunterricht, nennen sie häufig naturwissenschaftliche Themen und das Experimentieren (vgl. Hempel 2003, S. 167). Besonders das spielerische Explorieren, das Ausprobieren und Erforschen scheint ihnen ein echtes Bedürfnis zu sein. Unterricht, der sich physikalischen Themen widmet und Gelegenheit zum Experimentieren bietet, erfreut sich deshalb bei Kindern großer Beliebtheit. Diese eigenen Erfahrungen aus der Arbeit als Lehrerin werden durch die Ergebnisse der IGLU-Studie bestätigt: 80% der befragten Kinder bekunden ein starkes Interesse, Aufgeschlossenheit und Neugier an naturwissenschaftlichen Fragestellungen. Fast 60% geben an, sich auch im häuslichen Umfeld mit naturwissenschaftlichen Inhalten zu beschäftigen (Bos et al. 2003, S. 177; Prenzel 2003, S. 37).

Auch die Sachunterrichtslehrerinnen und -lehrer scheinen der IGLU-Studie zufolge den Naturwissenschaften gegenüber aufgeschlossen zu sein: Etwa 90% der befragten Lehrkräfte geben an, sich in ihrer eigenen Schulzeit für Biologie interessiert zu haben. Immerhin etwa 42% interessierten sich für Physik und 40% für Chemie. Zwar verliert sich dieses Interesse im Studium stark und sinkt für Physik auf rund 18% und für Chemie auf 15%, die Wertschätzung für die Naturwissenschaften bleibt aber allgemein auf einem sehr hohen Niveau. Etwas mehr als 90% der befragten Lehrkräfte gehen davon aus, dass die Naturwissenschaften auch für viele Fragen des Alltags wichtig sind (Bos et al. 2003, S. 179 ff.). Die Verfasser der IGLU-Studie betonen, dass „durchaus keine Aversionen gegen die Naturwissenschaften" (ebd., S. 180) zu verzeichnen sind.

Diese Ergebnisse legen die Vermutung nahe, dass eigentlich ‚alles in Ordnung' sein müsste: Sowohl die Kinder als auch die Lehrerinnen und Lehrer interessieren sich für die Naturwissenschaften oder messen ihnen zumindest eine große Bedeutung bei. Zudem zeigt die IGLU-Studie, dass die Leistungen der Grundschüler auf dem Gebiet der Naturwissenschaften den internationalen Vergleich nicht zu scheuen brauchen (ebd., S. 145 ff.).

In Kontrast dazu stehen die Ergebnisse aus anderen Untersuchungen: Einsiedler (1998) stellt fest, dass der Anteil physikalischer, chemischer und technischer Inhalte seit den 1970er Jahren kontinuierlich gesunken ist. Auch Strunck, Lück und Demuth kommen zu dem Ergebnis, dass naturwissenschaftliche Inhalte im Sachunterricht stark unterrepräsentiert sind (Strunck/ Lück/ Demuth 1998; Strunck 1998). Möller, Tenberge und Ziemann (1996) zeigen, dass es nur wenige Lehrerinnen und Lehrer gibt, die technische Inhalte in den Sachunterricht aufnehmen, und Blaseio (2004) weist nach, dass sich die gesellschaftswissenschaftlichen Inhalte in Schulbüchern für den Sachunterricht durchsetzen konnten, während die naturwissenschaftlichen Inhalte seit den 1970er Jahren in Schulbüchern immer weniger thematisiert worden sind (ebd., S. 328).

Aber auch im Rahmen der IGLU-Studie wird festgestellt, dass der Sachunterricht das naturwissenschaftliche Interesse und die Neugier der Kinder in dieser Altersstufe nicht in ausreichendem Maße zur Kompetenzentwicklung nutzt (Bos et al. 2003, S. 145 ff.) und dass „der Sachunterricht in der Grundschule selbst die Voraussetzungen für naturwissenschaftliches Verständnis noch wenig aufgreift." (ebd., S. 182)

Es liegt also eine Diskrepanz vor: Obwohl die Kinder ein starkes Interesse haben und die Lehrkräfte sich der Bedeutung der Naturwissenschaften für die Bildung bewusst sind, werden physikalische, chemische und technische Inhalte im Sachunterricht nur wenig thematisiert.

Die vorliegende Arbeit beschäftigt sich zunächst mit den Gründen für diese Diskrepanz: Was bewegt Lehrerinnen und Lehrer dazu, diese Inhalte weitgehend ‚außen vor' zu lassen?
Das zentrale Forschungsinteresse gilt aber den Kindern: Sind sie dazu in der Lage, sich auch ohne die Anleitung durch eine Lehrkraft physikalische Erfahrungsfelder zu eröffnen? Können sie sich erfolgreich selbstbestimmt und selbstorganisiert explorierend und experimentierend mit physikalischen Phänomenen auseinandersetzen?
Dabei kommen Fragen in den Blick, die bereits seit längerem diskutiert werden: „Wie bewältigen Kinder von sich aus Phänomene, die ihnen auffallen, wie bauen sie Wissen auf, gewinnen Erfahrungen, und wie versuchen sie schließlich, sich die Sachverhalte verstehend zu eigen zu machen?" (Köhnlein 1998, S. 9) Und: „Wie gehen Kinder (ohne Anleitung) beim Erkunden von Sachverhalten aus Natur und Technik vor [...]?" (Köhnlein/ Spreckelsen 1992, S. 165)

In drei Voruntersuchungen und einer Hauptuntersuchung wird diesen Fragen nachgegangen. Die Ergebnisse der als qualitative Forschungsexperimente konzipierten Studien münden in einem ‚Phasenmodell der Erfahrungsgewinnung beim Freien Explorieren und Experimentieren' und zeigen sowohl bei den Kindern als auch den Lehrkräften, dass es im Hinblick auf physikalische Inhalte noch weitgehend ungenutzte ‚Potenziale' gibt, die für den Sachunterricht fruchtbar gemacht werden könnten. Gleichzeitig wird ein Diskussionsbedarf deutlich: Ist das Freie Explorieren und Experimentieren als didaktische und methodische Komponente kompatibel mit den Aufgaben und Zielen des Sachunterrichts? Und ist es kompatibel mit dem, was unter dem Begriff ‚Unterricht' allgemein verstanden wird?

Aufbau der Arbeit

Die Gliederung der Arbeit ergibt sich in erster Linie aus der Entscheidung für ein Forschungsvorhaben, das sich auf qualitative methodische Zugänge zum Feld stützt und explorativen Charakter hat. Qualitative und explorative Forschung stellt die Hypothesenbildung der Forschung nicht voran, sondern entwickelt Fragestellungen, Hypothesen und Theorien aus den gewonnenen empirischen Daten. Glaser sieht die Aufgabe der „Entdeckung von Theorie aus Daten" (1973, S. 63) für soziologische Forschung als zentral an. Dennoch beginnt der Forschungsprozess „nicht als Tabula rasa. Ausgangspunkt ist vielmehr ein Vor-Verständnis des zu untersuchenden Gegenstandes bzw. Feldes." (Flick 2000, S. 60).

Die vorliegende Arbeit widmet sich dem Problem der zu geringen Aufnahme von physikalischen Inhalten im Sachunterricht, das in der didaktischen Diskussion seit langem bekannt, aber aktuell – auch in der Öffentlichkeit und Politik – wieder als äußerst dringlich wahrgenommen wird (Kapitel 1). Da Gründe für dieses Problem noch wenig erforscht sind, wird eine Voruntersuchung durchgeführt, um Motive der Lehrerinnen und Lehrer für die Nichtaufnahme physikalischer Inhalte im Sachunterricht zu finden (vgl. Kap. 1.2.3). Die Ergebnisse dieser Vorstudie bilden die Grundlage für das weitere Vorgehen.
In Kapitel 2 wird aufgrund dieser Ergebnisse die Fragestellung der Arbeit für die empirischen Untersuchungen entwickelt. Da keine realistische Möglichkeit gesehen wird, das geschilderte Problem durch traditionelle Maßnahmen (wie z.B. Lehrerfortbildungen) zu beheben, wird die Fragestellung zu einem Vorhaben weiterentwickelt, das geeignet ist, auf experimentell-explorative Weise einen neuen Weg zu prüfen, der nicht bei den Lehrkräften, sondern bei den Kindern ansetzt. Dazu werden Vorannahmen und Erwartungen dargelegt sowie Überlegungen zu den Möglichkeiten und Bedingungen beleuchtet. Den Kern bildet das Vorhaben, Grundschulkindern innerhalb schulischer Strukturen eine weitgehend selbstständige und selbstbestimmte Erfahrungsgewinnung mit physikalischen Phänomenen zu ermöglichen. Damit wird die ‚selbstbestimmte Erfahrungsgewinnung mit physikalischen Phänomenen' zum zentralen Gegenstand der Arbeit.

Als Voraussetzung für eine Studie dieses Zuschnitts wird eine theoretische Grundlegung zur Gewinnung eines Vorverständnisses von dem zu untersuchenden Gegenstand angesehen (Flick 2000, S. 60). In Kapitel 3 werden dem entsprechend die theoretischen Bedingungen für einen selbstbestimmten Erfahrungserwerb hinsichtlich physikalischer Phänomene analysiert und Überlegungen zu den sich daraus ergebenden Konsequenzen für die empirischen Untersuchungen angestellt.

Kapitel 4 enthält die Darstellung der empirischen Untersuchungen mit Deutungen und Interpretationen des beobachteten Verhaltens der Kinder.
Die Fragestellungen der Voruntersuchungen ergeben sich wiederum aus der qualitativen Herangehensweise an den Problemzusammenhang: Die Studien sollen Aufschluss darüber geben, ob Bedingungen, die als notwendig für das komplexe Vorhaben der Hauptuntersuchung (vgl. Kap. 4.6) angesehen werden, vorliegen oder ob an dieser Stelle bereits ein Abbruch, eine Veränderung des Vorhabens oder des methodischen Zuschnitts notwendig ist.

Aufgrund der Ergebnisse aus den Vorstudien (vgl. Kap. 4.4.5) wird das Forschungsvorhaben weiter konkretisiert und mündet schließlich in der Hauptuntersuchung (Kapitel 4.6). Diese wird in Form eines qualitativen Experiments in zwei vierten Klassen über einen Zeitraum von drei Monaten durchgeführt: Hierbei werden Bedingungen im Feld verändert, um Neues zu entdecken und Strukturen zu finden.

Die Ergebnisse der Voruntersuchungen sowie der Hauptuntersuchung fließen schließlich in das Modell der Phasen der Erfahrungsgewinnung sowie in eine theoretische und begriffliche Bestimmung des Konzepts ‚Freies Explorieren und Experimentieren' ein (Kapitel 5).

Ob und wie das ‚Freie Explorieren und Experimentieren' in den Sachunterricht passt oder welche Chancen sich für den Sachunterricht aus den Ergebnissen des Forschungsexperiments ergeben könnten, muss diskutiert werden. Diese Diskussion wird in Kapitel 6 angeregt.

Im siebten Kapitel wird ein Ausblick auf sich anschließende mögliche Forschungsfragen und Thesen gegeben. Vollständigkeit ist dabei nicht angestrebt, vielmehr werden beispielhaft Forschungslinien aufgezeigt.

Abschließend findet sich in Kapitel 8 ein zusammenfassender Rückblick auf die Arbeit.

Überblick:

Kapitel 1
Anlass der Untersuchung:
Problem des zu geringen Anteils
physikalischer Inhalte im Sachunterricht

Kapitel 2
Fragestellung der Arbeit:
Gegenstand, Vorannahmen und Erwartungen

Kapitel 3
Theoretische Grundlegung:
Theoriegeleitete Gewinnung eines Vorverständnisses von dem zu untersuchenden Gegenstand ‚Selbstbestimmte Gewinnung von Erfahrungen mit physikalischen Phänomenen'

Kapitel 4
Empirische Untersuchungen:
Methodologische Überlegungen (Feldforschung, teilnehmende Beobachtung, qualitatives Experiment), Beschreibung und Interpretation der Beobachtungen aus Voruntersuchungen und Hauptuntersuchung, Entwicklung eines Phasenmodells zur Erfahrungsgewinnung

Kapitel 5
**Theoretische Bestimmung des Konzepts
‚Freies Explorieren und Experimentieren (FEE)':**
Erweiterung des Phasenmodells der Erfahrungsgewinnung, theoretische Überlegungen und Begriffsbestimmung

Kapitel 6
Diskussion: Freies Explorieren und Experimentieren im Sachunterricht:
Überlegungen zur Komplementarität
zu den Aufgaben und Zielen des Sachunterrichts
und zur Komplementarität zum Unterricht

Kapitel 7
Ausblick: Forschungsfragen und Thesen für mögliche Anschlussforschung

Kapitel 8
Zusammenfassung

1 Problemanalyse: Physikalische Inhalte im Sachunterricht

1.1 Aufschwung und Rückgang physikalischer, technischer und chemischer Inhalte im Sachunterricht

Die Verabschiedung des Strukturplans für das Bildungswesen durch den Deutschen Bildungsrat 1970 markiert eine deutliche Wende, die die Ablösung des gesamtunterrichtlich geprägten Heimatkundeunterrichts und der volkstümlichen Bildung durch den wissenschaftsorientierten Sachunterricht nach sich zieht (vgl. Lauterbach 1992c; Rauterberg 2002, S. 11 ff.). Mit dem Hinweis auf die Fortschrittlichkeit amerikanischer Curricula, die verstärkt naturwissenschaftliche Inhalte und Verfahren aufnehmen, wird eine „prinzipiell wissenschaftliche Orientierung der Lerninhalte und Lernprozesse" (Deutscher Bildungsrat 1970, S. 123 f.) des Sachunterrichts gefordert. Im Zuge der Umsetzung dieser Forderung werden unterschiedliche Konzeptionen adaptiert und entworfen (vgl. Soostmeyer 1978, S. 30 ff.; Feige 2004). Die Schwerpunkte verlagern sich von heimatbezogenen, ganzheitlichen Inhalten zu naturwissenschaftlicher, fachorientierter Propädeutik. Der Anteil an naturwissenschaftlichen und technischen Themen im Sachunterricht nimmt stark zu. Nach einer Untersuchung von Schreier (1979), in der 279 Klassenbücher analysiert werden, steigt die Rate von etwa 1,4% in 1969 auf 20% in 1974. Einsiedler (1998) ermittelt durch Untersuchung von Arbeitsmappen eine Steigerung von 11% in 1969 auf 26% in 1974. In Nordrhein-Westfalen entsteht 1969 der neue Lehrplan, der eine Fülle von Vorschlägen für den fachorientierten naturwissenschaftlichen Unterricht enthält.

Die Lehrkräfte empfinden die hohen Anteile an fachbezogenem Lernen auch in anderen Bundesländern (wie z.B. in Bayern) schon sehr bald als Überforderung (Alt-Stutterheim et al., 1983; vgl. Schwedes 2001, S. 146). Bereits Mitte der 1970er Jahre sinkt der Anteil an physikalischen, chemischen und technischen Inhalten im Sachunterricht kontinuierlich wieder ab. Eine „Rücknahme der Reform und die Rückkehr der Heimat- und Sachkunde in die Lehrpläne" (Lauterbach 2005, S. 579) beginnt (vgl. Rauterberg 2002).
Ab Ende der 1970er Jahre wird die Wissenschaftsorientierung, die sich vornehmlich an den Fächern orientiert, auch in der didaktischen Literatur zunehmend wegen der zu geringen Berücksichtigung kindlicher Bedürfnisse und des Lebensweltbezugs kritisiert (vgl. Feige 2004, S. 35). Die naturwissenschaftlichen Inhalte werden als nicht kindgemäß, wenig erfahrungs- und situationsorientiert wahrgenommen. Diese Strömung zeichnet sich auch in den damals neuen Lehrplänen ab: Einsiedler verzeichnet eine Abnahme der naturwissenschaftlich-technischen Lehrplaninhalte auf 11% bis 1981 (Einsiedler 1998, S. 2). Eine Analyse der ‚zweiten Lehrplan-Generation' aus dem Zeitraum von 1979

bis 1997 zeigt, dass manche Lehrpläne nur wenige explizit physikalische Themenstellungen aufweisen. Bei den ‚potenziell' physikalischen Inhalten wie z.b. ‚Wetter', ‚Wasser' oder ‚Luft' werden physikalische Aspekte kaum berührt. Das Verhältnis von naturwissenschaftlichen zu gesellschaftswissenschaftlichen Inhalten wird mit durchschnittlich ca. 40% für den naturwissenschaftlichen Anteil im 1. und 2. Schuljahr und mit ca. 45% im 3. und 4. Schuljahr angegeben (vgl. ebd., S. 9 u. 13). Innerhalb des naturwissenschaftlichen Anteils nimmt die Biologie jeweils etwa 60 % ein (vg. ebd., S. 10 u. 14), die übrigen 40% verteilen sich auf physikalische, technische und chemische Inhalte. Eingeschränkt wird diese Aussage dadurch, dass es große Unterschiede in der Gewichtung der Bereiche in den einzelnen Länder-Curricula gibt und der durchschnittliche Wert noch wenig darüber aussagt, was tatsächlich explizit aufgeführt wird. So entstammen beispielsweise 23 der insgesamt 57 technischen Inhalte für die ersten beiden Jahrgangsstufen dem Lehrplan Baden-Württembergs (vgl. ebd., S. 10).

Einsiedler weist auch darauf hin, dass die Anteile der explizit in den Curricula aufgeführten Thematiken noch keinen Aufschluss darüber geben, ob und in welchem Maße diese auch tatsächlich im Unterricht realisiert werden (ebd. S. 16). Eine Untersuchung von Vollstädt et al. (1999) zeigt, dass ein Großteil der Lehrerinnen und Lehrer ihren Unterricht nur in sehr geringem Maße oder überhaupt nicht an Lehrplänen ausrichten.

Strunck (1998) überprüft Lehrpläne, Schulbücher, Fachzeitschriften und Klassenbücher bezüglich der Inhalte des Sachunterrichts. Seine Analyse aktueller Lehrpläne ergibt im Vergleich zu Plänen aus den 1970er Jahren (aus NRW und Schleswig-Holstein) einen ebenfalls deutlichen Rückgang chemikalischer und physikalischer Inhalte aus dem Sachunterricht und auch er kommt zu dem Schluss, dass in den 1970er Jahren die Bereiche ‚Phänomene der belebten Natur – Biologie' und ‚Phänomene der unbelebten Natur – Physik/ Chemie' etwa in gleichen Anteilen vertreten waren, dass sich dieses Verhältnis aber in der Folge zugunsten der Biologie veränderte (vgl. ebd., S. 35).

Struncks Sichtung verschiedener Unterrichtswerke aus den Jahren 1974–1996 und die Untersuchung einschlägiger Fachzeitschriften ergeben ein entsprechendes Bild der kontinuierlichen Abnahme von Themen aus diesen Bereichen (vgl. ebd., S. 31-38). Eintragungen in Klassenbüchern, die Strunck stichprobenartig sichtet, spiegeln diese Tendenz auch für den Unterricht wider. Zugleich wird ein Rückgang des kognitiven Anspruchsniveaus der verbliebenen Inhalte festgestellt.

Strunck kommt zu dem Ergebnis, dass für physikalische und chemische Anteile aktuell im Durchschnitt nur noch etwa 2% des gesamten Sachunterrichts zur Verfügung stehen, was „bestenfalls jeweils 90 Minuten pro Schuljahr" (ebd., S.

59) entspricht. Die untersuchten Klassenbücher lassen im Unterricht einen eher noch geringeren Anteil vermuten (vgl. ebd., S. 59).

Klassenbuchanalysen von Strunck, Lück und Demuth (1998) zeigen, dass es trotz eindeutiger Vorgaben in den Lehrplänen im Unterricht eine Eigendynamik zu geben scheint, die sich zugunsten des Anteils biologischer Themen im Unterricht auswirkt. Es wird auf den Zusammenhang hingewiesen, dass „je fachlich anspruchsvoller" die Themen sind, diese „um so weniger unterrichtet werden." (ebd., S. 5)

Blaseio (2004) zeigt für den naturwissenschaftlichen Anteil des Sachunterrichts einen Rückgang physikalischer und chemischer Inhalte sowie einen Überhang biologischer und geografischer Inhalte auch in neueren Lehrwerken für den Zeitraum von 1970 bis 2000 auf.[1]

1.2 Gründe für die geringe Aufnahme physikalischer Inhalte in den Sachunterricht

Naturwissenschaftlich-technische Inhalte werden im Sachunterricht nur selten thematisiert. Dabei scheinen Lehrplaninhalte eine eher nachgeordnete Rolle zu spielen, denn selbst wenn viele Inhalte ausgewiesen werden (wie es in Schleswig-Holstein z.B. bei der Untersuchung von Strunck, Lück und Demuth 1998 der Fall war), gibt es eine „Eigendynamik" (ebd., S. 24), die sich zugunsten biologischer Inhalte auswirkt.

Mit Konzentration auf den physikalischen Bereich wird im Folgenden versucht, einen Begründungszusammenhang für dieses Phänomen herzustellen.

1.2.1 Forschungsbefunde

Physik ist immer noch ein klassisch ‚männliches' Fach, Frauen wählen physikalische oder technische Fachgebiete selten zum Beruf (vgl. z.B. Hoffmann 1993; Richter 1996; Pawlak 2002, S. 8; Hannover 1992). Auch der Anteil an Lehrerinnen, die ein Studium des naturwissenschaftlichen Lernbereichs des Sachunterrichts absolvieren, ist gering (vgl. Landwehr 2002). Da es in der Grundschule in Deutschland mit ca. 86% aber vor allem Frauen sind, die unterrichten (Stat. Bundesamt 2005, S. 14; vgl. Terhart 2001; Sörensen/ Ramseger 1997, S. 101), könnte man annehmen, dass eine Vernachlässigung dieses The-

---

[1] Hier ist anzumerken, dass in den aktuellen Lehrwerken ab etwa 2002 wieder vermehrt naturwissenschaftlich-technische Inhalte aufgenommen werden. Allerdings weiß man noch nichts darüber, ob und in welchem Maße diese Inhalte auch Eingang in den Unterricht finden.

mengebiets durch den Überhang an Lehrerinnen begründet sein kann. Diese Vermutung wird gestützt durch Untersuchungen, die belegen, dass Lehrerinnen ein deutlich geringeres Interesse an naturwissenschaftlichen Themen haben als ihre männlichen Kollegen. So stellt Dengler (1995) fest, dass Frauen Physik „deutlich anstrengender, weniger interessant, weniger begeisternd, weniger positiv, weniger wichtig und weniger nützlich" (ebd., S. 62) finden als Männer. Möller et al. (1996) weisen auf den Zusammenhang hin, dass im Technikbereich die Interessen der Lehrerinnen weit geringer ausgeprägt sind als die der Lehrer (ebd., S. 26; vgl. Tenberge 1996, S. 181 ff.; vgl. Möller/ Tenberge 2001) und die Aufnahme technischer Inhalte auch davon abhängt, ob die Lehrerin oder der Lehrer ein Interesse daran hat.

Einsiedler (1998) vermutet einen Zusammenhang zwischen der explizit in den Lehrplänen angegebenen einschlägig naturwissenschaftlichen Themenvorschläge und dem Rückgang der Unterrichtsangebote auf diesem Gebiet. Er zeigt, dass die neueren Lehrpläne diesen Bereich weitgehend aussparen.

Ein weiterer Grund für die Nichtaufnahme physikalischer Inhalte könnte auch in der Ausbildungspraxis liegen. So war es in Nordrhein-Westfalen beispielsweise lange Zeit möglich, die Lehrbefähigung für das Fach Sachunterricht zu erwerben, ohne jemals eine Lehrveranstaltung des naturwissenschaftlichtechnischen Lernbereichs besucht zu haben. Die Zweiteilung des Studienfaches in Gesellschaftslehre und Naturwissenschaft/ Technik bewirkte, dass ein erheblicher Teil der Sachunterrichtslehrerinnen und -lehrer nur für einen Teilbereich des Unterrichtsfaches gründlich ausgebildet wurden.
Ein großer Teil der Sachunterrichtslehrerinnen und -lehrer ist für dieses Schulfach überhaupt nicht ausgebildet.
Untersuchungen zum Technikinteresse von Lehrerinnen (Möller 1993; Tenberge 1996) zeigen, dass Lehrkräfte, die in der Vorschul- und Schulzeit wenig Kontakt zu diesem Themenbereich hatten, wenig Technik-Erfahrungen während der Ausbildung sammeln konnten und kaum oder kein Interesse an Technik haben, keine technikbezogenen Themen in den Unterricht einbringen. Wegen der strukturellen und inhaltlichen Ähnlichkeiten beider Gebiete kann bei zu geringem Kontakt zur Physik oder bei mangelndem Interesse an diesem Fach vermutet werden, dass sich die Ergebnisse für den physikalischen Bereich ähnlich darstellen. Für den biologischen Bereich scheint es solche Hemmnisse dagegen nicht zu geben.

Auch gesellschaftliche Strömungen können dazu beitragen, dass naturwissenschaftliche Inhalte für den Unterricht abgelehnt werden. Bereits in den 1970er Jahren macht sich eine „anti-scientific attitude" (Köhnlein 1981) bemerkbar, die mit einer gesellschaftlichen Rückkehr zu konservativ-traditionellem, heimatkundlichem Gedankengut verbunden war und sich auch in den Lehrplänen für den Sachunterricht in einer Rücknahme naturwissenschaftlicher Inhalte bemerkbar machte (vgl. Kap. 1.1). Solche Strömungen können auch dazu führen, dass „viele sich mit Unwissen und Unverständnis in Physik rühmen und sogar noch stolz darauf sind. Man solidarisiert sich mit anderen, die auch nichts mit Physik am Hut haben, um ‚in' zu sein" (Dengler 1995, S. 6). Ein eindrucksvolles – und unter Naturwissenschaftlern stark kritisiertes Beispiel für diese Haltung – ist das Buch „Bildung" von Dietrich Schwanitz, der naturwissenschaftliche Kenntnisse als nicht zur Bildung zugehörig ansieht (vgl. Schwanitz 2000, S. 482). Dass Ernst Peter Fischer im Gegenzug ein Buch veröffentlichte, das ‚Die andere Bildung' tituliert wird und die Bedeutung der naturwissenschaftlichen Bildung hervorhebt, macht deutlich, dass das Problem der ‚zwei Kulturen' – der geisteswissenschaftlichen und der naturwissenschaftlichen, auf das C. P. Snow 1959 (Snow 1967) aufmerksam machte, auch aktuell noch nicht gelöst ist.

In der Literatur zum Problemfeld des naturwissenschaftlichen und technischen Unterrichts finden sich nur wenige Befunde darüber, welche Motive bei den Lehrerinnen und Lehrern für die Nichtrealisation physikalischer Inhalte im Sachunterricht vorliegen. Die Ergebnisse der Untersuchungen von Landwehr (2002), Möller (1993) und Möller et al. (1996; 2001) legen nahe, dass es oft die persönliche Einstellung der Lehrerinnen und Lehrer ist, die eine Vermeidungshaltung hervorruft. Außerdem wird auch in diesen Untersuchungen deutlich, dass Lehrerinnen ein geringeres Interesse an physikalischen und technischen Inhalten zeigen als ihre männlichen Kollegen.

Die genannten Studien detektieren also im Wesentlichen die Existenz einer Vermeidungshaltung. Subjektive Einschätzungen, emotionale und motivationale Beweggründe für die Nichtrealisation physikalischer Inhalte bei Lehrkräften sind bisher außer bei Landwehr (2002) und Möller und Tenberge für den Bereich der Technik (2001) noch wenig beleuchtet. Zur Klärung der Gründe für eine Vermeidungshaltung sind diese aber zentral (vgl. Möller/ Tenberge 2001, S. 103). In einer stichprobenartigen Voruntersuchung wurde im Rahmen der vorliegenden Arbeit deshalb nach den persönlichen Motiven der Lehrerinnen und Lehrer für die Vermeidung physikalischer Inhalte geforscht. Die Vorgehensweise sowie die Ergebnisse werden im folgenden Kapitel beschrieben.

1.2.2 Eigene Untersuchungen zur Nichtaufnahme physikalischer Inhalte in den Sachunterricht

Um Näheres über die persönlichen Gründe für die Vermeidung physikalischer Inhalte herauszufinden und subjektive Einschätzungen bei Lehrern und Lehrerinnen zu diesem Problem kennen zu lernen, wurden im Vorfeld der vorliegenden Arbeit Interviews in Form von ‚Kollegialen Gesprächen' (s.u.) mit 31 Grundschullehrerinnen und 3 Lehrern an sechs Grundschulen in Nordrhein-Westfalen, Niedersachsen und Hamburg sowie 5 Lehramtsanwärterinnen geführt. Im Wesentlichen wurden Fragen gestellt nach biografischen, emotionellen und motivationalen Hintergründen hinsichtlich physikalischer Inhalte (Erfahrungen mit und Einstellungen zum Fach Physik) und nach unterrichtsrelevanten Bezügen (Realisation physikalischer Inhalte im Unterricht, Einschätzung der Bildungsrelevanz, präferierte Unterrichtsformen).

1.2.2.1 Entwicklung der Interviewmethode ‚Kollegiales Gespräch'[2]

Während dieser Untersuchungen wurden zunächst die Interviewtechniken Leitfadeninterview und fragebogengestütztes Interview verwendet (vgl. Friebertshäuser 1997, S. 371 ff.).
Diese Interviewformen eigneten sich hinsichtlich relativ eingegrenzter Fragestellungen (z.B. „Interessieren Sie sich für Physik?", „Halten Sie physikalische Themenstellungen im Unterricht für wichtig?", „Thematisieren Sie physikalische Inhalte im Sachunterricht?", „Welche Gründe liegen vor, weshalb Sie physikalisch-technische Themenstellungen im Sachunterricht nicht/ selten anbieten?") und im Rahmen von Befragungen von Studierenden recht gut. Im schulischen Bereich kamen Zweifel an dem ‚Wert' der so gewonnenen Daten auf, da sich die Angaben von den mittels dieses Leitfadeninterviews befragten Lehrern und Lehrerinnen in 7 von 8 Fällen deutlich von denen unterschieden, die in vorangegangenen oder später geführten *Gesprächen* mit denselben Personen gemacht wurden. Es stellte sich heraus, dass sich standardisierte Erhebungsformen und solche, die die Befragten einer durch Aufnahmegeräte oder Fragebögen festgelegten und damit künstlichen Gesprächsführung aussetzen, offenbar andere Aussagen provozierten: Da die Fragen z.T. weit in Persönlichkeitsbereiche hineinreichten, schienen die erfolgten Selbstdarstellungen und Darstellungen des Unterrichts im Sinne eigener (theoretischer) Ansprüche oder einer vermuteten sozialen und pädagogischen Erwünschtheit zu erfolgen. So wurde von einer Lehrerin im Interview, das mit Hilfe eines Aufnahmegerätes

---

[2] Nicht zu verwechseln mit Methoden wie die Kollegiale Supervision, das Kollegiale Coaching, das Kollegiale Planungsgespräch oder das aus diesen Methoden entwickelte Kollegiale Evaluationsgespräch, die im Bereich der Beratung entwickelt worden sind (vgl. Schlee/ Mutzek 1996).

festgehalten wurde, gesagt, dass sie *"Physik eigentlich interessant"* finde und sich *"auch gerne mal mit technischen Dingen beschäftige"*. Im Gespräch am Rande einer Unterrichtsstunde etwa zwei Wochen später erzählte diese Lehrerin über ihre Abneigungen zum Fach Physik: *"Physik habe ich nie gemocht, konnte ich auch gar nicht. Erstens war unser Physiklehrer nicht in der Lage, uns etwas zu erklären, und zweitens ist die Materie zu trocken."*

Auffällig wurden diese Verhaltensweisen erst in von den Beteiligten als privat oder kollegial eingestuften Gesprächen, in denen – manchmal direkt im Anschluss an das Interview – im Vergleich zu den ‚offiziellen' Angaben widersprüchliche bis gegensätzliche Einschätzungen geäußert wurden. Immer erschienen die privaten Aussagen offener und persönlich bedeutsamer, da sowohl Erzählungen, Wertungen und auch die Sprache emotionaler und eindringlicher waren und Beispiele aus der Schulpraxis zur Unterstützung der Aussagen herangezogen wurden.

Im Laufe der Zeit stellte sich das kollegiale Gespräch als eine Form der Datengewinnung heraus, die zu differenzierteren und im Hinblick auf die Beweggründe für Vermeidungshaltungen aufschlussreicheren Aussagen führte: Sowohl biographische Angaben wie auch diejenigen über persönliche pädagogische Leitideen, berufliche Erfahrungen und Ängste sowie Handlungsformen und Strategien zur Bewältigung des Schulalltags wurden in den Gesprächen erwähnt, auch ohne dass danach explizit gefragt wurde.

Rückfragen wegen der Unterschiedlichkeit der Aussagen führten u.a. zu Aussagen wie: *"Na ja, wenn man sich so äußert, kann einem ja keiner was, aber wenn man so was schriftlich fixiert, kann man doch wohl auch belangt werden."* Nicht immer wurde so deutlich geantwortet, die Aussagen zielten jedoch meist in die gleiche Richtung: Die Festlegung der Äußerungen durch schriftliche oder mündliche Aufnahmeverfahren empfanden die Befragten als eher unangenehm. Sie fühlten sich dadurch offenbar angreifbar und meinten sich wohl durch Angaben, die sie von ‚offizieller Seite' oder vom pädagogischem Standpunkt aus gesehen als erwünscht einschätzten, gegen Kritik oder Angriffe schützen zu können.[3]

Girtler hat auf dieses Problem erheblicher Vorbehalte der Feldteilnehmerinnen und -teilnehmer gegenüber einem fremden Beobachter hingewiesen, die zu-

---

[3] Die Diskrepanz zwischen den Aussagen lässt eine Trennung zwischen beruflich-professioneller und privater Sicht vermuten. Aus professioneller Sicht wären physikalische Inhalte durchaus erwünscht – in diesem Sinne wird geantwortet. Dieses Ergebnis deckt sich auch mit den Erhebungen aus der IGLU-Studie (vgl. Bos et al. 2003) sowie den Ergebnissen von Möller/ Tenberge 2001). Aus privater Sicht scheint eine persönliche Abneigung gegenüber physikalischen Inhalten eher nicht als problematisch angesehen zu werden.

nächst überwunden werden müssen, um am „Insiderleben" (ebd., S. 54, zit. nach Weitz 1994, S. 180 f.) teilnehmen zu können.

Die Interviewform ‚Kollegiales Gespräch' wurde nach einigen Erfahrungen mit oben genannten Interviewformen als methodische Form ausgearbeitet, um die persönliche Aufgeschlossenheit der Beteiligten für die Gewinnung relevanter Daten nutzen zu können.
Dabei flossen folgende Beobachtungen in die Entwicklung und Nutzung der neuen Methode ein: Während in einer *Be*fragung eine Körperhaltung eingenommen wird, die als relativ steif und von den Erwartungen des Interviewten auf die jeweilige Fragestellung geprägt erscheint, ist die Haltung im kollegialen Gespräch gerade dadurch gekennzeichnet, dass eine entspannte Situation vorherrscht, in der der ‚Interviewer' oder die ‚Interviewerin' den Sorgen, Gedanken, Erinnerungen und Einschätzungen interessiert zuhört und durch seine/ ihre „Feldkompetenz" (Friebertshäuser 1997, S. 376) als ebenbürtiger Gesprächspartner bzw. Gesprächspartnerin anerkannt wird.[4]
Das kollegiale Gespräch ist also eine Interviewform, die sich zunächst nicht als solche zu erkennen gibt und gerade dadurch zu Erkenntnissen gelangen kann, die relevant sind für Forschungen, die sich der Komplexität der Schulwirklichkeit widmen. Es entwickelt sich aus einer aktuellen Situation heraus oder wird durch einen gegebenen Anlass angeregt. Auf gezielte Fragen, wie „Erzählen sie mir doch bitte einmal von ihren Erfahrungen mit […]", wird bewusst verzichtet, da diese ein hierarchisches Kommunikationsmuster zwischen den Gesprächspartnern erzeugen.

Wie beim ‚ero-epischen Gespräch' (Girtler 1995, S. 218 ff.) wird im kollegialen Gespräch nicht auf Suggestivfragen, Zwischenfragen oder Kommentare verzichtet, um durch diese Anregungen das Gespräch „in Gang zu halten und neue Erzählungen anzuregen" (Friebertshäuser 1997, S. 390). Anders als im ero-epischen Gespräch wird aber nicht in erster Linie die Fremdheit im Feld zur Generierung von Informationen oder Erzählungen genutzt, sondern mit Hilfe schulinterner ‚Termini' und Ausdrucksweisen die Nähe zur Schulkultur demonstriert und zur Informationsgewinnung eingesetzt.
Wie im narrativen Interview (vgl. Schütze 1983, S. 283 ff.) wird eine offene Erzählform angestrebt, die jedoch nicht in Phasen strukturiert wird, sondern sich nach den Erzählbedürfnissen der jeweiligen Partner richtet. Je nach Ver-

---

[4] Möglich wurde diese Form des Interviews dadurch, dass meine eigenen Erfahrungen als Grundschullehrerin einfließen konnten. Die hierdurch geschaffene Vertrauensbasis bewirkte, dass viele Interna bereitwillig erzählt wurden. Diese Haltung von Lehrerinnen und Lehrern wurde immer dann besonders deutlich, wenn wegen der Anwesenheit von Studenten oder anderer Personen (z.B. Eltern) auf diese Vertraulichkeit verzichtet wurde.

trautheit mit dem Gesprächspartner oder der -partnerin ergeben sich Möglichkeiten, weiterzufragen oder aber aufgrund der Reaktionen auf das Eindringen in die persönliche Sphäre zu verzichten. Das kollegiale Gespräch hat eine gewisse Nähe zum episodischen Interview (vgl. Flick 2000, S. 124 ff.), es wird jedoch nicht nur nach Episoden oder Situationen gefragt, sondern es geht ganz wesentlich auch darum, Informationen zu Haltungen und Einstellungen zum Fach Physik bzw. zu physikalischen Inhalten im (eigenen) Sachunterricht zu gewinnen.

Bei der Entwicklung des kollegialen Gesprächs als Interviewform kamen folgende Überlegungen und Erfahrungen zum Tragen: Um für die Untersuchung relevante Informationen zu erlangen, sollte das Gespräch über möglichst viele der folgenden Aspekte Aufschluss geben:

Biographische, emotionelle und motivationale Elemente:
- Welches private Interesse hat die Person an physikalisch-technischen Themen?
- Wie ist die Einstellung zum Fach Physik?
- Woher rühren positive und/ oder negative Erfahrungen?

Unterrichtsrelevante Elemente:
- Werden physikalische Inhalte im Unterricht realisiert? Wenn ja, welche?
- Wenn nein, welche Gründe werden für die Nichtrealisierung genannt?
- Wie wird das Interesse der Kinder an diesen Themenstellungen eingeschätzt?
- Wie wird die Bildungsrelevanz solcher Inhalte eingeschätzt?
- Welche methodischen Unterrichtsformen werden präferiert?

Nicht immer kann das Gespräch auf alle diese Fragen hin gelenkt werden, da der Zeitrahmen (im Anschluss an Unterrichtsstunden oder in der Pause) oftmals nur für kurze Gespräche ausreicht oder im Zusammenhang mit konkreten Unterrichtssituationen nur bestimmte Bereiche angesprochen werden. Da es jedoch in der vorliegenden Untersuchung nicht darum geht, Persönlichkeitsprofile zu erstellen oder Fragen zu einem eng definierten schulischen Problem[5] zu beantworten, sondern darum, einen möglichst umfassenden Eindruck auch von den persönlichen Gründen zu gewinnen, die zur Nichtrealisierung physikalischer Themen führen, werden alle Gespräche ausgewertet.

---

[5] Es handelt sich daher hier auch nicht um das so genannte ‚ExpertenInneninterview', in dem der oder die Befragte sich als Experte bzw. Expertin zu einem schulischen Problem äußert und als Privatperson nicht angesprochen wird (vgl. Meuser/Nagel 1991, S. 445 f.).

Die Auswertung der Gespräche erfolgt auf der Grundlage der Niederschrift bzw. des diktierten und später transkribierten Gespräches aus der Erinnerung (Feldnotizen).

Diese spezielle Interviewtechnik ist wegen der notwendigen beruflichen Nähe zu den Interviewten nicht von Personen durchführbar, die eine solche Anbindung nicht haben. Auch ist der ‚Ertrag' an Informationen davon abhängig, wie sich der Interviewer/ die Interviewerin auf die geschilderten Erfahrungen und Probleme gedanklich einlassen und diese nachvollziehen kann (Kenntnisse des beruflichen Umfeldes, Verständnis für das ‚charakteristische' Denken und Handeln innerhalb eines Berufsfeldes). Das Gespräch wird dann von beiden Parteien als eine Kommunikation ‚unter Gleichen' empfunden.

Der Kontakt zu den im kollegialen Gespräch ‚interviewten' Personen wird stets durch Bekanntheit (an der Schule oder im Bekanntenkreis) hergestellt. Obwohl in den kollegialen Gesprächen den ‚Interviewten' nicht jederzeit bewusst ist, dass sie mit einer Forscherin sprechen, ist doch allen zumindest prinzipiell klar, dass es ein Forschungsprojekt gibt, das exakt die besprochenen Fragen in den Fokus nimmt. Es wird also den Beteiligten nichts ‚verheimlicht', um an Insider-Informationen zu kommen, aber es wird im Gespräch in der Regel auch nicht mehr ausdrücklich darauf hingewiesen, dass die Informationen Forschungsrelevanz besitzen.

Kommentare oder Nachfragen stellen die sensitiven Punkte im Verlauf eines Gespräches dar. So kann beispielsweise die Nachfrage nach offenen Unterrichtsstrukturen bei der einen Lehrerin zu interessanten Erzählungen über Erfahrungen mit der Eigeninitiative der Kinder und bei dem anderen Lehrer zu einer Abwehrhaltung führen, die das Gespräch vorzeitig beendet.

1.2.2.2 Probleme bei der Realisierung kollegialer Gespräche

Das kollegiale Gespräch erfordert Übung: Eine dosierte Interessiertheit ist förderlich, eine als Anbiederung missverstehbare übermäßige Äußerung von Verständnis für bestimmte Probleme dagegen verfälscht unter Umständen das Ergebnis, da diese nun zu sehr betont werden. Offenheit für Alltagsprobleme regt den Erzählfluss an, das Bemühen um Vollständigkeit der Angaben (mit den oben genannten Fragestellungen im Hinterkopf) kann die Gesprächsführung plötzlich gekünstelt erscheinen und die Gespräche durch die Irritation des Gesprächspartners verebben lassen.

Bei der Datenerfassung und -sicherung ist keine Vollständigkeit erreichbar, da wesentliche Aussagen im Kopf gespeichert werden müssen und erst im Nachhinein fixiert werden können. Dennoch sind die Daten ungleich aufschlussreicher als in offiziell als Interview deklarierten Gesprächen. Mit einiger Übung ist es sehr gut möglich, Wortlaute und ganze Gesprächsteile zu erinnern.

Auch sind dem kollegialen Gespräch Grenzen hinsichtlich der Objektivität der Aussagen gesetzt, weil die gewonnenen Daten immer auch vor dem Hintergrund der eigenen Erfahrungen interpretiert werden. Die Bedeutung der Fähigkeit, sich in das Erzählte hineinzuversetzen, wird jedoch im Bereich der qualitativen Forschung immer wieder hervorgehoben (vgl. Mayring 1996, S. 53).

Das kollegiale Gespräch erfordert einen verantwortungsvollen Umgang mit den gewonnenen Daten (Anonymisierung), da diese im Vertrauen auf die kollegiale Verschwiegenheit geäußert werden.[6]
Es zeigen sich im Verlauf vieler Gespräche Ähnlichkeiten in den Äußerungen und Haltungen, die in der Zusammenschau ‚Muster' bilden. Durch ein Beispiel wird im Folgenden in die Problematik eingeleitet. Die weiteren Ergebnisse werden in Kategorien untergliedert zusammenfassend dargestellt.

1.2.3 Ergebnisse der Voruntersuchung ‚Lehrgrenzen'

In qualitativen Studien ist die Basis für Auswahlentscheidungen über weitere Schritte die „unmittelbare Interpretation erhobener Daten" (Flick 2000, S. 59). Diese Praxis der unmittelbaren Verknüpfung von Daten und Interpretation stellt sicher, dass der Forschungsprozess nicht weitergeführt wird, wenn die Datenlage bereits früh ein anderes Vorgehen nahe legt. Es werden daher z.B. nicht zuerst alle Interviews durchgeführt, um dann mit der Interpretation zu beginnen (vgl. ebd.). Diese Verfahrensweise ist typisch für explorative, qualitative Studien. Die Aussagen der in kollegialen Gesprächen gewonnenen Angaben werden daher im Zusammenhang mit der Verschriftlichung interpretiert, kategorisiert und zusammengefasst dargestellt, um die Entscheidung für das weitere Vorgehen transparent zu machen.

1.2.3.1 Persönliche Grenzen (Ein Beispiel)
Während eines Gesprächs berichtet die Klassenlehrerin eines vierten Schuljahres von der *„erstaunlichen"* Überwindung einer durch sie selbst gesetzten Grenze. Da sie (sehr engagiert und innovativen Lernformen gegenüber aufgeschlossen) keinerlei Interesse an den Inhalten des Fachs Physik hatte, war sie während der fast vierjährigen Schulzeit ihrer Klasse *„niemals"* auf den Gedanken gekommen, ein solches Thema für den Unterricht auszuwählen. Sie war auch davon ausgegangen, dass die Kinder ihrer Klasse ebenfalls kein Interesse

---

[6] Das Einverständnis zur Verwertung der gewonnenen Daten wurde im Anschluss an die Gespräche von den Teilnehmerinnen und Teilnehmern erteilt, da eine Anonymisierung zugesichert wurde. In der Erwartung, dass beispielsweise Missstände der Praxis durch die Forschungsarbeit ‚publik' gemacht würden und sich daraus eine Verbesserung der Bedingungen ergeben könnte, ergaben sich vielfach noch weitere aufschlussreiche Gespräche.

an diesen Themenstellungen zeigen würden, weil sie das Fach und seine Inhalte für *„schwierig, trocken und langweilig"* hielt.
Um dem Kind einer Bekannten einen Gefallen zu tun, kaufte sie ihm auf dem Flohmarkt dann einen Experimentierkasten für Versuche zur Elektrizität ab und nahm ihn mit in ihre Klasse. Der Kasten wurde von der Lehrerin ohne große Erwartungen in die Spielesammlung integriert.
Die Kinder hatten dieses neue ‚Spielzeug' jedoch sehr bald entdeckt und begannen in Freiarbeitsstunden mit großer Begeisterung damit zu arbeiten. Ohne unterrichtliche Planung lernten die Kinder in kürzester Zeit im spielerischen, experimentellen Umgang *„erstaunlich viel"* über Phänomene zur Elektrizität. Sie waren bald in der Lage, eine Klingelanlage für die Klassentür, ein Frühwarnsystem für etwaige Besucher, Weihnachtsbeleuchtungen und ähnliches mehr zu installieren. Da sie diese Arbeiten ganz ohne Unterstützung der Lehrerin in Freiarbeitsphasen des Unterrichts durchführten, fühlten sie sich bald als *„Experten"* sowohl für das Thema Elektrizität als auch für die Versuche des Experimentierkastens. Deshalb - und weil sie die Schule am Ende des Schuljahres verlassen würden - erstellten die Schülerinnen und Schüler für die ‚unwissende' Lehrerin eine ausführliche Gebrauchsanleitung und lieferten detaillierte Beschreibungen der wichtigsten Einzelteile. Auf diese Weise wollten sie sicherstellen, dass Reparaturen an den installierten Anlagen auch von der Lehrerin selbst durchgeführt werden konnten, denn sie vermuteten, dass diese Aufgaben für die ihnen in ihrem Klassenraum nachfolgende Schulanfänger-Klasse noch zu schwierig seien.
Dass dieses Lernen für die Kinder persönlich bedeutsam war, lässt sich an dem Engagement und daran erkennen, dass es ihnen wichtig war, ihre gewonnenen Erkenntnisse für die Lehrerin und die nachfolgenden Klassen sorgfältig zu dokumentieren und zu sichern.

Die Analyse des Gedächtnisprotokolls zeigt auf, wo die im Folgenden als *Lehrgrenzen* (vgl. Köster 2001) bezeichneten Schwellen dieser Lehrerin liegen: Sie ist an der Physik persönlich nicht interessiert, weil sie während ihrer eigenen Schulzeit eine *„fundierte Abneigung"* gegen die Physik entwickelt hat. Diese ist mit Vorstellungen verbunden, die den ‚typischen' Physikunterricht in der Oberstufe des Gymnasiums widerspiegeln: *„Viele undurchschaubare Formeln, wenige Experimente - irgendwo da vorn und immer das Gefühl, davon doch nichts verstehen zu können."*
Als weiteren Grund für die Vermeidung dieser Inhalte im Unterricht nennt sie ihre mangelnde fachliche Kompetenz. Sie verschweigt diesen Umstand offensichtlich auch den Kindern gegenüber nicht, da diese sich ganz bewusst dafür entscheiden, vorsorglich Maßnahmen zur Überbrückung dieser ‚Schwäche' ihrer Lehrerin zu treffen.

Ein weiteres Hindernis zur Überwindung ihrer Lehrgrenzen liegt in der mangelnden Reflexion: Die Lehrerin projiziert ihre eigenen Einstellungen gegenüber physikalischen Sachverhalten auf die Kinder, indem sie vermutet, dass diese ihre Einschätzung, Physik sei *„schwierig, trocken und langweilig",* teilen würden. Diese falsch verstandene Kindorientierung impliziert ein Bild von den Interessen und Vorlieben der Kinder, das nicht hinterfragt wird.

Dieses ausgewählte Beispiel zeigt Lehrgrenzen auf, die von vielen der befragten Lehrerinnen und Lehrer genannt oder durch Interpretation der Aussagen festgestellt werden können: Mangelndes Interesse, fehlende Kompetenz, fehlende Reflexion über die Bildungsrelevanz physikalischer Inhalte für die Kinder.
Die Ergebnisse der kollegialen Gespräche sind im Folgenden zusammengefasst. Die gewählten Kategorien spiegeln die in den Gesprächen meistgenannten Beweggründe für die Nichtaufnahme physikalischer Inhalte in den Sachunterricht wider.

1.2.3.2 Kompetenz
Die Ansicht, die eigene Kompetenz reiche für die Thematisierung physikalischer Inhalte nicht aus, ist einer der am häufigsten genannten Gründe dafür, diese Inhalte nicht in den Sachunterricht einzubeziehen (vgl. dazu auch Hoffmann 1993; zum Bereich Technik: Möller/ Tenberge 2001).
Manche Äußerungen deuten darauf hin, dass physikalische Inhalte häufig deshalb nicht in den Unterricht gebracht werden, weil die Lehrer und Lehrerinnen ihre eigenen ‚theoretischen' Ansprüche an guten, professionellen Unterricht so hoch ansetzen.[7]
Es wird in der Literatur vielfach darauf hingewiesen, dass die Vorstellungen von Studierenden und Lehrkräften darüber, wie Unterricht gestaltet wird, häufig durch die eigenen Schulerfahrungen (als Schülerin und Schüler) geprägt sind (vgl. Hartinger et al. 2004, S. 21). Hempel macht darauf aufmerksam, dass Studierende daher oft der Ansicht sind, dass den Schülern etwas ‚beigebracht' werden müsse. Sie setzen häufig das Lernen mit ‚Belehrt-Werden' gleich (Hempel 2001, S. 108 ff.). Wenn dies aufgrund von Kompetenzmängeln als nicht erfüllbar angesehen wird, kann auch dies dazu führen, dass die betreffenden Inhalte nicht in den Unterricht integriert werden.

Auf die Frage, ob sie Physik mit in den Unterricht einbeziehe, antwortet die Lehrerin einer 3. Klasse: *„Nein, ich trau' mir das mit der Physik nicht zu. Da-*

---

[7] Diese Ansprüche wurden und werden selbstverständlich in der Ausbildung und der didaktischen Literatur auch vermittelt (vgl. dazu beispielhaft Hartinger/ Fölling-Albers 2004; Möller/ Jonen/ Kleickmann 2004, S. 28; Schwedes 2001, S. 144 f.).

von hab' ich keine Ahnung, und ich kann bei Fragen der Kinder nicht ans Lexikon gehen und nachschauen. Das ist doch dort nicht zu finden. Deshalb mache ich das nie im Unterricht – es ist mir einfach zu gefährlich." Ein eindrucksvolles Beispiel, das auch für einige der gesammelten Aussagen stehen kann, bietet die Äußerung eines Lehrers aus der Untersuchung von Landwehr (2002): *„Ich meine auch die Sache selbst, die muss drin sein und zwar perfekt. So perfekt wie nötig. Also so umfassend wie möglich. Dass man selbst in der Sache drin ist. Man muss selbst in der Sache drinnen sein, meine ich, um da mal zu den Ursprüngen zu kommen und dann das die Kinder erfahren zu lassen [...]."* (ebd., S. 258) Es ist fast zwangsläufig, dass derart hohe Ansprüche die Aufnahme von Inhalten in den Sachunterricht dann verhindern, wenn für die eigene Einarbeitung ein großer Aufwand betrieben und eigene Lehrgrenzen überwunden werden müssen. In den Gesprächen wird immer wieder angeführt, dass die Inhalte deshalb nicht in den Unterricht aufgenommen werden, weil die Angst vor fachlichen Fragen der Kinder, die dann nicht sofort beantwortet werden können, zu groß ist.

Die Lehrerinnen und Lehrer können, wenn sie auf Unterrichtsinhalte angesprochen werden, kaum konkrete Inhalte nennen. Fragen nach technischen Inhalten werden oft mit Beschreibungen zu Bastelaufgaben beantwortet, die zum Teil dem technischen Bereich tatsächlich zuzuordnen sind, sich zum großen Teil allerdings auf die Schulung manueller Fähigkeiten (Schneiden, Falten, Kleben) beschränken. Als physikalische Inhalte werden als Themen vorwiegend der Stromkreis und der Magnetismus angeführt.
Es handelt sich also anscheinend sowohl um einen fachlichen Kompetenzmangel als auch um einen Mangel an Wissen darüber, welche Bereiche und Themen des Sachunterrichts konkret den Fächern zuzuordnen sind. Während das Erstere jedoch keine persönlichen Selbstzweifel erregt (es werden Antworten gegeben wie: *„...fällt mir im Moment nicht ein."*), wird der themen- und fachspezifische Kompetenzmangel eher im Sinne eines negativen bereichsspezifischen Selbstkonzepts erlebt. Gründe dafür lauten vielfach: *„Davon habe ich keine Ahnung." – „Das habe ich schon in der Schule nicht verstanden." – „In Physik war ich noch nie eine Leuchte."* .

1.2.3.3 Zeitmangel
Zeitknappheit durch stoffliche Überfrachtung des Stundenplans ist eine weitere oft genannte Begründung dafür, dass gerade diejenigen Bereiche wegfallen *„müssen"*, die zum Verständnis eine längerfristige Beschäftigung verlangen: *„Weil man da zu viel basteln muss, zu viel Material braucht und wir ja wohl wichtigere Dinge zu tun haben, wie z.B. die Rechtschreibung zu erlernen und eine Zahlenvorstellung zu entwickeln. Lesen, Schreiben und Rechnen müssen alle können, aber wer wird schon Physiker?"* (Klassenlehrerin, unterrichtet in

der eigenen 4. Klasse fachfremd Sachunterricht und nutzt nach eigenen Angaben die meiste Zeit dieses Fachs für *„wichtigere Dinge"*, auch weil der *„Ausländeranteil* (in ihrer Klasse) *hoch, das* (Leistungs-) *Niveau niedrig"* und *„das Sozialverhalten immer an der Grenze"* liege.

Es kommt zu Aussagen wie: *„Bei mir ist der Sachunterricht in diesem Schuljahr auf null 'runter gefahren – ebenso wie Textil. Dafür fehlt mir im Moment einfach die Zeit. Dafür machen wir jetzt mehr Sprache und Mathe, das ist bei den Kindern heute einfach wichtiger."*[8] (Klassenlehrerin einer 2. Klasse); *„Ich hatte ja fast keine Chance, richtigen Sachunterricht zu machen, weil ich so viele ausländische Kinder in der Klasse habe. Da kommt man zu nichts Anderem."* (Lehrerin ohne Ausbildung für den Sachunterricht, 3. Klasse); *„Sachunterricht geht bei mir immer im Sprachunterricht auf – Sachunterricht ist ja immer auch Sprachunterricht und da muss einfach viel mehr getan werden."* (Lehrer eines 2. Schuljahres);

„Ich hab' in diesem Halbjahr noch nichts mit Sachunterricht gemacht. Wir hatten das Miró-Projekt und dann noch das Theaterstück, und sowieso bin ich ja nur noch so wenige Stunden in meiner Klasse. Da bin ich froh, wenn ich auch mal 'was Anderes machen kann." (Lehrerin eines 4. Schuljahrs)

1.2.3.4 Finanzielle und organisatorische Grenzen

Als weitere Gründe für die Nichtrealisierung physikalischer oder technischer Inhalte werden finanzielle Engpässe, ungenügende räumliche und materielle Ausstattungen der Schulen angegeben (ganz ähnlich auch bei Möller et al. 1996 für das Fach Technik). In den meisten Fällen wurde darauf hingewiesen, dass die Anschaffung von Material in Klassensätzen (z.B. Batterien, Glühlämpchen, Taschenlampen, Spiegel, Bau- oder Experimentierkästen) heutzutage aus finanziellen Gründen nicht mehr möglich sei und der Unterricht aus diesem Grunde ausfällt.

1.2.3.5 Bildungsrelevanz

Die Angaben in den Gesprächen lassen vermuten, dass insbesondere die (eher seltene) Einschätzung, physikalische Inhalte seien für Grundschüler irrelevant, ein Nachdenken über das eigene Verhalten verhindert: Einschätzungen, wie dass *„man durchaus auch ohne Physik durchs Leben kommt"* (mehrfach so oder ähnlich formuliert), dass *„diese Thematik für Grundschüler noch keine große Relevanz"* hat (Studentin für das Lehramt Primarstufe, 7. Semester), sind

---

[8] Diese Einschätzung macht deutlich, dass die Problematik mangelnder Sprachkenntnisse bereits in der Grundschule dazu führt, dass ein unverhältnismäßig hoher Aufwand betrieben werden muss, um vorschulische Defizite aufzuholen. Es besteht jedoch die Gefahr, dass die Problematik der fehlenden Ausbildung durch stärkere Förderung der sprachlichen und mathematischen Fähigkeiten auf sachunterrichtliche und ästhetische Themenbereiche verlagert wird.

dabei regelmäßig auf die eigene Biographie bezogen: Wenn das eigene Leben zeigt, dass technische Geräte auch ohne physikalisches Hintergrundwissen bedient werden können und das Leben im Alltag nicht durch physikalisches (Schul-) Wissen bestimmt wird, dann scheint dies eine plausible Begründung dafür zu sein, dass physikalisch-technische Inhalte nicht als besonders bedeutsam für den Sachunterricht angesehen werden müssen.[9]

Die direkte Nachfrage, ob Physik, Technik und Chemie als bildungsrelevant für Grundschüler angesehen werden, ergibt jedoch in den meisten Fällen Antworten, die darauf schließen lassen, dass Reflexionen über die Bedeutsamkeit dieser Thematiken zu einem Umdenken führen können (vgl. dazu Landwehr 2002, S. 255). Die diesbezüglichen einsichtsvollen Argumente werden jedoch häufig durch verschiedene angefügte Begründungen für die Nicht-Aufnahme physikalisch-technischer und chemischer Inhalte in den Unterricht entkräftet.

1.2.3.6 Kindliches Interesse

Auf Nachfrage ergibt sich bei den meisten Lehrerinnen und Lehrern, dass das Interesse an physikalischen Inhalten bei den Kindern durchaus als vorhanden eingeschätzt wird. Eine Lehrerin erzählt im Verlauf des Gesprächs von Fragen der Kinder zu Solar- und Windanlagen, Umweltthemen und dem Wettergeschehen.

Mit Bezug darauf wird die Bereitschaft signalisiert, physikalische Themen in den Unterricht zu bringen, wenn bestimmte Bedingungen erfüllt wären: *„Vorgefertigte Unterrichtsbeispiele mit Erklärungen wären gut – oder am besten jemand, der das mit den Kindern macht – so wie bei der Ersten Hilfe, wo jemand in die Schule kommt und den Unterricht übernimmt."*

1.2.3.7 Mangelndes Zutrauen in die Fähigkeiten der Kinder

„Als ich für vier Wochen krankgeschrieben wurde, kam eine Vertretung in die Klasse, die den Kindern Sachen abforderte, die ich viel zu schwierig fand. Es war für mich klar, dass sie scheitern würden. Aber ich habe mich getäuscht. Die Kinder hatten gar nicht das Gefühl der Überforderung, sondern sogar noch Spaß dabei. Das war zuerst etwas hart für mich, weil ich glaubte, meine Kinder gut zu kennen. Aber ich hab' mich dann doch gefreut, und ich hab' mich gewundert, was sie schon alles können." (Klassenlehrerin, 3. Schuljahr).

Das Zitat weist auf eine Problematik hin, die besonders im dritten und vierten Grundschuljahr auftreten kann: Die Einschätzung der Fähigkeiten der Kinder

---

[9] Gründe für eine solche Auffassung finden sich bereits bei Wagenschein: Es handelt sich um eine Entfremdung von der Physik, als deren Gegenstand bei Befragung von Laien nicht mehr die Natur genannt wird, sondern drei Kennzeichnungen vorherrschen: *„Technik – Apparate – Formeln"* (Wagenschein 1976, S.22). Diese Begrifflichkeiten scheinen tatsächlich nicht mit dem Niveau der Grundschule vereinbar zu sein. Zu komplex, zu speziell und zu abstrakt erscheint Physik unter diesen Aspekten.

beruht häufig auf dem Bild, das sich die Lehrkraft in den ersten beiden Jahren von dem jeweiligen Kind gemacht hat. Die Anforderungen an das Kind werden – auch im Zuge der pädagogisch wohlgemeinten Differenzierung – an die (vermuteten) Fähigkeiten des Kindes angepasst. Auch dadurch kann es zu Unterschätzungen der Fähigkeiten der Kinder hinsichtlich komplexer Lernanforderungen kommen. Allgemein werden Leistungsmöglichkeiten von Grundschulkindern in Deutschland unterschätzt (Bos et al. 2003, S. 151; Stern 2002, S. 22; Schrempp/ Sodian 1999, S. 67 f.; Sodian 1995, S. 622 f.; GDSU: Perspektivrahmen Sachunterricht 2002; vgl. Helmke 1997). Die Folgen können Unterforderung, aber auch ein mangelndes Selbstkonzept bei den Kindern sein, das nicht ihrem Leistungsvermögen entspricht.

Drei Lehrerinnen geben an, dass ‚ihre' Kinder zu selbstständigem Lernen nicht fähig seien. Begründet wird diese Einschätzung unterschiedlich. So nennt eine Lehrerin die *„mangelnde Intelligenz meiner Dorfschulkinder"* als Grund, während andere darüber berichten, dass die Kinder ständig zu Leistungen *„angehalten"*, *„angespornt"* oder gar *„gezwungen"* werden müssen. Das mangelnde Vertrauen in die Leistungsbereitschaft der Kinder führt hier dazu, dass ein dichtes ‚Kontrollnetz' aufgebaut wird.

1.2.3.8 Fehlende Kreativität bezüglich physikalischer Themen

Insgesamt werden nur sehr wenige physikalische Themen genannt, wenn gefragt wird, welche physikalischen Inhalte im Sachunterricht schon einmal thematisiert wurden. Am häufigsten wird der elektrische Stromkreis (s.o.) erwähnt, der in der Regel in Verbindung mit dem Thema ‚Fahrrad' im Rahmen des Verkehrsunterrichts aufgegriffen wird. An zweiter Stelle steht der Magnetismus, wobei hier die Themenbereiche ‚Umgang mit dem Kompass' und ‚Welche Stoffe sind magnetisch' genannt werden. Die Inhalte Luft, Wasser und Wetter werden in der Regel nicht als physikalische Themen aufgefasst, erst auf Nachfrage wird die Behandlung der Themen im Unterricht in allen Fällen bejaht, jedoch ist festzustellen, dass hier selten tatsächlich die physikalischen Gehalte herausgearbeitet werden, sondern eher die Bedeutungen von Wasser, Luft und Wetter für die vitalen Bedürfnisse von Menschen, Tieren und Pflanzen.

Es ist auffällig, dass auch dann nur sehr sporadisch physikalische Inhalte im Unterricht realisiert werden, wenn es sich um Sachunterricht handelt, der durch seine Struktur zur Kategorie des reformorientierten, offenen Unterrichts gezählt werden kann, in dem erfahrungsgemäß öfter interessenorientiert gearbeitet wird. Hier fehlt es an Angeboten zu physikalischen Phänomenen und an Materialien zur Durchführung von Experimenten. Dort, wo die Schule über vielfältige Möglichkeiten zur Realisation physikalisch orientierten Unterrichts (Werkraum, Materialsammlungen, Computer) verfügt, werden als Gründe für die Nichtrealisierung häufig Zeitmangel, Lehrplanvorgaben und mangelnde eigene Kompetenz angegeben.

Die Frage nach dem Vorhandensein einer Experimentierecke oder eines Entdeckungstisches wird in allen Fällen mit ‚nein' beantwortet.

1.2.3.9 Fazit

Die Kollegialen Gespräche mit den Lehrerinnen und Lehrern ergeben, dass insgesamt nur sehr wenige physikalische Inhalte in den Sachunterricht aufgenommen werden.

Zeitknappheit, Raum- und Materialnot sowie finanzielle Gründe werden in der Regel dann als Vermeidungsgrund angegeben, wenn konkrete Themenbereiche beispielsweise aus der Elektrizitätslehre, Mechanik oder Optik angesprochen werden, die im Unterricht typischerweise den Einsatz spezieller technisch-physikalischer Materialien erfordern.

Weitere genannte Vermeidungsgründe, wie ein zu hoher Organisationsaufwand und zu große Klassen, müssen vermutlich im Zusammenhang gesehen werden, da der Organisationsaufwand für Schülerexperimente, insbesondere im traditionellen Unterricht, mit der Klassengröße ansteigt.

Die personengebundenen Lehrgrenzen
- ‚Abneigung gegen die Physik durch eigene schulische Erfahrungen',
- ‚mangelnde fachliche Kompetenz',
- ‚fehlendes Interesse'
- ‚negative Bewertung der Bedeutsamkeit für das Lernen der Kinder, für ihre Interessen'
- ‚negative Einschätzung der Bildungsrelevanz physikalischer Inhalte im Grundschulalter'

können als Hemmschwellen gegen die Thematisierung physikalischer Inhalte im Sachunterricht verstanden werden. Organisatorische Hinderungsgründe für die Aufnahme physikalischer Inhalte in den Sachunterricht, wie
- der Zeitmangel,
- finanzielle und schulorganisatorische Gründe

werden ebenfalls häufig genannt. Möller/ Tenberge und Ziemann (1996) konnten aber nachweisen, dass diese Begründungen für die Nichtrealisierung von technischen Inhalten im Sachunterricht nur selten von den Lehrerinnen und Lehrern angeführt wurden, die sich kompetent im Fach fühlen. Die Kollegialen Gespräche bestätigen im Wesentlichen dieses Ergebnis: Interessierte Lehrerinnen und Lehrer[10] klagen nicht über ‚äußere' Mängel. Sie gleichen finanzielle

---

[10] Von 34 ‚befragten' Personen können allerdings nur zwei als ‚physikinteressiert' bezeichnet werden, ein Lehrer und eine Lehrerin. Der Mann bekundet ein relativ all-

und organisatorische Defizite durch Kreativität sowohl bezüglich der Beschaffung notwendiger Materialien und Informationen als auch durch flexible Unterrichtsgestaltung aus.

Um eine Verbesserung der aktuellen Situation im Sachunterricht erreichen zu können, ist es daher m. E. vor allem notwendig, die personengebundenen Lehrgrenzen zu überwinden oder diese zu umgehen.

1.2.4 Entwicklung eines theoretischen Ansatzes: Lehrgrenzen

1.2.4.1 Lehrgrenzen durch ‚Schullernen'

Lehrgrenzen werden erst mit dem Eintritt in den Lehrerberuf wirksam. Dass sie jedoch bereits vorher angelegt werden, kann im Bereich der Ausbildung von Lehramtsstudierenden beobachtet werden.

Im Rahmen der vorliegenden Arbeit wurden Beispiele gesammelt, die auf potentielle Lehrgrenzen hinweisen.

Während der Schulzeit und im Studium bleibt häufig zu wenig Zeit für nicht unmittelbar auf das Fortkommen gerichtete, individuellen Bedürfnissen entgegenkommende Betätigungen. Aufenthalte in der Natur, musikalische Aktivitäten und Auseinandersetzungen mit der Kunst, mit historischen oder kulturellen Thematiken, mit physikalischen oder technischen Phänomenen kommen oft zu kurz. Werktätiges Handeln lernen Schüler und Studierende vielfach allenfalls noch in Verbindung mit Hobbys kennen. Der Mangel an elementaren außerschulischen Erfahrungen mit konkreten Gegenständen wird noch verstärkt durch das typische „Schullernen" (Rumpf 1986, S. 15): „Man kann 13 oder 18 Jahre als Schüler, als Student in unseren Bildungseinrichtungen hauptberuflich beschult, instruiert, ausgebildet werden, ohne jemals mit eigenen Händen, aus eigener Kraft, aufgrund der Erfahrungen der eigenen Sinne und der daran geknüpften Gedanken etwas Handgreifliches getan, gestaltet, hergestellt, begriffen zu haben." (Rumpf 1981, S. 173).

---

gemeines Interesse an Physik und Technik, die Frau interessiert sich nach eigenem Bekunden für Naturphänomene und das Fliegen. Sie ist Sportflugzeugpilotin; im Unterricht werden regelmäßig das Bauen von Fliegern, Drachen, Untersuchung von Flugeigenschaften, vielfältige Versuche zum Thema Luft und Wetter (Wolken) realisiert. Sie unterrichtet physikalische Themen auch mit Hilfe von CVK-Experimentierkästen. Eine weitere Lehrerin gibt an, sich für einen physikalischen Gegenstand, das Segeln, durch private Interessen hingezogen zu fühlen. Im Unterricht werden Schwimm- und Sinkversuche, Versuche zur Aerodynamik bei kleinen selbstgebauten Booten und Segeln durchgeführt sowie Wind- bzw. Himmelsrichtungen bestimmt.

Die folgenden Beispiele aus dem Studiengang Sachunterricht (Naturwissenschaft-Technik) sollen das besondere Problem des Schullernens und dessen mögliche Konsequenzen für den Sachunterricht verdeutlichen:

- Eine Studentin antwortet in einer Prüfungssituation auf die Frage, welche technische Anwendung einer Linse ihr bekannt sei, kompetent und prompt: *„Das Brennglas."* Dazu aufgefordert, einmal zu schildern, wohin man denn das Papier halten müsse, wenn man es mit dem Brennglas entzünden wolle, weiß die Studentin keine Antwort. Es ist ihr auch nicht bewusst, dass Sonnenstrahlen dazu nötig sind, die auf einen Punkt fokussiert werden müssen. Ihr Wissen ist reines ‚Buchwissen'. Sie hat mit Brenngläsern, Lupen oder Linsen keinerlei Erfahrungen gesammelt. Sie kann lehrbuchmäßige Zeichnungen von den Strahlengängen anfertigen, die Linsenformel aufschreiben, doch sie ist nicht in der Lage, die Lupe in ihrer Hand auch nur als ‚Brennglas' zu erkennen.

- In einer ähnlichen Situation zeichnet ein Student eine Konstruktionszeichnung der optischen Hebung korrekt auf und ist in der Lage, die Situation mittels Fachbegriffen zu erklären. Auf die Frage, welches ‚Medium' denn jeweils gemeint sei, weiß der Prüfling keine Antwort. Auch dass es sich bei seiner Zeichnung um ein Wasserbecken handelt, ist ihm nicht bewusst. Das Wort ‚Medium' ist für ihn nur eine leere Worthülse geblieben.

- Eine andere Studentin zeichnet den Strahlengang durch eine Sammellinse vorbildlich an die Tafel, hat aber keine Vorstellung davon, warum ein Dia auf dem Kopf stehend in den Diaprojektor gelegt wird.

Das ‚Schullernen' und die damit verbundene Vermittlung von sinnleerem Buchwissen, das die Lehrer und Lehrerinnen selbst in ihrer Schulzeit erfahren haben, kann zu einer Missdeutung führen: Das ‚Buchlernen' wird für das wahre und bedeutungsvolle Lernen gehalten, während direkte, tätige Erfahrungen lediglich als ‚Beiwerk' zum Unterricht angesehen werden, auf das man gerade unter Zeitdruck am ehesten verzichtet. In einem solchen Unterricht sitzen die Kinder überwiegend schreibend und lesend auf ihren Stühlen. Zwar wird mindestens seit der Zeit der Reformpädagogik immer wieder darauf hingewiesen, dass Erfahrungen an konkreten Gegenständen und Phänomenen zum Verständnis notwendig sind – diese Botschaft fließt in theoretischer Form auch in die Ausbildung von Lehramtsstudierenden immer wieder mit ein – dennoch scheint der Rückgriff auf die eigenen Schulerfahrungen fast immer näher zu liegen als auf das theoretisch erworbene pädagogische Wissen: „[…] es ist wie verhext, als ob Schule imprägniert ist gegen die Zumutung irgendwelcher manueller Auseinandersetzung mit Dingen. […] dies Tun scheint auf längere, ja schon auf mittlere Sicht dazu bestimmt, in dem Meer der Lektionen einer

Schulroutine unterzugehen, die vom Sitzen, vom Lesen, vom Umgang mit Papier und Stift bestimmt ist und nicht durch praktische Tätigkeit, durch jenes Tun, das eine handwerkliche Seite einschließt." (Schreier 2004, S. 68)

1.2.4.2 Lehrgrenzen durch fehlende direkte Erfahrungen
Ein Problem, das in den Kollegialen Gesprächen nicht zum Tragen kommt, jedoch in Seminaren für das Lehramt Primarstufe bzw. an Grund- Haupt- und Realschulen oftmals deutlich wird, ist das Fehlen von direkten Erfahrungen mit physikalischen Phänomenen und Experimenten, die zu Kompetenzgefühlen auf diesem Gebiet geführt hätten. Möller stellt fest, dass auch im Bereich Technik vor allem bei den weiblichen Lehrkräften ein Erfahrungsmangel vorliegt, der zu Hemmschwellen und geringem Vertrauen in die eigenen Kompetenzen führt (Möller 2003, S. 34). Sie berichtet über ein Fortbildungskonzept, das einen Schwerpunkt in der praktischen Auseinandersetzung mit technischen Inhalten setzt und das auf diese Weise positive Kompetenzerfahrungen ermöglichen soll (ebd.).

Obwohl es seit langem Bemühungen gibt, geschlechtsspezifische Rollenzuweisungen zu vermeiden, zeigen die Erkenntnisse aus der IGLU-E-Studie, dass auch heute im Bereich der Naturwissenschaften bereits im Grundschulalter deutliche Kompetenzunterschiede zwischen Mädchen und Jungen festzustellen sind (vgl. Prenzel 2003, S. 37 ff.): Ein Grund dafür mag sein, dass es nicht gelingt, eine ‚geschlechtsneutrale' Erziehung zu bewirken. Zu diesem nicht neuen Problem unterschiedlicher Kompetenzerfahrungen bei Jungen und Mädchen oder Männern und Frauen auf dem Gebiet der Physik und Technik, kommt hinzu, dass ein „Erfahrungswandel" (Köhnlein 1996, S. 54) stattgefunden hat, der Auswirkungen sowohl auf die Gestaltung des alltäglichen Lebens der Kinder hat wie auf Unterricht, der von veränderten situativen Begebenheiten ausgehen und veränderten Bedürfnissen der Kinder Rechnung tragen muss (Hempel 2003, S. 160). Renate Zimmer (1995) merkt an, dass Kinder in einer „mediatisierten, technisierten und motorisierten", in einer „körper- und leibfeindlichen" sowie in einer Welt voller „einseitiger Sinneserfahrungen" (ebd., S. 24) aufwachsen, die sich im Wesentlichen auf optische und akustische Reize beschränkt. Sowohl die zurzeit sehr beliebten Spielzeuge (wozu neben dem Gameboy auch Computer und Handy gerechnet werden müssen) als auch die von Kindern stark genutzten Medien (vor allem Fernseher und ebenfalls Computer) sprechen ausschließlich Seh- und Hörsinn an.
Auch dieses Phänomen ist nicht neu: Ilse Lichtenstein-Rother weist bereits 1954 auf einen wachsenden Mangel an Primärerfahrungen bei Kindern hin (zit. nach Lichtenstein-Rother 1969). Fölling-Albers beschäftigt sich seit den 1980er Jahren mit dem Phänomen der ‚Veränderten Kindheit' und erforscht die damit verbundenen Wandlungsprozesse (vgl. Fölling-Albers 2001, S. 10 ff.).

Bannach (2002, S. 64) macht darauf aufmerksam, dass bereits Mitte der 1980er Jahre in Kindheitsstudien ein zunehmender Mangel an Eigentätigkeit auch im außerschulischen Alltag nachgewiesen wurde. Die Veränderung der Lebensumstände werden z.b. mit der Verbreitung des Fernsehens ab den 1970er Jahren (vgl. Lukesch 1993, S. 484) und aktuell der neuen Medien (vgl. Lukesch 1997; Spitzer 2005), neuer Familienstrukturen (vgl. Nave-Herz 1994), veränderter Erziehungsziele (vgl. Preuss-Lausitz 1990), veränderter Spielgewohnheiten, Spielorte und Lernangebote (vgl. Fölling-Albers 2001, S. 24 ff.) begründet.

Lehrerinnen und Lehrer, die heute in die Schulen kommen, wurden in den 1980er Jahren geboren. Alle zukünftigen Lehrerinnen und Lehrer sind in einer Zeit ‚veränderter Kindheit' und damit – im Vergleich zu früheren Generationen – ‚veränderter Erfahrungen' aufgewachsen.

Die Folgerung ist, dass es heute nicht nur Kinder mit ‚veränderter' lebensweltlicher Erfahrung in den Schulen gibt, sondern ebenso und in zunehmenden Maße auch Lehrer und Lehrerinnen. Da Kindheit in der Regel aufgrund der eigenen Erfahrungen interpretiert wird (vgl. Fölling-Albers 1995, S. 16), muss man davon ausgehen, dass Lehrerinnen und Lehrer vielfach nicht mehr dazu in der Lage sind zu erkennen, ob und wo Erfahrungen und Vorwissen bei den Kindern fehlen. Die Aufgabe, im Bereich naturwissenschaftlicher Inhalte kompensatorisch zu wirken, die sich nach Möller heute aufgrund der Ergebnisse aus IGLU-E „stärker als bisher" (Möller 2004) stellt, kann dann kaum erfolgreich geleistet werden.

Wenn zusätzlich ein negatives bereichsspezifisches Selbstkonzept bezüglich der Physik vorliegt (was in vielen Fällen besonders die in der Grundschule überwiegend unterrichtenden Frauen betrifft; vgl. Möller ebd.), dann besteht außerdem die Gefahr einer Tradierung dieses negativen Bildes und/ oder eines Vermeidungsverhaltens, wenn diese Haltung den Kindern weitervermittelt wird, sei es bewusst oder unbewusst.[11]

---

[11] Meines Wissens ist noch nicht untersucht worden, welche Folgen eine solche Vorbildrolle bezüglich der Einstellung der Kinder gegenüber den Fächern haben kann. Auch die Äußerungen der Eltern und älteren Geschwister werden sicherlich bereits während der Grundschulzeit Erwartungen bzw. Einstellungen gegenüber den Fächern mit vorprägen (vgl. Köster 2003a).

1.3 Folgen der Nichtrealisation physikalischer Inhalte im Sachunterricht

1.3.1 Lehrgrenzen - Lerngrenzen

Die skizzierten Lehrgrenzen stellen in vielfältigen Situationen des Unterrichts Lerngrenzen für die Kinder dar. Das Vermeidungsverhalten der Lehrerinnen und Lehrer bezüglich physikalischer Inhalte führt dazu, dass Grundschulkindern der frühe Zugang zu diesen Themenbereichen in der Schule weitgehend verwehrt bleibt. Wenn die IGLU-Studie (vgl. Bos et al. 2003) dennoch zeigt, dass die Kinder im Grundschulalter auf dem Gebiet der Naturwissenschaften keine gravierenden Defizite aufweisen, dann muss dies wohl den außerschulischen Begegnungen mit diesen Inhalten durch die Förderung der Eltern oder durch Fernsehsendungen zu verdanken sein (Prenzel 2003, S. 37; vgl. Lück 2000, S. 51 ff.). Die Ergebnisse der IGLU-Studie weisen aber (wie bereits TIMSS und PISA) darauf hin, dass Kinder mit Migrationshintergrund aufgrund geringerer Unterstützung und Förderung im Elternhaus sich regelmäßig auf niedrigeren Kompetenzstufen bewegen, als ihre deutschen Mitschüler. Zudem zeigen die internationalen Vergleichsstudien, dass Mädchen, gerade im Bereich der Physik und Chemie aufgrund geringerer Vorfahrungen geringere Leistungen erbringen als die Jungen (vgl. Bos et al. 2003, S. 175 ff.; Prenzel 2003, S. 37). Die Verantwortung, dafür Sorge zu tragen, dass Kinder auch auf diesem Gebiet eine grundlegende Bildung erhalten, wird weitgehend den Eltern überlassen.

Zu bedenken ist in diesem Zusammenhang auch, dass gerade in der Kindheit Haltungen und Einstellungen gegenüber Themengebieten und bereichsspezifische Interessen ausgebildet werden (vgl. Prenzel et al. 2000, S. 24). Möller (1998) formuliert die Bedeutung früher Erfahrungen für das Fach Technik so: „Veränderungen im Verhältnis zur Technik lassen sich nur durch positive Erfahrungen erreichen. Der frühen Kindheit kommt deshalb eine besondere Bedeutung zu, weil Veränderungen nur zu erreichen sind, wenn Hemmschwellen gegenüber technischem Handeln und Denken noch nicht verfestigt sind." (ebd., S. 103)

Im Bereich der Mathematik konnte in der LOGIK-Studie nachgewiesen werden, dass das mathematische Können im Grundschulalter deutlich mit den Leistungen im 11. Schuljahr korreliert ist (Weinert 1998, Weinert/ Schneider 2001).

1.3.2 Folgen für den Anfangsunterricht Physik

Unter der Überschrift „An Vorkenntnisse aus dem Sachunterricht anknüpfen?" schreiben Berge und Duit (2000, S. 5): „Im naturwissenschaftlichen Bereich des Sachunterrichts der Grundschule sehen die Lehrpläne in relativ geringem Umfang auch physikalische Themen vor. Selbst wenn aber ein solches Thema wie z.b. Schwimmen und Sinken oder der einfache elektrische Stromkreis im Lehrplan steht, heißt das noch lange nicht, dass es auch wirklich unterrichtet wird: Es gibt nur wenige Sachunterricht-Lehrkräfte, die speziell für das Fach ausgebildet wurden, und wenn überhaupt, liegt der Schwerpunkt meist in der Biologie. Man muss also davon ausgehen, dass in der Grundschule nur selten eine physikalische Propädeutik stattfindet, an die man zu Beginn des Physikunterrichts in der Sekundarstufe I anknüpfen könnte."

Die Verfasser gehen davon aus, dass die Kinder in der Regel aus dem Sachunterricht kaum Erfahrungen[12] auf dem Gebiet der Physik mit in den Fachunterricht bringen.

Auch Köhnlein macht auf die Bedeutung von Erfahrungen mit physikalischen Phänomenen im Grundschulalter für die Sekundarstufe aufmerksam: „In der Sekundarstufe beginnen die Fächer mitunter wie Flüge in fremde Welten. Aber wo man fremd ist, versteht man nur wenig. Auch deshalb ist die Annäherung schon in der Grundschule erforderlich, sonst wird der Anfang der Fächer für die Schüler zu leicht ein blindes Tasten in einer fremden Sphäre." (Köhnlein 1991, S. 14)

In der Sachunterrichtsdidaktik herrscht weitgehend Einigkeit darüber, dass der Sachunterricht keine reine Fachpropädeutik darstellen soll, die die Kinder bereits im Grundschulalter in die Sichtweisen und Methoden des Faches einweist (vgl. Soostmeyer 1998, S. 62; Kaiser 1999, S. 146 ff.; Köhnlein 2000, S. 298; Kahlert 2001, S. 81; Bos et al. 2003, S. 149). Diese Art der Propädeutik ist aber vermutlich von oben genannten Autoren auch nicht gemeint, denn sie stellen auch für den Anfangsunterricht in der Sekundarstufe I fest, dass es „zunächst einmal um das Vertrautwerden mit Phänomenen und ihren Zusammenhängen mit anderen Phänomenen" geht, „Gesetzmäßigkeiten auf qualitativer Ebene" und dass „Formeln [...] in dieser frühen Phase nicht angebracht" (Berge/ Duit 2000, S. 5) sind.

Als Konsequenz aus der zu geringen Aufnahme physikalischer Inhalte in den Sachunterricht ergibt sich für den Anfangs(-fach)unterricht Physik eine Situati-

---

[12] Der Begriff der Vorerfahrung unterscheidet sich nicht vom Begriff der Erfahrung. Dennoch wird im Folgenden von Vorerfahrung gesprochen, wenn es sich um den typischerweise vorschulischen Erfahrungsbereich handelt.

on, in der die Schülerinnen und Schüler die Physik – häufig anhand didaktisch aufbereiteter Schulbücher und Lehrmittel – als ein Schulfach kennen lernen, das in weiten Teilen abgehoben von der Lebenswirklichkeit erscheint, dem keine unmittelbare Bedeutsamkeit für das alltägliche Leben zukommt. Gelernt wird dann oft an abstrakten Aufgabenstellungen oder in idealisierten Laborsituationen, die den Bezug zu Naturphänomenen, die über die eigenen Sinne wahrgenommen werden könnten, zu wenig herstellen. Ein wichtiges Ergebnis der curricularen Delphi-Studie zur physikalischen Bildung von Häußler et al. 1983 war es, dass der Physikunterricht „zu ineffektiv, zu sehr an der Systematik und zu wenig an der Lebensumwelt und den Erfahrungen der Schüler orientiert, unverständlich, abstrakt und in seiner Lebensbedeutsamkeit nicht erkennbar" (ebd., S. 21) sei. Es ist fraglich, ob die Aspekthaftigkeit und die besondere Sichtweise der Physik (vgl. Schlichting 1996; Wagenschein 1999, S. 40) gegenüber der Alltagsanschauung überhaupt verstanden werden kann, wenn diese als ‚Vergleichsschablone' nicht zur Verfügung steht. Fakt ist, dass es vielen Schülerinnen und Schülern in der Sekundarstufe schwer fällt, die physikalischen Inhalte zu verstehen. Da Verstehen des Neuen in der Regel durch das Vergleichen mit dem bereits Bekannten einhergeht, könnte es bei einem Mangel an Kontakten mit physikalischen Inhalten immerhin sein, dass dies ein Grund für Lernschwierigkeiten ist (vgl. Schäfer 1995, S. 110). Dies kann zumindest dann angenommen werden, wenn Analogien als Lernhilfen durch die Lehrkraft in den Unterricht eingebracht werden, wie dies vor allem bei der Einführung von Modellen der Fall ist. Grygier et al. (2004) sehen die Vertrautheit des Lernenden mit dem analogen Lernbereich als Grundvoraussetzung dafür an, dass aus dem Heranziehen einer Analogie ein Lernerfolg resultiert (ebd., S. 15).

1.4 Maßnahmen gegen die Nichtrealisation physikalischer Inhalte im Sachunterricht

Allgemein wird davon ausgegangen, dass der gegenwärtige Anteil physikalischer, chemischer und technischer Inhalte am Sachunterricht aktuell als zu gering eingestuft werden muss. Diese Situation wird in der sachunterrichtsdidaktischen Literatur bereits seit längerem als durchaus problematisch wahrgenommen (vgl. Strunck 1998, S. 23).

Auch aufgrund dieser Einschätzung entwickelte die Gesellschaft für Didaktik des Sachunterrichts (GDSU) den ‚Perspektivrahmen Sachunterricht', der (unter anderem) dem naturwissenschaftlichen und technischen Bereich zu mehr Geltung im Unterricht verhelfen soll (vgl. GDSU, 2002).

Neue Lehrpläne für den Sachunterricht (z.B. in Nordrhein-Westfalen, Berlin, Brandenburg, Mecklenburg Vorpommern, Baden Württemberg) orientieren sich am Perspektivrahmen Sachunterricht und räumen dem naturwissenschaft-

lichen und technischen Bereich aktuell ebenfalls wieder einen höheren Stellenwert ein. Auch in neuen Lehrwerken, die sich an die Lehrplaninhalte anschließen, finden sich wieder vermehrt physikalische, chemische, technische und handwerklich-praktische Inhalte (vgl. z.B. Drechsler-Köhler 2003; Köster 2003 a, b, c/ 2004 a, b).
Die Thematisierung physikalischer Phänomene und Methoden findet sich auch in einer Reihe neuerer Veröffentlichungen in Grundschulzeitschriften (z.b. Lauterbach 1999, Claussen 2003; Köster 2003c, Wodzinski 2004, Inderst 2004, Krüsmann 2004) und es gibt eine Reihe von Themenheften, die sich explizit mit physikalischen Inhalten oder mit dem Experimentieren befassen (z.b. Die Grundschulzeitschrift, Grundschule, Grundschulunterricht, Weltwissen Sachunterricht). An mehreren Hochschulen (Oldenburg, Münster, Hildesheim, Essen, Hamburg) wird an und mit Lernkisten zu physikalischen Inhalten gearbeitet, die Lehrerinnen und Lehrer im Unterricht verwenden können und zu deren Inhalten auch Fortbildungen angeboten werden.
Sowohl Zeitschriftenbeiträge als auch Lernkisten berücksichtigen Kompetenzdefizite der Lehrerinnen und Lehrer für die beschriebenen Inhalte oder Experimente und geben z.T. ausführliche fachliche Einführungen und Erläuterungen. Auch in der sachunterrichtsdidaktischen Fachliteratur werden Unterrichtshilfen und Arbeitsmaterialien zu Experimenten angeboten, die mit Hilfe von einfach zu beschaffenden Alltagsmaterialien durchgeführt werden können (umfangreich z.B. in Soostmeyer 2002). Es gibt jedoch kaum Erkenntnisse darüber, ob diese Angebote tatsächlich im Unterricht aufgegriffen werden (Hameyer 2000, S. 8).

Andere intervenierende Maßnahmen setzen direkt in der Schule an: Durch eine verbesserte Aus- und Fortbildung von Lehrerinnen und Lehrern sollen die Einstellungen gegenüber physikalischen, technischen und chemischen Inhalten verändert und Kompetenzen und Selbstkonzepte positiv beeinflusst werden (vgl. z.B. Tenberge 1996, S. 192; Landwehr 2002, S. 255 ff.).
Möller et al. folgern aus ihren Untersuchungen, dass „über anzusprechende private Interessen, erhöhte (theoretische wie praktische) Ausbildungserfahrungen sowie frustrationsfreie Veranstaltungsangebote" (1996, S. 75; vgl. Möller/ Tenberge 2001) sowohl in der Aus- als auch in der Weiterbildung Verbesserungen erzielt werden könnten.
Diese Lösungsansätze greifen aber nur, wenn die Zielgruppe erreichbar ist. Das ist z.B. dort schwierig, wo persönliche Lehrgrenzen schon die Teilnahme an Fortbildungen verhindern.

Wenn die Mehrzahl der Lehrerinnen und Lehrer die neuen Lehrpläne nicht lesen, wie Vollstädt et al. (1999) festgestellt haben, werden neue Inhalte nicht wahrgenommen. Auch neue Lehrbuchinhalte gelangen nur dann in den Horizont der Lehrerinnen und Lehrer, wenn diese Bücher gekauft und eingesetzt werden. Gerade im Bereich des Sachunterrichts werden neue Lehrmittel angesichts knapper Finanzmittel jedoch in immer geringerem Maße angeschafft als z.B. Lehrmittel für die Fächer Deutsch und Mathematik.

Hinsichtlich der Ausbildung ist problematisch, dass nur ein geringer Teil der Studierenden ein Studium im Bereich Sachunterricht absolviert und davon wiederum nur ein geringer Teil den naturwissenschaftlich-technischen Lernbereich als Schwerpunkt wählt. Daher bleiben die meisten Studierenden für Bemühungen, mehr physikalische oder technische Kompetenzen anzulegen, so gut wie unerreichbar.

Obwohl 54% der in der IGLU-Studie befragten Lehrerinnen und Lehrer angeben, dass sie sich Fortbildungen im naturwissenschaftlichen Bereich wünschen und sogar 72 % zu naturwissenschaftlichen Experimenten fortgebildet werden möchten (vgl. Bos et al. 2003, S. 46), werden einschlägige Fortbildungsveranstaltungen zu wenig in Anspruch genommen. Die Akzeptanz solcher Angebote ist nicht selten so gering, dass diese Veranstaltungen mangels Teilnehmerinnen und Teilnehmer abgesagt werden müssen. Drechsler und Gerlach (2001) wählten deshalb den Weg über schulinterne Lehrerfortbildungen, um die Adressaten zu erreichen. Die unter erheblichem Aufwand geplanten und durchgeführten Kurse bewirkten letztlich wenig: „Bedenklich war und ist jedoch, dass nur etwas mehr als ein Drittel der Fortbildungsteilnehmer fachliche Informationen zu den entsprechenden Themen erhalten wollte und sogar weniger als ein Drittel Basiswissen in diesem Bereich auf- bzw. ausbauen möchte." (Drechsler/ Gerlach 2001, S. 223)
Auch die Untersuchung von Zocher (2000) hinsichtlich des Fortbildungsansatzes ‚Workshop zum Entdeckenden Lernen' in der Lernwerkstatt an der TU Berlin ergibt trotz positiver Effekte, dass „der Workshop allein noch keine umfassende Veränderung im Denken und Handeln bewirkt." (ebd., S. 342)

Versuche, dem Problem über Lehrerfortbildungen beizukommen, scheitern, weil die Angebote nicht wahrgenommen (vgl. Möller et al. 1996) oder die Inhalte nicht in den Sachunterricht übernommen werden. Zudem muss befürchtet werden, dass die eigentliche Zielgruppe nicht erreicht wird: Möller et al. (1996, S. 54) weisen darauf hin, dass die Gruppe mit dem geringsten Interesse an Technik auch das geringste Interesse an entsprechenden Fortbildungen hat.
Fortbildungen tragen aber auch eine Problematik in sich: Van den Akker (1992, S. 311) weist darauf hin, dass sich traditionelle Fortbildungen, die in der

Art einmaliger ‚Workshops' konzipiert sind, oft als ineffektiv erweisen. Harlen macht mit Bezug auf Erfahrungen mit Fortbildungen in England und Wales darauf aufmerksam, dass es sich außerdem durchaus nachteilig auswirken kann, wenn Lehrer, die in einschlägigen Lehrerfortbildungsveranstaltungen erworbene Kenntnisse „zu verteilen beginnen und dabei die Erfahrungen der Kinder auf das einschränken, was sie, die Lehrer, zu wissen meinen." (Harlen 1992, S. 291)

Die Verbesserung der finanziellen und materiellen Ausstattung der Schulen würde sich sicherlich in manchen Bereichen als hilfreich erweisen[13]. Dass physik- oder technikinteressierte Lehrerinnen und Lehrer trotz mangelnder Ausstattung guten Unterricht realisieren (Möller et al. 1996, S. 49), lässt aber vermuten, dass auch die Forderung nach einer verbesserten Schulausstattung die wahren Gründe für die Nichtrealisierung technischer Inhalte zumindest teilweise nur kaschiert. Diese Annahme wird durch die Ergebnisse der Studie von Möller et al. (1996) gestützt, die zeigen, dass technikinteressierte Lehrkräfte weder einen Mangel an Fachräumen noch an Ausstattung beklagen, obwohl gerade sie solche Hilfsmittel vermutlich besonders intensiv nutzen könnten und würden (s.o.).

1.5 Zusammenfassung

Untersuchungen zur Situation des Sachunterrichts zeigen, dass der Anteil an naturwissenschaftlich-technischen Inhalten aktuell gering ist. Auch die Kollegialen Gespräche (s.o.) mit den Lehrerinnen und Lehrern ergeben, dass insgesamt nur sehr wenige physikalische Inhalte in den Sachunterricht aufgenommen werden.

Gründe dafür lassen sich vor allem in der Person der Lehrerin oder des Lehrers finden: Zwar werden neben geringer Kompetenz, geringem Interesse, negativen Einstellungen (oft aufgrund eigener negativer Schulerfahrungen mit dem Fach Physik) häufig auch äußere Faktoren wie Zeitknappheit, Raum- und Materialmangel sowie finanzielle Engpässe als Gründe für die Nicht-Aufnahme physikalischer Inhalte in den Sachunterricht genannt. Vielfach scheinen diese ‚äußeren' Gründe aber auch auf personengebundene Lehrgrenzen zurückführbar zu sein, da Lehrkräfte, die sich als kompetent empfinden oder ein Interesse an den Inhalten haben, trotz äußerer Engpässe naturwissenschaftlich-technischen Unterricht durchführen.

---

[13] Nach OECD-Untersuchungen (vgl. OECD 2002 und 2004) ist die finanzielle Ausstattung an Grundschulen in Deutschland sowohl im internationalen wie auch im Vergleich zu weiterführenden Schulen eher gering (vgl. Lankes et al. 2003, S. 32 f.).

Es ist wahrscheinlich, dass Lehrgrenzen der Lehrerinnen und Lehrer im Bereich physikalischer Inhalte für die Kinder *Lerngrenzen* bilden. Diese können oft nur dann zumindest teilweise überwunden werden, wenn im Elternhaus eine Förderung auf diesem Gebiet stattfindet oder die Kinder sich durch eigene Erfahrungen, durch Fernsehsendungen oder andere Medien mit diesen Inhalten beschäftigen.

Neue Lehrpläne werden in vielen Fällen nicht gelesen oder umgesetzt; Lehrerfortbildungsmaßnahmen erreichen oft diejenigen Lehrerinnen und Lehrer nicht, die eine Vermeidungshaltung aufgebaut haben, da gerade diese Lehrkräfte die Angebote nicht wahrnehmen.

2 Gegenstand und Fragestellungen der Arbeit

2.1 Gegenstand

Die Lehrgrenzen der Lehrerinnen und Lehrer bedingen ein Vermeidungsverhalten, das dazu führt, dass nur wenige Inhalte aus den Bereichen der Physik, Chemie und Technik im Sachunterricht thematisiert werden (vgl. Kap. 1.2.2). Diese Grenzen sind kaum zu überwinden, weil sie persönlicher Natur und einer professionellen Reflexion nur schwer zugänglich sind. Auf privater Ebene werden Kompetenzmängel und mangelndes Interesse zudem gerade im Bereich der Physik in der Regel nur selten als problematisch empfunden (vgl. Kap. 1.2.2).

Wenn eine derartige Vermeidungshaltung vorliegt, kann also eine Stärkung des physikalischen Lernbereichs im Sachunterrichts seitens der Lehrerinnen und Lehrer kaum erwartet werden.

Die Kinder hingegen haben ein ausgeprägtes Interesse an physikalischen Phänomenen und experimentieren gerne. Die vorliegenden Arbeit untersucht daher, ob sich diese Tatsache im Hinblick auf die Lösung des genannten Problems nutzbar machen lässt. In einer qualitativen Untersuchung soll überprüft werden, ob Kinder im Grundschulalter dazu in der Lage sind, sich weitgehend unabhängig von den Lehrgrenzen der Lehrerinnen und Lehrer *selbst* Zugänge zu physikalischen Inhalten zu verschaffen.

2.2 Vorannahmen und Erwartungen

Kinder sammeln auch ohne Anleitung, Anregung oder Belehrung durch Erwachsene beständig neue Erfahrungen und lernen vieles über ihre Lebenswirklichkeit[14]. Wagenschein führt zahlreiche Beispiele dafür an, dass dies auch für physikalische Phänomene[15] gilt (Wagenschein 1997). Es wird deshalb vermutet, dass es Kindern, wenn sie im Unterricht aufgrund der Lehrgrenzen einer Lehrkraft keine Gelegenheit dazu erhalten, gelingen kann, sich physikalischen

---

[14] Zum Begriff der Lebenswirklichkeit siehe Soostmeyer 1990, S. 224 f.; Im Vergleich dazu zum Begriff der Lebenswelt siehe Köhnlein 1990, S. 52.

[15] Murmann macht darauf aufmerksam, dass es „keine ‚naturwissenschaftlichen Phänomene', sondern lediglich naturwissenschaftliche Deutungen von Phänomenen" (www.widerstreit-sachunterricht.de/Ausgabe Nr.3/Oktober 2004) gibt. Dem schließe ich mich an und dies gilt auch für den Begriff ‚physikalische Phänomene'. Aus Gründen der Allgemeinverständlichkeit wird dieser Begriff dennoch hier verwendet, da ansonten in jedem Fall expliziert werden müsste, um welche Art von Phänomen es sich jeweils handelt. Gemeint sind natürliche oder experimentell hervorgebrachte Phänomene, die in der Regel aus der Perspektive der Physik betrachtet und analysiert werden. Die Begriffswahl ermöglicht eine einfache Abgrenzung gegenüber biologischen, chemischen, technischen oder auch sozialen Phänomenen.

Phänomenen dann im schulischen Rahmen eigenständig zu nähern, wenn entsprechende Freiräume zur Verfügung gestellt werden.

Die wichtigste Voraussetzung dafür, die Fähigkeit zum Erwerb von Erfahrungen, ist bei Kindern ebenso angelegt, wie diejenige zu lernen (vgl. Lauterbach 1992b, S. 154; vgl. dazu Spitzer 2003, S. 10 f.). Dass Grundschulkinder wissenschaftliche Verfahren, wie das Testen von Theorien und Hypothesen durch ein entsprechendes Training erlernen können, zeigen die Untersuchungen von Grygier et al. (2004, S. 7 ff.). Bei den untersuchten Viertklässlern konnten nach dem Trainingsunterricht auch inhaltsunabhängige Effekte auf das Verständnis der Methode des Experimentierens – und damit auf die Ausbildung eines übergeordneten Wissenschaftsverständnisses nachgewiesen werden. Allerdings wird hier (mit Hinweis auf Untersuchungen von Meylings (1990, 1997) und Mikelskis-Seifert (2002)) davon ausgegangen, dass ein erkenntnis- und wissenschaftstheoretisches Verständnis immer explizit gelehrt werden muss (Grygier et al. 2004, S. 8).

Wagenschein geht davon aus, dass Kinder bereits „von sich aus ‚wissenschaftsorientiert'" (Wagenschein 1997, S. 9) sind, wenn sie physikalische Phänomene bemerken und sich mit ihnen auseinandersetzen. „Der Weg, auf dem diese Kinder angetroffen wurden, ist nicht eine schon gebahnte Straße, auf welche man sie gesetzt hätte, damit sie ihr nun weiter folgten. Niemand brauchte sich zu überlegen, wie er diese Kinder motivieren, interessieren oder gar ‚begeistern' könnte. Nichts brauchte ihnen ‚nahegebracht' zu werden, es ging ihnen von selber nahe. Keiner hat sie ausgefragt. Sie haben etwas Befremdendes erlebt und haben sich dann selber fragen müssen, was hier ‚los' ist. Sie gehen über freies Feld; zwar sieht jedes nur seinen eigenen Weg, und doch ist zu erkennen, daß sie in lockerer Ordnung alle die gleiche Richtung wählen." (Wagenschein 1997, S. 12)

Trifft diese Beobachtung zu, müssten Kinder durch ein Angebot, das ihnen die Auseinandersetzung bzw. „Umgangserfahrungen" (Thiel 1997, S. 90) mit physikalischen Phänomenen ermöglicht, eine ‚Wissenschaftsorientierung' selbstständig ausprägen können.

Es gibt Beispiele dafür, dass Kinder bei Denkanstößen durch Lehrkräfte zu recht weitgreifenden Deutungen hinsichtlich physikalischer Phänomene gelangen können.

Soostmeyer (1998, 2002) macht in vielen Unterrichtsbeispielen deutlich, dass Kinder aufgrund weniger Impulse oder Hilfestellungen durch die sich sehr zurückhaltenden Lehrerinnen relativ eigenständig sachgebundene Überlegungen hinsichtlich eines physikalischen Sachverhalts anstellen, Ideen für Experimente

entwickeln, diese planen und durchführen, dabei Regelhaftigkeiten entdecken und Zusammenhänge herstellen können.
Thiel zeigt z.B., dass Kinder, die es gewohnt sind, zu physikalischen Erscheinungen frei zu sprechen, ihre Ideen ‚laufen' zu lassen und sich selbstbewusst und ohne Scheu zu äußern auch ohne die Hilfe oder das Eingreifen des Lehrers über weite Strecken allein sehr erfolgreich und sachgerecht argumentieren und diskutieren können (vgl. Thiel 1997, S. 90 ff.). Er leitete die Schülerinnen und Schüler auf ein Ziel hin, das er vor Augen hatte. Thiel konnte dies durch ‚dosierte Impulse' erreichen, weil er sich des fachlichen Hintergrunds und der möglichen Wege zum Verstehen des jeweils in Frage stehenden Phänomens bewusst war. Dieser fachphysikalische Hintergrund fehlt den meisten Lehrerinnen und Lehrern in der Grundschule, sodass ihnen eine solche Begleitung, die sich dadurch auszeichnet, dass eine Art ‚Schwebezustand' erhalten bleibt, in dem die Kinder eigene Ideen und Gedanken äußern und weiterverfolgen können und dennoch das angestrebte Ziel erreichen, kaum gelingen kann.
Was aber kann erwartet werden, wenn die Lehrkraft beim Erwerb von physikalischen Erfahrungen weitgehend ‚außen vor' bleibt? Können die Kinder dann selbstständig Erfahrungen und Wissen im Bereich physikalischer Phänomene erwerben?

Wagenschein schreibt, „daß Kinder, die man in Ruhe läßt oder vielmehr in ihrer Bewegung läßt, in ihrer Denkbewegung, von einem ‚Motivations-Potential' angetrieben sind, neben dem unsere Einfädelungsbemühungen (in die fertige Physik) verblassen. Ihr Denken will *ernsthaft* (durch eine *absonderliche Sache*) motiviert sein, genauso wie auch die Naturforschung selbst es wesentlich durch bohrende Beunruhigung zu etwas gebracht hat. Unterricht hat es nicht nötig, etwas zu verhindern, wenn er der Leidenschaft des Denkens Freiheit gibt." (ebd., S. 12)
Wagenschein zufolge ist auch Verstehen möglich. Er sagt: „Das physikalische Verstehen ist im Menschen wesensmäßig angelegt und ersteht in jedem Kinde neu und wieder, wenn es nur auf die rechte Weise zum Erwachen gebracht wird." (Wagenschein 1976, S. 130)

Entwicklungspsychologische Untersuchungen geben weitere Hinweise. So konnte gezeigt werden, dass Grundschulkinder dazu in der Lage sind, wissenschaftliche Herangehensweisen wie die Hypothesenprüfung strukturell zu durchschauen und zwischen dieser und der Evidenz einer Aussage zu unterscheiden (Sodian et al. 1991; Schrempp/ Sodian 1999, Bullock/ Ziegler 1999).
In Studien zum wissenschaftlichen Denken bei Kindern wird davon ausgegangen, dass wissenschaftliches Denken „theoriegeleitete Hypothesenprüfung in inhaltsreichen Wissensdomänen bedeutet" (Schrempp/ Sodian 1999, S. 68).

Mehrfach ist daher untersucht worden, ob Kinder Hypothesen bezüglich eines komplexen Sachverhalts aufstellen, überprüfen und die Ergebnisse richtig deuten können. In älteren Studien wurden dabei Aufgaben gestellt, die ‚neutralen' Inhaltsbereichen entstammten, in denen die Kinder kein Vorwissen hatten und die zur Lösung vielfältige Fähigkeiten erforderten. Die Ergebnisse dieser Untersuchungen deuteten darauf hin, dass erst Jugendliche in der Lage sind, wissenschaftlich zu denken (ebd., S. 68). In Untersuchungen mit einfacheren Aufgabentypen konnten Sodian, Zaitchik und Carey (1991) jedoch feststellen, dass bereits „junge Grundschulkinder über wesentliche Grundbegriffe wissenschaftlicher Rationalität verfügen." (Schrempp/ Sodian 1999, S. 68).
Schrempp und Sodian (1999) führten weitere Untersuchungen mit Kindern der 2. und 4. Jahrgangsstufe sowie mit Erwachsenen durch. Grundlage war eine Geschichte über einen Jungen, der es nicht schafft, ein Puzzle zusammen zu setzen. Dieses Beispiel wurde gewählt, um die Kinder – anders als in ähnlichen Studien – in einem Bereich zu testen, in dem sie über reichhaltiges Vorwissen verfügen. Die Probanden wurden dazu aufgefordert Hypothesen zu bilden und zu überlegen, wie sie diese testen könnten. Außerdem sollten ihre die Problemlösung begründen. Auch in dieser Studie konnte nachgewiesen werden, dass Kinder dazu in der Lage sind, im oben genannten Sinne wissenschaftlich zu denken (vgl. ebd., S. 74).

Der in diesen Studien verwendete Wissenschaftsbegriff ist in erster Linie auf ein metabegrifflich reflektiertes Denken, Handeln und Entscheiden gerichtet. Die Ergebnisse der Studie machen aber auch deutlich, dass Kinder vielfach intuitiv richtige Vermutungen aufstellen oder die gegebenen Informationen für die Problemlösung nutzen, ohne dass ihnen diese Handlungsweise bewusst wäre oder dass sie sie auch begründen könnten (vg. ebd., S. 69).
Nach den Ergebnissen der Studie kann „von einer grundsätzlichen Unangemessenheit der ‚Kind als Wissenschaftler'-Metapher keine Rede sein" (ebd., S. 76; vgl. Hasselhorn/ Mähler 1998, S. 83).

Obwohl sich Kinder bereits früh für Phänomene und Experimente interessieren (Lück 2000), ist aber auch bekannt, dass sie selbst diese „vorwiegend als Aktivitäten verstehen, die man durchführt, um etwas auszuprobieren (‚sehen, ob etwas funktioniert'), nicht um Theorien zu prüfen." (Sodian 1995, S. 653; vgl. Lauterbach 2001, S. 127)
Es ist jedoch auch nicht Ziel des Sachunterrichts, aus Kindern schon Wissenschaftler zu machen. Das vorrangige Ziel des Sachunterrichts, dem Kind bei der Erschließung und dem Verstehen von Welt und Wirklichkeit, in der es lebt, zu unterstützen (vgl. Kahlert 2002, S. 23; vgl. Köhnlein 2005) und eine Anschlussfähigkeit des Wissens an weiterführende Fächer sicherzustellen (vgl.

Kahlert 2005b, S. 47), verlangt noch keine Einführung in fachphysikalische Sichtweisen. Diese „besonders geartete Distanzierung des Menschen von der Natur" (Wagenschein 1976, S. 13), die durch ihren „Aspekt-Charakter" (ebd.) und durch das Bemühen um eine objektive Beschreibung von Naturphänomenen gekennzeichnet ist, gehört in den Bereich der Fächer. Im Sachunterricht soll dagegen die integrierte, ‚ungefächerte' Sichtweise des Kindes auf Natur und Umwelt berücksichtigt werden (vgl. Soostmeyer 2002, S. 58 ff.). Im Zusammenhang mit physikalischen Phänomenen geht es darum, Erfahrungen zu gewinnen, auf denen grundlegende Vorstellungen aufgebaut werden können (Köhnlein 1992, S. 157).
Auch Wagenschein und Thiel nennen das, was die Kinder (die sie beschreiben) tun und sagen, noch nicht Physik: „Die Explorationen der Kinder *sind* noch nicht Physik." (Wagenschein 1997, S. 12) Sie sind aber „bemerkenswert ähnlich [...] dem wissenschaftlichen Vorgehen" (ebd., S. 11). Die Kinder sind, wenn sie sich – auf spielerische Weise oder durch Staunen aufmerksam geworden – mit physikalischen Erscheinungen beschäftigen, „auf dem Wege zur Physik" (Wagenschein 1997).

Die sich auf Erfahrung und Beobachtung gründende Expertise Wagenscheins, Thiels und Soostmeyers, die auf eine ‚natürliche Wissenschaftsorientierung' hinweisen und die Ergebnisse aus den genannten Untersuchungen sind also durchaus ermutigend: Sie geben Grund zu der Annahme, dass es Kindern eigenständig gelingen kann, Erfahrungen mit physikalischen Phänomenen zu sammeln und womöglich sogar zu einem wissenschaftsorientierten Denken zu gelangen.

Wie steht es aber mit den schulischen Bedingungen? Werden die Kinder die notwendigen organisatorischen Schritte für den Aufbau eines Erfahrungsfeldes selbstständig unternehmen können?
Durch Untersuchungen zum offenen Unterricht ist bekannt, dass Kinder dazu in der Lage sind, in weiten Bereichen selbstbestimmt und eigenverantwortlich erfolgreich zu handeln und zu lernen (vgl. Peschel 2002a, b).
Nicht bekannt ist, ob eine Gruppe von Kindern (eine Klasse), die daran gewöhnt ist, im schulischen Umfeld sowohl auf Lernanforderungen durch die Lehrkräfte zu reagieren als auch eine für sie gestaltete Lernumgebung vorzufinden, in der Lage ist, die Voraussetzungen für den Erwerb von Erfahrungen mit physikalischen Phänomenen *selbst* zu schaffen. Außerdem ist nicht bekannt, ob dafür eine ausreichend ausdauernde Motivation bei den Kindern erwartet werden kann und ob bzw. auf welche Weise sie die Freiheit zur Selbstbestimmung nutzen können. Nicht zuletzt ist offen, welchen ‚Gewinn' sie aus

einer weitgehend selbstbestimmten Erfahrungsgewinnung mit physikalischen Phänomenen ziehen können.

Da bislang keine Untersuchungen vorliegen, die den selbstbestimmten Erwerb von Erfahrungen mit physikalischen Phänomenen im schulischen Umfeld betreffen, ist daher zunächst die Gesamtheit der komplexen Prozesse von Interesse, die sich unter diesen Bedingungen abzeichnet. Der Beobachtungsrahmen muss also weit gesteckt werden, um einen möglichst umfassenden Eindruck des Geschehens gewinnen zu können. Von Interesse sind das Verhalten bzw. die Verhaltensänderungen der Kinder: Was tun sie, wenn ihnen die Möglichkeit zu selbstbestimmter Erfahrungsgewinnung eröffnet wird? Sind sie dazu fähig, selbstständig Materialien zu beschaffen, mit diesen und mit Experimentierbüchern umzugehen, zu denen sie selbst (z.B. in Bibliotheken) Zugang haben? Welche Art der Erfahrungen sammeln sie ohne Instruktionen oder Impulse und wie gehen sie mit diesen Erfahrungen um? Wie reagieren sie auf die Zurückhaltung der Lehrerin? Schaffen sie es, eine eigene ‚Struktur' hinsichtlich der Gestaltung und Erhaltung einer Arbeitsatmosphäre aufzubauen, die es ihnen erlaubt, physikalische Phänomene zu beobachten und Experimente durchzuführen? Wie kommunizieren die Kinder miteinander? Welche Experimente bzw. Inhalte wählen sie aus oder erfinden sie? Bleibt die Beschäftigung auf einer spielerischen Ebene oder lassen sich Tendenzen einer Wissenschaftsorientierung feststellen? Setzen sie Vorwissen ein? Entwickeln sie ‚wissenschaftliche' Methoden wie z.B. das Vergleichen, Ordnen, Sammeln, Experimentieren usw. oder setzen sie diese ein?

Auch das Verhalten der Lehrerinnen ist von Interesse: Wie gehen sie mit dieser für sie neuen Situation um? Wie reagieren sie auf das Handeln der Kinder? Schaffen sie es, den Kindern die notwendigen Freiräume zuzugestehen? Haben die Aktivitäten der Kinder Einfluss auf ihre Vermeidungshaltung?

Grob umrissen ergibt sich also als zu untersuchender ‚Gegenstand' die selbstbestimmte Gewinnung von Erfahrungen mit physikalischen Phänomenen durch die Kinder im schulischen Rahmen.

Zur Gewinnung eines Vorverständnisses von dem zu untersuchenden Gegenstand soll im Folgenden zunächst der Erfahrungsbegriff diskutiert werden. Im Anschluss daran werden Theorien und empirische Arbeiten im Hinblick auf die Bedingungen analysiert, unter denen Kinder selbstständig und selbstbestimmt Erfahrungen gewinnen. Danach wird im Hinblick auf die eigenen Untersuchungen theoriegeleitet erörtert, welche Entwicklungsmöglichkeiten hinsichtlich des Interesses und der Leistungsmotivation zu erwarten sind, wenn Kinder unter diesen Bedingungen handeln können.

3 Selbstbestimmte Erfahrungsgewinnung mit physikalischen Phänomenen

3.1 Zum Erfahrungsbegriff

Erfahrungen sind für die Orientierung des Menschen in der Welt von lebensnotwendiger Bedeutung (vgl. Zimbardo/ Gerrig 2004, S. 108 ff.; Mönks/ Knoers 1996, S. 57 f.; Mietzel 1989, S. 92; Nickel/ Schmidt-Denter 1995, S. 69). Sie sind die Grundlage jeden Lernens oder werden selbst bereits als Lernen verstanden (vgl. Hüther 2004). Erfahrungen sind auch die Basis für Begriffsbildungen und Wissenserwerb. Auf den dadurch gewonnenen Informationen kann die intellektuelle Entwicklung erst aufbauen (Bruner 1971, S. 24). Erfahrungen und reflektive Prozesse basieren auf Wahrnehmungen (vgl. Hasse 1999, S. 54). Allen Wahrnehmungstheorien ist wiederum die Annahme gemeinsam, dass Vorerfahrungen notwendig sind, um wahrgenommene Reize einordnen, interpretieren und Vergleiche mit neuen Sachverhalten anstellen zu können (vgl. Zimbardo/ Gerrig 1999, S. 112 ff.).

Der Begriff der Erfahrung kann nicht scharf definiert werden. In unterschiedlichen Kontexten (Philosophie, Ästhetik, Erkenntnistheorie, Verhaltensbiologie, Neurobiologie, Pädagogik, Didaktik, ...) wird er unterschiedlich verwendet. Dewey (1988) sieht z.B. eine Erfahrung dann als „*eine* Erfahrung" (ebd., S. 47; vgl. Engler 1992, S. 203) an, wenn sie in sich abgeschlossen ist, d.h. wenn sie als in sich geschlossene „Einheit" (ebd., S. 49) vorliegt. Böhme beschreibt die Erfahrung als einen „Proß […], durch den der Mensch aus dem Umgang mit Dingen und Menschen Kenntnis über diese gewinnt" (Böhme 1979, S. 115). Schreier (1992) geht davon aus, dass die uns umgebende geschaffene Umwelt „eine Welt aus geronnener Erfahrung" (ebd., S. 47) anderer ist. Dabei ist Erfahrung „mehr als das irgendwie verarbeitete persönliche Erleben, sie geht über das hinaus, was mir selber widerfährt und begegnet, und sie umschließt die Erfahrungen aller Menschen, stellt eine Größe dar, in der meine eigene unmittelbare Erfahrung aufgehoben erscheint." (ebd.)

Aus der Sicht der evolutionären Erkenntnistheorie sind sowohl Wahrnehmungen als auch Erfahrungen den Erkenntnissen zuzurechen. Wahrnehmungen sind dieser Auffassung nach immer auch Interpretation von etwas: „Werden äußere Objekte auf unsere Peripherie bzw. auf unsere Sinnesorgane projiziert, so geht dabei im allgemeinen Information verloren. Die interne Rekonstruktion ist also zugleich ein Versuch, diese verlorene Information *hypothetisch* zurückzugewinnen." (Vollmer 1988, S. 129) Erkenntnis, so betont Vollmer an anderer Stelle, ist stets hypothetisch, jedoch ist nicht jede Hypothese gleich eine Erkenntnis. Er geht davon aus, dass eine Erkenntnis „formulierbar, mitteilbar und überprüfbar" sein muss (Vollmer 1998, S. 42).

Diese Vielfalt der sich aufeinander beziehenden Begriffe erfordert eine genauere Analyse: In welchem Verhältnis stehen Wahrnehmung, Erfahrung und Erkenntnis zueinander und wie können sie voneinander unterschieden werden? Obwohl die Begrifflichkeiten in der Literatur nicht einheitlich verwendet werden, wird doch in unterschiedlichen Kontexten häufig auf ein historisches oder philosophisches Begriffsverständnis verwiesen bzw. zur Abgrenzung des eigenen Verständnisses herangezogen. Hier ist als wesentliche Quelle die Ästhetik zu nennen, die sich bereits früh mit der Bestimmung dieser Begriffe auseinander setzte.

3.1.1 Wahrnehmung, Erfahrung und Erkenntnis aus der Sicht der Ästhetik

Der Begriff des Ästhetischen hat im Laufe der Zeit eine Wandlung erfahren, die eine Verkürzung gegenüber der Grundbedeutung darstellt. Wenn der Fremdwörterduden den Ästhetikbegriff als „Wissenschaft vom Schönen, Lehre von der Gesetzmäßigkeit und Harmonie in Natur u. Kunst" (1997, S. 89) definiert, so wird deutlich, dass die enge Verbindung mit der Kunst den Begriff des *Schönen* und den der *Harmonie* in den Vordergrund rückt. Das war nicht immer so. Die Grundbedeutung des Ästhetikbegriffes betonte vielmehr die sinnliche Wahrnehmungsfähigkeit des Menschen: „Aesthetic: Dieses Wort kommt aus dem Griechischen von αις??τι??, welches schmackbar bedeutet; da aber der Geschmack zu den untern sinnlichen Erkenntniskräften gehöret, so hat man die Bedeutung ausgedehnt, und versteht unter der Aesthetic eine Wissenschaft, welche von den untern Erkenntniskräften, oder von der sinnlichen Erkenntnis überhaupt handelt." (Johann Georg Walchs philosophisches Lexicon, Leipzig 1775, Spalte 83; zit. nach Schmitt 1987, S. 1)

Diese Begriffsbedeutung kann auf Aristoteles zurückgeführt werden. Während Platon dem Sinnlichen noch keinen Platz in der Philosophie zuweisen mag, sieht Aristoteles „das Denken [...] grundlegend an die Aisthesis zurück gebunden und gebraucht die Wahrnehmung denn auch geradezu als Modell seiner Explikation des Denkens." (Welsch 1987, S. 26)

Wahrnehmen ist für Aristoteles „unterscheidendes Erfassen von etwas in seiner Bestimmtheit" (ebd. S. 33) und damit eine Form des Erkennens. Indem er der Wahrnehmung Erkenntnischarakter zubilligt, zeigt Aristoteles seine Wertschätzung derselben an. Es handelt sich jedoch bei der Wahrnehmung um eine besondere Form des Erkennens, die sich nicht auf Gründe und Ursachen be-

zieht, sondern auf der Ebene der Erkenntnis von ‚Einzelnem', von den Erscheinungen selbst, von „Einzelgegebenheiten" (ebd., S. 33) verbleibt und nicht auf Allgemeines oder Generelles gerichtet ist. Diese Einschätzung markiert gleichzeitig die Grenze zum Logos, zum Wissen über das Allgemeine. Hier sieht Aristoteles eine ‚Erkenntnisschwäche' der Wahrnehmung. Im ersten Kapitel des ersten Buches der Metaphysik erläutert er, dass Wissen Gründe und Ursachen der Erscheinungen betrifft, während Wahrnehmung sich auf die Erscheinungen an sich bezieht: „Sie vermag nur das Daß zu konstatieren, nicht aber über das Warum Auskunft zu geben." (ebd., S. 33)
Den Sinnen schreibt Aristoteles jedoch lebenserhaltende Bedeutung zu: So beschreibt er den Tast- bzw. den Temperatursinn als notwendig, um dem Lebewesen die Reaktion auf lebensfeindliche Bedingungen zu ermöglichen (ebd., S. 69). Er beschränkt die Aisthesis jedoch nicht auf den ‚Vitalsinn' allein, sondern sieht auch hier den Sinn der Wahrnehmung im Erkennen.
Seine Bedeutungsmächtigkeit erhält die Aisthesis bei Aristoteles erst durch die herausragende Funktion des Wahrnehmungsvermögens selbst: Es wird als eine Fähigkeit charakterisiert, die ‚über' der der Wissensaneignung angesiedelt ist, da es nicht wie dieses zu Beginn inhaltsleer, sondern dadurch geprägt ist, dass es bereits von vornherein mit dem notwendigen ‚Wissen' um die Gegenstände und Inhalte der Erfahrung ausgestattet ist (vgl. ebd., S. 114).
Dieses nach der aristotelischen Vorstellung bereits vorhandene ästhetische ‚Vorwissen' liegt in der Organisationsstruktur der Sinne selbst begründet (ebd., S. 127), die gerade *das* zu erkennen im Stande sind, auf welches ihre Fähigkeiten jeweils ausgerichtet sind. Das ‚Vorwissen' ist also den Sinnen immanent (vgl. Bernard 1988, S. 63).

Für Alexander Gottlieb Baumgarten ist der Unterschied zwischen sinnlicher (aesthetischer) und kognitiver (logischer) Erkenntnis so bedeutsam, dass er in seiner Schrift ‚Aesthetica' (1750/ 1758) eine eigene ‚Wissenschaft der Ästhetik' begründet. Baumgarten sieht im rationalen Erkenntnisvermögen – ähnlich wie Aristoteles – die höhere Stufe der Erkenntnis, die durch Klarheit und Eindeutigkeit gekennzeichnet ist; das „untere Erkenntnisvermögen" (Baumgarten 1983, § 520) bezeichnet dagegen die Fähigkeit zur sinnlichen Erkenntnis, die zwar eine größere „Verworrenheit" (ebd., § 520) und „dunklere" (ebd., § 508) Vorstellungen aufweist, jedoch geeignet ist, der „Komplexität der Erscheinungen" (Schweizer 1983, S. XIII) gerecht zu werden.

Die Ästhetik ist als „Philosophie der Kunst" (ebd., S. VII) zwar sehr eng mit der Kunst und insbesondere mit der Poetik und Rhetorik verbunden, Baumgarten geht es aber in erster Linie darum, „das Eigenrecht der ‚sinnlichen Er-

kenntnis'" (ebd., S. VII) gegenüber der „streng rationale(n) Erkenntnis" (Baumgarten 1988, S. 7) hervorzuheben.
Sich an der ursprünglichen Bedeutung des Wortes ‚ästhetisch' als „die Empfindung und Wahrnehmung betreffend", „für die Sinne fassbar" (Schweizer 1988, S. VII) orientierend legt Baumgarten großen Wert auf Abgrenzung der Ästhetik von der Logik (in dem Sinne, wie Aristoteles sie als Wissenschaft begründete).

Die in der Ästhetikdiskussion berühmt gewordene Frage Baumgartens: „Was bedeutet Abstraktion anderes als einen Verlust?" (Baumgarten, zit. nach Paetzold 1983, S. XI) deutet das Engagement an, mit dem sich Baumgarten um die Gleichstellung der Ästhetik als Wissenschaft mit der Logik bemüht. Ihm erscheint die Logik, die „[…] nur den Verstand in seiner engern Bedeutung und die Vernunft" (Baumgarten 1983, S. 69) betreffe, lediglich als *eine* Seite des menschlichen Erkenntnisvermögens. Weil „wir weit mehrere Vermögen der Seelen besitzen, die zur Erkenntnis dienen, als die man bloß zum Verstande oder der Vernunft rechnen könne, so scheint […] die Logik mehr zu versprechen als sie halte, wenn sie unsere Erkenntnis überhaupt zu verbessern sich anheischig macht, und nachher nur mit der deutlichen Einsicht und deren Zurechtweisung beschäftigt ist." (ebd.)

Als „Wissenschaft der sinnlichen und lebhaften Erkenntnis" (ebd.), die gleichzeitig rezeptive und produktive Elemente berücksichtigt, versucht Baumgarten, die Ästhetik als Wissenschaft in einen weiten Rahmen zu stellen. Er versteht sie als ‚ästhetische Erfahrungskunst' (vgl. Paetzold 1983, S. 71), die sowohl die Sinnesphysiologie als auch die ‚experimentelle Physik' umfasst, „der Verbesserung sinnlicher Erkenntnis" (ebd. S. 72) dienen und die „Gesetze der sinnlichen und lebhaften Erkenntnis darstellen soll" (Baumgarten 1988, S. 86). Mit dieser Definition richtet sich der Blick auf die Fähigkeit des Menschen zu sinnlicher Erkenntnis. Baumgarten leitet aus der Tatsache, dass der Mensch eine solche Fähigkeit besitzt, die Forderung nach einer angemessenen Berücksichtigung und Förderung derselben ab. Die neue Wissenschaft wird dadurch gleichzeitig zu einer „Lehre" (ebd., § 62).

Baumgarten geht es dabei um die Ausbildung des „erfolgreichen Ästhetikers" (Baumgarten 1988, § 47), die bereits im Kindesalter beginnen soll: „[…] so führt […] auch der gleichsam angeborene erste Nachahmungstrieb dazu, daß das Kind, auch wenn es nicht weiß, daß es denkt, bereits ästhetisch geübt wird (ebd., § 54). […] Ferner wird das schöne Naturtalent auch dann geübt – und es übt sich offensichtlich schon selbst, auch wenn es nicht weiß, was es tut – wenn etwa ein Knabe plaudert und erzählt, wenn er spielt, vor allem, wenn er

Spiele erfindet und sich als kleiner Spielleiter erweist, wenn er, mit großem Ernst auf die Spiele mit den Kameraden konzentriert, zum Schwitzen kommt und hin und her mit allem möglichen beschäftigt ist: wenn er Dinge sieht, hört, liest, die er schön zu erkennen vermag, wenn nur dies […] dazu führt, daß ästhetische Übungen daraus entstehen." (Baumgarten 1988, S. 35).
Ästhetische Übungen im Sinne Baumgartens beginnen mit den Tätigkeiten, die den Kindern ureigen sind: mit dem Spiel und der Erfassung der Umwelt durch aktive Teilhabe daran. Sein Begriff der Ästhetik bezieht sich demgemäß zuerst auf die Wahrnehmung. Die Betonung des Schönen, um deren Erkenntnis es Baumgarten im weiteren Sinne geht (er verwendet in der 4. Auflage der ‚Aesthetica' den Zusatz „Wissenschaft des Schönen" (Baumgarten, zit. nach Schweizer 1983, S. XV)), zeigt jedoch, dass das eine für Baumgarten ohne das andere nicht denkbar ist: „Die Verbindung dieser beiden Aspekte: Ästhetik als Philosophie der sinnlichen Erkenntnis und als Philosophie der Kunst ist für Baumgarten selbst noch kein Problem. Er wechselt in der ‚Aesthetica' oft in gleitenden Übergängen ohne Markierung zwischen ihnen hin und her und bringt damit zum Ausdruck, daß für ihn der Erwerb der sinnlichen Erkenntnis selbst und ihr Ausdruck in der künstlerischen Gestaltung untrennbar verbunden sind" (Baumgarten, zit. nach Schweizer 1983, S. IX). Baumgarten markiert dagegen deutlich, wo seiner Meinung nach das ästhetische Empfinden beginnt und worauf es zielt: „Den Anfang macht die Kunst der Aufmerksamkeit […]." (Baumgarten 1983, S. 69) „Das Ziel der Ästhetik ist die Vollkommenheit (Vervollkommnung) der sinnlichen Erkenntnis als solcher. Damit ist aber die Schönheit gemeint." (Baumgarten, zit. nach Schweizer 1988, S. 11)
Baumgartens Auffassung von Ästhetik und ästhetischer Erkenntnis setzt also das explizite Denken nicht voraus. Das ästhetische Erkennen beginnt beim Kind schon dann, „wenn es nicht weiß, was es tut" (s.o., Baumgarten, zit. nach Schweizer 1988, S. 35), also im eigentlichen Sinne nicht über sein Tun reflektiert.

In der Diskussion um die Auffassung der Ästhetik bei Baumgarten erfährt der Begriff der Aisthesis nachfolgend unterschiedliche Ausschärfungen und wird einerseits als „grundlegende und orientierungsrelevante Weise von Einsichts- und Sinngewinnung" (Welsch), als „Klugheit" (Gehlen), als „weitgreifendere triftigere Einsicht und Erkenntnis" und „praktische Vernunft" (Kant) und als „affektive Wahrnehmung dessen, worauf es ankommt" (Weizsäcker, alle zit. nach Welsch 1987, S. 20) gesehen und andererseits als Wahrnehmung der Sinne (die 5 Sinne betreffend) beschrieben (ebd., S. 20).[16]

---

[16] Folgerichtig findet der Begriff des ‚Sinns' eine zweifache Ausdeutung: Sowohl die sensuelle Auffassung betreffend als auch „die Bedeutung, den Gedanken, das Allgemeine der Sache meinend." (Welsch 1987, S. 20) Als „sinnvolle Betrachtung" be-

Die Bestimmung des Ästhetikbegriffes führt insbesondere in der Philosophie und Kunst zu Kontroversen, die von einem umfassenden Begriffsverständnis bei Welsch (1990)[17] bis hin zu einem rein auf die Kunst bezogenen, von der Aisthesis getrennten Verständnis bei Bohrer (1993) und Seel (1997) reicht.[18] Auch Bemühungen, die als ‚ästhetische Stimmung' oder ‚Aisthesis' charakterisierte Wahrnehmungsfähigkeit aufzuspalten in die weiteren Bereiche ‚Empfinden' und ‚Wahrnehmung', lassen keine zufrieden stellende trennscharfe Definition zur Festlegung von Grenzen zwischen den beiden ‚Fähigkeiten' zu.

Aissen-Crewett (1998) versucht diese Differenzen im Hinblick auf die ästhetische Erziehung zu überbrücken. Sie entwickelt eine Begriffserweiterung, um sowohl der Eigenständigkeit als auch der Zusammengehörigkeit beider Aspekte Genüge zu tun und betont mit der Einführung des Begriffs der „ästhetisch-aisthetischen Erziehung" (ebd., S. 29) den Doppelsinn des Ästhetikbegriffes: „Dabei stehen der Bestandteil ‚ästhetische Erziehung' für die Erziehung in Bezug auf die *schönen Künste*; der Bestandteil ‚aisthetische Erziehung' für die *Sinne*, genauer für die *sinnliche Wahrnehmung und Erkenntnis.*" (ebd., S. 29). Aissen-Crewett geht davon aus, dass Ästhetik und Aisthesis in einem Wechselverhältnis zueinander stehen und nicht scharf trennbar sind (ebd. S. 24).

Eine besondere Kategorie ästhetischer Erfahrungen sind die *ästhetischen Erlebnisse* (vgl. Baumeister 1994). Der Begriff des Erlebnisses kann nicht eindeutig definiert, sondern nur umschrieben werden (vgl. Mörth/ Baum 2000, S. 21). Erlebnisse sind jedoch im Unterschied zur Erfahrung dadurch gekennzeichnet, dass sie plötzlicher oder intensiver und oft unter Beteiligung von starken Emotionen empfunden werden. Es handelt sich häufig um neue Erfahrungen, die tiefere Eindrücke hinterlassen. Baumeister (1994) geht davon aus, dass ästhetische Erlebnisse hauptsächlich Wahrnehmungserlebnisse des Sehens, Hörens, Fühlens und Schmeckens sind und dass mit ästhetischen Erlebnissen eine gesteigerte Wahrnehmungs- und Merkfähigkeit einhergehen (ebd., S. 151). Dass jemand einen ästhetischen Sinn hat, äußert sich nach Baumeister darin, dass „ein lebhaftes und unversiegbares Interesse" (ebd., S. 156) für die sichtbare Welt vorhanden ist. Die ästhetische Erfahrung kann sich dann „zu wahrer Ergriffenheit oder Euphorie steigern" (ebd., S. 1).

---

zeichnet Hegel eine, „welche die beiden Seiten nicht etwa scheidet, sondern in der einen Richtung auch die entgegen gesetzte enthält und in sinnlichem unmittelbaren Anschauen zugleich das Wesen und den Begriff auffasst." (ebd., S. 20)
[17] „Ich möchte Ästhetik genereller als Aisthetik verstehen: Als Thematisierung von Wahrnehmungen aller Art, sinnenhaften ebenso wie geistigen, alltäglichen wie sublimen, lebensweltlichen wie künstlerischen." (Welsch 1990, S. 9 f.)
[18] Auf die Darlegung der unterschiedlichen Positionen soll an dieser Stelle verzichtet werden; verwiesen sei z.B. auf Aissen-Crewett 1998.

3.1.2 Der Zusammenhang zwischen ästhetischer Erfahrung, Lehren und Lernen

Aristoteles legte Wert darauf, dass die ästhetische Wahrnehmung „von allen Momenten des Lernens und der Belehrung frei und freizuhalten" sei (Welsch 1987, S. 26). Auch Schiller ((1795) 1995, S. 84) betont die „Freiheit des Gemüts" während Phasen ästhetischer Wahrnehmung. Er bezeichnet diese Phasen als „ästhetische Stimmung", die charakterisiert ist durch die „Bestimmungslosigkeit" des Zustands. Schiller weist darauf hin, dass diese Stimmung für manche Menschen schwer zu ertragen ist. Sie „dringen ungeduldig auf ein Resultat, welches sie in dem Zustand ästhetischer Unbegrenztheit nicht finden." Andere dagegen finden Genuss in dem „Gefühl des ganzen Vermögens." (ebd., S. 86) Schiller geht ebenfalls von einer hierarchischen Ordnung der menschlichen ‚Vermögen' aus: „Der sinnliche Trieb kommt also früher als der vernünftige zur Wirkung, weil die Empfindung dem Bewusstsein vorhergeht [...]." (S. 81) Sowohl bei Aristoteles als auch bei Schiller werden dem Menschen zwei Erkenntnisfähigkeiten zugeschrieben. Diese dualistische Sichtweise versuchen beide dadurch abzumildern, dass eine Art ‚Schwebezustand' angenommen wird, der im Spannungsfeld zwischen Ästhetik und Logos (bei Aristoteles) bzw. zwischen ‚intuitivem und spekulativem Verstand' (bei Schiller) angesiedelt ist.

Ästhetische Erziehung erfordert auch nach Mollenhauer „eine möglichst große Freiheit von Didaktisierung" und „pädagogisierenden Zugriffen" (Mollenhauer 1988a, S. 457; zit. nach Aissen-Crewett 1998, S. 104) und darf deshalb im eigentlichen Sinne gar kein ‚Unterrichten' und keine ‚Erziehung' sein. Ästhetische Erfahrung wird als ein „höchstpersönlicher Vorgang" angesehen, der an sich nicht „lehrbar" ist und durch eine „Verschulung" in Gefahr gerät, „dass ästhetische Reaktionen eher verhindert als gefördert werden" (ebd., S. 131). Aissen-Crewett geht sogar davon aus, dass ästhetische Erfahrung dann unmöglich wird, „wenn sie geplant und didaktisch manipuliert wird" (ebd., S. 104). Diese Ansicht teilt sie mit von Hentig und Mollenhauer. Ästhetische Erziehung kann demgemäß ästhetische Erfahrungen „allenfalls ermöglichen" (v. Hentig, 1985, S. 30; zit. nach Aissen-Crewett 1998, S. 104), aber nicht lehren oder schulen.

Aissen-Crewett sieht es aber als bedeutsam an, dass Kindern die Gelegenheit gegeben wird, „mit allen Sinnen wahrzunehmen und zu erkennen, und zwar ohne Festlegungen oder Vorgaben." (ebd., S. 318) Sie betont den Eigenwert der ästhetisch-aisthetischen Erfahrung gegenüber der „Verrationalisierung" (ebd., S. 313) des Lernens und betont, dass ästhetische Erfahrung ein „hohes Maß an scheinbarer Unregelmäßigkeit, an scheinbar Chaotischem und Zufälligem" erzeugt und sich „eben nicht linear-additiv" (ebd., S. 316) darstellen lässt. In der „Konfrontation mit dem Unbekannten, mit dem Unerwarteten, mit dem Irritierenden erhalten wir die Gelegenheit zum Erfahren, gerade weil die Reaktion auf das Begegnende nicht schon festgelegt ist und der Anstoß zum Fragen nicht schon den Abschluß der Antwort fixiert." (Aissen-Crewett 1997, S. 156)

Deutlich wird bereits hier, dass der Begriff des Lernens – ebenso wie der Erfahrungsbegriff – nicht einheitlich verwendet wird. Ganz allgemein kann gesagt werden, dass Lernen einerseits als Prozess des Erwerbs von Erfahrungen bzw. Informationen verstanden wird (etwas lernen), andererseits aber auch übergreifend alle Aspekte vom Erwerb bis hin zur Wiedergabe der Information meinen kann (vgl. Schwarting/ Huston 1998, S. 373 ff.).
Roth (1983) unterscheidet zwischen der Erfahrung und dem Lernen, wenn er folgende Ereignisse als Erfahrungen beschreibt: „[...] z.B., dass man sich an einer Kerze die Finger verbrennt, am Messer schneidet, dass Zucker süß ist und Soda ungenießbar". Lernen durch Erfahrung kann nach Roth erst dann stattfinden, wenn die Erfahrung ‚ausgewertet' wird, also eine kognitive Reflexion erfährt: „Zu einem Lernen wird diese Erfahrung aber erst, wenn sie uns instand setzt, unser künftiges Handeln situationsgemäßer und sinnvoller zu steuern." (ebd., S. 186)

In der psychologischen Literatur finden sich recht einheitliche Definitionen: „Lernen umfasst alle Verhaltensänderungen, die aufgrund von Erfahrungen zustande kommen." (Lefrancois 1994, S. 3) Oder: Lernen ist eine „Modifikation von Verhalten auf Basis von Erfahrung" (Schwarting/ Huston 1998, S. 376). Dieses das Ergebnis des Lernens betreffende Verständnis setzt die Erfahrung vor das Lernen und versteht das Lernen selbst bereits als einen Prozess der Reaktion auf die Erfahrung. Im allgemeinen Verständnis wird jedoch bereits der Erwerb von Informationen, die zur Verhaltensänderung notwendig sind, als Lernen verstanden (vgl. Henze 2004, S. 283). ‚Gelerntes' wird dann allgemein als Erkenntnis verstanden.

Vollmer (1988) unterscheidet aus Sicht der evolutionären Erkenntnistheorie drei Erkenntnisstufen: die Wahrnehmungserkenntnis, die Erfahrungserkenntnis und die theoretische Erkenntnis (ebd., S. 129). Dabei geht er davon aus, dass auch Wahrnehmung bereits als Erkenntnis einzustufen ist, da sie nicht nur aufnehmende Funktion hat, sondern gleichzeitig rekonstruiert und interpretiert, wenn beispielsweise Gegenstände erkannt bzw. identifiziert werden. Die Unterschiede sieht er in der Bewusstheit und der kritischen Bewertung: „Die interne Rekonstruktion und Identifikation von Objekten erfolgt in der Wahrnehmung in der Regel *unbewußt* und *unkritisch*, meist sogar unkorrigierbar, ist aber dafür *anschaulich*. In der Erfahrung dagegen, die sprachliche Formulierungen, einfache logische Schlüsse, Beobachtung und Verallgemeinerung, Abstraktion und Begriffsbildung einbezieht, ist die Rekonstruktion *bewußt*, allerdings noch unkritisch. In der Wissenschaft schließlich, die auch noch Logik, Modellbildung, mathematische Strukturen, Kunstsprachen, externe Datenspeicher, künstliche Intelligenz und eine durch Messgeräte erweiterte Erfahrung zu Hilfe nimmt, erfolgt die Rekonstruktion bewußt und *kritisch*; häufig muß dafür jedoch *Unanschaulichkeit* der postulierten Strukturen in Kauf genommen werden." (ebd., S. 130)

Es kommen also unterschiedliche Auffassungen zum Tragen, die den Begriff der Erfahrung einerseits als ein Surrogat eigener oder fremder Erfahrungen, andererseits als einen Prozess der Erfahrungsgewinnung oder bereits als Erkenntnis auffassen.

3.1.3 Implizites und bereichsspezifisches Wissen

Erinnerungsbilder oder innere Repräsentationen werden einerseits als Erfahrungen, andererseits aber auch als ‚Wissen' aufgefasst. Dabei wird in der Lehr-Lerntheorie davon ausgegangen, dass zwei „voneinander relativ unabhängige Wissenssysteme, ein explizites und ein implizites Wissenssystem" (Neuweg 1999, S. 25) existieren. Explizites Wissen ist dadurch gekennzeichnet, dass es verbalisierbar, reflektierbar und bewusst ist. Es handelt sich um Sach- oder Faktenwissen, das mitteilbar ist (vgl. Pöppel 2005, S. 2) und bewusst gelernt werden kann. Explizites Wissen wird auch als Wissen darüber charakterisiert, „*dass* etwas soundso ist" im Unterschied zum Wissen darüber, „wie etwas geht (implizit)" (Spitzer 2003, S. 62). Implizites Wissen kann durch Reflexion bewusst gemacht werden, ist jedoch oft nicht oder nicht angemessen verbalisierbar. Diesen Erinnerungen (auch als intuitives Wissen bezeichnet[19]; vgl. Krist

---

[19] Die Begriffe werden in der Literatur nicht ganz einheitlich verwendet. Intuitives Wissen wird z.B. auch als Vorwissen (z.B. Krist 1999) oder als angeborenes Wissen (z.B. Sodian 1995) verstanden. Die Begriffe intuitives und implizites Wissen werden in der Literatur häufig synonym mit dem Begriff des Vorwissens, der Vorerfahrung, des Vorverständnisses etc. verwendet. In der vorliegenden Arbeit wird von einem engen Zusammenhang von implizitem und intuitivem Wissen ausgegangen: Ist implizites Wissen vorhanden, können Sachverhalte auch intuitiv erfasst werden. Ist zu einem Sachverhalt kein implizites Wissen vorhanden, dann gibt es nur dann ein intuitives Erfassen, wenn die Intuition auf angeborenem physikalischem Wissen (vgl. Kap. 3.2.1) beruht.

Begriffe, die vor- oder außerschulischen (Alltags-) Konzepte charakterisieren, werden ebenfalls wenig trennscharf verwendet. Hier finden sich Bezeichnungen wie Vorwissen, Vorerfahrung und Vorverständnis, Präkonzept, Alltagstheorie oder Alltagsvorstellung (vgl. Labudde 1993, S.38). Im Bereich der Physik werden in der Literatur häufig synonym die Begriffe intuitive oder naive Physik (Krist 1999), alternati-

1999, S. 191 ff.; Sodian 1995, S. 634 ff.) „...fehlt offenbar ein Kernmaterial dessen, was man landläufig als Wissen bezeichnet: Wir haben keinen direkten Zugang zu ihm, können es insbesondere durch Regeln oder Verallgemeinerungen nicht oder nicht adäquat ausdrücken." (Neuweg 1999, S. 24).
Implizite Gedächtnisinhalte werden nach der Auffassung von Parkin und Russo (1990) automatisch, explizite Gedächtnisinhalte aber „durch bewusste Anstrengung" (ebd., S. 56 f.) gebildet.

Die besondere Bedeutsamkeit impliziten Wissens wird darin gesehen, dass es eine Flexibilisierung des bewussten Handelns nach sich zieht. Implizites Wissen ist eine notwendige Voraussetzung, um „Könnerschaft" (Neuweg 1999) bzw. Expertise zu erlangen. Spitzer unterscheidet deshalb vereinfachend alles, was sprachlich vorhanden ist als ‚Wissen' und das, was sich nicht sprachlich repräsentiert ist als ‚Können' (Spitzer 2003, S. 60).

Implizites Wissen wird nicht bewusst, sondern beiläufig erworben. Es wird als erfahrungsgebunden angesehen und auch als Handlungswissen bezeichnet, das einen Umgang mit Dingen erfordert (vgl. Pöppel 2005, S. 4). Der Erwerb impliziten Wissens geschieht auf dem Wege des impliziten Lernens, das das Erfassen komplexer Situationen und Reizstrukturen ermöglicht, ohne dass dieses Erfassen bewusst werden muss (Neuweg 1999, S. 30).
Es wird angenommen, dass dem impliziten Wissen implizite Lernmodi zugrunde liegen, die als nichtselektiv bezeichnet werden, weil Ereignisse oder Merkmale (relativ passiv) als Ganzes aufgenommen werden. Bedingungs- und Handlungsverknüpfungen werden dabei so gespeichert, dass sie dem Subjekt „gute Performanzleistungen ermöglichen" (Neuweg 1999, S. 30).

Sinneseindrücke werden auch dann implizit als Informationen abgespeichert, wenn sie mit durchgeführten Handlungen nicht in unmittelbarem Zusammenhang stehen. In einer Untersuchung von Degel und Köster (1999) mussten Versuchspersonen in Räumen, die mit einem kaum wahrnehmbaren Duft versehen waren, Aufgaben lösen. Danach wurden ihnen mehrere Duftproben und Abbildungen von Räumen mit der Bitte um Zuordnung gezeigt. Die Probanden ordneten den Duft, der zum eigenen Testraum gehörte mit großer Sicherheit zu, obwohl sie nach eigenen Aussagen während des Tests nicht auf den Duft aufmerksam geworden waren.

---

ver begrifflicher Rahmen (Driver 1985), implizite Theorien, naive, subjektive Vorstellungen oder Schülervorstellungen (Kattmann/ Gropengießer 1996, S. 188) verwendet.

Implizites Wissen ist nicht so anfällig gegen das Vergessen wie das explizite Wissen (Parkin 1996, S. 61), und es ist altersinvariant (vgl. Mecklenbräuker/ Wippich 1995): Alterskorrelierte Verbesserungen der (Lern-) Leistungen des Gehirns beziehen sich demnach nur auf explizite Gedächtnisinhalte (vgl. Parkin 1996, S. 165 ff.). Die wenigen psychologischen Untersuchungen zum impliziten Lernen bei Kindern zeigen, dass Kinder im Alter von 3 Jahren implizite Erinnerungen speichern (vgl. ebd., S. 167). Es wird aber vermutet, dass „das implizite Gedächtnis bereits viel früher im Entwicklungsverlauf aktiv ist." (ebd.)

Implizites oder intuitives Wissen wird als wichtige Bedingung für den Erwerb bereichsspezifischen Wissens angesehen (vgl. Hasselhorn/ Mähler 1998, S. 79). Theorien zum bereichsspezifischen Wissen nehmen in der neueren Entwicklungspsychologie einen zunehmend wichtigeren Stellenwert ein: Die Vorstellung von entwicklungsbedingten Defiziten bei Kindern wird allmählich zugunsten der Vorstellung aufgegeben, dass Kinder bestimmte Aufgabentypen, die z.B. in den Untersuchungen Piagets verwendet wurden, nur deshalb nicht adäquat lösen konnten, weil ihnen das notwendige (implizite und explizite) bereichsspezifische Wissen fehlt (vgl. Sodian 1995, S. 631 ff.). Lindberg (1980, S. 401 ff.) stellt heraus, dass Kinder bei ihnen vertrauten Sachverhalten (Fernsehhelden, Namen von Lehrern) eine bessere Reproduktionsleistung und eine effektivere Organisationsstrategie hervorbringen als Erwachsene, denen die Inhalte fremd sind[20]. Bjorklund (1987) weist nach, dass ein hohes bereichsspezifisches Vorwissen zu einer erhöhten Flexibilität der Nutzung des betreffenden Wissens führt. Schneider et al. (1989) zeigen am Beispiel ‚Fußball', dass Kinder, die ein bereichsspezifisches Vorwissen haben, bezüglich des Verstehens und Behaltens diesbezüglicher Inhalte sowohl gegenüber intelligenteren als auch gegenüber älteren Kindern im Vorteil sind.

Ergebnisse aus der Expertiseforschung weisen darauf hin, dass „Vorwissen in einer Wissensdomäne die wichtigste Voraussetzung (ist), um dort Experte werden zu können." (Strunck 1998, S. 182) Aufschnaiter und Aufschnaiter (2001, S. 409 ff.) fanden heraus, dass es nicht möglich ist, „Schülern Zusammenhänge zu erklären, die sie – bei der Bearbeitung von (physikalischen, Anm. d. V.) Aufgaben – nicht bereits selbst zumindest intuitiv erfasst haben." (ebd., S. 413)

---

[20] Dieses Phänomen findet sich auch, wenn Kinder beispielsweise viele verschiedene Dinosaurier trotz schwieriger Bezeichnungen beim Namen kennen und zusätzlich ein umfangreiches Sachwissen über die Lebensgewohnheiten der Tiere auch dann haben, wenn sie nicht im Unterricht thematisiert werden.

Von Weizsäcker (1974) versucht, die Bedeutung dieser schwer fassbaren Komponente für den wissenschaftlichen Erkenntnisprozess zu umschreiben: „Den wirklich produktiven, den wirklich bedeutenden Forscher zeichnet ja meistens aus, dass er noch einen Instinkt, noch ein Gefühl, eine nicht mehr ganz rationalisierbare Wahrnehmung für Zusammenhänge hat […]. Eine Wahrheit in der Wissenschaft wird fast immer zuerst geahnt, dann behauptet, dann umstritten und dann bewiesen." (ebd., S. 126) Auch Einstein betonte die Bedeutung der Intuition beim Verstehen physikalischer Gesetzmäßigkeiten (vgl. Pais 1998).

Bruner machte bereits früh (1959) auf die Notwendigkeit aufmerksam, mehr darüber zu forschen „wie wir die intuitiven Begabungen unserer Schüler von den untersten Klassen ab entwickeln können." (ebd., S. 67; zit. aus: Köhnlein 1984, S. 201)

Die Ausführungen zeigen, dass deutliche Parallelen zwischen der ästhetischen Erfahrung und dem intuitiven bzw. impliziten Wissen existieren (vgl. Kap. 3.1.3) Auch Aissen-Crewett weist auf diesen Zusammenhang hin (1998, S. 160). Obwohl auch die „ästhetische Bewertung" (Neuweg 1999, S. 22) als Teil des impliziten Wissens angesehen wird, erschöpft sich die ästhetische Erfahrung nicht im impliziten Wissen. Ästhetische Erfahrungen gehen mit Affekten, Gefühlen, Emotionen, mit Genuss und Befriedigung einher (s.o.). Der Erwerb ästhetischer Erfahrungen (Prozess) wird daher eher bewusst erlebt und erfolgt nicht *nur* beiläufig, wie das implizite Lernen (vgl. Neuweg 1999, S. 29; 2000; Overwien 2005, S. 343). Dennoch sind die gespeicherten Erfahrungen ebenso wie das implizite Wissen zunächst oft nicht verbalisierbar oder reflektierbar.

Krist (1999, S. 194) macht darauf aufmerksam, dass die Aktivierung intuitiven Wissens (das im Bereich der Physik häufig der wissenschaftlichen Sichtweise widerspricht) dazu führen kann, dass fachspezifische Sichtweisen oder Begriffe schwerer akzeptiert werden, als wenn auf die Aktivierung dieser Art des Vorwissens verzichtet wird. Intuitives Wissen kann also offenbar dann zu Fehlvorstellungen bzw. zur Verfestigung von Fehlvorstellungen führen, wenn es verbalisiert wird (vgl. ebd. S. 195).
Untersuchungen mit fünf- bis sechsjährigen Kindern, die Krist als Beleg für diese Aussage anführt, zeigen aber, dass diese bei Aufforderung zur Verbalisierung nicht auf das intuitive Wissen, sondern auf andere Konzepte zurückgreifen: Bei der Aufgabe, einen Ball von einem höhenverstellbaren Brett aus auf einen Zielring zu werfen, hatten die Kinder „bei der Produktion der Abwurfgeschwindigkeit sowohl die Abwurfhöhe als auch die Zielentfernung in sehr guter funktionaler Übereinstimmung mit der physikalischen Gesetzmäßigkeit" (ebd., S. 198) berücksichtigt. Bei der Verbalisierung griffen sie auf Bilder zu-

rück, die sie aus Comics kannten und bei denen der Ball beispielsweise zunächst in der Luft stehen bleibt, um dann senkrecht zu fallen.

In der Literatur wird wegen der Gefahr der Ausbildung und Verfestigung von Fehlvorstellungen (misconceptions) im Bereich der Physik für manche Inhalte (z.B. für die Konzepte Kraft, Impuls und Energie) empfohlen, auf die Aktivierung von intuitivem Wissen beim Lernen dieser Inhalte zu verzichten (Chi/ Slotta 1993).

3.1.4 Fazit

Im Hinblick auf die Vielfältigkeit der möglichen Sichtweisen erscheint es gerechtfertigt, den Begriff der Erfahrung weit zu fassen. Im Rahmen der vorliegenden Arbeit sollen daher sowohl das sinnliche Erfassen von Phänomenen (aisthetische Komponente) als auch die ästhetische Erfahrung als innere Repräsentation sowie die Verbindung zwischen der ästhetisch-aisthetischen Erfahrung und der kognitiven Reflexion als Erfahrung verstanden werden. Erfahrungen können dieser Auffassung nach also sowohl im Unbewussten liegen als auch kognitiv reflektierbar sein.

Der Begriff der Erfahrung wird von dem Begriff der ästhetischen Erfahrung nur dadurch unterschieden, dass ästhetische Erfahrungen mit relativ starken Affekten, Gefühlen, Emotionen, mit Genuss und Befriedigung einhergehen, während ‚einfache' Erfahrungen eher ‚emotionslos' sind. Dabei kann es sich sowohl um eine Sinneswahrnehmung handeln (wahrnehmen, dass die Hand des Gegenüber weich oder warm ist), den Prozess der Aneignung einer Erfahrung meinen (die Erfahrung machen, wie es ist, vom Dreimeterbrett zu springen) oder aber eine in sich abgeschlossene Erinnerung an ein Erlebnis oder Ereignis sein, wie John Dewey (1988, S. 47 ff.) sie beschreibt.

Der Erfahrungsbegriff, der für die vorliegende Arbeit Verwendung findet, soll zudem beide Perspektiven, die der Erfahrungsgewinnung sowie auch die der Erfahrung als Surrogat eigener oder fremder Erfahrung und auch Erkenntnisse mit einbeziehen. Im Einzelfall soll expliziert werden, welcher Aspekt bedeutsam ist. Diese Vorgehensweise vermeidet eine Verengung des Blicks auf den Prozess der Erfahrungsgewinnung bzw. auf in sich abgeschlossene Erfahrungen. Ebenso können Wahrnehmungen und Erkenntnisse als die beiden ‚Pole' oder an entgegengesetzten Enden stehenden Positionen eines weit gefassten Erfahrungsbegriffs in die Betrachtung mit einbezogen werden. Somit wird mit einem Erfahrungsbegriff gearbeitet, der auch das Lernen mit einbezieht. Der Lernbegriff geht im Erfahrungsbegriff insofern auf, als davon ausgegangen wird, dass jegliche Erfahrung auch ein Lernen darstellt. Diese Auffassung ist mit dem psychologischen Begriffsverständnis insofern kompatibel, als man davon ausgehen kann, dass jegliche Erfahrung eine (neurobiologische) Reaktion im Gehirn hervorruft, von der vielleicht nicht unmittelbar, jedoch auf lange Sicht eine Verhaltensänderung ausgehen *kann*. Die Ankopplung der Verhaltensänderung ist nicht wie beispielsweise in behavioristischen Studien oder Lernprozessstudien direkt feststellbar. Dennoch stellt diese Veränderung im Gehirn die Möglichkeit zu Verhaltensänderungen zur Verfügung und ist somit auch im Sinne oben genannter Definitionen ein zumindest ‚potentielles Lernen'.

Damit ist der eine ‚Pol' des hier verwendeten Begriffs des Lernens markiert. Der andere ‚Pol' betrifft das ‚Schullernen', das – auch von der Seite der Motivation her – eine besondere Struktur aufweist: Der ‚Lernstoff' wird in der Regel von außen aktiv angeboten, ist zumeist strukturiert und didaktisch aufbereitet und betrifft überwiegend kognitiv zu erfassende Lerninhalte (vgl. Rumpf 1981, S. 173). Zudem wird der Lernerfolg überprüft und der Lernende mit Bewertungen konfrontiert. Diese Art des Lernens hat Weinert klassifiziert und eingeteilt in das „oberflächliche Auswendiglernen, den verständnisvollen Erwerb einer geordneten Menge von Informationen und tiefes Verstehen der Zusammenhänge in einem Wissensbereich" (Weinert 1996, zit. nach Henze 2004, S. 284 f.). Es handelt sich – zumindest intentional – um bewusstes Lernen. Der hier verwendete Erfahrungsbegriff umfasst also auf der Prozessseite (beim Erwerb der Erfahrungen) sowohl die sinnliche, ästhetische Wahrnehmung als auch das Lernen. Auf der Seite des Bestandes von Erfahrungen als Erinnerungen sollen außerdem nicht nur die expliziten, bewussten und verbalisierbaren Erkenntnisse, sondern auch implizite ‚Wissens- bzw. Könnensbestände' mit einbezogen werden. Gerade für das bereichsspezifische Wissen ist inzwischen die große Bedeutung des impliziten Wissens erkannt worden.

Im Hinblick auf die Zielsetzung der Arbeit (vgl. Kap. 2) fragt es sich, wie Kinder Erfahrungen mit physikalischen Phänomenen gewinnen, wenn sie nicht dazu angeleitet werden. Zahlreiche Untersuchungen und Theorien geben Aufschluss darüber, wie Kinder physikalische Erfahrungen sammeln.

3.2 Zum Erwerb von Erfahrungen mit physikalischen Phänomenen

3.2.1 Angeborenes ‚physikalisches Wissen' und erste Erfahrungen

Die Befunde von Untersuchungen, die sich mit kindlichen Selbstbildungsprozessen beschäftigen, weisen darauf hin, dass es sowohl angeborene Lerndispositionen als auch angeborenes Wissen gibt. Diskutiert wird auch eine angeborene Theoriefähigkeit (vgl. Haug-Schnabel 2002, S. 46).

Ergebnisse aus der Säuglingsforschung zeigen, dass Neugeborene über ein intuitives physikalisches ‚Wissen' verfügen (vgl. Sodian 1995, S. 635 ff.; Baillargeon 1992; Spelke 1991). So scheinen sie z.B. bereits sehr früh zu ‚wissen', dass Objekte permanent existieren, dass sie nicht durch andere hindurch gehen können, dass ein bewegtes Objekt aufgehalten wird, wenn ein Hindernis im Weg steht u.ä. Dornes (1993) spricht vom „kompetenten Säugling", der in der Lage ist, von Anfang an aktiv auf seine Umwelt zu reagieren. Untersuchungen aus den 1960er und 1970er Jahren zeigen, dass Säuglinge Farben und Bewegungen unterscheiden und eine Tiefenwahrnehmung haben (vgl. Vollmer 1998, S. 94). Weitere Untersuchungen zeigen, dass Kinder bereits im Mutterleib über die Stimme der Mutter Informationen aufnehmen und bereits kurz nach der Geburt bekannte Gerüche von unbekannten unterscheiden können (vgl. Parkin 1996, S. 152).

Ob dieses ‚Wissen' angeboren ist oder sehr früh erworben wird, ist noch nicht vollständig geklärt. Spelke (1991) geht davon aus, dass angeborene konzeptuelle Strukturen nur erweitert werden. Neurobiologen weisen darauf hin, dass das Gehirn von Neugeborenen noch relativ wenige Synapsenverbindungen aufweist. Weitere Verbindungen werden erst mit dem Erwerb von Erfahrungen angelegt. Da das Kind vielen Einflüssen ausgesetzt ist, von denen für das Gehirn noch nicht ‚klar' ist, welche für das weitere Leben wichtig sein werden, baut das Gehirn zunächst sehr viele dieser Verbindungen auf. Diejenigen, die keine Wiederholung erfahren, verschwinden wieder, während andere sich durch mehrfache Erfahrungen der gleichen Art stabilisieren (vgl. Hüther 2004, S. 2).

Wie sich der Erwerb erster Erfahrungen mit Personen und Gegenständen vollzieht, ist gut dokumentiert: Untersuchungen zeigen, dass Säuglinge bereits sehr früh dazu in der Lage sind, Unterschiede wahrzunehmen. Ab dem dritten Lebensmonat sind sie dazu in der Lage, Personen und Gegenstände zu erkennen. In Studien wird als Indikator für das Erkennen eines Gegenstandes die Verminderung der Aufmerksamkeit an einem dargebotenem Gegenstand angesehen (vgl. Moenks/ Knoers 1996, S. 57 ff.). Gemessen wird die Fixierungszeit, in der das Kind einen Menschen oder eine Sache ansieht. Es wird davon ausgegangen, dass das Kind den dargebotenen Gegenstand so lange fixiert, bis es ein inneres Bild, ein Schema bzw. eine „interne Repräsentation" (ebd., S. 57) aufgebaut hat. Das Nachlassen der Aufmerksamkeit gegenüber dem dargebotenen Gegenstand, das nicht auf Rezeptormüdigkeit beruht, wird als „Habituation" (ebd.; vgl. Daehler/ Greco 1985, S. 49 ff.)[21] – die allmähliche Komplettierung des inneren Bildes – bezeichnet. Der Habituationsprozess ist abgeschlossen, wenn die Repräsentation beendet ist und das Kind die erfassbaren Merkmale des Gegenstandes aufgenommen hat. Der Gegenstand ruft dann keine weitere Aufmerksamkeit hervor und der Prozess des Erwerbs dieser Erfahrung ist abgeschlossen.

Mit zunehmendem Alter habituiert das Kind schneller. Verschiedene weitere Anzeichen werden so gedeutet, dass man davon ausgeht, dass das Habituationstempo ein Maßstab für die kognitive Entwicklung darstellt (ebd.).

Die Möglichkeit sowohl zur detaillierten als auch zur umfassenden und damit schnellen Erfassung auch komplexer Umweltbedingungen stellt hinsichtlich der Anpassung an seine Umwelt eine wesentliche Fähigkeit des Menschen dar (vgl. Daehler/ Greco 1985, S. 62; Weinert 1991, S. 230). Dass diese Fähigkeit gerade im Kindesalter von herausragender Bedeutung ist, zeigen z.B. Untersuchungen von Kulhavy und Swenson (1975): Sie weisen darauf hin, dass inneren Bildern bei Kindern eine andere Funktion zukommt als bei Erwachsenen. Die Forscher instruierten Kinder, einen Text zu lesen und zu einzelnen Passagen Lückentexte auszufüllen. Eine Gruppe von Kindern wurde aufgefordert, sich vor der Bearbeitung des Lückentextes die Informationen aus dem ursprünglichen Text bildlich vorzustellen. Die andere Gruppe erhielt keine entsprechende Aufforderung. Die Forscher stellten fest, dass die Kinder, die zur Bewältigung einer Aufgabe auf Vorstellungsbilder zu diesem Kontext zurückgreifen konnten, bei der Bearbeitung Vorteile hatten (vgl. Mandl/ Friedrich 1992, S. 162).

---

[21] Der Begriff der Habituation entspricht im Wesentlichen dem Begriff der Adaption bei Piaget. Nach der Äquilibrationstheorie Piagets verändern sich kognitive Schemata dann, wenn Erfahrungen oder Beobachtungen eine Assimilation des Wahrgenommenen in vorhandene Strukturen nicht mehr zulässt – also ein kognitiver Konflikt entsteht. Dann setzt der Prozess der Akkomodation ein, der die vorhandenen Schemata so verändert, dass das Erfasste nun eingeordnet werden kann (Piaget 1983). Dieser Prozess des Lernens unterscheidet sich vom Assimilieren dadurch, dass etwas völlig Neues erst eingegliedert werden muss. Habituation wird daher auch als ‚Non-assoziatives' Lernen bezeichnet (Schwarting 1996, S. 374).

Eine ähnliche Untersuchung an Studenten (Anderson/ Kulhavy 1972, vgl. Mandl/ Friedrich 1992, S. 162) ergab, dass die Leistungen bezüglich des Behaltens des Gelernten in diesem Alter durch die Instruktion, sich Bilder vorzustellen, nicht verbessert wurden. Dieses Ergebnis wird damit erklärt, dass „die Studenten bereits über andere eingeschliffene und wirksame Lernstrategien verfügten, die nicht so ohne weiteres per Instruktion ‚außer Kraft' gesetzt werden können" (Mandl/ Friedrich 1992, S. 162).

Im Hinblick auf den Erwerb elementarer Erfahrungen mit der Umwelt kann also davon ausgegangen werden, dass Kinder noch ‚ursprünglichen' Lernstrategien folgen, bei denen die Fähigkeit zur Vorstellung innerer Bilder eine wichtige Rolle spielt. Um neue innere Bilder (Vorstellungen) aktivieren zu können, müssen diese aus bereits vorhandenen Elementen zusammengesetzt werden. Es ist zu vermuten, dass die Vorstellungen sowohl aus angeborenem Wissen als auch aus durch Habituation erzeugten inneren Bildern gebildet werden. Hüther (2004, S. 3) geht davon aus, dass ganze „Wahrnehmungsbilder" aufgebaut werden, die im Gehirn als „Erinnerungsbilder" (Seh-, Hör-, Geruchs- und Tast- und Körperbilder, innere Bewegungs- und Handlungsbilder) repräsentiert sind.

3.2.2 Neugier, Spiel und Exploration

3.2.2.1 Neugier

Beim Erwerb von Erfahrungen kommt der Neugier eine tragende Funktion zu: Sie ist angeboren, so dass Kinder die Suche nach dem Neuen stets aus sich selbst heraus beginnen (vgl. Hüther 2004, S. 2). Neugier kann neben der erwarteten Freude über neu gewonnene Erfahrungen (vgl. Csikszentmihalyi 1999, S. 345) als ‚Motor', ‚Antrieb' oder ‚Triebfeder' (Hofer et al. 1993, S. 228; Aebli 1998, S. 293) für die Aktivität des Kindes angesehen werden, wodurch das Kind zu immer neuen Explorationen anregt wird. Nach Sachser (2004) hat Neugier einen evolutionären Sinn. Er begründet seine Ansicht damit, dass alle Säugetierkinder dieses Verhaltensmuster zeigen, weil sie lernen wollen (ebd., S. 476).
Nach Bruner (1971) ist Neugier „abhängig von einer äußeren Zufuhr von Stimulation [...], nämlich Dinge zum Anschauen und Anfassen." (ebd., S. 24).

Sachser weist darauf hin, dass die Verhaltenssysteme Neugier und Spiel viele Übereinstimmungen aufweisen und kaum voneinander unterschieden werden können (Sachser 2004, S. 476). Beide werden nicht in jeder beliebigen Situation aktiviert, sondern benötigen ein „entspanntes Feld" (ebd., S. 477), das dadurch gekennzeichnet ist, dass es sowohl Anregung als auch Sicherheit bietet.

Auch Hüther (2004) betont, dass Verunsicherung, Angst und Druck im Gehirn Unruhe und Erregung erzeugen, die bewirken, dass die über die Sinneskanäle eintreffenden Wahrnehmungsmuster nicht mit dem Erinnerungsvermögen abgeglichen werden: „Es kann so nicht Neues hinzugelernt und im Gehirn verankert werden." (ebd., S. 492) Selbst bereits Erlerntes kann dann nicht mehr abgerufen werden. Hüther geht davon aus, dass eine vertrauensvolle und sichere Umgebung, menschliche Nähe und Möglichkeiten zur Orientierung gegeben sein müssen, um erfolgreich Wahrnehmungen speichern zu können.

Diese neurobiologisch begründeten Ansprüche gehen konform mit anthropologischen Einsichten über das Handeln von Kindern: „Das sich sicher fühlende Kind, das sich geborgen weiß, geht ein auf die Welt, es exploriert und macht grundlegende Erfahrungen." (Langefeld 1964, S. 79, zit. nach Lichtenstein-Rother 1992, S. 63) Diese Einschätzung spiegelt sich im sozialkonstruktivistischen Ansatz wider (vgl. Singer 2003, S. 74 ff., Fthenakis 2003a, S. 12; 2003b, S. 227; Giest 2001, S. 86 ff.).

Sachser (2004) geht sogar davon aus, dass, wenn es gelingt, „möglichst viele ‚entspannte Felder' während der Verhaltensentwicklung für menschliche Kinder zu erzeugen, so würden viele Lernprozesse aus eigenem Antrieb erfolgen und bedürften nicht der externen Motivierung durch Erziehende." (Ebd., S. 483) Er geht davon aus, dass entspannte Felder in allen Phasen der Entwicklung sowie in allen Räumen zur Verfügung gestellt werden können.

3.2.2.2 Spiel und Exploration

Das Spiel hat modernen Spieltheorien zufolge wichtige Funktionen im Hinblick sowohl auf die sensomotorische, kognitive, affektive, emotionale und soziale Entwicklung des Kindes als auch auf die Orientierungsfähigkeit in seiner Umwelt (vgl. Kooij 2001, S. 686 ff.). Die Lust am Spielen scheint angeboren zu sein (s.o.). Kinder suchen in ihrer Umwelt oftmals auf spielerische Art und Weise aktiv nach neuen Erfahrungen.

Lernvorgänge, die spielerisch erfolgen, sind nach Auffassung von Sachser „intrinsisch motiviert und nahezu unermüdbar." (2004, S. 483)

In der Spielforschung ist immer wieder der Versuch einer Abgrenzung des Spielbegriffs von anderen, angrenzenden Verhaltensformen unternommen worden. Die verbleibende Unschärfe führt dazu, spielerisches Verhalten nicht mehr definitorisch festzulegen, sondern Spielverhalten zu explizieren und darüber zu identifizieren (vgl. Einsiedler 1999, S. 12 f.). ‚Spiel' wird nach dieser Vorstellung auch dann angenommen, wenn es sich mit Verhaltensformen wie z.B. des Explorierens oder Konstruierens vermischt. Heimlich weist darauf hin, dass lange Zeit davon ausgegangen wurde, dass Spiel und Exploration unterschiedliche Tätigkeiten seien, dass eine klare Unterscheidung jedoch nicht aufrechterhalten werden kann (Heimlich 2001, S. 34).

Das ‚Explorationsspiel' beginnt bereits im Säuglingsalter und wird als bedeutsam für die kindliche Entwicklung angesehen: „Damit ist die Annahme verbunden, dass Spieltätigkeiten stets mit der Entdeckung und Erforschung von neuen, interessanten und überraschenden Merkmalen der Umwelt in Verbindung stehen." (Heimlich 2001, S. 33)

Im Folgenden soll ein weit gefasster Spielbegriff zugrunde gelegt werden, der insbesondere das Explorieren mit einbezieht. Es wird davon ausgegangen, dass Spielen für die Kinder zwar zweckfrei, prozessorientiert und nicht mit bewussten Lernabsichten verbunden verläuft, häufig aber durchaus ‚Ernstcharakter' besitzt und Kinder über diese Verhaltensweise zu adäquaten Reaktionen auf die Umwelt kommen wollen. Wenn sie sich auch in der Regel des ‚So tun als ob' (Einsiedler 1999), S. 17) bewusst sind, so sind doch viele Handlungen auf vorgestellte Ernstsituationen gerichtet (vgl. Gadamer 1975, S. 97). Insbesondere das Explorieren gehört dann in diese Kategorie des Spielens: Erst, wenn die Dinge durch Exploration vertraut geworden sind, können (weitere Spiel-) Handlungen ohne Furcht oder Scheu aktiv vorgenommen werden.

Ursprüngliches Spielen geht vom Kind selbst aus. Erst diese Bedingung gewährleistet eine von allen äußeren Erwartungen freie Auseinandersetzung des Kindes mit einem Sachverhalt, Gegenstand oder Phänomen. Dabei werden im emotional positiven Kontext des Spielens selbstorganisierte Lernprozesse Gang gesetzt, wenn „der Lernzweck für die Kinder nachrangig ist, wenn die Spielfreude im Vordergrund steht und dem Spielen sein Eigenwert belassen wird." (Kammermeyer 2005, S. 415)

Scheuerl (1979) betont das Moment der Freiheit beim Spiel: „Spiel ist frei vom Zwang ungebärdig drängender Triebe, frei von den gebieterischen Nötigungen des Instinkts. Es ist frei von den Bedürfnissen des Daseinskampfes, von der Not des Sich-Wehrens. Spiel ist nicht Ernst im gewöhnlichen Sinne, was nicht ausschließt, dass es mit Ernst und Eifer betrieben werden kann. Es ist ohne Verantwortung und ohne Konsequenzen. Es ist nicht auf Zwecke gerichtet, was nicht ausschließt, dass es in sich durchaus zweckvolle Zusammenhänge enthalten kann, dass es – um einen Terminus zu verwenden, den Kant zur Bestimmung des Schönen gebraucht – eine ‚Zweckmäßigkeit ohne Zweck' ist, von innerer Zweckmäßigkeit durchwaltet." (ebd., S. 69 f.)

Roth (1983) bezeichnet das Spielen im Kindesalter als „Lebensform", die es dem Kind erlaubt, „fremde, noch ungelebte Weltgehalte, im Spielversuch mit ihnen vertraut werdend, probierend in sich hineinzunehmen." (ebd., S. 75)

Dieser Art des freien Spielens (vgl. Scheuerl 1979, S. 69 ff.) kommt ein hohes Lernpotential zu: Einen Großteil ihrer Erfahrungen in der vor- und außerschulischen Umwelt erwerben Kinder durch den spielerischen Umgang mit Dingen. Untersuchungen belegen zudem, dass Kinder, denen das Spielen während des Unterrichts ermöglicht wurde, im Vergleich zu den Kontrollgruppen eine wesentlich höhere Leistungsbereitschaft, eine größere Ausdauer und eine gesteigerte Selbstständigkeit zeigen. Auch wenn ihnen weniger Zeit für traditionelle Unterrichtsinhalte zur Verfügung steht, weisen die Kinder keine signifikanten Leistungsunterschiede auf (Hartmann et al. 1988; Petillon/ Flor 1997). Die Kinder der ‚Spielklassen' sind insgesamt zufriedener und entwickeln eine höhere Sozialkompetenz, eine größere Kreativität, mehr Selbstvertrauen und Selbstbewusstsein.

Weitere Untersuchungen haben ergeben, dass in Klassen, in denen umfangreiche Spielmöglichkeiten während der Zeit des Unterrichts und des darüber hinausgehenden Aufenthaltes in der Schule geboten wurden, gegenüber lehrgangsorientiert geführten Klassen ohne freie Spielmöglichkeiten eine Verringerung der Aggressivität, ein positiveres Sozialverhalten, eine signifikant bessere Arbeitshaltung und eine größere Schulzufriedenheit feststellbar ist (Einsiedler 1999, S. 163). Eine anregende Spiel- und Lernumwelt und ein daraus resultierender Erfahrungsschatz können zudem die schulische Leistungsfähigkeit erheblich steigern (vgl. Weinert 1998, S. 15; Schneider et al. 1989, S. 308).

Dem spielerischen Explorieren kommt somit eine weitreichende Bedeutung zu. Es ermöglicht neue, ‚undidaktisierte' Erfahrungen, die in der kindlichen Sprache und Bilderwelt zu Vorstellungen über die Welt führen und als Basis für eine kognitive Durchdringung dienen können. Es eröffnet Möglichkeiten zur individuellen „ungeteilten" (Spangler/ Zimmermann 1999, S. 89) Erfahrung, der eine wichtige Bedeutung sowohl für die Entwicklung der Intelligenz als auch der Schulleistung beigemessen wird (vgl. ebd. S. 88 ff.; Nickel/ Schmidt-Denter 1995, S. 131 ff.), obwohl im Spiel zwar zentrale, aber oft eher zufällige Lernprozesse ablaufen (Einsiedler 1989; vgl. Kammermeyer 2005, S. 415).

Kammermeyer (2005) weist darauf hin, dass die Begriffe ‚Spielen' und ‚Lernen' nicht klar voneinander zu trennen sind (ebd., S. 415).

3.2.3 Spielen und Explorieren im Sachunterricht

Das Spiel als eine ursprüngliche Form des ‚Erforschens' der Umwelt wird als Unterrichtsmethode trotz der positiven Wirkungen im Allgemeinen wenig genutzt, und auch in der didaktischen Literatur zum Sachunterricht kommt dem Spiel nur eine geringe Bedeutung zu: „Man gewinnt den Eindruck, als sei ‚das

Sachliche' im Verständnis des Sachunterrichts, wie es sich in den Büchern repräsentiert, dem Spielerischen als dem Unsachlichen entgegengesetzt." (Schiffler 1985, S. 216)
In spieltheoretischen Ansätzen wird die pädagogische und entwicklungspsychologische Bedeutung des Spiels auch für das Lernen hervorgehoben (vgl. Heimlich 2001, S. 41 ff.). Callies (1973, zit. nach Heimlich 2001, S. 54) macht deutlich, dass das „Spielen ... in der frühen Kindheit die Form motivierten Lernens schlechthin zu sein" scheint.

Zwar hat das Spiel im Unterricht der Grundschule seinen festen Platz, allerdings wird es zumeist nicht als zweckfreies Spiel verstanden, sondern es ist in der Regel verbunden mit Lernzielen, die erfüllt werden sollen (intentionale Lernspiele; vgl. Kammermeyer 2005, S. 417). Im Zuge der Entwicklung und Verbreitung innovativer Lehr- und Lernformen, neuer Medien, offenen Unterrichts, Freiarbeit und Stationszirkeln werden Lernspiele immer beliebter (vgl. Heimlich 2001, S. 173; Petillon/ Valtin 1999), denn sie versprechen eine Erhöhung der Motivation beim Lernen und können zumeist durch die Kinder selbstständig bearbeitet werden. Diese zweckgebundenen Spiele sind didaktisch aufbereitete oder durch die Lehrperson ausgewählte Lernmaterialien.
Spielerische Erfahrungen, die nicht ziel- oder zweckgebunden sind, werden jedoch in der Regel in den außerschulischen Lebensbereich verwiesen (vgl. Einsiedler 1999, S. 160 f.)[22]. Sie fließen dann individuell unterschiedlich, für die Schüler nur bedingt reflektierbar und dennoch als wichtige Ressource an Vorerfahrungen für das Lernen in den Unterricht mit ein.

Im Hinblick auf den Sachunterricht sieht Soostmeyer im explorierenden Spiel einen bedeutsamen Lernprozess, zu dem auch „unspezifische, d. h. nicht unmittelbar auf Erhellung einer Sachstruktur zielende Aktivitäten" (Soostmeyer 1978, S. 181) gehören. Als unspezifische Aktivitäten werden „das allgemeine Neugierverhalten, das Herumprobieren und das Manipulieren mit und an Gegenständen, Geräten und Materialien sowie der häufig bei Kindern zu beobachtende willkürliche und verfremdende Gebrauch der Dinge verstanden." (ebd.)
Aus diesen Aktivitäten ergeben sich nach Soostmeyer ‚autonom' spezifische Aktivitäten, wie die eingehende und analysierende Phänomenbetrachtung, das bewusste Probieren, Testhandlungen, der Vergleich, die Unterscheidung und das Ordnen von Materialien, Geräten, Sachen und Phänomenen nach ihren wahrnehmbaren Eigenschaften, Verwendungszwecken und Funktionen." (ebd.)

---

[22] Auch hier wird oft ‚pädagogisch wertvolles' Lernspielzeug eingesetzt.

Auch Popp misst der Exploration eine große Bedeutung für den Sachunterricht bei. Er beschreibt die Exploration als einen „Suchen-Entdecken-Erkennen-Prozeß, in dem sich das explorierende Subjekt auch selber gestalten und erkennen kann." (Popp 1994, S. 68) Er geht davon aus, dass aus Neugier und „Erlebnisdrang" (ebd.) ein vertieftes Interesse an der sachlichen Auseinandersetzung entstehen kann. Als Voraussetzungen für das Explorieren des Kindes nennt er den „Mut, sich in ein offenes Feld zu begeben und das Gefühl der Sicherheit durch ein positives, emotionales Klima in der Gruppe und durch Orientierung und ein gewisses Maß an Regelmäßigkeit und Erwartbarkeit, wie es durch Gewohnheiten und feste Formen des Zusammenlebens und des gemeinsamen Arbeitens entstehen kann." (ebd., S. 67)

3.3 Bedingungen für den weitgehend selbstständigen Erwerb physikalischer Erfahrungen

Im Folgenden werden die Bedingungen näher untersucht, die für einen weitgehend selbstständigen und selbstbestimmten Erwerb von Erfahrungen mit physikalischen Phänomenen aus theoretischer Perspektive als unentbehrlich angenommen werden können.

3.3.1 Selbstbestimmung

Gewöhnlich sind Erwachsene zu einem wesentlichen Anteil die Initiatoren für die Gestaltung der Lern- und Erfahrungswelt für die Kinder. Bezugspersonen wird daher eine große Verantwortung für die kindliche Entwicklung zugeschrieben: „Sie geben den Orientierungsrahmen vor und gestehen Handlungsspielräume zu, sie regen an, in welcher Richtung ihre Erziehung die kindliche Entwicklung beeinflussen wird." (Haug-Schnabel 2004, S. 7).
Dies gilt insbesondere für den schulischen Unterricht, wo eine selbstständige Erfahrungsgewinnung bei Kindern eher die Ausnahme bildet: „Im Zentrum pädagogischen Geschehens steht die ‚lernende Person', deren Entwicklung durch pädagogische Maßnahmen beeinflusst werden soll." (Weidenmann/ Krapp 2001, S. 23) Sie muss sich in der Regel dabei einer vorgegebenen Lernumgebung und vorgegebenen Zielen anpassen.

Kinder, die im schulischen Rahmen bei der Gewinnung von Erfahrungen auf die Unterstützung der Lehrerin weitgehend verzichten sollen, sind darauf angewiesen, eigene Entscheidungen zu treffen und die notwendige Motivation zum Handeln selbst zu entwickeln. Sie müssen, um überhaupt handeln zu können, selbstbestimmt agieren. Diese Handlungsweise ist ihnen in der Schule zwar in der Regel nicht vertraut, sie ist ihnen aber auch nicht fremd: Kinder lernen in den ersten Lebensjahren ihre Bedürfnisse zu vermitteln, ihre Motorik zu kontrollieren, ihre Muttersprache zu sprechen, mit Menschen umzugehen und vieles mehr. Sie bemühen sich oft selbstbestimmt darum, vielfältige Erfahrungen zu sammeln und zu lernen. Die Initiative geht im natürlichen Umfeld „sehr viel häufiger von der lernenden Person selbst aus. Sie sucht für ein bestimmtes Lerninteresse ihre Umwelt gezielt nach Lerngelegenheiten ab, entscheidet sich für eine und steuert den Lernprozess dann in hohem Maße in Eigenregie. Dominieren die Ziele und Intentionen der Lernenden, kommt es zu explorativen, selbstgesteuerten Interaktionen mit der Umwelt." (Weidenmann/ Krapp 2001, S. 25).

Abhängig ist dieses Lernen von einem möglichst reichhaltigen Angebot an Reizen in der Umwelt: Es ist bekannt, dass Kinder, die niemals angesprochen werden, verkümmern, dass Bewegungsfreiheit die motorischen Fähigkeiten fördert und dass ein positives soziales Umfeld ebenso wichtig ist wie eine anregende Lernumgebung (vgl. Weinert 1998, S. 15; Schneider et al. 1989, S. 308). Aus dieser Art des Lernens resultieren umfassende Fähigkeiten, Fertigkeiten und Kenntnisse und eine dauerhafte Speicherung des Gelernten (vgl. Deci/ Ryan 1993, S. 234; Krapp 1993, S. 201).

Selbstbestimmtes Lernen ist effektiv (vgl. Hempel 2003, S. 159) und führt zu positiven Haltungen und Einstellungen gegenüber dem Lernen und den Inhalten. Gage und Berliner (1996) fassen die Ergebnisse zu typischen Verhaltensweisen von Schülern im selbstbestimmten Unterricht aus 150 Untersuchungen folgendermaßen zusammen: „Solche Schüler halten die Unterrichtsziele und Unterrichtsaktivitäten für sinnvoll, betrachten ihr Lernen als eine persönlich signifikante Erfahrung, disziplinieren sich selbst dazu, ihre Aufgaben zu erledigen, greifen auf Menschen und Materialien als Hilfsmittel zurück, bringen bessere Ergebnisse zustande als früher für sie erreichbar waren." (ebd., S. 471)

Deci und Ryan (1993, S. 229) gehen davon aus, dass es drei Arten psychologischer Bedürfnisse gibt: „Bedürfnis nach Kompetenz oder Wirksamkeit, Autonomie oder Selbstbestimmung und soziale Eingebundenheit."

Seit langem wird gefordert, selbstbestimmtes Lernen im Sachunterricht zu ermöglichen. Soostmeyer wies schon 1978 auf die Bedeutung der Kompetenzmotivation hin: „Wendet man diesen Begriff auf den Unterricht an, dann folgt für die Gestaltung der Lernsituation, dass die primären Antriebe der Kinder, die spontane Neugier, das Explorations- und Manipulationsbedürfnis und das Bedürfnis nach Auseinandersetzung mit der Umwelt angesprochen werden müssen." (Soostmeyer 1978, S. 134).
Auch aktuell gibt es Bemühungen, selbstbestimmtes Lernen für den Grundschulunterricht fruchtbar zu machen (Laux 2002, S. 58 ff.; vgl. Bannach 2002).

Bannach (2002, S. 87) schlägt vor, dann von selbstbestimmtem Lernen zu sprechen, „wenn die Lernenden beispielsweise über Ziele und die Inhalte des Lernens bestimmen [...]."

Peschel macht darauf aufmerksam, dass die Begriffe ‚selbstgesteuertes Lernen', ‚selbstreguliertes Lernen', ‚autonomes Lernen', und ‚selbstbestimmtes Lernen' in der Literatur häufig synonym verwendet werden. Er unterscheidet die Begriffe folgendermaßen: „Selbstregulation bezieht sich dabei eher auf den Lernvollzug, Autonomie eher auf die klassische Selbstbildung (eigenverantwortliche Lernplanung und Lernbedürfnisbefriedigung) und Selbstbestimmung eher auf Entscheidungsprozesse." (ebd., 2002b, S. 11)
Führt man diese beiden Bestimmungen des Begriffs zusammen, so kann Selbstbestimmung auf Seiten der Kinder im schulischen Kontext verstanden werden als die Möglichkeit, Entscheidungen über Inhalte und Ziele selbst zu treffen.

Im Rahmen der vorliegenden Arbeit wird der Begriff noch weiter gefasst und bezieht die Entscheidungsfreiheit der Kinder im Hinblick auf die methodische und soziale Gestaltung mit ein: Arbeits- und Verfahrensweisen, Entscheidungen über soziale Kommunikationsstrukturen und darüber, ob Arbeitsergebnisse dokumentiert oder kontrolliert werden sollen.
Selbstbestimmung kann nach dieser Auffassung nur dann verwirklicht werden, wenn den Schülern Raum und Zeit zur Verfügung steht, innerhalb derer sie ihre Aktivitäten selbst gestalten und eigene Entscheidungen treffen können.
Unter diesen Bedingungen kann Selbstbestimmung unterschiedliche Verwirklichungsgrade erreichen: Es können sowohl Inhalte selbst ausgewählt, Ziele, Methoden, der Arbeitszeitraum und die Arbeitsintensität als auch die Kontrolle des Erfolges von den Kindern selbst bestimmt bzw. durchgeführt werden.

Selbstbestimmtes Lernen ist geprägt durch Aktivität. Es kommt den Forderungen nach handlungsorientiertem Lernen entgegen: „Gefragt ist also ein Wechsel zu einem einsichtigen, selbstaktiven Lernen, zu einer Handlungsdidaktik. Darin erscheint das Lernen als individualisierter, aktiver, konstruktiver, teilweise spielerischer Aneignungsprozess, selbstbestimmt und selbstkontrolliert. Es erscheint in Formen wie Handeln – Probieren – Entdecken – Formulieren, durcharbeitendes Üben, Problemlösen und Erfahrungslernen." (Reichen 1991, S. 17)
Als eine wichtige Bedingung für den Erfolg selbstbestimmten Lernens wird die Einsichtsfähigkeit der Kinder in eigene Lernstrategien und die Fähigkeit, den Lernerfolg oder Misserfolg richtig einzuschätzen, gesehen. Dieses Metawissen (vgl. Parkin 1996, S. 161 ff.) muss erst erworben werden. Es erfordert die Fä-

higkeit, strukturiert zu denken und Prozesse abstrakt zu beurteilen (vgl. Simons 1992, S. 252). Eine Untersuchung von Lockl und Schneider (2002, S. 3 ff.) ergab, dass es Erstklässlern im Vergleich zu Dritt- oder Viertklässlern oft noch nicht gelingt, ihr Lernen selbst zu regulieren (vgl. dazu auch Dreher 2005, S. 151; Schneider/ Büttner 2002). Obwohl sie den Schwierigkeitsgrad von Aufgaben unterscheiden können, verwenden sie gleich viel Zeit auf die Bearbeitung. Es gelingt ihnen nicht so gut wie älteren Kindern, angemessene Konsequenzen aus ihrem Metawissen zu ziehen.

Hinweise auf den positiven Zusammenhang von Selbstbestimmungsempfinden und Interesse liefert die Untersuchung von Hartinger (2002, S. 174 ff.). Hartinger führte Unterricht in sieben dritten Klassen zum Thema ‚So lebten Kinder früher' durch. In drei Klassen richtete sich die Unterrichtsplanung nach den Fragen der Kinder zum Thema. Es wurde den einzelnen Kindern freigestellt, zu entscheiden, mit welchem Teilgebiet (Schule früher, Kleidung früher u.ä.) sie sich näher befassen wollten. In den Vergleichsklassen bekamen die Kinder die gleichen Teilgebiete zur Beschäftigung zugeteilt. Hartinger stellt fest, dass die Kinder, die ein höheres Selbstbestimmungsempfinden haben, aktiver mitarbeiten und ein größeres Interesse zeigen (vgl. 2002, S. 179 ff.).

3.3.2 Selbstorganisation

Der Begriff der Selbstorganisation entstammt ursprünglich den Naturwissenschaften. Prigogine/ Stengers (1993) und Haken (1991) beispielsweise untersuchen Bedingungen, unter denen Selbstorganisationsprozesse in der unbelebten Natur zustande kommen und ablaufen. Charakterisiert sind selbstorganisierte Systeme dadurch, dass sie spontan – aus sich selbst heraus – ‚Strukturen' (in Raum und Zeit) ausbilden. Bekannte Beispiele für selbstorganisierte Systeme sind die Kerzenflamme oder die Bildung von Flussmäandern oder -netzwerken (Schlichting/ Nordmeier 2000).
Ähnlich verstanden wird auch der Begriff der Autopoiese, den beispielsweise Soostmeyer auch für den Bereich des Sachunterrichts verwendet (Soostmeyer 1998, S. 130; S. 337). Maturana prägte 1973 den Begriff der Autopoiese in Bezug auf molekulare Systeme. Die Theorie der Autopoiese beschreibt die Fähigkeit lebender Systeme, sich selbst zu organisieren und die gewählten Strukturen als „autopoietische Einheit" (Maturana 1994, S. 167) und somit als „Organisationsform" (ebd.) zu erhalten. Der Begriff der Autopoiese ist viel diskutiert und von Maturana selbst lediglich definiert worden. Er selbst spricht sich gegen eine Übertragung des Begriffs als Erklärungsprinzip auf andere Bereiche aus: „Ich selber habe es (das Konzept der Autopoiese, Anm. H. K.) nie als solches benutzt, sondern wollte damit nur eine spezielle Organisationsform

– nämlich die lebender Systeme, besonders Zellen – beschreiben oder darstellen" (Maturana 1994, S. 157). Dennoch hat sich der Begriff ‚verselbstständigt' und ist inzwischen - wenn auch nicht immer zu einem Erklärungsprinzip - so doch zu einem Begriff geworden, mit dem sich auch andere lebende Systeme beschreiben lassen. Geht man davon aus, dass autopoietisch im Wortsinne ‚selbsthandelnd' oder im Sinne Maturanas ‚selbstorganisierend' meint (vgl. ebd.), dann können Strukturen, die Kinder ‚unter sich' aufbauen und ‚am Leben' erhalten, durch diesen Begriff charakterisiert werden. Dabei kann der Begriff allerdings nicht so eng gefasst werden, dass die Organisation der Kinder „einer mehr oder weniger invarianten Ganzheit, die in ihrer Dynamik nicht durch äußere Einflüsse bestimmbar ist" (Reinberg in Maturana 1994, S. 155) entspricht. Selbst Maturana sieht in seinen mikrobiologischen Systemen die Wechselwirkung mit anderen Molekülen, die eine völlige Abgeschlossenheit der Systeme aufhebt (ebd., S. 168). Wendet man also den Begriff der Autopoiese auf Kinder an, so kann dies beides meinen: sowohl die Selbstorganisationsfähigkeit des einzelnen Kindes (vgl. Soostmeyer 1998, S. 337) als auch das von gemeinsam agierenden Kleingruppen und der zusammenwirkenden gesamten Klassengemeinschaft, die als System verstanden werden kann.

Herold und Landherr (2001, S. 12) weisen darauf hin, dass selbstorganisiertes Lernen durch die Organisationsform Schule Grenzen erfährt: „...es besteht Schulpflicht und die Lerninhalte werden durch Lehrpläne definiert, die es zu erfüllen gilt." Selbstorganisation kann in der Schule also nur im Rahmen dessen stattfinden, was als äußere Bedingungen und Vorgaben zu berücksichtigen ist.

3.3.3 Motivation

Eine Bedingung, um selbstständig Erfahrungen mit physikalischen Phänomenen zu gewinnen, ist die diesbezügliche Motiviertheit der Kinder. Motive bestimmen das Handeln von Menschen. Sie lassen sich als „energetische Grundlage" (Mönks/ Knoers 1996, S. 138), als Antrieb dafür kennzeichnen, etwas zu tun oder zu unterlassen (vgl. Edelmann 1996, S. 84). Heckhausen (1989, S. 24) fasst unter dem Begriff des Motivs „unterschiedliche Bezeichnungen wie Bedürfnis, Beweggrund, Trieb, Neigung, Streben etc." Allen diesen ist eine „dynamische Richtungskomponente" (ebd.) auf zu erreichende Ziele eigen. Motive wirken selektierend, sie steuern das Verhalten auf einen ausgewählten Bereich hin. Ist das Motiv „stark genug" (Mönks/ Knoers 1996, S. 138), wird die Handlungsrichtung über längere Zeiträume hinweg beibehalten (vgl. ebd.).

Krapp (1993) weist darauf hin, dass eine Differenzierung der Begriffe Motiv und Motivation notwendig ist und kennzeichnet Motive als „charakteristische

Merkmale einer Person" (Krapp 2003, S. 14); diese motivationalen Dispositionen sind zeitlich relativ konstant und machen das konkrete Verhalten in bestimmten Situationen vorhersagbar. Motivation wird dagegen als ein Komplex verschiedener Organismus- und Umweltvariablen beschrieben, deren Funktion in einer allgemeinen Aktivierung und spezifischen Orientierung von Erleben und Verhalten besteht" (Krapp 1993, S. 189, dort Zitat aus Keller 1981, S. 24).
Im ersten Fall stehen daher personenbezogene Merkmale im Fokus der Betrachtung, im zweiten werden Bedingungsfaktoren untersucht, die zu einer Motivierung führen können, die das Lernen in konkreten Situationen verändern (Krapp 2003, S. 14).
Rheinberg (1995) beschreibt Motivation als die „aktivierende Ausrichtung des momentanen Lebensvollzug auf einen positiv bewerteten Zielzustand" (ebd., S. 13).

Mit der Kritik am Behaviorismus entwickelte sich die Unterscheidung von ‚intrinsischer' und ‚extrinsischer' Motivation. Diese Begriffe werden in erster Linie im Hinblick auf das Lernen und die kognitive Bewältigung von Aufgaben diskutiert (vgl. Schiefele/ Köller 1998, S. 193 ff.). Vor dem Hintergrund, dass Menschen sich auch ohne äußere Belohnungen mit Sachverhalten intensiv auseinandersetzen, selbst wenn sie ein hohes Maß an Anstrengungen verlangen, ist die intrinsische Motivation zu einem intensiv beforschten Gebiet menschlichen Verhaltens geworden.

White (1959) geht davon aus, dass es sich bei der intrinsischen Motivation um den Ausdruck eines angeborenen menschlichen Bedürfnisses handelt, den Anforderungen der Umwelt gerecht zu werden (vgl. Schiefele/ Köller 2001, S. 306). Deci und Ryan (1985) prägen mit Bezug auf White für dieses Verhalten den Begriff des Kompetenzbedürfnisses, gehen aber davon aus, dass dieses Konzept nicht ausreichend ist für die Erklärung intrinsischer Motivation, da auch extrinsische Handlungen Kompetenzbedürfnisse zur Grundlage haben können (vgl. Deci/ Ryan 1993). Sie bündeln die Ansätze zur intrinsischen Motivation in der ‚Selbstbestimmungstheorie' und fassen die beiden Grundbedürfnisse *Kompetenz* und *Selbstbestimmung* als grundlegend für intrinsische Motivation auf. Sie gehen davon aus, dass Menschen motiviert sind, wenn ihr Verhalten intentional ist. Intrinsisch sind Menschen nach dieser Theorie dann motiviert, wenn sie spontan aus eigenem Interesse handeln und dieses Handeln nicht nur – wie bei der extrinsischen Motivation – eine Reaktion auf äußere Anregungen, Belohnungen oder Strafen darstellt (ebd., S. 224 f.).
Extrinsische Motivation kann sich in intrinsische Motivation umwandeln, wenn der Grad der Fremdbestimmung allmählich dadurch abnimmt, dass sich der

Handelnde mit dem Ziel identifiziert und die Tätigkeit als persönlich bedeutungsvoll einstuft (vgl. Krapp 1996a, S. 91).
Deci und Ryan stellen fest, dass dort, wo externe Kontrollen beibehalten oder negatives Feed-back gegeben werden, die intrinsische Motivation eingeschränkt oder aufgegeben wird (Deci/ Ryan 1993, S. 231).

Nach Ergebnissen empirischer Untersuchungen können positive Unterstützungen oder Belohnungen die intrinsische Motivation verstärken, allerdings nur dann, wenn sie die Autonomie des Lernenden fördern und nicht kontrollierend wirken (ebd.; vgl. Hartinger 2003, S. 33 ff.).

Erkenntnisse aus empirischen Untersuchungen weisen darauf hin, dass intrinsische Motivation beim Lernen im Hinblick auf das Verstehen von Inhalten, der Tiefe der Informationsverarbeitung oder dem Transfer von Wissen in der Regel erfolgreicher als extrinsisch motiviertes Lernen ist und zu besseren Lernergebnissen und Leistungen führt als extrinsische Motivation (Krapp 2003, S. 17; Krapp 1999; Deci 1993; vgl. Csikszentmihalyi/ Schiefele 1993, S. 212 ff.; vgl. Lück 2000; Schiefele/ Schreyer 1994; Aebele 1991). Dies wird dadurch begründet, dass sowohl eine freiwillige längerfristige und durch erhöhte Aufmerksamkeit gekennzeichnete Auseinandersetzung mit dem Lerngegenstand erfolgt. Damit einher geht häufig ein positives emotionales Empfinden (vgl. Hartinger 2003, S. 33).

Deci und Ryan merken an, dass intrinsische Motivation mit „Neugier, Exploration, Spontaneität und Interesse an den unmittelbaren Gegebenheiten der Umwelt" (Deci/ Ryan 1993, S. 225) verbunden ist.
Eine intrinsisch motivierte Handlung ist auch dadurch charakterisiert, dass sie Spaß bereitet und auch dann durchgeführt wird, wenn sich daraus nichts „Nützliches" (Krapp 2003, S. 14) ergibt.

Wenn Kinder also selbstbestimmt agieren und eine intrinsische Motivation aufbauen können, sollten sie diesen Theorien zufolge spontan, neugierig und interessiert explorieren. Es stellt sich aber die Frage, welche Erwartungen daran geknüpft werden können, wenn sie dies tatsächlich tun. Welche Entwicklungsmöglichkeiten hinsichtlich von Verhaltensmustern können sich ergeben? Diesen Fragen wird im Folgenden nachgegangen.

3.4 Entwicklungsmöglichkeiten

3.4.1 Flow-Erleben

Csikszentmihalyi (1999a) geht davon aus, dass Menschen dann intrinsisch motiviert sind, wenn sie eine Sache ‚um ihrer selbst willen' ausführen. Er prägte den Begriff des *Flow*. Die Untersuchungen Csikszentmihalyis zu intrinsisch motivierten Tätigkeiten, die den Handelnden Freude bereiten und ihnen ein Bedürfnis sind, führten zum Begriff des ‚*Flow-Erlebens*'.

Flow zeichnet sich insbesondere durch die Bereitschaft aus, *freiwillig* beträchtliche Leistungen zu erbringen, die keinerlei externe Belohnungen nach sich ziehen. Flow-Erleben wird von Krapp als für das Lernen und die Leistung „in höchstem Maße förderlich" (Krapp 1996b, S. 54) eingestuft. Er weist darauf hin, dass in Untersuchungen mit Hochbegabten „die Häufigkeit des Flow-Erlebens in den Begabungsfächern eine entscheidende Determinante dafür war, ob sich die betreffende Person langfristig an dieses Fach gebunden hat, z.b. in Form eines Studiums oder einer späteren beruflichen Tätigkeit. Das subjektive emotionelle Erleben spielte dabei eine wesentlich größere Rolle als die schulfachbezogene Fähigkeit." (ebd.)

Die Studien Csikszentmihalyis zum Flow-Erleben zielen darauf ab herauszufinden, welche Konstellationen dazu führen, dass Tätigkeiten als erfreulich empfunden werden. „Ursprünglich gingen wir unsere Studie so an, daß wir Leute bei möglichst vielen verschiedenen autotelischen Tätigkeiten einfach fragten, warum sie die betreffende Tätigkeit ausführten. Eine Aktivität wurde als autotelisch (von griechisch = auto = selbst und telos = Ziel/ Absicht) bezeichnet, wenn sie vom Ausübenden zwar eine formelle und beträchtliche Energieaufwendung verlangte, ihm aber wenig oder gar keine konventionellen Belohnungen brachte." (Csikszentmihalyi 1999, S. 30)
Autotelische Aktivitäten werden von den Probanden dem „Entwerfen oder Entdecken von etwas Neuem", „Erkunden eines fremden Ortes" oder dem „Lösen eines mathematischen Problems" ähnlich beschrieben (ebd., S. 205).
Csikszentmihalyi charakterisiert Flow-Erleben anhand der auftretenden Bedingungen: So stellt er fest, dass ein wesentliches Merkmal „das Verschmelzen von Handlung und Bewusstsein" (ebd., S. 61) ist. Die Konzentration ist so groß, dass der Handelnde selbstvergessen in der Tätigkeit aufgeht und sich ein Gefühl des völligen Eins-Seins mit der Tätigkeit einstellt. Wesentlich für Flow ist das Gefühl der Kontrolle über die Bedingungen der Tätigkeit.
Die handelnde Person empfindet sich im Einklang mit der Umwelt und fühlt selbst in objektiv gefährlichen Situationen (z.B. während des Bergsteigens) keine Angst vor dem Entgleiten der Kontrolle.

Flow wird typischerweise dort erlebt, wo Handlungsanforderungen klar und eindeutig und auf ein „eingeschränktes Feld von Möglichkeiten konzentriert" (ebd., S. 71) sind. Voraussetzung ist die „Passung von Fähigkeit und Handlungsanforderung und die Eindeutigkeit der Handlungsstruktur" (Schiefele/ Köller 1998, S. 195). Dennoch ist eine gewisse Offenheit der Situation grundlegend: „Der Unsicherheitsfaktor ist der Flow-Faktor. Ungewißheit bedeutet, daß ein Fließen möglich ist, während absolute Gewißheit statisch, tot, nicht fließend ist […]. Flow und Festgelegtheit heben einander sozusagen auf." (Ebd., S. 110)

Bedeutend im Hinblick auf die erheblich gesteigerte Leistungsbereitschaft ist, dass Flow nicht nur ohne externe Belohnung auskommt, sondern dass solche Belohnungen dem Flow-Erleben geradezu entgegenstehen (ebd., S. 30).

Csikszentmihalyi untersuchte u.a. Schachspieler und Bergsteiger und – um festzustellen, ob Flow auch in beruflichen Tätigkeiten empfunden werden kann – Chirurgen.
Kennzeichnend für die Flow-Erlebnisse aller drei Gruppen ist die Konzentration auf eine Tätigkeit, die die Umgebung, äußere Stimuli, das eigene Selbst, Probleme und abweichende Gedanken ausschaltet. Diese Tätigkeit wird immer als positiv empfunden und mit ‚Freude', ‚Spaß', ‚Befriedigung' umschrieben. Müdigkeit, Anstrengung und Schmerzen werden unwichtig, ein „völliges Aufgehen" (1999a, S. 171) in der Sache ist charakteristisch.

Flow wird, wenn es einmal erlebt wurde, von allen Beteiligten immer wieder angestrebt. Um Flow zu erleben, werden Unannehmlichkeiten, Widerstände und Nachteile bereitwillig in Kauf genommen. Diese intrinsische Belohnung für das Handeln wird subjektiv höher bewertet als extrinsische Belohnungen, die, z.B. im Fall des Chirurgen, ebenfalls mit den Tätigkeiten verbunden sein können.
Kletterer und Chirurgen geben als Grund für die befriedigenden Empfindungen an, dass es besondere Freude mache, die Geschicklichkeit der Hände zu nutzen. Insbesondere die Chirurgen geben aber auch an, dass Ergebnisse als Rückkopplung für ihr Handeln eine Bedingung für positives Erleben darstellen. Das Flow-Erleben wird gestört, wenn bei einer Operation Komplikationen auftreten. Künstler sind dagegen an ihren Endprodukten häufig kaum noch interessiert. Flow entwickelt sich bei ihnen im Prozess des Schaffens.

Flow-Erleben zeichnet sich außerdem durch ein verändertes Zeitempfinden aus: Während die Zeit im Rückblick schnell vergangen zu sein scheint, wird sie im Flow als verlangsamt und ausgedehnt bzw. kaum noch vorhanden erlebt.

Flow wird dann unterbrochen, wenn das Gefühl der Überforderung oder Unterforderung entsteht. Während aus dem einen Angst resultiert, zieht das andere Langeweile nach sich (vgl. ebd., S. 165 ff. u. S. 115 ff.).

Csikszentmihalyi gibt trotz vielfältiger Beschreibungen der Bedingungen und Anzeichen für Flow keine eindeutig eingrenzbare Definition. Vielmehr werden unterschiedlich intensive Flow-Erlebnisse geschildert, die von ekstatischen Phasen bis hin zum freudig-entspannten Genießen reichen. Auch kleine Belohnungen, die sich Menschen im Verlauf eines Arbeitstages gönnen, werden zum Flow-Erleben gerechnet.

Unterschieden werden in diesem Zusammenhang nur kleine Flow-Erlebnisse (*microflow*) und große, die je nach Intensität und Zeitdauer des Erlebens verschiedene Ausprägungen erfahren können.[23]

Zusammenfassend lassen sich folgende Merkmale für ‚Flow-Erleben' nennen:

- keine Erwartung externer Belohnung,
- Hinnehmen von Anstrengungen und Nachteilen,
- Konzentration auf ein eingeschränktes Stimulusfeld und Selbstvergessenheit,
- Verschmelzen von Handlung und Bewusstsein,
- Ungewissheit/ Offenheit,
- Gefühl der Kontrolle über die Bedingungen,
- Spaß/ Freude/ Befriedigung,
- wiederholtes Anstreben der gleichen Bedingungen,
- verändertes Zeitempfinden.

Csikszentmihalyi fand heraus, dass ein Nicht-Zulassen von Flow (*Flow-Entzug*) zu Konzentrationsmangel, Lebensunlust und Interesselosigkeit führen kann (vgl. Csikszentmihalyi 1999, S. 191). Das Unterlassen gewünschter nicht-instrumenteller (also nicht zweckgebundener Tätigkeiten) ist sogar kontraproduktiv für eine Leistungssteigerung. Wenn auf Erholungsphasen verzichtet wird, weil sie Schuldgefühle auslösen, als unnötig empfunden werden oder davon ausgegangen wird, sie störten den Arbeitsprozess, vermindert sich das Leistungsvermögen (ebd.).

---

[23] Diese Unterscheidung ermöglicht es, das Flow-Konzept auch für Lern- und Entwicklungsförderung zu nutzen, in dem vorrangig die Möglichkeit zu kleinen Flow-Erlebnissen realisierbar erscheint.

Demgemäß wird erwartet, dass sich auch bei den Kindern Flow-Erleben beobachten lassen müsste, wenn Freiräume für intrinsisch motiviertes Handeln eröffnet werden.
Daraus ergeben sich weitere Vermutungen: Wenn die Kinder Flow erleben, sollte sich auch eine Steigerung der freiwilligen Leistungsbereitschaft beobachten lassen. Außerdem sollte eine Atmosphäre, in der Kinder Flow erleben, der Ausprägung oder Aufrechterhaltung von Interessen förderlich sein, da Flow immer dann auftritt, wenn Menschen an einer Sache interessiert sind.

3.4.2 Leistungsbereitschaft

Im Allgemeinen ist der Begriff der Leistung positiv besetzt: Er wird verstanden als Schaffen, Streben, Engagement und Anstrengung, die zu Produktivität führt. Brügelmann (1998, S. 59 ff.) weist jedoch darauf hin, dass der Leistungsbegriff nicht einheitlich verstanden wird. Unterschiedliche Bezugsnormen (Gruppen-, Kriteriums- bzw. Entwicklungsorientierung) werden vermischt und ihre Passung auf die jeweiligen Leistungssituationen nicht geprüft.

So werden Höchstleistungen nur erbracht im Vergleich zu anderen Menschen, die die gleiche Leistungskategorie erfüllen. Mindestleistungen dagegen werden als Qualifikationen für den Einstieg in ein Berufsfeld zugrunde gelegt. Die Entwicklungsleistung bezeichnet im Vergleich dazu eigene, individuelle Leistungssteigerungen: „Der Vergleich mit anderen oder das Erreichen eines allgemein gültigen Standards werden nur sekundär bedeutsam." (ebd., S. 61)
Brügelmann hält die Entwicklungsleistung für „die angemessene Norm für eine Grundbildung" (ebd., S. 61), die geeignet ist, das Vertrauen des einzelnen Kindes in seine Leistungsfähigkeit aufzubauen.

Der Leistungsbegriff, der in politischen, arbeitsmarktrelevanten Kontexten Verwendung findet, ist dagegen ausgerichtet auf die Vergleichbarkeit der schulischen Leistungen. Dieser Leistungsbegriff zielt ab auf äußere Beurteilungsmaßstäbe. Ein (vermeintlicher) Qualitätsanspruch wird damit an „Mindeststandards" (ebd., S. 51) gebunden, die erfüllt werden sollen und deren Erreichung staatlicher Kontrolle unterliegt. ‚Leistungsverbesserungen' in Wirtschaftsbetrieben werden als Vorgabe und Beispiel gesehen für die Möglichkeiten der Schule. Die prinzipielle Unvergleichbarkeit eines Wirtschaftsunternehmens, das grundsätzlich auf monetäre Leistungsziele ausgerichtet ist, mit dem Schulbetrieb, in dem es um die Entwicklung individueller Stärken, Lernchancen, positiver Selbstkonzepte, um soziale Haltungen und Handlungen, um Wissenserwerb und den Erwerb von Kompetenzen geht, wird dabei häufig übersehen (vgl. Terhart 2000, S. 823 ff.).
Aus Studien wie TIMS und PISA (Baumert 1998, Baumert u.a. 2000; 2001; 2002) resultiert eine gewachsene gesellschaftliche Bildungserwartung an die

Schüler. Sie sollen im Vergleich zu früheren Zeiten mehr leisten (vgl. Fölling-Albers 1995, S. 64; Fried 1999). Der Rückbezug auf diese Studien wird zum Anlass genommen, Wettbewerbsbedingungen sowohl unter den Schülern als auch unter den Schulen zu fordern.

Diese Forderungen ignorieren die Ergebnisse der Motivationsforschung, die eine verbesserte Leistungsbereitschaft gerade dann nachweisen, wenn die Motivation positiv, das Interesse so weit wie möglich intrinsisch (Deci 1993; vgl. Csikszentmihalyi/ Schiefele 1993, S. 212; S. 214; vgl. Lück 2000; Schiefele/ Schreyer 1994; Krapp 1999; Aebele 1991) und das Lernen selbstbestimmt verläuft (Deci/ Ryan 1993). Repressalien, Kontrolle und negative Verstärkungen führen nach diesen Theorien dazu, dass höchstens die eingeforderten Leistungen (Mindestanforderungen) erbracht werden (vgl. Grolnick/ Ryan 1987). Äußere Kontrollen werden als Ursache dafür gesehen, dass intrinsische Motivation sich in extrinsische verwandelt (Deci/ Ryan 1985) und damit die Leistungsmotivation eher eingeschränkt als gefördert wird (vgl. dazu auch Hüther 2004; Sachser 2004; vgl. Kap. 3.2.2).

3.4.3 Interesse

Der Interessenbegriff wird in der Alltagssprache sowie in der Literatur z.T. recht unterschiedlich verwendet bzw. definiert, da es vielfältige Ausprägungen von ‚Interesse' gibt. Gerade beim Erwerb von Erfahrungen handelt es sich zuerst häufig um Neugier, also eine ‚Interessiertheit' daran, Neues zu erleben oder zu erfahren. Zu diesem Zeitpunkt ist oft der spezielle Inhalt noch nicht kognitiv repräsentiert. Kinder zeigen z.B. ein großes ‚Interesse' daran zu ‚experimentieren', obwohl die Vorstellung von den zu erwartenden Tätigkeiten eher diffus ist. Allein der Begriff des Experimentierens verspricht jedoch Spaß und das Erleben spannender Phänomene. Das Interesse an *bestimmten* Gegenständen wird dagegen erst durch die Begegnung ausgelöst. Das vertiefte Interesse an einem spezifischen Inhalt oder Gegenstand (vgl. Schiefele et al. 1993, S. 125; vgl. Krapp 2001, S. 286 ff.), das häufig eine Motivation nach sich zieht, sich intensiver, konzentrierter und längerfristig mit einem Gegenstand auseinanderzusetzen, kann wiederum aus der Beschäftigung mit dem jeweiligen Inhalt erwachsen (vgl. Basting 2001, S. 37 f.).

In einem Überblick über Untersuchungen zur unterrichtsbezogenen Interessensforschung kommt Hartinger (1997, S. 48 ff.) zu einer Zusammenschau empirisch gesicherter Erkenntnisse.

Im Einzelnen nennt er folgende Ergebnisse:
- Unterricht hat Auswirkungen auf die Entwicklung von Interesse bzw. einzelnen Elementen von Interesse [Bredderman 1983; Eder 1992; Löwe 1983; Pescarella et al. 1981; Bauhardt 1990; Berck/ Klee 1992; Gräber 1992b; Hoffmann/ Lehrke 1986; Jedanowski 1976][24].
- Sowohl Inhalte als auch Kontexte sind bedeutsam [Gräber 1992b; Hoffmann/ Lehrke 1986; Lehrke 1988; Rolbitzki 1983; Todt/ Händel 1988] (vgl. dazu auch Muckenfuß 1995), wobei die Kontexte aus der Sicht der Schülerinnen und Schüler gegenüber den Inhalten und Tätigkeiten eine größere Bedeutung beigemessen wird [vgl. Hoffmann/ Lehrke 1986].
- Die Inhalte, Kontexte und Tätigkeiten sollten „Anwendungsbezug" aufweisen, und es sollte eine „Lebensnähe des Unterrichts" gegeben sein. [Dies betonen vor allem Gräber 1992b; Hoffmann/ Lehrke 1986; Klein 1991; Kubli/ Boss/ Reisch 1987; Lohse 1992; Schunck 1993; Todt/ Händel 1988.]
- Schüleraktivitäten im Unterricht können Interesse fördernd sein [Bredderman 1983; Schiefele/ Stocker 1993; Bauhardt 1990; Jedanowski 1976; Klein 1991; Löwe 1983; Rolbitzki 1983; Weiss 1982].
- Zudem wird der Selbstbestimmung der Schülerinnen und Schülern ein „hoher Einfluss auf die Interessensentwicklung zugestanden" (vgl. Hartinger 2002).

Und: Erfolgserlebnisse sind geeignet, das Interesse zu steigern (vgl. Krapp 1996a, S. 96).

Als weitere empirisch gesicherte Ergebnisse führt Hartinger an, dass
- das Interesse an schulischen Inhalten in Laufe der Schulzeit konstant sinkt [vgl. Todt 1990, S. 261],
- nur sehr wenige Schülerinnen und Schüler angeben, sie hätten ihre Interessen durch die Schule entwickelt (Freunde und Familie werden als wichtige Einflussgrößen angegeben (vgl. Fölling-Albers 1995, S. 25)),
- Interessen, die die Kinder angeben, sich fast nie mit den Themen überschneiden, die in der Schule behandelt werden [Blumenstock/ Fölling-Albers/ Hartinger, o.J.].

Die Ergebnisse der von Hartinger selbst durchgeführten Untersuchung zur Interessenentwicklung im Bereich der Biologie bestätigen, das es entscheidend von der Unterrichtsgestaltung abhängt, inwieweit sich der Unterricht positiv auf die

---

[24] Die in eckigen Klammern genannte Literatur findet sich in Hartinger 1997.

Interessen der Kinder auswirkt (vgl. Hartinger 1997, S. 209 f.; S. 216 ff.). Aufgrund der unterschiedlichen Durchführung des Unterrichts (von drei untersuchten Klassen wurde eine handlungsorientiert unterrichtet), ergaben sich folgende Ergebnisse:

Die Schülerinnen und Schüler der handlungsorientiert und Autonomie unterstützend unterrichteten Klasse

- gaben signifikant häufiger an, sich in ihrer Freizeit mit dem unterrichteten Thema (‚Leben am Gewässer') zu beschäftigen als die Kinder der Kontrollklassen,
- entwickelten in Nacherhebungen mehr weitergehende Fragestellungen als vor dem Unterricht (während in den anderen Klassen dieser Wert weit unter das Ergebnis der Vorerhebung sank),
- empfanden den Unterricht als interessanter.

Außerdem konnte festgestellt werden, dass
- die Wirkungen des Unterrichts nicht nur kurzfristig waren,
- Schülerinnen und Schüler, die vor dem Unterricht kein Interesse an der unterrichteten Thematik hatten, im handlungsorientierten Unterricht deutlich mehr profitierten,
- auch die interessierten Schülerinnen und Schüler in diesem Unterricht mehr profitierten,
- die Interessenentwicklung bei den Jungen im handlungsorientierten, selbstbestimmten Unterricht im Bereich der Biologie besser gefördert wurde als im traditionellen Unterricht, in dem gerade Jungen das Interesse an diesen Themen leichter verlieren als die Mädchen (vgl. Hartinger/ Roßberger 2001).

Zusammenfassend zeigen die Ergebnisse der Untersuchungen, dass die Möglichkeit, handlungsorientiert, selbstbestimmt und Autonomie unterstützend lernen zu können, sich förderlich auf die Interessenentwicklung auswirkt.
Zu erwarten ist demgemäß, dass die Kinder in Situationen, die diese Bedingungen erfüllen, Interessen ausbilden können.

Kriterien für die Entwicklung von Interesse entwickelten Krapp, Prenzel und Schiefele (vgl. Krapp 1996a, S. 93 f.) in der ‚Person-Gegenstands-Theorie des Interesses': Hier wird von drei personenbezogenen Merkmalen ausgegangen, die darauf hinweisen, dass ein Interesse am Gegenstand vorliegt:

- Es muss eine positive emotionale Tönung vorliegen, d. h. die Handlungen müssen mit positiven Gefühlen (Spaß) assoziieren (gefühlsbezogene Valenz).
- Damit einher geht eine hohe subjektive Wertschätzung für den Gegenstand (wertbezogene Valenz).
- Es muss eine intrinsische Komponente gegeben sein: Das Individuum fühlt sich frei von Zwängen und selbstbestimmt, erlebt die Handlungen auch dann, wenn sie anstrengend sind, als „spannend", „befriedigend" oder „freudvoll" (vgl. dazu Hansen/ Klinger 1997).

3.5 Zusammenfassung und Konkretisierung der Fragestellung

Die Analysen der theoretischen und empirischen Arbeiten (Kap. 3) führen zu folgenden Ergebnissen, die für die Gestaltung der empirischen Untersuchungen grundlegend sind:

- Kinder kommen bereits mit physikalischem ‚Wissen' auf die Welt (vgl. Kap. 3.2.1).
- Neugier ist der Antrieb dafür, dass Kinder in ihrer Umwelt beständig nach neuen Erfahrungen suchen (vgl. Kap. 3.2.2).
- Spielerische oder explorative Handlungen sind auf Erfahrungsgewinnung ausgerichtet (vgl. Kap. 3.2.2).
- Kinder sind in der Lage relativ eigenständig Erfahrungen zu sammeln, wenn sie sich in einem Anregung und Sicherheit bietenden sozialen Umfeld bewegen (vgl. Kap. 3.2.2).
- Auch aus Sicht der Sachunterrichtsdidaktik werden spielerisch gewonnene und ästhetische Erfahrungen mit physikalischer Phänomenen als bedeutsam angesehen (vgl. Kap. 3.2.3).
- Als Bedingungen für den selbstständigen Erwerb physikalischer Erfahrungen (vgl. Kap. 3.3) werden Selbstbestimmtheit, Selbstorganisationsfähigkeit und intrinsische Motivation angesehen (vgl. Kap. 3.3.1-3.3.3).
- Sind die Bedingungen erfüllt, so ist auch Flow-Erleben möglich, das zu einer erhöhten Leistungsbereitschaft und bessere Leistungen führen kann (vgl. Kap. 3.4.1).

Werden Kindern Möglichkeiten zur Entwicklung von Selbstbestimmtheit, Selbstorganisationsfähigkeit und intrinsischer Motivation eingeräumt, kann nach der Theorie also vermutet werden, dass sie diese neugierig, spielerisch und explorierend (vgl. Kap. 3.2.2) nutzen, um neue Erfahrungen zu sammeln.

Diese ‚natürliche' (außerschulische) Herangehensweise an die Welt steht derjenigen gegenüber, die die Kinder in der Regel aus der Schule kennen: Der Lernstoff wird ihnen angeboten und ihr Lernen wird auf Ziele hin ausgerichtet, die von der Lehrkraft aufgrund didaktischer und methodischer Entscheidungen ausgewählt und für den Unterricht aufbereitet wurden. Die Kinder sind also im schulischen Rahmen nicht daran gewöhnt, selbst Entscheidungen über das eigene Lernen treffen zu müssen und sie sind es in der Regel nicht gewohnt, Lerninhalte auf spielerische und explorative Weise zu entdecken (vgl. Kap. 3.2.3).

Es soll also untersucht werden, ob und wie Kinder sich im schulischen Rahmen mit physikalischen Phänomenen so befassen können, dass sie ohne Anleitung durch die Lehrkraft Erfahrungen sammeln (vgl. Kap. 2). Im Zentrum stehen dabei die Fragen nach der Fähigkeit der Kinder zur Selbstbestimmung und Selbstorganisation im Hinblick auf die Gewinnung von Erfahrungen mit physikalischen Phänomenen sowie die Qualität der Erfahrungen (ästhetisch, implizit, explizit), die die Kinder von sich aus gewinnen. Darüber hinaus ist von Interesse, welche Entwicklungsmöglichkeiten sich ergeben, wenn die Kinder innerhalb schulischer Strukturen selbstbestimmt agieren.

Da das Problem der geringen Aufnahme physikalischer Inhalte in der didaktischen Literatur als ein Problem des Sachunterrichts wahrgenommen und interpretiert wird (vgl. Kap. 1), zielt die Fragestellung im Wesentlichen auf das Geschehen in der Klasse ab. Das heißt, von Interesse ist hier zunächst das Verhalten der Kinder in der Klasse als soziale Einheit. Es wird dabei davon ausgegangen, dass die Ergebnisse der Untersuchungen der vorliegenden Arbeit nur dann zu einer alternativen Lösung des Problems eingesetzt werden können, wenn es den Kindern im Klassenverband gelingt, ohne Anleitung durch die Lehrkraft Erfahrungen mit physikalischen Phänomenen zu gewinnen.

Es kann wohl angenommen werden, dass sich dieses Problem auch auf das einzelne Kind auswirkt (vgl. Kap. 1.2.3). Zielrichtung dieser Arbeit ist es jedoch nicht, die Folgen oder Fördermöglichkeiten für einzelne Kinder näher in den Blick zu nehmen. Individuelle Entwicklungsverläufe bleiben bei der Betrachtung hier deshalb noch weitgehend außen vor. Zwar soll auch das Verhalten einzelner Kinder beobachtet und beschrieben werden, jedoch wird dies stets vor dem Hintergrund der Entwicklung in der Klasse betrachtet. Fragen nach dem bereichsspezifischen Selbstkonzept, nach Leistungsunterschieden und Gründen dafür, nach geschlechtsspezifischen Unterschieden etc. werden an eine mögliche Anschlussforschung verwiesen (vgl. Kap. 7).

Aufgrund der theoretischen Vorarbeiten sollen in einem weit gesteckten Rahmen folgende Aspekte, die für Erfassung von ‚Mustern' bzw. Strukturen in der Klasse hinsichtlich des Untersuchungsgegenstands ‚selbstbestimmte Erfahrungsgewinnung mit physikalischen Phänomenen' aussagekräftig erscheinen (vgl. Kap. 2), besondere Beachtung finden:

- **Selbstbestimmung**: Nutzen die Kinder die Möglichkeiten, selbstbestimmt Erfahrungen mit physikalischen Phänomenen sammeln zu können und wenn, dann wie?
- **Selbstorganisation**: Gelingt es den Kindern sich selbst zu organisieren?
- **Motivation**: Sind die Kinder motiviert und wenn ja, in welcher Weise und wie lange?
- **Interessen**: Sind die Kinder interessiert und wenn ja, wie ist das Interesse ausgeprägt, worauf richtet es sich?
- **Flow**: Erleben die Kinder Flow und wie wirkt sich dies ggf. auf das Verhalten aus?
- **Leistungsbereitschaft**: Steigert sich die Leistungsbereitschaft?
- **Erfahrungsgewinnung**: Gewinnen die Kinder Erfahrungen mit physikalischen Phänomenen und wenn ja, dann auf welche Weise? Und: Von welcher Art und Qualität sind ggf. die gewonnenen Erfahrungen?
- **Verhalten der Lehrerinnen**: Wie gehen die Lehrerinnen mit der Situation und mit den Kindern um? Und: Verändern sie ihre Haltung gegenüber physikalischen Inhalten?

4 Empirische Untersuchungen

4.1 Methodologische Überlegungen

4.1.1 Qualitative Methoden

Die vorliegende Arbeit orientiert sich sowohl in der Phase der Entwicklung als auch in der Phase der Evaluation an den Maßstäben qualitativer Forschungsmethoden (vgl. Mayring 1999; Friebertshäuser/ Prengel 1997; Flick 2000). In den Sozialwissenschaften und der Psychologie wurden lange Zeit vornehmlich quantitative Forschungsmethoden herangezogen (vgl. Flick 2000, S. 10 f.; vgl. Mayring 1996, S. 41). Wissenschaftliches Denken und Arbeiten ist unter dieser Perspektive dadurch gekennzeichnet, dass das Ziel, die ‚Wahrheit über die Natur' herauszufinden, auf möglichst exaktem Weg und unter möglichst objektiven, jedenfalls reproduzierbaren Bedingungen anvisiert wird. Die Untersuchungen werden bestimmten Regeln unterworfen, hierzu zählen die Aufstellung von Hypothesen, die anderen bekannten Sachverhalten nicht widersprechen und aus denen experimentell überprüfbare Voraussagen abgeleitet werden können, die Isolierung von Ursache und Wirkung in Kausalitätszusammenhängen, die Kontrolle der Parameter, die Wiederholbarkeit, die Überprüfbarkeit des Experiments und die Allgemeingültigkeit der Aussage.

Experimentelle Forschung, die sich mittels standardisierter Methoden und Erfassungsinstrumente geisteswissenschaftlichen und sozialen Fragen bzw. Phänomenen nähert, ist auf eine Vielzahl von Daten angewiesen, die zum Beispiel als Stichproben mit Hilfe speziell entwickelter Fragebögen oder standardisierter Interviews gewonnen werden. Die Grenzen quantitativer Methoden zeigen sich dort, wo komplexe Zusammenhänge erfasst werden sollten, in denen die Parameter nicht ohne weiteres zu isolieren und zu kontrollieren sind. Dies ist insbesondere in weitgehend ‚neuen', fremden Forschungsfeldern und in komplexen Systemen der Fall.

Die qualitative Forschungsmethodik erlaubt eine erhöhte Reflexivität und Subjektivität sowohl auf der Seite der Untersuchenden als auch auf der Adressatenseite und wird zur Erfassung komplexer Situationen eingesetzt: „Gegenstände werden dabei nicht in einzelne Variablen zerlegt, sondern in ihrer Komplexität und Ganzheit in ihrem alltäglichen Kontext untersucht. Deshalb ist ihr Untersuchungsfeld auch nicht die künstliche Situation im Labor, sondern das Handeln und Interagieren der Subjekte im Alltag." (Flick 2000, S. 14) Theorien können im Verlauf der Untersuchung entwickelt werden und die Entdeckung neuer, unbekannter Zusammenhänge ist erwünscht. Es findet eine „möglichst gegenstandsnahe Erfassung der ganzheitlichen, kontextgebundenen Eigenschaften sozialer Felder" (Terhart 1997, S. 27) statt.

Die Untersuchungen der vorliegenden Arbeit sollen in der komplexen Situation des Klassenraums durchgeführt werden und lassen sich somit in den Bereich der qualitativen Feldforschung einordnen: „Feldforschung will ihren Gegenstand bei der Untersuchung in seiner natürlichen Umgebung belassen; die Forscher selbst begeben sich in diese natürliche Umgebung, sie gehen ins ‚Feld', sie nehmen teil an den alltäglichen Situationen ihrer Untersuchungsobjekte." (Mayring 1999, S. 39).

Das qualitative Verfahren wird auch als „Entdeckungsverfahren" (Weitz 1994, S. 74) charakterisiert, in dessen Verlauf Zusammenhänge und Beziehungsstrukturen im Feld aufgedeckt werden. Das Untersuchungsdesign wird im Prozess der Untersuchung weiterentwickelt: „Die Begriffe ‚Design' und ‚Strategie' stehen [...] für den Versuch, im Rahmen eines handlungsorientierten, formativ-evaluativen Konzepts eine in sich geschlossenen Untersuchung zu einem ausgewählten Problemgebiet über eine ausgewählte Untersuchungseinheit (durchzuführen), wobei der Einzelfall mittels einer Vielfalt von Verfahrensweisen, als ein mehr oder weniger geschlossenes ‚Ganzes' (erfaßt und) dargestellt wird" (Alemann/ Ortlieb 1975, S. 173, zit. aus Weitz 1994, S. 87).

4.1.2 Teilnehmende Beobachtung

Einen Rahmen für diese Feldforschung bietet die Methode der ‚teilnehmenden Beobachtung', bei der es darum geht, ein soziales Feld aus der Innenperspektive zu beobachten und zu analysieren (vgl. Flick 2000, S. 157 ff.). Flick gibt mit Bezug auf Denzin die folgende Definition: „Teilnehmende Beobachtung ist eine Feldstrategie, die gleichzeitig Dokumentenanalyse, Interviews mit Interviewpartnern und Informanten, direkte Teilnahme und Beobachtung sowie Introspektion kombiniert." (ebd., S. 157) Kennzeichen der teilnehmenden Beobachtung ist das „Eintauchen des Beobachters in das untersuchte Feld, seine Beobachtung aus der Perspektive des Teilnehmers, aber auch sein Einfluß auf das Beobachtete durch seine Teilnahme" (ebd.). „Der Beobachter ist weder Voyeur noch ein Spion, seine Arbeit geschieht für die Betroffenen" (Friedrich 1980, S. 289, zit. nach Mayring 1999, S. 41).

Voraussetzungen für die teilnehmende Beobachtung sind:
- der Zugang zum Feld
- die Gewinnung einer Innenperspektive, aber auch
- die Erhaltung einer gewissen Distanz (vgl. Flick 2000, S. 161 f.)

Die teilnehmende Beobachtung wird als ein Prozess der Annäherung an das Feld sowie der Annäherung an den Gegenstand angesehen, in deren Verlauf sich unterschiedliche Phasen unterscheiden lassen (nach Spradley 1980, S. 34; vgl. Flick 2000, S. 158). In der ersten Phase, der ‚deskriptiven Beobachtung' wird das Feld erkundet und zunächst unspezifisch beschrieben. Es wird versucht, die Komplexität des Geschehens zu erfassen und anhand dessen zu konkreteren Fragestellungen und Perspektiven auf den Gegenstand zu kommen. Die zweite Phase der ‚fokussierten Beobachtung' dient der Verengung der Perspektive auf für die Forschungsfragen relevanten Ereignisse. Die letzte Phase der ‚selektiven Beobachtung' zielt darauf, Beispiele und Belege für die in der zweiten Phase entdeckten Muster in den Verhaltensweisen zu finden (vgl. ebd.).

Die teilnehmende Beobachtung wird als „Standardmethode der Feldforschung" (Mayring 1999, S. 61) bezeichnet. Es wird davon ausgegangen, dass erst mit der längerfristigen Teilnahme am sozialen Prozess Verstehen möglich wird. Die Vorteile dieser Methode sieht Flick in der methodischen Flexibilität und der Gegenstandsangemessenheit (Flick 2000, S. 164).

Als Anwendungsgebiete für die teilnehmende Beobachtung nennt Mayring Situationen, in denen
- „der Gegenstand in soziale Situationen eingebettet ist;
- der Gegenstandsbereich von außen schwer einsehbar ist;
- die Fragestellung eher explorativen Charakter hat." (Mayring 1999, S. 64)

Die Grenzen der teilnehmenden Beobachtung liegen dort, wo der Zugang zum Feld nicht gewonnen werden kann (Mayring 1999, S. 62). Außerdem sind Grenzen dadurch gesetzt, dass nicht alle Aspekte einer Situation erfasst werden können (vgl. Flick 2000, S. 164). Teilnehmende Beobachtung ist dadurch charakterisiert, dass Beobachtungen „in typisierender, resümierender, rekonstruktiver Form" (ebd., S. 159) notiert werden.

Das Ziel der teilnehmenden Beobachtung ist es, „Theorien über den Gegenstand zu entwickeln" (ebd., S. 164). Der Ansatz der gegenstandsbegründeten Theoriebildung geht davon aus, dass die Theorien über den Gegenstand erst in der Auseinandersetzung mit dem Gegenstand gebildet und nicht bereits im Vorfeld an den Gegenstand herangetragen werden sollen: „Die verzögerte Strukturierung bedeutet Verzicht auf Hypothesenbildung ex ante. Zwar wird die Fragestellung der Forschung unter theoretischen Aspekten umrissen […]. Die Ausarbeitung der Fragestellung gipfelt jedoch nicht […] im Hypothesensatz." (Hoffman-Riem 1980, S. 343, zit. nach Flick 2000, S. 57 f.) Vielmehr ist die Forschung erst auf die Gewinnung von Hypothesen ausgerichtet (Gerdes 1979; vgl. Bohnsack 2000, S. 30). In der explorativen Sozialforschung wird davon ausgegangen, dass, bevor sinnvolle und inhaltsreiche Hypothesen aufgestellt oder Probleme benannt werden können, die Primärerfahrung mit dem Feld gegeben sein muss. Die Primärerfahrung im Feld wird dann als „Hypothesenquelle" genutzt (Gerdes 1979, S. 5; Becker/ Geer 1979, S. 159).

Auch Glaser beschreibt als eine Hauptaufgabe soziologischer Forschung die ‚Entdeckung der Theorie aus Daten." (Glaser 1979, S. 63) Diese Methode, die ‚Grounded theory' ist auf die Generierung bzw. Erzeugung von Theorien gerichtet. Die im Forschungsprozess erzeugte Theorie muss dabei nicht gleichzeitig verifiziert werden. Die Grounded theory wird auch verstanden als ein Ineinandergreifen von Datenerhebung und Datenauswertung.

In dieser Tradition, die auf das Verstehen sozialer Gefüge zielt, wird versucht eine Innenperspektive auf das menschliche Verhalten „mittels ‚sympathischer Introspektion' und ‚gedanklicher Rekonstruktion' der ‚Situationsdefinitionen'" (Filstead 1979, S. 33) zu gewinnen und Informationen über die verschiedenen Faktoren (Haltung, Situationen, Umgebung) zu sammeln.
Ausgangspunkt für die Untersuchungen ist ein Vorverständnis über den Gegenstand (vgl. Flick 2000, S. 60). (In der vorliegenden Arbeit in Kapitel 3.)

4.1.3 Qualitatives Experiment

Die Untersuchungen der vorliegenden Arbeit werden als qualitative Experimente konzipiert. Das qualitative Experiment (Kleining 1994, S. 148 ff.) geht nicht wie das naturwissenschaftliche Experiment von einer Hypothese aus, die durch das Experiment überprüft werden soll, sondern es dient dazu, „neue komplexe Strukturen zu finden, d.h. Abhängigkeiten, Beziehungen und Relationen." (Lamnek 1995, S. 320) Das qualitative Experiment unterwirft sich zwar den gleichen wissenschaftlichen Bedingungen der Intersubjektivität, Offenlegung der Methoden und der Nachprüfbarkeit der Ergebnisse, jedoch sind „Wiederholbarkeit, Hypothesenüberprüfung, Quantifizierung und Kausalanalyse [...] irrelevant" (ebd., S. 327).

Qualitative Experimente verändern eine soziale Situation, sodass es möglich wird, neue Strukturen zu entdecken: „Das qualitative Experiment ist der nach wissenschaftlichen Regeln vorgenommene Eingriff in einen (sozialen) Gegenstand zur Erforschung seiner Struktur. Es ist die explorative, heuristische Form des Experiments." (Kleining 1994, S. 148)
Es handelt sich somit um eine besondere Art des Experiments, das zwar Bedingungen im Feld verändert, dann jedoch auf Neues, auf ‚Entdeckungen' zielt und nach Strukturen sucht. Strukturen sind „jedes individuelle und kollektive,

soziale Verhältnis [...] und alle mit sozialen Verhältnissen in Zusammenhang stehenden Erscheinungen, Objektivationen, Voraussetzungen, Wirkungen etc." (Kleining 1986, S. 724, zit. nach Lamnek 1995, S. 321) Die Erforschung der Strukturen „[...] benennt das explorative, heuristische Ziel des Forschungsprozesses" und ist auf „das Finden, das Aufdecken von Verhältnissen, Relationen, Beziehungen, Abhängigkeiten gerichtet, die besondere sind für jeden Gegenstand. Heuristik unterscheidet das qualitative Experiment vom quantitativen [...]." (Kleining 1994, S. 149)

4.2 Anlage der Untersuchungen

4.2.1 Zugang zum Feld

Der Zugang zum Feld (Schule, Klasse) und zu den Einzelpersonen (Lehrerinnen und Lehrer, Kinder) wird dadurch hergestellt, dass die eigene Arbeit (Ausbildung von Lehramtsstudierenden) bereits im Vorfeld mit derjenigen der Beforschten verknüpft wird: Im Rahmen schulpraktischer Studien wird zunächst der Kontakt zu den jeweiligen Schulen hergestellt. Studierende bereiten Unterricht vor und führen diesen durch oder hospitieren im Unterricht verschiedener Lehrerinnen und Lehrer. Dies findet grundsätzlich immer unter der Begleitung der (erst im späteren Forschungskontext als solche auftretenden) Forscherin statt. Auf diese Weise entwickelt sich eine Vertrautheit und Kollegialität. Die Gewinnung der Innenperspektive wird durch die Kenntnis des Feldes aus der eigenen beruflichen Erfahrung als Lehrerin erleichtert, die notwendige Distanz wird durch ständige Reflexion über das Beobachtete vor dem theoretischen Hintergrund sowie durch die regelmäßige bewusste Zurücknahme aus dem aktuellen Geschehen gewahrt.

4.2.2 Voruntersuchungen

In den Voruntersuchungen (vgl. Kap. 4.4) werden Aspekte untersucht, die zur Entwicklung der Hauptuntersuchung (vgl. Kap. 4.6) dienen. Diese Studien finden in unterrichtsähnlichen Situationen statt, wobei den Kindern – hier allerdings noch recht eingeschränkte – Möglichkeiten zur Selbstbestimmung eröffnet werden. Sowohl Aufgaben als auch Angebote werden so geplant, dass die Kinder weitgehend ohne Leitung oder Führung durch die Lehrkräfte agieren können.
Auch die Voruntersuchungen werden als qualitative Experimente (s.o.) bzw. als *Feldexperimente* (Wellenreuther 2000, S. 392) durchgeführt. Die Kinder werden dabei bestimmten Bedingungen ausgesetzt, Geschehen und Wirkungen werden dokumentiert. Die Kinder erleben die Situation aber dennoch als nahezu ‚normalen' Unterricht, bei dem auch die Lehrerinnen anwesend sind.

Die Voruntersuchungen beziehen sich auf Doppelstunden (1,5 Zeitstunden), in denen die Kinder mit Aufgaben oder Angeboten zu physikalischen Phänomenen konfrontiert werden.

4.2.3 Hauptuntersuchung

Die Erkenntnisse aus den vorangegangenen Kapiteln (Kapitel 1 bis 3) konstituieren den Rahmen für die Hauptuntersuchung, die in zwei Grundschulklassen durchgeführt wird. Aus den Ergebnissen wird die Aufgabenstellung für die Hauptuntersuchung gewonnen: Im Klassenraum wird jeweils eine Situation geschaffen, die den Kindern die Möglichkeit zur Selbstbestimmung und zur Ausprägung einer intrinsischen Motivation im Hinblick auf die Gewinnung physikalischer Erfahrungen eröffnet. Da die Untersuchungen im Wesentlichen auf den Bereich von Erfahrungen mit physikalischen Phänomenen zielen, sind die Aktivitäten der Kinder auf diesen Bereich hin zu fokussieren.

In der Hauptuntersuchung werden im Vergleich zu den Voruntersuchungen die Bedingungen ‚Selbstbestimmung' und ‚Zeit' verändert: Die Möglichkeiten zur Selbstbestimmung werden erweitert, indem den Kindern weitgehende Freiheit zu eigenen Planungen und Entscheidungen eingeräumt wird. Zeitlich sind die Kinder nicht grundsätzlich auf Schulstunden festgelegt (soweit dies möglich ist) und erhalten keine Vorgaben über eine Begrenzung der Gesamtzeitdauer. Zwar wird für die Untersuchung eine Zeitspanne von sechs Wochen anvisiert, dies wird den Kindern jedoch nicht mitgeteilt. (Die Zeitdauer wird später auf drei Monate erweitert. Die Gründe dafür werden in Kap. 4.6.1.4 erläutert).

Das Hauptaugenmerk der Untersuchung liegt auf dem Verhalten der Kinder während der selbstbestimmten Gewinnung von Erfahrungen mit physikalischen Phänomenen. Um die Handlungen auf den Bereich physikalischer Phänomene hin zu fokussieren, wird ihnen das Angebot unterbreitet, in ihrem Klassenraum eine Experimentierecke einzurichten. Die Handlungsmöglichkeiten werden hierdurch noch nicht explizit auf physikalische Gegenstände eingegrenzt, jedoch erscheint es wahrscheinlich, dass zumindest ein genügend großer Anteil an durchgeführten Experimenten physikalischer Natur ist.
Um ein Selbstbestimmungsempfinden bei den Kindern zu ermöglichen, wird ihnen als Klasse freigestellt, dieses Angebot anzunehmen oder es abzulehnen. Die Kinder können sich zudem auch individuell entscheiden, sich zu beteiligen oder sich mit anderen Aufgaben (Wochenplan oder Freiarbeit) zu beschäftigen. Ihnen wird gesagt, dass sie bei positiver Entscheidung diese Aufgabe allein, d.h. ohne Vorgaben oder Leitung der Lehrerin, bewältigen müssen. Die Ver-

antwortung für die Experimentierecke obliegt bei Zustimmung dann ganz den Kindern.

Da eine Durchführung in stark lehrerzentrierten Klassen zunächst eine zeitaufwendige Gewöhnung der Kinder an selbstständige, individuelle Beschäftigungen, nicht gelenkte oder begleitete Kommunikation untereinander sowie eigenständige Auseinandersetzung mit selbst gewählten Themenbereichen voraussetzen würde, werden die Untersuchungen in Klassen durchgeführt, die im Rahmen geöffneter Unterrichtsstrukturen (vgl. Peschel 2002a, S. 88) bereits mit dieser Art der Interaktion und eigenständigem Planen und Entscheiden sowie elementaren Formen der Selbstbestimmung im Unterricht vertraut sind.

4.3 Beobachtungs- und Auswertungsverfahren

In der Literatur besteht Konsens darüber, dass eine qualitative Untersuchung sich mehrerer unterschiedlicher Methoden zu bedienen hat, um Einseitigkeit und Verkürzungen zu vermeiden (vgl. Geertz 1983; Weitz 1994; Friebertshäuser/ Prengel 1997; Mayring 1999). Es wird deshalb angestrebt, unterschiedliche Sichtweisen auf den Untersuchungsgegenstand zu gewinnen sowie die Abhängigkeit des Untersuchten von seinem Umfeld und der jeweiligen Situation so ‚dicht' wie möglich zu erfassen (vgl. Geertz 1983). Dies geschieht dadurch, dass sowohl Beobachtungen des Verhaltens der Kinder und Lehrerinnen im Feld als auch Gespräche und Aussagen der Kinder protokolliert, Gespräche mit Kindern und Lehrerinnen geführt, schriftliche Dokumentationen und Abschlussbemerkungen von Kindern und Lehrerinnen sowie Fotomaterial und Audioaufnahmen mit einbezogen werden.

Um Einseitigkeit in der Beurteilung des Beobachteten zu vermeiden, werden Teilergebnisse und Einschätzungen mit Lehrerinnen, Studierenden und im Rahmen von Tagungsbeiträgen und Vorträgen mit Wissenschaftlern diskutiert. Die im Vorfeld zu den Untersuchungen entwickelte spezifische Interviewform ‚Kollegiales Gespräch' wird begleitend zu den im Folgenden beschriebenen Untersuchungen eingesetzt (vgl. Kap. 1.2.2.1).

Um das Geschehen in den jeweiligen Situationen im Klassenraum dokumentieren zu können, werden im Verlauf der Untersuchungen verschiedene Hilfsmittel eingesetzt: Zur Sicherung von Interviews, Gesprächen und Äußerungen der Kinder Audiorekorder sowie Fotoapparate zur Dokumentation von Veränderungen, die durch die Kinder im Klassenraum vorgenommen werden. Von der Möglichkeit videografischer Dokumentationen wird auf Wunsch der beteiligten Lehrerinnen Abstand genommen.

Die Beobachtungsdaten über das Verhalten der Schülerinnen und Schüler beruhen auf Feldnotizen (vgl. Flick 2000, S. 189 ff.), die nach den Beobachtungsphasen angefertigt werden sowie auf Fotografien. Feldnotizen bestehen zum größten Teil „aus einer fortlaufenden Beschreibung von Ereignissen, Leuten, Dingen, die man gehört oder belauscht hat, Unterhaltungen zwischen Leuten, Unterhaltungen mit Leuten." (Lofland 1979, S. 114) Die Feldnotizen werden im nächsten Schritt, der abgestimmten Analyse, in die „angemessene Form" (ebd., S. 118) eines wissenschaftlichen Textes überführt.

Explorative Forschung wird in der Regel in Feldern durchgeführt, die dem Forscher relativ unbekannt sind. Im Fall der vorliegenden Arbeit ist zwar das Feld ‚Klasse' der Forscherin vertraut, jedoch ist die Situation, Kinder innerhalb der Unterrichtszeit ohne die Leitung der Lehrerin arbeiten zu lassen, neuartig. Da letztlich nicht vorhergesehen werden kann, ob und wie sich die Situation im Klassenraum entwickelt, hat die Hauptstudie einen explorativen Charakter. Dabei können auch unerwartete Fakten gefunden oder Hypothesen entwickelt werden, die zu Beginn des Forschungsprozesses noch nicht formuliert werden konnten (vgl. Becker/ Geer 1979, S. 158). Für die Untersuchungen wird demgemäß ein Rahmen aufgespannt, der Raum lässt für die Erfassung unerwartete Faktoren. Dabei wird davon ausgegangen, dass außer den in Kapitel 2 genannten Erwartungen und den in Kapitel 3 antizipierten Bedingungen weitere Aspekte in den Blick kommen können. Diese auf ein komplexes Feld ausgerichtete Untersuchung erfordert eine offene Forschungshaltung. Die Untersuchung ist damit auch nicht von vornherein auf einen bestimmten Zeitraum festlegbar. Es kann nur ein Zeitrahmen anvisiert werden (s.o.).

Um einen Beobachtungsrahmen zu gewinnen, wird aber zunächst das Hauptaugenmerk auf diejenigen Faktoren gelegt, die sich aus den theoretischen Erwartungen (vgl. Kap. 3 und insbes. 3.5) sowie durch Beobachtung der Gesamtsituation in der Klasse erfassen lassen. Das ist im Wesentlichen das, was die Kinder „tun und sagen" (Filstead 1979, S. 36).

Weitere Aspekte, wie beispielsweise Veränderungen des Selbstkonzepts der einzelnen Kinder oder Unterschiede, die leistungsschwächere und leistungsstärkere Kinder zeigen und die individuell erhoben werden müssten, bleiben hier noch weitgehend unberücksichtigt. Auch Variablen, die die Aufmerksamkeit zu sehr auf Einzelfälle oder Individuen fokussieren würden (wie beispielsweise Fragen nach geschlechtsspezifischen Unterschieden der Zugangsweisen oder Unterschieden, die dadurch hervorgerufen werden, dass Kinder bereits Erfahrungen mit dem Experimentieren haben) werden ausgelagert, um in Anschlussuntersuchungen bearbeitet zu werden. Einige dieser Fragen sind bereits in Form von Examensarbeiten bearbeitet worden (vgl. Kilders 2003; Thielezcek 2003; Sieberz 2005).

Die Beobachtenden verstehen sich während des Forschungsprozesses als Teilnehmende am Prozess im Sinne der teilnehmenden Beobachtung (s.o). Die Teilnahme am Prozess beschränkt sich jedoch auf das ‚Dabeisein' im Feld. Es werden in der Regel keine Hilfestellungen geleistet, es sei denn, die Kinder verlangen explizit danach. Eine möglichst natürliche, freundliche und interessierte Haltung signalisiert den Kindern Gesprächs- und Zuhörerbereitschaft.

Während der Voruntersuchungen wird der Unterricht in der Regel von Studierenden begleitet, so dass andere Studierende, die Lehrerin bzw. der Lehrer sowie die Forscherin (ich selbst, H.K.) beobachten können. Dadurch ergeben sich unterschiedliche Sichtweisen auf das Geschehen: Während die Studierenden und die Forscherin eine distanzierte Haltung und Aufmerksamkeit bezüglich des Verhaltens einzelner Kinder bzw. von Kleingruppen einnehmen, bemerken die Lehrerinnen und Lehrer eher, wenn sich das Verhalten der Kindern im Verhältnis zu ‚normalen' Unterrichtssituationen verändert. Die Kommentare der Lehrpersonen gelten daher oft dem ‚auffälligen' Verhalten der Kinder (im Sinne von außergewöhnlich motiviert, interessiert, gelangweilt, aufgekratzt, konzentriert, sozial integriert oder ausgeschlossen, über- oder unterfordert u.ä.).

Aus wissenschaftlicher Sicht ist sowohl die Gesamtsituation in der Klasse (Fähigkeit zur Selbstbestimmtheit sowie zur Selbstorganisation, gemeinschaftliches Engagement, Anzeichen innerer und äußerer Beteiligung, Umgang mit den jeweiligen Anforderungen, Materialien, Experimenten, Anzeichen von Überforderung, Reaktionen der Lehrerin auf die Situation) als auch verbale und emotionale Äußerungen einzelner Kinder zu Phänomenen oder Experimenten von Interesse.

Die Auswertung der Daten der Voruntersuchungen erfolgt im Hinblick auf die Relevanz für die Konzeption der Hauptuntersuchung. Die Darstellung der Untersuchungsergebnisse ist daher auf die in Frage stehenden Aspekte beschränkt. Um eine Nachvollziehbarkeit der Rekonstruktion der Unterrichtssituationen zu gewährleisten, sind die Beispiele direkt im Zusammenhang mit Deutungen und Interpretationen dargestellt. Dabei sind die Ausdeutungen der Aussagen der Kinder erkenntnismethodisch zu werten. Sie sollen Aufschluss darüber geben, wie einzelne Kinder im Hinblick auf physikalische Phänomene handeln, was sie wie verbalisieren und auf welche Weise sie erkennen (ästhetisch, implizit, explizit). Die Interpretationen beziehen sich auf die eigentliche Fragestellung der jeweiligen Untersuchung und fließen als Ergebnisse in die Konzeptionierung der Hauptuntersuchung mit ein.

Während der Hauptuntersuchung (vgl. Kap. 4.6) sind keine Studierenden beteiligt. An die regelmäßige Anwesenheit der Beobachterin (H.K.) in den Klassen sind die Kinder bereits im Vorfeld durch schulpraktische Studien bzw. durch Besuche und Hospitationen gewöhnt (s.o.).

Beobachtet wird in unregelmäßigen Intervallen mit Abständen von sieben bis zehn Tagen (vgl. Kap. 4.6.2.1).

Dabei werden in den Beobachtungsstunden einige Kinder ausgewählt, deren Tätigkeiten und Äußerungen intensiver und über eine längere Zeitdauer hinweg (von ca. zehn bis dreißig Minuten) beobachtet und dokumentiert werden, um Prozesse und Verhaltensänderungen verfolgen zu können.

Die Beschreibung der Handlungs-, Verhaltensweisen und Verbalisierungen der Kinder erfolgt exemplarisch in Form von Darstellungen episodischer Sequenzen, die besonders aussagekräftig erscheinen. Dies erscheint methodisch gerechtfertigt, weil auf diese Weise eine ‚dichte' Beschreibung der Situationen sowie der Handlungen und Entwicklungen in der Klasse möglich wird.

Erfasst werden die verbalen Äußerungen der Kinder einerseits im Hinblick auf die gemeinschaftlich zu bewältigenden und selbst gesetzten Aufgaben, andererseits bezüglich der Phänomene bzw. Experimente. Während das Augenmerk zu Beginn insbesondere auf die Fähigkeit zur gemeinschaftlichen Organisation des Erfahrungsfeldes gerichtet ist, werden später verstärkt einzelne Kinder oder Kleingruppen beobachtet.

Erfasst werden auch affektive Äußerungen, Mimik und Gestik der Kinder, wenn sie in unmittelbarem Zusammenhang mit dem beobachteten Verhalten oder den Äußerungen der Kinder stehen.

4.4 Voruntersuchungen

4.4.1 Forschungsleitende Fragestellungen

In drei Feldexperimenten werden im Vorfeld Teilaspekte untersucht, die für die Entwicklung und das Design der Hauptuntersuchung bedeutsam sind.

Als notwendige Vorbedingung für die Realisation der Hauptuntersuchung wird die Fähigkeit der Kinder zur Selbstbestimmung und Selbstorganisation im schulischen Rahmen angesehen. Würde festgestellt, dass diese Fähigkeit im schulischen Rahmen nicht zum Tragen kommt, weil die Kinder an andere Strukturen gewöhnt sind, könnte dies zumindest als Zeichen dafür gewertet werden, dass die Kinder nicht voraussetzungslos auf diese ‚natürliche' Fähig-

keit zurückgreifen können. Der Untersuchung müsste dann z.B. ein ‚Training' der Kinder zur Selbstbestimmung und Selbstorganisation vorausgeschickt werden.
Die zweite Voruntersuchung wird im Hinblick auf die Möglichkeiten zum Aufspüren von Erfahrungen bei den Kindern durchgeführt: Welche Erfahrungen sammeln die Kinder und auf wie können diese unterschieden und gedeutet werden?
Die Ergebnisse der zweiten Voruntersuchung gehen in die Planung der dritten Voruntersuchung ein und beziehen sich schwerpunktmäßig auf implizite Erfahrungen und die Möglichkeit, diese, da sie nicht verbalisiert werden, nachzuweisen und zu bewerten.
Die Untersuchungen werden in Form von kurzen Unterrichtssequenzen in unterschiedlichen Klassen (1., 3. u. 4. Jahrgangsstufe) im Umfang von einer bzw. drei Doppelstunden durchgeführt.

Folgende forschungsleitende Fragestellungen liegen also diesen Voruntersuchungen zugrunde:

- **Fähigkeit zur Selbstbestimmung und Selbstorganisation**: Sind Kinder dazu in der Lage, selbstbestimmt mit Experimentierbüchern und Experimentiermaterialien umzugehen?

- **Erkenntnisqualität ästhetischer Erfahrungen**: Welcher Art sind die Erfahrungen, die die Kinder während der explorativen Auseinandersetzung mit physikalischen Phänomenen gewinnen?

- **Einsatz der gewonnenen Erfahrungen in Bezug auf physikalische Inhalte**: Kann ein Unterschied zwischen Kindern mit und Kindern ohne Erfahrungen mit einem bestimmten physikalischen Phänomenkreis auch dann nachgewiesen werden, wenn kein oder kaum verbalisierbares, im engeren Sinne explizites Wissen erworben wurde?

4.4.2 Erste Voruntersuchung: Zum selbstständigen Umgang mit Literatur und Experiment

- Rezension von Experimentierbüchern -

Das erste Feldexperiment betrifft die Frage, inwieweit Kinder Experimentierbücher eigenständig sinnvoll nutzen und die ausgewählten Versuche praktisch umsetzen können.

Die Fähigkeit, mit solchen Büchern bzw. Experimentieranleitungen umgehen zu können, die dafür vorgesehenen Materialien selbst zu beschaffen und die Experimente selbstständig durchzuführen, wird als eine der Grundvoraussetzungen dafür angesehen, dass den Kindern der selbstbestimmte Umgang mit den Einrichtungen einer Experimentierecke und damit die eigenständige Generierung physikalischer Erfahrungen gelingen kann.

Diese Untersuchung wird in einem dritten Schuljahr mit 18 Kindern, 10 Jungen und 8 Mädchen durchgeführt. Die Kinder sind mit geöffneten Unterrichtsformen wie Stationenbetrieb (vgl. Bauer 1998) und Werkstattlernen (vgl. Pallasch/ Reimers 1990) vertraut.

4.4.2.1 Beobachtungen, Deutungen und Interpretationen

Den Kindern werden zu Beginn der Stunde acht verschiedene Experimentierbücher zur Verfügung gestellt. Sie erhalten die Aufgabe, diese Bücher als ‚Fachleute' (denn es handelt sich um Sachbücher für Kinder) in Gruppenarbeit (4 Gruppen zu 4 bzw. 5 Kindern) zu rezensieren. Diese Sozialform wird gewählt, um die Kommunikation der Kinder zu fördern und diese beobachten zu können. Während der Untersuchung steht die Fähigkeit der Kinder, gemeinsam Versuche auszuwählen, zu planen und durchzuführen im Vordergrund der Beobachtung.[25]

Im Vorfeld wird der Begriff der Rezension erläutert. Die Kinder beginnen daraufhin unmittelbar damit, Überlegungen über die Kriterien anzustellen, die zur Beurteilung nötig sind. Da sie die Bücher noch nicht gesehen haben und sich somit die Unterschiede noch nicht vorstellen können, werden zu diesem Zeitpunkt im Wesentlichen drei Kriterien genannt, die sie für wichtig halten:

- Die Experimente müssen Spaß machen.
- Sie müssen funktionieren.
- Die Bücher dürfen nicht zu teuer sein.

---

[25] Auf die Wiedergabe von Schüleräußerungen inhaltlicher Art zu den Versuchen wird hier verzichtet.

Die Experimentierbücher werden auf einem Büchertisch ausgelegt, so dass die Gruppen Gelegenheit erhalten, jeweils ein bis zwei Bücher auszuwählen und zu betrachten. Bewusst wird keine weitere Aufgabenstellung formuliert, um den Kindern die Entscheidung über das weitere Vorgehen zu überlassen.

Sie beginnen damit, die Bücher durchzublättern. Jede Gruppe nimmt sich zunächst nur ein Buch, um es näher zu betrachten. Einige Kinder setzen sich auf die Tische, um einen besseren Einblick in das jeweilige Buch zu haben. Bemerkungen über Experimente, über die bildlichen Darstellungen und Texte werden ausgetauscht, die Bücher zugeklappt, auf den Büchertisch zurückgelegt und ein weiteres zur Sichtung ausgewählt. Auf diese Weise beschäftigen sich die Kinder aller Gruppen mit durchschnittlich vier verschiedenen Büchern. Nach dieser Phase, die etwa eine Viertelstunde in Anspruch nimmt, haben zwei Gruppen sich zunächst für je ein Buch und die anderen beiden Gruppen für zwei bzw. drei Bücher entschieden, die sie näher untersuchen wollen. Eines der Bücher bleibt nach der Sichtung durch alle Gruppen auf dem Büchertisch liegen.[26] Die Kinder begründen dies damit, dass ihnen die als Überschriften gewählten Begriffe fremd erscheinen (Materie, Reaktionen von Stoffen, Stoffe trennen, Reflexionen, Elektrizität usw.) und sie sich daher keine Vorstellung von dem machen können, worum es in den Experimenten geht.

Die Kinder werden sich sehr schnell einig darüber, dass eine Rezension von Experimentierbüchern nicht aussagekräftig sein kann, wenn man die beschriebenen Versuche nicht durchführt. Sie erkundigen sich, ob sie die Möglichkeit zur Durchführung von Versuchen haben. Die positive Antwort lässt augenblicklich eine große Geschäftigkeit und Freude aufkommen. Die ausgewählten Bücher werden nochmals gesichtet und an den Tischen ausgetauscht, um möglichst attraktive Experimente auswählen zu können. Die Kinder erinnern sich an bestimmte Versuchsanleitungen, die ihnen bei der ersten Betrachtung aufgefallen sind und versuchen, diese nun wieder zu finden. Nach etwa weiteren zehn Minuten haben sich alle Gruppen für verschiedene Experimente entschieden, die sie durchführen wollen. Ohne Anweisungen durch die Lehrerin beginnen sie damit, Absprachen für die Beschaffung der notwendigen Materialien zu treffen. Sie informieren die Studentin, die die Stunde leitet, darüber, dass die Materialien nicht alle in der Schule vorhanden seien und dass sie deshalb etwas Zeit benötigen, um diese Dinge zu besorgen. Die Kinder tragen ihre Idee vor, die Beschreibung der ausgewählten Experimente zu kopieren, um so eine Kontrollmöglichkeit über den Zeitraum hinweg zu haben, in der die Bücher nicht

---

[26] Die Titel der Bücher werden an dieser Stelle nicht genannt, weil keine Kritik an einzelnen Büchern geübt werden soll. Alle verwendeten Bücher sind im Literaturverzeichnis aufgeführt.

im Klassenraum zur Verfügung stehen (da es sich um Bibliothekseigentum handelt, können die Bücher nicht im Klassenraum verbleiben).
Von einigen Kindern werden unaufgefordert Listen angelegt, die sowohl die benötigten Materialien als auch die Namen der Kinder enthalten, die diese mitbringen sollen.

In der eine Woche später folgenden Doppelstunde werden die ausgewählten Experimente in den Gruppen ausprobiert. Alle benötigten Materialien sind von den Kindern ohne gesonderte Aufforderungen durch die Lehrerin zu diesem Termin mitgebracht worden.

Gruppe 1 hat sich dafür entschieden, ein Barometer zu bauen. Gruppe 2 beschäftigt sich mit einer Kerzenuhr. Gruppe 3 möchte einen Vulkan bauen, aus dem ‚Lava' herausquellen soll. Gruppe 4 wählt die Luftballonrakete als ersten Versuch aus.

In allen Gruppen werden im Anschluss weitere Versuche ausgewählt und durchgeführt. Die Aufgabe, die Bücher zu beurteilen, wird von den Kindern sehr ernst genommen. Da ihnen diese Aufgabe während der Durchführung der Experimente immer bewusst bleibt, arbeiten sie am Ende dieser Unterrichtssequenz eine Reihe von sorgfältig überlegten Kriterien für die Beurteilung derartiger Sachbücher heraus, die hier zusammengefasst wiedergegeben werden:

- Die Versuchsanleitungen müssen klar und verständlich formuliert sein.
- Zuviel Text ist ungünstig, da nicht alle Kinder gleich gut lesen können oder sich nicht so sehr für die Hintergrundinformationen interessieren wie für das Experiment selbst.
- Die Zeichnungen sollten eindeutig und groß genug sein.
- Die Versuchsanleitung ist ungeeignet, wenn Materialien notwendig sind, die sich Kinder nicht allein beschaffen können.
- Die Versuche müssen auf ihr ‚Funktionieren' hin getestet sein.
- Die Experimente dürfen nicht gefährlich sein.
- Die Bücher sollten einen niedrigen Preis haben, um von Kindern selbst angeschafft werden zu können.

Die aufgestellten Kriterien lassen einen Kompetenzgewinn der Kinder durch ihr eigenständiges und selbsttätiges Handeln erkennen. (Im Vergleich dazu noch einmal die zuerst genannten Kriterien: Die Experimente müssen Spaß machen. Sie müssen funktionieren. Die Bücher dürfen nicht zu teuer sein.)

Interessant ist die Haltung der Kinder gegenüber den durchgeführten Experimenten. Da sie unter der Prämisse arbeiten, die Bücher auf ihre Tauglichkeit hin zu überprüfen, gibt es kaum Äußerungen von Frustration, obwohl einige Versuche trotz sorgfältigster Arbeit nicht funktionieren. So klappt insbesondere der Versuch mit dem ‚Vulkan' nicht. Die anfängliche Enttäuschung zieht jedoch sehr bald Reaktionen nach sich, die darauf schließen lassen, dass sich die Kinder im Klaren darüber sind, dass der Fehler nicht bei ihnen liegt, sondern in der Versuchsanleitung. Mandy: *„Das hat nicht geklappt, weil die Leute* (die Autoren, Anm. H.K.) *das bestimmt nicht selbst ausprobiert haben. Da steht nämlich nichts von der Menge, die man vom Essig und vom Backpulver braucht. Das mussten wir uns selbst ausdenken, aber das geht nicht."* Die Kinder haben unter viel Aufwand einen Kegel aus Pappe gebastelt und diesen nach Anleitung mit Pappmaschee beklebt, bemalt und mit Sand bestreut. Sie sehen nun, dass die Wirkung des Experimentes nichts mit diesem Aufbau zu tun hat. Sandra: *„Das war auch total doof, dass die einen erst so lange arbeiten lassen, und dann geht's gar nicht darum. Wir hätten das auch gut ohne dieses ganze Kleben und Bauen machen können, das brauchte man eigentlich gar nicht dafür."*

Die Kinder fühlen sich getäuscht, da sie der Anleitung in der Meinung folgten, alle Schritte seien für das Gelingen des Versuches unabdingbar. Die Konsequenz, die sie aus diesem Erlebnis ziehen, lässt darauf schließen, dass sie an Emanzipation gewonnen haben. Mandy: *„Also beim nächsten Mal gucken wir gleich, was wirklich wichtig ist, dann hat man weniger zu tun und mehr Spaß dabei. Man kann ja erst mal alles durchlesen, da weiß man dann schon, was nur so* (im Sinne von unwichtig für das eigentliche Experiment, Anm. H.K.) *ist."*

4.4.2.2 Ergebnisse

Die Ergebnisse der ersten Voruntersuchung zeigen, dass diese Kinder in der Lage sind, Experimente aus Sachbüchern eigenständig auszuwählen, selbstständig für die Beschaffung der Materialien zu sorgen und die Versuche im Wesentlichen ohne die Hilfe durch Erwachsene durchzuführen.

Bemerkenswert ist, dass die Kinder von sich aus Bücher auswählen, die ihrem Niveau entsprechen und trotz ansprechender Gestaltung Bücher aussortieren, die für sie unverständliche Begriffe enthalten.

Sie schaffen es, die notwendigen organisatorischen Schritte für das Experimentieren zu unternehmen (Platz schaffen, wenn nötig Schutzunterlagen auf die Tische legen, Materialien ordnen, Aufräumen nach der Durchführung u.ä.) und über die Planung und Durchführung ihrer ‚Projekte' in kleinen Gruppen erfolgreich zu kommunizieren. Diese Fähigkeit, mit ihnen zugänglichen Materialien relativ selbstständig umzugehen, wird als grundlegend für die Hauptuntersuchung angesehen, die auf Selbstbestimmung und Selbstständigkeit der Kinder gerichtet ist (vgl. Kap. 4.6).

Darüber hinaus sind nach Angaben der Lehrerin Kompetenzzuwächse hinsichtlich kommunikativer und organisatorischer Fähigkeiten sowie auf der Ebene der Entwicklung und Anwendung geeigneter Methoden zu verzeichnen. Zudem emanzipieren sich die Kinder durch das eigenverantwortliche Handeln und sind in der Lage, eigene Fehler von denen zu unterscheiden, die bereits in den Anleitungen liegen.

4.4.3 Zweite Voruntersuchung: Zur Erkenntnisqualität von Erfahrungen
- Stationenbetrieb zum Thema Reibung

Die zweite Voruntersuchung ist auf die Frage nach der Erkenntnisqualität der Erfahrungen mit einem physikalischen Phänomen gerichtet, die von Kindern spielerisch-explorativ erworben werden. Können die Gewinnung ästhetischer Erfahrungen und der Erwerb von implizitem und explizitem Wissen beobachtet werden? Es werden also Hinweise darauf gesucht, in welcher Weise sich die Kinder den Angeboten nähern und wie sie mit ihnen umgehen. Dabei werden sowohl Äußerungen gestischer und mimischer Art (Hinweise auf die ästhetischen und impliziten Komponenten) als auch verbaler Art (explizite Komponente) beobachtet und dokumentiert.

Die Angebote werden so zusammengestellt, dass sich ein Phänomenkreis (vgl. Spreckelsen 2004; 2001; 1999) ergibt, der die Möglichkeit bietet, dass sich die Kinder aus der Zusammenschau der Angebote einen Begriff von dem Phänomen der Reibung machen könnten.

Die Kinder einer ersten Klasse (8 Mädchen, 12 Jungen) werden bei ihrer Arbeit von drei Personen (Lehrerin, Studierende und mir) an den Stationen beobachtet und fotografiert, an drei weiteren Stationen werden Audioaufnahmen gemacht.

Ein Stationenbetrieb stellt zwar unterrichtsorganisatorisch eine Form des offenen Unterrichts dar (vgl. Bauer 1998), ist aber in der Regel von der Lehrerin bzw. dem Lehrer vorgeplant. Die benötigten Materialien werden bereitgestellt und sind so konzipiert, dass die Kinder an den verschiedenen Stationen ohne weitere Hilfestellungen selbstständig allein oder mit Partnern arbeiten können. Der Stationenbetrieb zum Thema ‚Reibung' ist so aufgebaut, dass die Kinder unterschiedliche Erfahrungen zu Reibungsphänomenen sammeln können (vgl. Köster 2003). Sieben verschiedene Angebote ermöglichen es ihnen, während zwei Doppelstunden spielerisch mit dem Phänomen umzugehen:

Station 1: Reibung mit dem Körper erspüren: Ein Kind setzt sich auf ein Brett, das von einem anderen Kind über den Flur gezogen wird. Unterschiedliche Variablen werden nach und nach verändert: Eine Teppichfliese wird unter das Brett gelegt, einmal mit der Teppichseite, einmal mit der PVC-Seite nach unten. Das ziehende Kind hat einmal Schuhe an, einmal Socken, einmal zieht es barfuß.

Station 2: Unterschiedliche Gegenstände (Schlüssel, Holzstückchen, Radiergummi, Stein, Eiswürfel) werden auf einem schräg gehaltenen Brett ins Rutschen gebracht. Die Unterschiede bezüglich der Haft- und Gleitreibung werden im Wettlauf sichtbar.

Station 3: Ein Marmeladenglas wird fest zugeschraubt und von den Kindern geöffnet. Die Variablen sind: trockenen Deckel mit der Hand öffnen, mit Hilfe eines Gummilappens, mit Hilfe eines Öffners; eingeseiften Deckel auf dieselbe Weise versuchen zu öffnen.

Station 4: ‚Feuer machen in früherer Zeit'. Die Kinder drehen einen Hartholzstab in der Vertiefung eines Weichholzbrettes, um ein Feuer zu entzünden.

Station 5: Ein kleines Brettchen mit einem Gewicht wird unter unterschiedlichen Bedingungen über einen Tisch gezogen. Die Kinder probieren aus, ob sich das Brettchen besser ohne alles, auf Kugeln, Rollen, einem Ölfilm oder Sand bewegen lässt.

Station 6: Segelschiffchen, die aus Streichholzschachteln hergestellt werden, erhalten jeweils einen unterschiedlichen Belag, auf dem sie über den Tisch gleiten, wenn sie angepustet werden. Die Beläge bestehen aus Luftballonhaut, Schmirgelpapier, einer Wachsschicht oder Pappe. Die unterschiedliche Gleitfähigkeit der Beläge wird in einer ‚Regatta' getestet.

Station 7: ‚Reibung erwünscht?' stellt ein Spiel zur Verfügung. Die Kinder sollen Abbildungen von Reifenprofilen, einer Rutschbahn, einem Bügeleisen, einer Schlittschuhläuferin etc. den Kategorien ‚Reibung erwünscht', ‚Reibung unerwünscht' zuordnen.

Die Kinder sind mit der Organisationsform des Stationenbetriebs vertraut und arbeiten eigenständig und im Wesentlichen ohne Hilfestellungen an den Stationen. Sie wählen die Stationen selbstständig aus[27] und arbeiten allein oder in kleinen Gruppen, zu denen sie sich ebenfalls selbstständig zusammenfinden.

---

[27] Wenn Stationen durch andere Kinder besetzt sind, wählen die Kinder zunächst eine andere.

4.4.3.1 Beobachtungen

Die Kinder verschaffen sich zunächst einen schnellen Überblick über die verschiedenen Angebote, probieren hier und da etwas aus und wechseln dann zur nächsten Station. Sie haben offensichtlich Freude dabei und kommunizieren aufgeregt über ihre Erfahrungen und Erlebnisse, die sie beim Ausprobieren haben. Die Kommunikation der Kinder ist fast ausschließlich auf die Mitschüler ausgerichtet. Es werden im Verlauf des Stationenbetriebs keine sachbezogenen Fragen an die Lehrerin gerichtet.

Nach etwa zehn Minuten haben sich die Kinder (bis auf einige, die sich zwischenzeitlich allein beschäftigen) in kleinen Gruppen zusammengefunden und experimentieren intensiv mit den dargebotenen Materialien.

Beispielhaft sollen im Folgenden Erfahrungen von Kindern an drei Stationen dargestellt werden.

1. Beispiel:

An Station 2 legen die Kinder Gegenstände nebeneinander auf das Brett, halten es schräg und lassen die Gegenstände hinunterrutschen. Sie wollen wissen, wer dieses *„Rennen"* gewinnt. Ein Eiswürfel gilt wegen seiner Glätte als besonderer Favorit. Die Kinder sind höchst erstaunt, als der Eiswürfel statt mit den anderen Gegenständen abzurutschen, fest an seinem Platz bleibt. Sie untersuchen dieses ihrer Alltagserfahrung zuwiderlaufende Phänomen genauer. Darüber vergessen sie sogar das Spielen: *„Was kann er denn bloß haben?"* – *„Ich glaube, der will nicht mitspielen."* – *„Nein, sieh' doch mal, der <u>kann</u> nicht! Der sitzt ja da am Holz fest!"* Die Kinder lösen das Eisstück vorsichtig vom Holz und untersuchen beide Gegenstände. Dann legen sie das Eisstückchen erneut auf das Brett und versuchen, es zum Abrutschen zu bringen. Wiederum ist der Eiswürfel festgefroren. Jörn meldet sich zu Wort: *„Ich weiß, wie das kommt. Die streiten sich um das Wasser! Das Eis will das Wasser noch behalten, aber das Holz will das Wasser auch haben, deshalb lassen die beiden einfach nicht los."*

2. Beispiel:

Der Eifer, den die Kinder an der Station 4 ‚Feuer machen in früherer Zeit' zeigen, ist groß. Die Kinder holen sich zwischenzeitlich Hilfe von Mitschülerinnen und Mitschülern, die an anderen Stationen beschäftigt sind: *„Wir fragen mal den Kai, der ist doch so stark, vielleicht schafft der das mit dem Feuer."* (Saskia)

Die Erfahrungen sind vielfältig. Sie reichen von der großen Anstrengung, die nötig ist, um den Stab gerade zu halten und in den Händen zu drehen bis hin zur Wahrnehmung der Wärme, die durch die Reibung hervorgerufen wird: *„Das* (der Stab, Anm. H.K.) *wird ganz heiß an der Spitze!"* (Melanie) Diese Empfindung macht Melanie nicht mit den Händen. Sie hält sich den Stab jeweils an ihr Gesicht und bietet auch ihren Mitschülern den Stab zum Nachfühlen so dar, dass sie die Wärme mit der Gesichtshaut erspüren können. Julia stellt fest: *„Das riecht auch schon ganz brenzlig!"* (Julia) Die Kinder schauen einander für einen Moment erschreckt an. An ihrem Gesichtsausdruck lässt sich jedoch sehr schnell erkennen, dass der Schrecken sich in Freude wandelt. Der Eifer, ein Feuer zu entzünden, ist nun noch stärker. Dass sich das Bohrloch, in dem der Stab gedreht wird, langsam bräunlich verfärbt, lässt die Kinder verstärkt an einen möglichen Erfolg glauben. Sie wechseln sich bei der Arbeit ab und sind unermüdlich in ihren Versuchen. Als sie letztendlich einsehen müssen, dass sie kein Feuer entzünden können, äußern sie sich dennoch nicht enttäuscht: *„Das ist einfach wirklich sehr schwer, aber wir haben es richtig versucht. So schafft es keiner! Das müssen ganz schön Starke gewesen sein, so bei den Indianern und so. Oder die hatten noch anderes Holz."* (Frederic)

3. Beispiel:
Die Station 6 ‚Segelbootregatta', an der kleine Segelschiffe (aus Streichholzschachteln gebaut und mit unterschiedlich haftenden Belägen versehen) in einer ‚Wettfahrt' über den Tisch zu pusten sind, macht vielen Kindern ihren Aussagen zufolge am meisten Spaß. Sie stellen fest, dass das Schiffchen, welches von unten mit einer Gummierung versehen ist, sich nur schwer in Bewegung setzen lässt. Ein gewachstes und damit besonders gleitfähiges Schiffchen gewinnt die ‚Regatta'. Die Kinder diskutieren ihre Erfahrungen miteinander und versuchen, Erklärungen zu finden: *„Das kann nur vom Boden kommen, der ist ja verschieden* (bei den Schiffchen, Anm. H.K.). *Sonst sind die ganz gleich."* (Jannik) Saskia wirft ein: *„Nein die Segel haben ja andere Farben."* Die Antwort kommt prompt: *„Ja meinst du, davon werden die schneller, wenn die Farben anders sind? Das ist ja Quatsch."* (Jörn) - *„Das kann wohl sein.",* verteidigt Saskia ihren Einwurf.

Im weiteren Verlauf ist bereits ein ‚wissenschaftsorientierteres' Vorgehen der Kinder zu beobachten: Sie tauschen die Segel der Schiffchen aus (variieren also die Parameter), um zu testen, ob die Farbe der Segel ausschlaggebend sei. Wiederum stellen sie aber fest, dass das Boot mit der Gummierung verliert. *„Ja, nun siehst du's ja, jetzt glaubst du's ja wohl, dass der Boden schuld sein muss."* (Jörn) Die Kinder beginnen, die verschiedenen Beschichtungen (Gummierung, gewachste Oberfläche, mit Schleifpapier und mit Filz beklebt) genauer zu untersuchen. Sie nehmen die Boote in die Hand, befühlen die Unterseiten und kommentieren, was sie fühlen: *„Also, das hier fühlt sich so weich an und irgendwie so glatt, […] das hat ja auch immer gewonnen. Aber das hier ist ja anders und klebt so, ich glaube das ist ein Stück von einem Luftballon."* (Saskia) – *„Ja und der klebt ja auch, wenn du den so fest anfasst. Das hört sich*

dann auch so komisch an." (Jannik) Maximilian nimmt das Schiffchen und drückt es fest auf den Tisch. Er versucht es weiter zu schieben, was ihm aber nicht recht gelingt. *„Guck doch, das klebt auch am Tisch fest, das hält echt was aus! Das ist wie mit `nem Radiergummi, da willst du ja auch nicht, dass es so wegglitscht."*
Jörn drückt nun das Schiffchen fest auf die Tischoberfläche und versucht, es weiter zu schieben. Durch den Druck löst sich das Gummi ab. Jörn erschrickt ein wenig und beginnt prustend zu lachen, als der Widerstand plötzlich nachlässt und er mit dem Schiffchen ausgleitet. *„Boah, das ist ja jetzt schnell geworden […] also, wenn ich mir eins baue* (die Kinder können selbst solche Schiffchen herstellen, Anm. H.K.), *dann wird das aber ohne das hier gemacht* (er hält das Gummistückchen in die Höhe, Anm. H.K.). *Für Rennen muss das weg!"* Nach einer kurzen Pause erzählt er: *„Gestern habe ich in der Bahn auch so was gemacht. Da bin ich mit meinem Roller im Gang gestanden, und dann hab` ich mich rollen lassen als der* (Zug) *bremste. Das läuft gut, da wird man schnell."* Auf meine Frage, warum man dadurch schnell wird, antwortet er: *„Das kommt vom Schwung, da wird man so von sich selber angeschubst."* Der Einwand der hinzugekommenen Lehrerin: *„Du meinst wohl ‚von selbst'!"* führt nicht zu der wohl beabsichtigten Verbesserung der Formulierung, sondern zur Präzisierung der Aussage: *„Nein, so - weil der Roller - ich - will ja noch weiter nach vorne und die Bahn bremst ja schon, da wird man so weitergedrückt und das macht Spaß."*

4.4.3.2 Deutungen und Interpretationen

Zum 1. Beispiel:
In die Erklärungen, die Jörn für das Anhaften des Eiswürfels im ersten Beispiel findet, fließen intuitiv physikalische Konzepte mit ein: die Aggregatzustände des Wassers (das Eis schmilzt zu Wasser, es ‚gehört' aber noch zum Eis, kommt also auch von ihm) und unterschiedliche Materialeigenschaften (Eis gibt Wasser ab, schmilzt, Holz saugt es dagegen auf). Diese Konzepte sind noch nicht ‚als solche' kognitiv durchdrungen, sondern sind in ihrer ‚ganzheitlichen' Form des inneren Bildes repräsentiert. Die Verbalisierungsversuche zeugen von einem Bemühen, das Wahrgenommene in den Bereich des Denkens zu überführen. Der Zugang zum Phänomen wird über den Vergleich mit Bekanntem gesucht: Wie kann das Verhalten des betrachteten Gegenstandes verstanden werden? Ihm wird ein Wille zugeschrieben, ein Handlungsziel, eine Absicht. Die gestisch-mimische Nachahmung des Beobachteten ist gekoppelt mit einer animistischen bzw. anthropomorphen Sprache (vgl. Soostmeyer 1998, S. 324/ Wagenschein 1976, S. 61 ff.; S. 130 ff.). Der Eiswürfel wird in dem Beispiel personifiziert, das Phänomen des Haftens wird menschlich gedeutet, um es – als ein Verhalten – verstehen zu können.

Rumpf berichtet über eine ähnliche Begebenheit im Zusammenhang mit Äußerungen von Kindern zum Schatten und macht (mit Rückbezug auf Wagenschein) gleichzeitig deutlich, welcher Wert der anthropomorphen Sprache im Hinblick auf das Erfassen naturwissenschaftlicher Zusammenhänge zukommt: „Es besteht in diesen Kinderäußerungen kein Widerspruch zwischen mimetischer Phantasie und unterscheidender Beobachtung von Details, die zur Beschreibung und Erklärung im Gespräch herausfordern. Beide Impulse scheinen sich zu brauchen und anzustacheln. Die Tradition innerhalb der Naturwissenschaft, die jede bildhaft-mimetische Sprache als unwissenschaftlichen, die Objektivität verletzenden Animismus verurteilt und ihn infolgedessen aus dem Feld der Wissensausbreitung auszutreiben sucht – diese Tradition verkennt die Zusammenhänge zwischen bildhaft nachahmender Weltvergegenwärtigung und begrifflichem Denken […], verkennt die Zusammenhänge zwischen zwei genetisch aufeinander folgenden Formen der menschlichen Symbolorganisation." (Rumpf 1991, S. 92 f.)

Zum 2. Beispiel:
Die Eindrücke, die die Kinder während des Versuches gewinnen, Feuer mittels eines Holzstabes zu machen, sind tief: Sie versuchen im späteren Gesprächskreis zu machen, welche Anstrengungen sie unternommen haben. Ihre Mimik verrät, dass sie sich auch an den unangenehmen Brandgeruch deutlich erinnern. Die Erlebnisse sind für die Kinder nur schwer verbalisierbar, allerdings versuchen sie, ihre Erlebnisse und sensorischen Wahrnehmungen durch lebhafte Gesten Ausdruck zu verleihen.

Zum 3. Beispiel:
Der Vergleich des Schiffchens mit dem gummierten Boden mit dem Radiergummi zeigt, dass Maximilian bereits eine elementare Vorstellung von der Reibung entwickelt hat. Das ‚Haften bleiben' mancher Gegenstände an Oberflächen ist ihm vertraut, durch seine Analogie zeigt er, dass er seine Erfahrungen zu explizieren beginnt und sich dem Phänomen ‚Reibung' mit Hilfe der Sprache annähert. Die Formulierung „[…] *da willst du ja auch nicht, dass es so wegglitscht*", deutet darauf hin, dass er sich bereits über die technische Anwendbarkeit dieses Wissens bewusst ist und darüber, dass Reibung bzw. das ‚Kleben' an Oberflächen nicht nur negative Effekte zu erzeugen imstande ist.

Jörn verknüpft das körperlich wahrgenommene Ausrutschen nach dem Ablösen der Gummierung seines auf den Tisch gedrückten Schiffchens mit dem zunächst nicht reflektierten oder verbalisierten Erlebnis in der Bahn („*…habe ich in der Bahn auch so was gemacht.*"). Dies deutet darauf hin, dass die implizite Erfahrung durch den Anlass der neuen, ähnlichen Erfahrung in explizites Verbalisieren überführt wird und zeigt, dass der Junge eine strukturelle Ähnlichkeit beider Erlebnisse annimmt: Das Ausrutschen auf dem Tisch und das Gefühl, *„...von sich selber angeschubst"* zu werden, ist in beiden Fällen gleich. Das ‚Nach-vorne-wollen' des eigenen Körpers, der dabei erlebte kleine Schrecken und das Vergnügen, das er im ersten Fall durch das Lachen und im zweiten durch „ *...und das macht Spaß"* ausdrückt, sind Erfahrungen, die sich gleich oder ähnlich ‚anfühlten' und deshalb für ihn in die gleiche Kategorie gehören.

Analysiert man die Äußerungen des Jungen, so stellt man fest, dass er im Experimentieren mit dem Schiffchen zunächst die Veränderung einer Bewegung wahrgenommen hat: *„...das ist ja jetzt schnell geworden!"* Auch der Kommentar zum Erlebnis in der Bahn: *„...da wird man schnell"* deutet darauf hin, dass die Wahrnehmung auf die abrupte Änderung des Bewegungszustandes gerichtet war.

Es ist anzunehmen, dass der Junge bereits ein implizites oder intuitives Wissen von dem hat, was der Physiker *Beschleunigung* nennt, da er in beiden Fällen das ‚Schneller-werden' spüren konnte. Dies ist aber nicht eindeutig nachweisbar, da der Ausdruck für die Änderung in beiden Fällen ‚schnell' (und nicht ‚schneller') lautet.

Klarer zeigt sich die Überführung der impliziten, ästhetischen Erfahrung in das Nachdenken in Jörns Äußerungen: *„...da wird man so weitergedrückt"* und *„das kommt vom Schwung, da wird man so von sich selber angeschubst"*. Dies sind Hinweise darauf, dass es den ‚Druck', den es spürt, als eine Kraft interpretiert, die auf seinen Körper wirkt. Indem er sagt: *„...also, wenn ich mir eins baue, dann wird das aber ohne das hier gemacht* (er hält das Gummistückchen in die Höhe, Anm. H.K.). *Für Rennen muss das weg!"* und *„...will ja noch weiter nach vorne, und die Bahn bremst ja schon"*, hat Jörn im ersten Fall die Reibung des Gummistückchens auf der Tischplatte und im zweiten Fall das Abbremsen des Zuges als ursächlich für die aufgetretene Wirkung erkannt. Die Aussagen lassen darauf schließen, dass er ein Konzept von der Wirkung von Kräften aufbaut oder bereits aufgebaut hat.

Beide Erfahrungen sind im Grunde recht verschieden, da im ersten Fall eine Beschleunigung der Bewegung durch die *Verminderung* der Wirkung der Reibung erfolgt, während im zweiten Fall die (scheinbare) Beschleunigung durch das *Einsetzen* einer Kraftwirkung (Bremsen des Zuges) resultiert.[28] Um so bemerkenswerter ist, dass der Junge beide Erlebnisse für prinzipiell vergleichbar

---

[28] Dass es sich lediglich um eine Scheinkraft handelt, die durch das Abbremsen der Bahn hervorgerufen wird, schmälert das Konzept des Kindes nicht, da es nicht mit Kräften, sondern lediglich mit deren Wirkungen argumentiert, die bei Scheinkräften in gleicher Weise spürbar sind, wie bei den ‚echten' Kräften.

hält und damit im Grunde zeigt, dass es nicht nur die unmittelbare Erfahrung ist, die ihn diesen Vergleich ziehen lässt, sondern dass seinem Denken bereits ein übergreifendes Konzept, die Vorstellung vom Wechselwirken der Kräfte, zugrunde liegt. Diese Vermutung wird auch dadurch untermauert, dass er Kausalitätsbezügen nachgeht, die auf eine Begründung für die erfahrene Wirkung gerichtet sind.

Zusätzlich zur Vorstellung von Wechselwirkungen kann eine implizite bzw. intuitive Grundlegung zum Begriff der *Trägheit*[29] angenommen werden, denn indem der Junge geschickt die Wirkung des abbremsenden Zuges auf seinen Körper ausnutzt, entwickelt er bereits ein Gefühl dafür, was sein Körper im Verhältnis zur Bahn tut. Seine Ausdrucksweise: *„Das kommt vom Schwung, da wird man so von sich selber angeschubst."* deutet darauf hin, dass er das Gefühl hatte, dass sein eigener Körper dieses ‚Schubsen' bewirke. Der Satz *„Nein, so - weil der Roller - ich - will ja noch weiter nach vorne und die Bahn bremst ja schon",* klärt das Verhältnis der körperlichen Bewegungsrichtung im Verhältnis zur Bewegung der Bahn.

Das Beispiel zeigt die Komplexität der durch die Erfahrungen angelegten, impliziten und immer wieder auch in explizite Reflexionen mündenden Erkenntnisse. Zum Ausdruck gebracht wird auch die Beteiligung von Emotionen im Prozess des Erfahrungserwerbs: *„...da wird man so weitergedrückt, und das macht Spaß."* Dies deutet auf die ästhetische Komponente der Erfahrungsgewinnung hin.

4.4.3.3 Ergebnisse

Das oft spontane Loslachen und Jubeln der Kinder wegen eines plötzlichen, unerwarteten Ereignisses, wie es sich im Verlauf des Stationenbetriebes immer wieder beobachtet wird, lässt schon ebenso wie die Reaktion des Staunens auf die Qualität der Erfahrungen als ästhetische Erlebnisse (vgl. Kap. 3.1.2) schließen: Die Äußerungen sind vergleichbar mit denen, die bei einem kognitiven Konflikt auftreten, jedoch handelt es sich hier um ein Erleben, das offenbar nicht unmittelbar zum Nach*denken* anregt. Das staunenswerte Phänomen hinterlässt aber einen bleibenden Eindruck, der sich vermutlich als implizites Wissen oder als ‚ein Gefühl für die Dinge' manifestiert (vgl. Kap. 3.1.3). Besonders in Station 4 sind aber auch das rein körperliche Empfinden der Anstrengung, das Riechen des Qualms und das Fühlen der Wärme zu einem Empfinden ästhetischer Art verbunden.

---

[29] Das intuitive Wissen über Trägheit ist nach Untersuchungen von Spelke et al. (1992) nicht angeboren, sondern wird erst im Alter von 8-10 Monaten erworben (vgl. Sodian 1995, S. 636).

Implizites Wissen lässt sich nur schwer detektieren, weil es nicht verbalisiert wird. Dennoch kann vermutet werden, dass im dritten Beispiel, in dem sich Jörn an sein Erlebnis in der Straßenbahn erinnert, ein zunächst implizites ‚Wissen' um den erlebten Vorgang vorliegt. Er überführt dieses ‚Wissen', das er nur körperlich wahrgenommen hat mühsam in ein Nachdenken darüber, indem er versucht, seine Erfahrung zu verbalisieren. In diesem Beispiel lässt sich recht gut erkennen, dass die Verbalisierung körperlicher Erfahrungen nicht einfach ist. Dort, wo die Kinder Erfahrungen verbalisieren, kann davon ausgegangen werden, dass sie nachdenken.

Alle drei Arten des Erkennens (ästhetisch, implizit und explizit) können also gefunden werden. Das implizite Wissen ist jedoch nur schwierig feststellbar. ‚Könnerschaft' (vgl. Kap. 3.1.3) kann in diesen Beispielen auch aufgrund der kurzen Zeitspanne nicht angenommen werden.

Im anschließenden Unterrichtsgespräch und während der Reflexionsphase zeigt sich an den Äußerungen der Kinder, dass deren Erfahrungen – trotz der Auswahl der Experimente ausschließlich zu dem physikalisch umrissenen Thema ‚Reibung' – episodisch (vgl. Soostmeyer 2002, S. 64) geblieben sind.[30] Es kann nicht festgestellt werden, dass die Kinder die Phänomene und Experimente *verknüpfen* und einen vereinheitlichenden Begriff von dem allen Angeboten zugrunde liegenden Prinzip der Reibung entwickeln.
Diese Beobachtung kann dahingehend gedeutet werden, dass sich diese Kinder noch in der Phase ikonischer Repräsentationen (nach Bruner, vgl. Mietzel 1986, S. 80) befinden. Sie leisten noch keine Vernetzung der Erfahrungen und beziehen sich in ihren Äußerungen ausschließlich auf einzelne Phänomene oder Experimente, die sie durchgeführt haben. Sie profitieren in diesem Unterricht nicht (zumindest nicht auf der expliziten Ebene) davon, dass der Stationenbetrieb als Phänomenkreis (vgl. Spreckelsen 1999, S. 37 f.; 2004, S. 133 ff.) konzipiert wurde. Weitere Untersuchungen müssten klären, ob allgemein eine solche Altersabhängigkeit beobachtet werden kann und ob sich in diesem Fall evt. dennoch implizite Vernetzungen nachweisen lassen.[31]

---

[30] Die episodische Auffassung der Angebote verhindert jedoch nicht die Analogiebildung zu einzelnen Phänomenen und den Rückbezug auf eigene Erfahrungen. Die Kinder äußern zu vielen Phänomenen Erfahrungen aus ihrer Lebenswelt.

[31] In derselben Klasse wird im dritten Schuljahr ein Phänomenkreis zum Thema ‚Linse' angeboten. Die Kinder haben zum Abschluss der beiden Doppelstunden die Aufgabe einen ‚Namen' für den Stationenbetrieb zu finden. Bis auf drei Kinder (das leistungsschwächste Kind der Klasse, ein türkisches Kind mit sprachlichen Problemen sowie das jüngste Kind der Klasse) schaffen es alle, einen adäquaten zusammenfassenden Begriff zu finden. Sie zeigen auch in ihren Begründungen für die Wahl des ‚Namens', dass sie die Angebote als inhaltlich zusammengehörig empfin-

Allerdings sind die Erfahrungen der Kinder äußerst vielfältig. Sie sind im anschließenden Kreisgespräch in der Lage, bezüglich konkreter Versuche unterschiedliche Aspekte (Haftreibung, Rollreibung, Wärmewirkung der Reibung) mit eigenen Worten zu beschreiben. Sie finden dazu spontan Beispiele aus ihrer Lebenswelt, um die im Unterricht gewonnenen Erfahrungen zu untermauern oder anzuwenden:

Zur Haftreibung:
„Wenn man schnell loswitschen will, dann braucht man Turnschuhe, sonst rutscht man aus." (Melanie) *Saskia darauf scherzhaft: „Dann braucht unser Hund auch Turnschuh', der versucht im Flur immer zur Tür zu rennen, wenn's schellt, aber dann rutscht er nur immer aus und fällt auf die Nase."*

Zur Rollreibung:
„Mein Papa wollte neulich einen Schrank wegschieben, aber der war viel zu schwer, da hat er auch Stiele genommen, so wie wir, und dann ging's ganz leicht." (Tim)

Zur Wärmewirkung der Reibung:
„Als ich in der Turnhalle so schnell gerannt bin und dann bremsen wollte, ist mein Fuß ganz heiß geworden." (Frederic) – „Das hab' ich schon mal gehabt, als ich an der Kletterstange `runterrutschen wollte, da hatte ich ganz heiße Hände. Das hat sogar wehgetan." (Nele)

Die Beobachtungen lassen den Schluss zu, dass die nicht auf Lernziele ausgerichtete Beschäftigung mit physikalischen Phänomenen selbst dann pädagogisch und didaktisch wertvoll sein kann, wenn es sich lediglich um episodische Erfahrungen handelt, die im Unterricht nicht als Lehrgang zu einem Themengebiet oder in einer Unterrichtseinheit im Sinne des entdeckenden Lernens (vgl. Hartinger 2005, S. 386 ff.) fortgeführt werden. Es kann davon ausgegangen werden, dass auch aus dieser Art des Umgangs ein Nutzen resultiert: „Episoden sind […] abgegrenzte, zeitlich und räumlich situierte Ereignisse, die zum Aufbau innerer Bilder beitragen, die in der Erinnerung bleiben und aus denen (immer wieder) elementare Denkmodelle, Einsichten und Haltungen abgeleitet werden können. Episoden, die in ihrer Intensität exemplarisch Qualität gewinnen, ermöglichen ‚Elementarakte des Verstehens'" (Köhnlein 2004 mit Zitat von Wagenschein 1976, S. 206 f.). Episoden oder ästhetische Erlebnisse mit

---

den. Sie dokumentieren damit, dass sie die Verknüpfung der Erfahrungen geleistet haben. Das Ergebnis kann als ein Hinweis darauf gewertet werden, dass Phänomenkreise ab dem dritten Schuljahr zu der gewünschten Einsicht in ein allen Versuchen zugrunde liegendes Prinzip führen können, auch ohne auf diese Zusammengehörigkeit hinzuweisen.

physikalischen Phänomenen können somit als Chancen für späteres Anknüpfen gesehen werden.

4.4.4 Dritte Voruntersuchung: Verhaltensänderungen durch Erfahrungen
- Optische Täuschungen und Spiegelungen

Um herauszufinden, ob und ggf. welche Verhaltensänderungen bei Kindern durch ästhetische und implizite Erfahrungen nachweisbar sind, wird folgende Unterrichtssituation geplant: Den Kinder einer vierten Klasse (10 Jungen, 12 Mädchen) werden physikalische Phänomene angeboten. Zwei Monate später greift eine Unterrichtssequenz ein verwandtes Thema auf. Das Verhalten der Kinder zu diesem Themenbereich sollte Schlüsse darauf zulassen,

- ob die Kinder sich an die vorangegangen Erfahrungen erinnern,
- ob und wie sie diese Erinnerungen einsetzen und
- ob sie durch die Erfahrungen nachweisbar verändert auf die neuen Anforderungen reagieren.

Um eine Vergleichsgruppe zu erhalten, wird die Klasse für diesen Unterricht in Gruppen zu je 11 Schülern im Zufallsverfahren (durch Ziehen von Kärtchen) aufgeteilt. Die Gruppen beschäftigen sich in getrennten ‚Workshops' mit unterschiedlichen Themen. Zwei Monate später werden beide Gruppen an einem Unterricht zu weiteren optischen Phänomenen (Spiegelungen) gemeinsam teilnehmen.

Die Wahl des Themas der ersten Gruppe wird so getroffen, dass die Kinder möglichst wenig Gelegenheit dazu haben, Faktenwissen zu sammeln, auf das sie im späteren Unterricht zurückgreifen könnten. Verbalisiertes Faktenwissen würde Erkenntnisse darüber, ob ästhetische oder implizite Erfahrungen in ähnlichen Zusammenhängen wieder aufgegriffen und für das Lernen nutzbar gemacht werden, verhindern. Es wird deshalb ein Thema gewählt, das auf dem Niveau der Grundschule kaum Erklärungsansätze bietet, aber (nach eigenen Erfahrungen mit Kindern im Unterricht zu schließen) als besonders interessant und motivierend empfunden wird: Optische Täuschungen. Dieses Gebiet der Physik ragt auch in die Physiologie des Auges und in die Wahrnehmungspsychologie hinein und ist somit sehr komplex. Selbst in einem auf Wissenserwerb ausgerichteten Unterricht würde man nur wenig Faktenwissen generieren können, das über die reine Tatsache der Täuschung hinausgeht. Das Thema erscheint daher besonders geeignet, um Erkenntnisse darüber zu gewinnen, ob Kinder ästhetische bzw. implizite Erfahrungen für späteres Lernen aufgreifen und wie diese Erfahrungen ggf. genutzt werden.

Die zweite Gruppe beschäftigt sich in einem anderen Raum mit Phänomenen zum Thema ‚Luft'.[32]

Die Beobachtungen erfolgen eine Doppelstunde lang durch fünf Studierende, die Lehrerin sowie durch mich. Dabei werden Gesprächsprotokolle geführt sowie die spontanen Äußerungen der Kinder und auffällige Verhaltensweisen und Reaktionen auf die Phänomene (Lachen, Gesten, Mimik, Kommunikationsverhalten zwischen den Kindern) festgehalten. Zusätzlich werden Fotografien angefertigt. Audioaufnahmen an drei Stationen unterstützen die Dokumentation.

4.4.4.1 Beobachtungen, Deutung und Interpretation – Optische Täuschungen

Die Klasse wird zunächst in zwei Gruppen aufgeteilt (s.o.). Eine Gruppe (O-Gruppe = Optik-Gruppe) beschäftigt sich mit vielen unterschiedlichen optischen Täuschungsphänomenen, die andere (L-Gruppe = Luft-Gruppe) arbeitet zu Phänomenen der Luft.

Nachdem die Kinder der O-Gruppe mit einer Geschichte und einem Rätselbild auf die Thematik eingestimmt worden sind, beginnen sie damit, sich durch Anschauen und kurzes Ausprobieren zunächst einen Überblick über die im Klassenraum verteilten zahlreichen Angebote zu verschaffen. An Stationen- und Werkstattlernen gewöhnt, organisieren sie sich schnell so, dass nach etwa sieben bis neun Minuten alle Angebote gleichmäßig genutzt werden.

Das Handeln der Kinder ist geprägt durch Staunen, Begeisterung, Lachen und dem Bedürfnis, das Wahrgenommene, die Erlebnisse und Erfahrungen mit den Mitschülern zu teilen. Immer wieder rufen die Kinder Mitschülerinnen und Mitschüler herbei, um ihnen das, was sie entdeckt haben, vorzuführen oder zu zeigen. Sie schauen die Kinder dabei erwartungsvoll an und freuen sich, wenn diese auch über das Phänomen staunen, die jeweilige Abbildung nicht erkennen können oder darüber lachen. Diese Phase ist durch einen recht hohen Geräuschpegel gekennzeichnet, der von Staunensrufen und Meinungsaustausch der Kinder über verschiedene Phänomene herrührt. An ihrer Mimik und Gestik ist deutlich ablesbar, dass die Kinder sehr viel Vergnügen daran haben, dass die „*sonderbaren*" (Klaas) Phänomene, ihre „*Geheimnisse*" (Joel) oftmals nicht

---

[32] Die Beobachtungen, die innerhalb des Unterrichts zum Thema Luft gemacht wurden, sind für die Untersuchung des Erinnerns bzw. der ‚Verwertung' der Erfahrungen nicht von Belang, weshalb auf eine Beschreibung verzichtet wird.

sofort und individuell sehr unterschiedlich preisgeben. Das ‚Sich-Wundern' macht den Kindern so viel Freude, dass sie immer wieder neue Angebote aufsuchen, um die Wirkungen zu überprüfen.
Im weiteren Verlauf beruhigen sich die Kinder zusehends. Der Geräuschpegel sinkt, und die Kinder verweilen nun länger an einzelnen Stationen.
Im abschließenden Kreisgespräch geben sie ihrer Begeisterung über das erstaunliche Phänomen optischer Täuschungen Ausdruck, indem sie über ihre Erfahrungen berichten.

4.4.4.2 Kontrollgruppenexperiment
– Spiegelungen

Die Untersuchung dazu, ob Kinder auf ästhetische und implizite Erfahrungen zurückgreifen und sie nutzen, findet zwei Monate nach Durchführung der Workshops ‚Luft' und ‚Optische Täuschungen' in einem Unterricht mit der gesamten Klasse zum Thema Spiegelungen statt.

Während dieser Untersuchung wird wiederum ein Inhalt aus dem Bereich der Optik gewählt, um festzustellen, ob die Kinder der vormaligen O-Gruppe auf ihre Erfahrungen zurückgreifen, diese nutzen oder verbalisieren. Spiegelungen sprechen die kindliche Phantasie und Explorationsfreude an, denn das Spiegelbild zeigt sie selbst und das – besonders bei Wölbspiegeln – in vielfältiger Art und Weise. Auch hier gibt es also eine deutlich ästhetische Komponente.

Die Kinder erhalten die Angebote zum Explorieren und Experimentieren in Form eines Stationenbetriebs. Die Möglichkeit zur Variation von vorgegebenen Versuchsaufbauten ist durch Zusatzmaterialien (über das Versuchsangebot an den Stationen hinausgehende Angebote an unterschiedlichen Spiegeln, Taschenlampen, Pappe etc.) gegeben, die Kinder können also Ideen einbringen und diese anhand eigener Experimente verwirklichen. Sie wählen die Stationen frei aus und arbeiten allein oder in kleinen Gruppen, die sie selbstständig bilden und zum Teil während der Arbeitsphasen wieder auflösen.

Die Studierenden, denen die Gruppenzugehörigkeit zu den vorangegangenen Workshops bekannt war, weil sie selbst daran teilgenommen hatten, sind nicht über das Forschungsziel informiert, um eine möglichst große Objektivität während der Dokumentation zu gewährleisten. Um eine möglichst wertungsfreie Aufnahme der Daten zu erreichen, sind zwei der Studentinnen die Kinder und ihre Zugehörigkeit zu den Workshopgruppen nicht bekannt.
Um die Äußerungen der Kinder und individuelle Zugangsweisen und Reaktionen möglichst unverfälscht aufnehmen zu können, halten sich die Studentinnen an den unterschiedlichen Stationen auf. Bemerkungen und Reaktionen der

Kinder werden aufgenommen und notiert. Die Kinder arbeiten an diesen Stationen in kleinen Gruppen von bis zu vier Kindern.

Die Stationen beziehen sich auf jeweils unterschiedliche Spiegelphänomene:

Station 1: Zwei Spiegel werden in einem rechten Winkel aufgestellt, sie berühren sich mit einer Kante. Der Winkel wird vergrößert bzw. verkleinert. Ein oder mehrere Gegenstände befinden sich innerhalb des Winkels. Die Kinder betrachten die Anordnung und verändern experimentierend den Winkel der Spiegel zueinander.

Erfahrungsziel: Die Kinder sollen feststellen, wie sich die Gegenstände spiegeln und dass sich die Anzahl der Spiegelbilder verändert.

Station 2: Material: Ein großer und ein kleiner Spiegel. Die Kinder schauen in den großen Spiegel, indem sie den kleinen Spiegel mit der Rückseite an ihrer Nasenspitze vor sich halten.

Erfahrungsziel: Die Kinder sollen Mehrfachspiegelungen wahrnehmen.

Station 3: Die Kinder spiegeln sich in Löffeln. Innen erscheint das Bild auf dem Kopf stehend und verzerrt, außen ist es nur verzerrt.

Erfahrungsziel: Die Kinder können beobachten, dass das Spiegelbild unterschiedlich verzerrt wird, dass es innen ‚auf dem Kopf steht' und seitenverkehrt erscheint.

Station 4: In einem dunklen Nebenraum werden ein Spiegel, eine Taschenlampe und ein mit Schlitzen versehenes Pappstück zur Verfügung gestellt. Durch die Schlitze gelangen nur einzelne Strahlenbündel auf den Spiegel. Je nach Ausrichtung des Spiegels werden sie in unterschiedlichen Winkeln reflektiert.

Erfahrungsziel: Die Kinder beobachten die geordnete Reflexion und experimentieren mit der Reflexionsrichtung der Lichtstrahlen.

Station 5: Material: Drei große silberfarbene und gut spiegelnde Christbaumkugeln. Die Abbilder erscheinen verzerrt, nach außen gewölbt. Werden mehrere Kugeln zusammengehalten, ergeben sich Vielfachspiegelungen.

Erfahrungsziel: Die Kinder nehmen das Spiegelbild eines nach außen gewölbten Spiegels und die ‚Unendlichkeit' von Vielfachspiegelungen wahr.

Station 6: Eine große Spiegelfolie ermöglicht Zerrbilder des ganzen Körpers.

Erfahrungsziel: Die Kinder gehen mit den Spiegelungen in sich beweglicher Spiegel spielerisch um und nehmen die sich ergebenden optischen Effekte (‚Ausbeulung', Verzerrung des eigenen Spiegelbildes) wahr.

4.4.4.3 Auswertung der Protokolle und Beobachtungen

Die Auswertung der Beobachtungen und Wortprotokolle ergibt folgendes Bild: Die Kinder der L-Gruppe spielen mit den Spiegeln, sie freuen sich an den Phänomenen, lachen ausgesprochen viel, z.b. über Grimassen, die durch die Wölbungen der Löffel oder der Kugeln entstehen oder über die Verzerrungen, die sich durch die Spiegelfolie ergeben. Die Kinder dieser Gruppe fallen durch besonders lebhaftes Verhalten auf. Der Geräuschpegel in der Klasse wird durch die begeisterten, erstaunten Ausrufe, durch Lachen und Spielen, durch gegenseitiges Zeigen und Diskutieren mit den Klassenkameraden schnell recht hoch. Obwohl keine eindeutige Zuordnung zu den Gruppen möglich ist, entsteht doch in der Auswertung durch den Vergleich der Äußerungen und Bemerkungen zum Verhalten der Kinder der Eindruck, dass es im Wesentlichen die Kinder der L-Gruppe sind, deren Verhalten insgesamt lauter (mehrfache Bewertung durch die Studierenden) ist als das ihrer Klassenkameraden. Die durchschnittliche Verweildauer, die die Kinder der L-Gruppe an den einzelnen Stationen verbringen, ist zu Beginn generell kürzer (ca. 3-5 Minuten im Vergleich zu ca. 6-10 Minuten der Kinder der O-Gruppe). Es fällt auf, dass sie alle weiteren Phänomene anschauen möchten und besonders interessiert sind an neuen Erfahrungen: *„Was gibt es noch?"* ist (in einigen Variationen) innerhalb dieser Gruppe immer wieder zu vernehmen. Sie suchen einzelne Stationen später nochmals auf, um ihre Erfahrungen zu vertiefen.

Die Kinder der O-Gruppe reagieren durchweg differenzierter auf die Angebote. Zwar freuen sie sich auch an den Phänomenen, beschäftigen sich jedoch mit den einzelnen Phänomenen intensiver: Sie befassen sich mit dem jeweiligen Phänomen genauer und variieren Versuchsbedingungen. Sie werden als insgesamt ruhiger und konzentrierter als ihre Klassenkameraden wahrgenommen.

Die Kinder der O-Gruppe zeigen vielfach analysierende Betrachtungsweisen. Auffällig ist, dass bei den Kindern der L-Gruppe keine Fragen nach dem ‚Wie' oder ‚Warum' verzeichnet werden können, während etwa zwei Drittel der Kinder der O-Gruppe zumindest Fragen nach dem ‚Wie' stellen und mit Vermutungen verknüpfen. Die Kinder der L-Gruppe dagegen nehmen gegenüber den Phänomenen eine Haltung ein, die im Folgenden als Erfahrungsperspektive gekennzeichnet werden soll.
Einige Äußerungen, die auf diese Unterschiede hinweisen, sollen hier angeführt werden. Das Merkmal ist die analytische Haltung der Kinder der O-Gruppe im Vergleich zur reinen Erfahrungsperspektive der Kinder der L-Gruppe: Lotta, ein Kind aus der O-Gruppe, sieht sich an Station 5 eine der Christbaumkugeln an, zieht Grimassen und experimentiert einige Minuten mit dem, was sie sieht. *„Da seht' ich rund aus, so dick im Gesicht. Weil die Kugel so dick ist. Die ist so nach <u>außen</u> dick, <u>darum</u> beult mein Gesicht auch so rund*

aus (sie macht eine Bewegung mit den Händen, die ebenfalls ‚nach außen' andeutet, Anm. H.K.)."*³³*
Dana, aus der L-Gruppe sitzt neben ihr und reagiert auf die Kugel in ihrer Hand erfahrungsorientiert: *„Guck mal, wie dick ich bin, meine Hände sind viel zu groß für meinen Körper."*

Vanessa (O-Gruppe) wundert sich darüber, dass sie in den Kugeln, die sie zusammenhält, so häufig zu sehen ist. Sie zeigt ebenfalls, dass sie die Erfahrungen bereits verknüpft und analysiert: *„Wie oft bin ich denn da drin? Das kann ich nicht mehr zählen, nein das kann ich nicht mehr zählen!* (Sie spielt darauf an, dass sie an Station 1 Gummibärchen gezählt hat, die sich durch Veränderung des Winkels ‚vermehrten', Anm. H.K.) *Das ist wie bei dem Spiegel, der spiegelt sich ja auch so oft wider."*

Florian (O-Gruppe) analysiert ebenfalls. Er betrachtet sich im großen Spiegel an Station 2, indem er den kleinen Spiegel vor seine Nase hält. *„Oh, da bin ich zweimal, nein dreimal - oh, da ist noch jemand. Das bin ich! Viermal - oder? Wie kommt das? Hin und zurück und zurück und zurück* (er zeigt mit dem Finger den Weg, den die Lichtstrahlen seiner Meinung nach jeweils nehmen, Anm. H.K.). *Also, beim ersten Mal geht es ja hin und wieder zurück. Und das macht er* (gemeint ist das Spiegelbild, Anm. H.K.) *dann zweimal. Und noch mal, dann geht er wieder zurück und dann bin ich <u>noch</u> <u>ein</u> <u>Mal</u> drin. So. Immer hin und her, ja immer hin und zurück! - Unendlich!"* (Dabei lacht er. Anm. H.K.)

Nicolas (L-Gruppe) betrachtet den spiegelnden Löffel aus der Erfahrungsperspektive. Er freut sich an dem Anblick seines Spiegelbilds im Löffel. Er lacht und kreischt vor Vergnügen, holt seinen Freund Konrad hinzu und lacht mit ihm zusammen über das drollige Aussehen und über die Abbilder, die verkehrt herum, auf dem Kopf stehend erscheinen.
Philip (O-Gruppe) kommt hinzu, schaut ebenfalls in einen Löffel und sagt fast beruhigend und sehr ernst: *„Du musst das mal so hinhalten, Nicolas, dann siehst du, dass du immer auf dem Kopf bleibst, egal, wie 'rum du das auch drehst. Auch auf der Seite.* (Er hält den Löffel waagerecht.) *Das bleibt so, nur außen ist das anders."* Nicolas antwortet ihm: *„Das sieht ja voll doof aus, da hat man 'ne Riesennase."* (Er lacht dabei. Anm. H.K.) Philip versucht weiter zu erklären: *„Das ist so wie der Fischblick, da kommt dir alles so rund entgegen, …weil das ist nach außen so rund und innen nach innen."* Konrad (L-

---

[33] Von Kindern besonders betonte Satzteile sind hervorgehoben.

Gruppe) lacht wieder auf und meint strahlend: *„Mit dem Löffel, da könnt' ich mich stundenlang beschäftigen, so lustig ist das!"*
Nicolas und Konrad lassen sich in ihren rein erfahrungsorientierten Betrachtungsweisen nicht irritieren. Sie wollen offenbar in erster Linie Spaß haben und ignorieren die Bemerkungen Philips. Es entsteht der Eindruck, als wollten sie sich den Spaß nicht durch eine ernsthaftere Herangehensweise verderben lassen. Sie schließen Philip dann dadurch von ihren Spielen aus, dass sie sich von ihm ab- und sich nach kurzer Zeit einer neuen Station zuwenden.

Vor der über zwei Meter lange Spiegelfolie an Station 6, die vor der Wandtafel aufgehängt dazu einlädt, die verzerrten Abbilder des eigenen Körpers anzuschauen, wird ebenfalls deutlich, dass die Kinder der O-Gruppe deutlich anders reagieren als ihre Mitschüler: Während z.B. Sung Bum (L-Gruppe) ausschließlich an den spaßigen Abbildern interessiert ist, bemüht sich Nicolai (O-Gruppe) um einen experimentellen Zugang. Nicolai: *„Ich glaube, wir sollten das noch wieder gerade hängen, damit wir sehen, worauf es ankommt."* – Sung Bum: *„Nein, ich finde die Beulen lustig, da wird man so dick und lang und komisch."* Nicolai: *„Ja, das kannst du ja auch machen, aber wenn wir es erst gerade hängen, siehst du doch mal, wovon das kommt, dass du so krumm wirst. Dann mach' ich erst die eine Seite los und dann die andere."*

Nachdem die Kinder der L-Gruppe alle Experimente in relativ kurzer Zeit (durchschnittlich ca. zehn bis fünfzehn Minuten) erkundet haben, kehren sie an verschiedene Stationen zurück, um den angebotenen Versuchen näher auf den Grund zu gehen. Es ist zu beobachten, dass sie sich jetzt den Experimenten und Phänomenen anders nähern. Sie befinden sich nun in der Phase nach der allgemeinen Orientierung. Es setzt ein ruhigeres Arbeiten ein, währenddessen Sachverhalte näher betrachtet, konzentrierter erkundet werden. In dieser zweiten Phase beginnen auch die Kinder der L-Gruppe mehr zu experimentieren und versuchen, den Dingen auf den Grund zu gehen. Sie fragen jedoch auch jetzt noch nicht (zumindest nicht vernehmbar) nach dem ‚Wie' oder ‚Warum'. Ihr Verhalten ist durch reines Explorieren gekennzeichnet, das die einzelnen Kinder nun oftmals ganz für sich allein durchführen. Die Kommunikation nimmt jetzt ab.

Zusammenfassend kann gesagt werden, dass sich das Verhalten beider Gruppen insofern deutlich voneinander unterscheidet, als dass das Handeln der L-Gruppe insgesamt mehr auf das Sammeln neuer Erfahrungen ausgerichtet ist. Spaß und Freude an den Phänomenen stehen zunächst im Vordergrund des Interesses, sachbezogene Betrachtungen werden gemieden. Die durchschnittliche Zeitdauer, die sie für den ersten Durchgang benötigen, ist kürzer als bei den Kindern der O-Gruppe. Während besonders in der Anfangsphase bei den L-Kindern von den Studentinnen *„Oberflächlichkeit"*, *„Albernheiten"*, *„viel Spaß"*, *„Gelächter"*, *„Staunen"*, *„Ausgelassenheit"* vermerkt werden, geht die O-Gruppe insgesamt von vornherein ernsthafter und konzentrierter an die Angebote heran. Es werden ebenfalls *„Erfahrungen gesammelt"*, die Kinder haben ebenfalls *„Freude"* an den neuen Erfahrungen, verbinden aber die spielerische Herangehensweise mit *„experimentellen Tätigkeiten"*. Sie verbringen früher als die Kinder der L-Gruppe mehr Zeit an den einzelnen Stationen, analysieren ernsthaft, stellen häufig Fragen nach dem ‚Wie' einer Erscheinung und beschreiben die beobachteten Phänomene sehr detailliert.

Gegen Ende der Stunde werden vermehrt Verbalisierungen der Kinder notiert, die darauf hinweisen, dass Vermutungen aufgestellt und diese durch Veränderung der Experimente überprüft werden: Philip: *„Die Gummibärchen spiegeln sich ja so oft, weil sie vor den Spiegeln stehen. Ich glaube, das können sie nicht mehr, wenn sie auf dem Spiegel sind. Dann sieht man ja die Rückseite nicht."* Er klebt ein Gummibärchen auf einen der im Winkel zueinander stehenden Spiegel. Manuel: *„Man müsste die Löffel mal platt walzen und gucken, was dann passiert."* Jonas: *„Nein, wir legen mal 'ne Folie in den Löffel, dann sehen wir, ob's an der Form liegt."* Diese und ähnliche Erfahrungen werden von den Kindern der ehemaligen O-Gruppe ausgetauscht. Die Gespräche verlaufen insgesamt *„konzentrierter und ruhiger"* (Studierende). Die rein spielerische Komponente rückt bei diesen Schülern bereits in den Hintergrund.

Entgegen den Vermutungen ist eine verbalisierte Bezugnahme auf den Unterricht zu den optischen Täuschungen nicht nachweisbar. Offenbar sehen die Kinder keine unmittelbaren Verknüpfungen zwischen diesen Themenkreisen, obwohl ihnen die Phänomene zum Teil ebenfalls als ‚Täuschungen' erscheinen: Lotta: *„Das ist doch nicht wirklich so, dass die Klasse so komisch rund ist, das sieht nur so aus. Ich hab' ja auch kein so dickes Gesicht."*

Den Kindern ist die fachliche Kategorisierung beider Erfahrungsfelder zum Gebiet der Optik nicht vertraut. Sie können sie daher nicht unter diesem Aspekt verknüpfen. Vielmehr scheinen sich die vorangegangenen Erfahrungen auf die *Haltung* gegenüber neuen Phänomenen auszuwirken. Es ist zu vermuten, dass die im Workshop ‚Optische Täuschungen' erworbenen ästhetischen und impliziten Erfahrungen und das angelegte bereichsspezifische, aber noch implizite Wissen um Methoden der erfolgreichen Annäherung an Phänomene (genau hinsehen, sich intensiv auseinandersetzen, um hinter das jeweilige ‚Geheimnis' der jeweiligen optischen Täuschung zu kommen) mit in die Handlungen und die Ausprägung einer grundsätzlich sachbezogeneren Haltung den Phänomenen gegenüber einfließt.

4.4.5 Erstes Phasenmodell der Erfahrungsgewinnung

Die Ergebnisse dieser Untersuchung führen zu folgender Annahme: Stehen motivierende Angebote zum Erforschen und Experimentieren zur Verfügung, durchleben die Kinder unterschiedliche Phasen. In einer ersten Phase orientieren sie sich über das Angebot, sammeln neue Eindrücke, neue Erfahrungen, streben nach ästhetischen Erlebnissen, wobei emotionale affektive Komponenten sehr wichtig sind. Die Suche nach neuen Erfahrungen, nach Spaß, Freude, Erstaunlichem und Verwunderlichem bestimmt das Handeln. Der Wunsch nach Mitteilung ist sehr groß, die Kommunikation zwischen den Schülern ist sehr angeregt. Sie lassen ihren Gefühlen durch ausdrucksstarke Gesten, Mimik und durch lautes Rufen und Lachen freien Lauf. Das Erfassen möglichst vieler neuer Eindrücke innerhalb kurzer Zeit wird dem eingehenden Beobachten vorgezogen. Sachbezogene, ernsthafte Betrachtungen und Einwirkungen von außen, die auf eine kognitive Durchdringung des Erlebten zielen, werden abgewiesen.

In einer zweiten Phase explorieren die Kinder eingehender. Sie arbeiten vorwiegend allein oder zu zweit und sind insgesamt ruhiger. Die Kommunikation unter den Kindern ist eingeschränkt. Sie wählen die Phänomene gezielter aus und beschäftigen sich dann ernsthafter und konzentrierter mit ihnen. Es kann bei einigen, sich allein mit dem Phänomen beschäftigenden Kindern, eine Art ‚Versunkenheit' beobachtet werden, eine stille Konzentration nur auf das Phänomen. Andere Kinder beobachten nun genauer, variieren Parameter wiederholen die Experimente mehrfach.

Bei einigen Kindern der ehemaligen O-Gruppe wird beobachtet, dass sie sich nachdem sie alle Versuche angesehen haben, gezielt ein Experiment auswählen, um sich nun bis zum Ende der Unterrichtsstunde damit zu beschäftigen. Diese Kinder scheinen sich mehr als andere in ein Experiment zu vertiefen, tauschen sich nun aber dabei mit Mitschülern über die Phänomene aus, versuchen zu analysieren, fragen nach dem ‚Wie' und versuchen das Phänomen bzw. das Experiment genauer zu beschreiben. Sie bemühen sich darum, Analogien zu bilden, um ihre Vermutungen zu vergleichen oder sie anderen verständlich zu machen. Diese Kinder versuchen das jeweilige Phänomen auch direkter wahrzunehmen: Die Gegenstände werden aus unterschiedlichen Perspektiven betrachtet, näher an die Augen herangeführt, betastet, umgedreht und unter Zuhilfenahme weiterer Materialien variiert. Die Kinder probieren unterschiedliche Wege aus, das Phänomen zu erzeugen.
In nunmehr ruhigen Gesprächen, die im Wesentlichen aus kurzen Bemerkungen und Satzfragmenten bestehen, lassen sich erste Anklänge an kognitives Durchdringen erkennen: *„Wenn wir das jetzt mal so machen, dann..."* (Lotta) –

"Ich möchte mal versuchen, ob das so geht, dann sehen wir besser..." (Ken) – *"Hast du den Löffel schon mal umgedreht, so meine ich, ob der Kopf dann auch ...nein, das ist gleich, aber ... Komisch..."* (Joel)
(Es scheint sich hier noch um eine weitere Phase zu handeln, die eine Vertiefung auf einzelne Phänomene bewirkt. Innerhalb der kurzen Beobachtungszeit lässt sich diese Phase von der Explorationsphase nicht eindeutig abgrenzen. Während der längerfristigen Hauptuntersuchung sollen deshalb weitere Hinweise darauf gesucht werden, ob, wann und unter welchen Bedingungen sich eine Vertiefung anbahnt.)

Die Diskussion der Kinder im anschließenden Kreisgespräch zeigt, wie intensiv sich insbesondere die Kinder der ehemaligen O-Gruppe auch gedanklich mit den Erfahrungen aus dem Unterricht auseinandersetzen und so eine erstaunlich intensive ‚philosophische' Diskussion in Gang setzen. (Die Kinder der L-Gruppe beteiligen sich bis auf Lea, die leistungsstärkste Schülerin der Klasse, nicht an diesem Gespräch.): Die Kinder unterhalten sich über die von Alina (O-Gruppe) eingebrachte Vermutung, dass Spiegel im Dunkeln nichts spiegeln: Klaas: *"Warum der Spiegel im Dunkeln nichts spiegelt, ist doch klar. Weil man dazu nämlich Licht braucht. Man sieht sich ja auch nicht gegenseitig, wenn es dunkel wird, oder? Oder kannst du mich vielleicht sehen, wenn's ganz dunkel ist? Darum kann der Spiegel auch nichts spiegeln, weil nichts da ist für ihn."* – Lea: *"Aber er kann doch die Dunkelheit spiegeln. Im Dunkeln ist es eben auch im Spiegel dunkel – ein dunkles Spiegelbild eben."* Klaas: *"Ja, aber das kann ja keiner sehen und dann ist es ja wohl kein Spiegelbild, oder?"* – Cornelius: *"Doch, ein dunkles Spiegelbild, das gibt's auch ohne Sehen."* Lotta: *"Versteh' ich nicht, ein Spiegelbild, das man nicht sehen kann?"* Philip: *"Also, ich glaub', dass man das nicht wissen kann, weil das kann keiner wissen, wenn man's nicht sehen kann – vielleicht ein Außerirdischer oder eine Maschine, die im Dunkeln gucken kann."* Lea: *"Oder eine Katze, die können im Dunkeln gucken."* Konrad: *"Fledermäuse, die fliegen auch im Dunkeln nicht gegen die Wand!"* Philip: *"Aber die kannste nicht fragen."* (Die Kinder lachen über diesen Scherz.)
Auch hier zeigt sich, dass die Haltung der Kinder der O-Gruppe den Phänomenen gegenüber sehr sensibel und aufgeschlossen ist. Die Diskussion macht ihnen offensichtlich Spaß, und sie unterhalten sich über einen längeren Zeitraum über weitere Fragen, die ihnen im Verlauf der Explorationen interessant erscheinen.

Obwohl die beobachteten Verhaltensänderungen in dieser einen Gruppe keine repräsentativen Aussagen zulassen, scheinen sie doch Hinweise auf ‚Muster' zu liefern, auf die in der Hauptuntersuchung verstärkt geachtet werden kann.

Im Folgenden wird daher ein erstes Modell der Erfahrungsgewinnung aufgestellt, das eine Systematisierung der Beobachtungen erleichtert.

In einem Schaubild ergibt sich folgende Übersicht über die beobachteten *Phasen der Erfahrungsgewinnung* innerhalb des Unterrichts zu den Themen Optische Täuschungen und Spiegelungen:

Erstes Phasenmodell der Erfahrungsgewinnung

Orientierungsphase
- Orientierung über das Angebot
- Sammeln möglichst vieler neuer Eindrücke und Erfahrungen
- Streben nach ästhetischen Erlebnissen, nach Spaß, Erstaunlichem
- Hohe Kommunikationstätigkeit
- Ausdrücken von Gefühlen durch Gesten, Mimik, Rufen, Lachen
- Vermeiden ernsthafter Betrachtungen

⇩

Explorationsphase
- ‚ernsthafter' Zugang zu den Phänomenen und Experimenten
- gezielte Auswahl der Experimente, längerfristiges ‚Sich-Einlassen' und Konzentration auf das jeweilige Phänomen/ Experiment
- genauere Beobachtung
- Fragen nach dem ‚Wie' und detaillierte Beschreibungen
- Variationen werden vorgenommen
- Experimente werden mehrfach wiederholt

⇩

Vertiefungsphase
- Analogiebildungen
- Kommunikation mit dem Ziel, Erfahrungen auszutauschen, Vermutungen zu vergleichen oder sie anderen verständlich zu machen

---

Die Orientierungsphase ist im Hinblick auf ästhetische Erfahrungen und Erlebnisse ausschlaggebend: Es werden grundsätzlich neue Erfahrungen gewonnen. Erstaunen, Freude, Jauchzen, Lachen, ausgeprägte Mimik und Gestik, ein ausgesprochen intensives Mitteilungsbedürfnis und das Vermeiden ernsthafter Betrachtungen überwiegen.

Diese Haltung kann als *unreflektierend* gekennzeichnet werden. Erlebnisse und Erfahrungen, Wahrnehmungen und Gefühle sind zum *Empfinden* vereinigt und füllen gewissermaßen das Bewusstsein vollständig aus. Störeffekte von außen (Einwirkungen, die auf kognitive Impulse zielen) werden abgeblockt. Unbelastet von funktionalistischen oder utilitaristischen, von rationalen, reflektierenden oder analytischen Gedanken nehmen die Kinder die Eindrücke ästhetisch und damit in ihrer Ganzheit und Komplexität wahr (vgl. Kap. 3.1.2).

Die scheinbare Oberflächlichkeit der Kinder in der Orientierungsphase lässt sich vielleicht mit einem evolutionären Ansatz erklären, der davon ausgeht, dass das Aufnehmen von Reizen als Basis zur Orientierung in der Lebenswelt dient (vgl. Zimbardo/ Gerrig 1999, S. 113 f.). Die Entwicklung des Menschen ist geprägt durch eine Umwelt, „in der die Wahrnehmung von Invarianzen überlebenswichtig war." (ebd.)
Orientierungsreaktionen sind zu erwarten, wenn neue, unbekannte Umweltbedingungen vorgefunden werden, denn „unser Wahrnehmungssystem ist so angelegt, dass es auf Veränderungen in der Umwelt sensibler reagiert als auf Stabilität." (Zimbardo/ Gerrig 1999, S. 115)
Die evolutionäre Erkenntnistheorie geht davon aus, dass der „Erkenntnisapparat" (Vollmer 1998, S. 102) ein Ergebnis der Evolution ist: „Die subjektiven Erkenntnisstrukturen passen auf die Welt, weil sie sich im Laufe der Evolution in Anpassung an diese reale Welt herausgebildet haben." (ebd.). Dieser Einschätzung zufolge handelt es sich um ‚sinnvolles', angepasstes Verhalten, wenn Kinder versuchen, eine neuartige Situation durch Herangehensweisen zu erfassen, die ihnen einen schnellen Überblick sowie ein Gefühl für den sie umgebenden Raum mit seinen einzelnen Elementen – und damit für die Gesamtsituation vermitteln (vgl. ebd., S. 106). In der Psychologie wird sogar davon ausgegangen, dass es einen *Orientierungsreflex* als Reaktion eines Menschen auf einen Reiz gibt, der eine erhöhte Sensitivität und Aufmerksamkeit bewirkt und unterschiedliche physiologische Veränderungen wie die Erweiterung der Pupillen oder Fluktuationen in der Atem- und Herzfrequenz mit sich bringt (vgl. Lefrancois 1994, S. 180). Nach einer Theorie von Berlyne (1960, 1965) hängt die Erregung durch Reize wesentlich von deren Neuheit, der Bedeutsamkeit, dem Überraschungseffekt, der Ambiguität oder Komplexität ab (vgl. Lefrancois 1994, S. 190).

Spitzer (2003) macht darauf aufmerksam, dass es im Gehirn insbesondere der Hippocampus ist, der ‚auf Neuigkeiten aus' ist bzw. es ermöglicht, Neues als Solches wahrzunehmen und einzugliedern. Im Hippocampus werden alle neuen Einzelereignisse verarbeitet, dazu gehört u.a. auch die Orientierung in Räumen (ebd., S. 34 f.).

Heinrich Roth (1983) geht von einem „Erlebnis- und einem Tätigkeitsdrang" (ebd., S. 148) bei Kindern aus, der sie veranlasst, aktiv auf die Umgebung zuzugehen und sie sich zu erschließen.

Die Komplexität eines Stationenbetriebs oder eines Experimentierangebotes fordert geradezu dazu heraus, einen Überblick zu gewinnen. Die Eile, die die Kinder dabei an den Tag legen, lässt sich vor dem oben genannten Hintergrund so interpretieren, dass ein schneller Überblick die ökonomische Entscheidung darüber erleichtert, was womöglich Gefahren birgt oder besonders attraktiv ist und sich näher zu erforschen lohnt.

Das Verhalten der Kinder der ehemaligen O-Gruppe deutet darauf hin, dass sich die Orientierungsphase erheblich verkürzt, wenn die Kinder ähnliche Situationen bereits kennen gelernt haben. Je nachdem, ob es sich um ein von der Lehrperson bereitgestelltes oder ein von den Kindern selbst (mit-) gestaltetes Angebot handelt, kann diese Phase vermutlich je nach dem Motivationsgrad länger oder kürzer ausfallen. Hier treten Ähnlichkeiten des Verhaltens mit dem Habituieren bei Kleinkindern auf.

In der Explorationsphase werden die Zugangsweisen deutlich ruhiger. Nun variieren die Kinder Bedingungen, unter denen ein Phänomen hervortritt, bereits gezielter. In dieser Explorationsphase ziehen sich die Kinder auch gerne von anderen Kindern zurück. Sie nehmen sich mehr Zeit für die einzelnen Versuche, um sie genauer zu betrachten oder mit ihnen zu hantieren. Diese ruhige Phase deutet darauf hin, dass die erste Neugierreaktion auf das Angebot beendet ist und nun die innere Ruhe gegeben ist, sich auf ein besonders interessantes Phänomen konzentrieren zu können. In dieser Phase wird die Außenwelt scheinbar für einige Minuten ausgeblendet. Der Gesichtsausdruck der beobachteten Kinder wirkt entspannt.

Die Versuche zur Verbalisierung und Reflexion der Erfahrungen bei den Kindern, die sich dann längerfristig mit einem Phänomen beschäftigen (Vertiefungsphase) sind Hinweise darauf, dass hier die explizite Auseinandersetzung mit dem Gegenstand einsetzt. Die Kinder versuchen, ihre Beobachtungen zu formulieren und sie anderen verständlich zu machen. Wagenschein hat darauf hingewiesen, dass die Sprache sich während der Bemühungen, etwas zu erfassen, verändert: Vom lauten Denken „wie das wohl *ist*" (Wagenschein 1976, S. 132) bis zum Versuch, das Erlebte auch für andere verständlich zu formulieren. In dem Versuch, die Erfahrungen zu verbalisieren sind Rückgriffe auf vorangegangene ästhetische Erfahrungen und Erlebnisse zu beobachten: *„Das Spiegelbild zeigt dir doch genau das, was auch in Wahrheit da ist, genau so wie du*

bist, bist du auch im Spiegel." (Jonas) *"Ja, aber als ich vorhin so an der Folie (Spiegelfolie) gewackelt habe, da sah das doch aus, als wäre mein Bauch wie Wasser."* (Melody) - *"Wenn du in den Löffel siehst, siehst du die ganze Welt auf dem Kopf. Das spiegelt sich alles verkehrt herum, aber wenn man den Löffel umdreht, ändert sich das nicht oder wenn du dich selbst auf den Kopf stellst."* (Manuel)
Hier wird insbesondere das Bemühen um Verstehen und Intersubjektivität deutlich.

4.5 Zusammenfassung und Folgerungen für die Gestaltung der Hauptuntersuchung

Im ersten Feldexperiment (vgl. Kap. 4.4.2) wurde untersucht, inwieweit Kinder in der Lage sind, relativ eigenständig mit Experimentierbüchern bzw. -anleitungen umzugehen, sich selbstständig Materialien zu beschaffen und die ausgewählten Versuche durchzuführen. Es konnte festgestellt werden, dass Kinder im dritten Schuljahr ohne Interventionen durch die Lehrerin aus Experimentierbüchern Versuche auswählen, die benötigten Materialien beschaffen und die Experimente durchführen können. Sie können über die Gestaltung und Verwertbarkeit der Bücher sowie über die Qualität der Anleitungen reflektieren und Frustrationserlebnisse ggf. auf unzureichende Beschreibungen zurückführen. Die positive Grundhaltung gegenüber dem Experimentieren wird dadurch nicht beeinträchtigt.

Das zweite Feldexperiment (vgl. Kap. 4.4.3) betrifft die Frage nach der Erkenntnisqualität von Erfahrungen, die auf explorative Art erworben werden. Es wurde festgestellt, dass die Kinder viele Phänomene erlebnishaft wahrnehmen. Sie sind stark motiviert, ihren Erfahrungshorizont zu erweitern und beschäftigen sich ausdauernd und intensiv mit den Versuchen.
Die Hinweise auf die Art und Qualität der Erfahrungen, die durch das Explorieren mit physikalischen Phänomenen gewonnen werden können, lassen den Schluss zu, dass die Kinder, selbst wenn die Erlebnisse im Unterricht episodischer Natur sind, profitieren können: Sie sammeln ästhetische Erfahrungen mit physikalischen Phänomenen und erwerben ein implizites Wissen. Sie werden außerdem dazu stimuliert, den Vergleich mit anderweitigen Erfahrungen zu ziehen, wodurch erste Explikationen wie Analogiebildungen, Unterscheidungen und Kategorisierungen vorgenommen werden.

Die Ergebnisse des dritten Feldexperiments (vgl. Kap. 4.4.4) sind in einem ersten Phasenmodell der Erfahrungsgewinnung zusammengefasst: Werden den Kindern vorbereitete Experimente oder Phänomene dargeboten, ist zu beobachten, dass sie sich zuerst orientieren müssen. In dieser ersten Orientierungsphase kommt es den Kindern in erster Linie auf neue Erfahrungen an. Sie wollen diese zunächst ästhetisch erleben und lehnen sachbezogene, ernsthafte Betrachtungen ab. Die Kinder lachen in dieser Phase viel und sind ausgelassen. In Gesprächen der Kinder untereinander sowie in der gemeinsamen Gesprächsrunde wird deutlich, dass die Erlebnisse Eindrücke hinterlassen, an die sich die Kinder besonders gut erinnern: Sie nehmen in ihren Berichten oder Gesprächen häufig Bezug auf erlebnishaft wahrgenommene Ereignisse. Sie sind in der Lage, die jeweilige Situation detailliert und bildhaft zu schildern. Die Intensität des Eindrucks der ästhetischen Erlebnisse und Erfahrungen zeigt sich auch darin, dass Kinder in den Gesprächen auch Monate später noch über Erlebnisse berichten und häufig ein Interesse an dem betreffenden Phänomen entwickeln.[34]

Das Kontrollgruppenexperiment liefert auch erste Hinweise darauf, ob die Kinder auf früher gewonnene ästhetische Erfahrungen und implizites Wissen zurückgreifen: Haben die Kinder Gelegenheit, sich mit physikalischen Phänomenen und Experimenten auseinanderzusetzen, ändern sie ihre Zugangsweise gegenüber neuen Phänomenen im Vergleich zur Kontrollgruppe: Insbesondere ist die Phase der Orientierung verkürzt. Die Kinder gehen schneller dazu über, Fragen zu den Phänomenen zu stellen und sich ihnen explorierend und experimentierend zu nähern.

Aus den Voruntersuchungen ergeben sich zusammengefasst die folgenden Erkenntnisse:

- Es gelingt den Kindern einer dritten Klasse, Experimentierbücher auszuwählen, Experimente daraus auszusuchen, die Materialien für selbst gewählte Versuche zu beschaffen und diese auch durchzuführen. Damit ist eine erste wichtige Voraussetzung für ein selbstbestimmtes und selbstorganisiertes Explorieren und Experimentieren gegeben. Da es sich um eine durchschnittliche Klasse handelt (kein sozialer Brennpunkt, vier ausländische Kinder, durchschnittliches Leistungsniveau), ist es wahrscheinlich, dass es auch Kindern anderer Klassen gelingen wird, sich mit Experimentieranleitungen auseinanderzusetzen, die notwendigen Materialien zu beschaffen und unterschiedliche Experimente erfolgreich durchzuführen. Die

---

[34] Thiel berichtet über Gespräche mit ehemaligen Schülern, die 20 Jahre nach dem Unterricht geführt werden. Auch hier sind es die besonderen Erlebnisse (der „Erlebnischarakter des Unterrichts", Thiel 1997, S. 191, Fußnote 2), die sich über diese lange Zeit hinweg einprägten: „Unvergessen sind bei allen die Heißluftballone, die wir damals bauten und, einmal sogar bei stürmischem Wetter, im Windschatten des Schulgebäudes aufsteigen ließen. An der Dachkante erfasste sie jäh der Wind, riß sie mit sich und immer winziger werdend entschwanden sie über Tübingen und die Schwäbische Alb hinweg unseren Augen." (ebd.)

Ergebnisse werden daher als hinreichend dafür angesehen, den Forschungsansatz weiterzuentwickeln.
- Wenn Kinder sich mit physikalischen Phänomenen beschäftigen, erwerben sie auch dann ästhetische Erfahrungen, implizites und explizites Wissen, wenn die Erfahrungen episodisch bleiben oder ihnen die Verbalisierung oder die Deutung noch nicht gelingt.
- Die Kinder durchleben Phasen der Orientierung, des Explorierens und vermutlich auch der Vertiefung, wenn ihnen Phänomenkreise bzw. Experimentierangebote zur Verfügung gestellt werden.

Wenn die Kinder bei angebotenen Materialien, die im Sinne von Phänomenkreisen zusammen gestellt sind, Phasen durchleben, die von einer Orientierung über das Explorieren bis hin zum wissenschaftsorientierten Experimentieren gehen, dann werden sie für das selbstbestimmte Explorieren und Experimentieren mehr Zeit benötigen. In diesem Fall müssen sie vor der Orientierung noch die Organisation der benötigten Materialien und Literatur sowie die Auswahl oder das eigenständige ‚Erfinden' von Experimenten leisten. Schließlich müssen ausgewählte oder selbst erdachte Versuche durchgeführt werden.

Da diese Handlungen den Kindern im Unterricht in der Regel nicht geläufig sind, muss die Hauptuntersuchung auf einen wesentlich längeren Zeitraum hin angelegt werden. Im Hinblick darauf, dass außerdem immer nur wenige Stunden zur Verfügung stehen, wird deshalb ein Zeitrahmen von sechs Wochen angesetzt. (Dieser Zeitrahmen wird dann später jedoch in beiden Klassen auf drei Monate ausgedehnt, s.u.)

Die häufige Anwesenheit von Fremden im Klassenraum sowie auch die ständig sichtbare Dokumentation des Geschehens beeinflussten die Wahrnehmung und das Handeln der Kinder während der Voruntersuchungen. Sie sollen aber in der Hauptuntersuchung ihre Aktivitäten möglichst als ‚normal', nicht als außergewöhnlich empfinden. Deshalb wird in der Hauptuntersuchung angestrebt, solcherart störende Faktoren möglichst auszuschließen.

4.6 Hauptuntersuchung

Die Voruntersuchungen geben Hinweise auf die Fähigkeit von Kindern im Klassenverband selbstbestimmt zu agieren und Bedingungen zu schaffen, die ein im Wesentlichen selbstständiges Explorieren ermöglichen. Des Weiteren ergeben sich Hinweise auf die Art und Qualität der gewonnenen Erfahrungen, wenn Kinder Angebote erhalten, mit physikalischen Phänomenen oder einfachen Versuchen umzugehen: Es scheint so zu sein, dass der Erfahrungsgewinn in unterschiedlichen Phasen abläuft, wenn es Kindern freigestellt ist, aus den zur Verfügung stehenden Angeboten weitgehend selbstbestimmt auswählen zu können.

Die Bedingungen, unter denen die Kinder in den Voruntersuchungen agieren, werden jedoch von Lehrerinnen geplant und der Unterricht wird von ihnen begleitet. In der Hauptuntersuchung soll eine umfassendere Selbstbestimmtheit hinsichtlich aller Entscheidungen (für oder gegen den Aufbau einer Experimentierecke, die Gestaltung, das Explorieren, für die Auswahl von Experimenten, die Zeitdauer und Intensität der Beschäftigung, für die Sozialform und die Dokumentation der Handlungen) möglich sein. Es wird untersucht, wie die Kinder auf solche Freiräume bezüglich der Möglichkeiten, sich mit physikalischen Phänomenen zu beschäftigen, reagieren (vgl. Kap. 2 u. 3.5).

Die zugrundeliegende Annahme ist, dass es den Kindern auch ohne die Anleitung durch die Lehrerin und ohne ein vorgegebenes Angebot von Phänomenen bzw. Versuchen gelingt, sich ein physikalisches Erfahrungsfeld aufzubauen und so ‚wertvolle' Erfahrungen mit physikalischen Phänomenen zu gewinnen. Als ‚wertvoll' angesehen werden Erfahrungen, aus denen

a. ein vertieftes Interesse und eine positive Haltung gegenüber physikalischen Inhalten,
b. ein ‚Gefühl für die Dinge' (implizites, ästhetisches Wissen, Handlungs- oder Umgangswissen),
c. methodische Handlungsfähigkeit und/ oder methodisches Metawissen oder
d. Fachwissen resultiert.

Anzeichen dafür liegen vor, wenn

a. intrinsische Motivation, Flow-Erleben und damit verbundene erhöhte Leistungsbereitschaft beobachtet werden können,
b. die Kinder auffällig geschickt hantieren oder deutlich machen, dass sie sich auf einem Gebiet sicher und kompetent fühlen,
c. methodisches Handeln oder Diskussionen über Methoden auftreten,

d. physikalische Begriffe oder Modellvorstellungen verwendet oder physikalische Konzepte eingesetzt oder entwickelt werden.

Für die Hauptuntersuchung ergeben sich aufgrund der Ergebnisse aus den Voruntersuchungen sowie aus den in Kapitel 3 durchgeführten Analysen im Wesentlichen zwei Beobachtungsebenen:

- **Fähigkeit zur Organisation und Selbstorganisation**: Gelingt es den Kindern, sich gemeinsam einen zur Erfahrungsgewinnung geeigneten Raum (sowohl räumlich als auch zeitlich und inhaltlich) zu schaffen?

- **Selbstbestimmte Gewinnung von Erfahrungen sowie Art und Qualität dieser Erfahrungen**: Gelingt es den Kindern, Erfahrungen im Bereich physikalischer Phänomene zu erwerben und welche Erfahrungen sammeln sie? Wie gehen sie mit diesen Erfahrungen um? Wie ändert sich ihr Verhalten? Sind die Phasen der Erfahrungsgewinnung auch bei weitgehender Selbstbestimmung feststellbar?

Den Kindern wird zu Beginn des Forschungsexperiments angeboten, sich eine Experimentierecke im Klassenraum aufbauen zu können. Sie erfahren, dass sie sich für oder gegen dieses Vorhaben entscheiden können und dass sie, falls sie sich dafür entscheiden, darauf angewiesen sind, die Experimentierecke ohne Hilfe und Anleitung durch die Lehrerin ‚allein' bewerkstelligen müssen. Es wird ihnen gesagt, dass es sich um ein Forschungsprojekt handelt, dessen Ziel es ist, herauszufinden, ob Kinder im Grundschulalter dazu in der Lage sind, selbstständig und möglichst ohne Hilfe der Lehrerin eine Experimentierecke im Klassenraum einzurichten.

4.6.1 Komponenten der Untersuchung

Um die Rahmenbedingungen für die Untersuchung charakterisieren und eingrenzen zu können, sollen im Folgenden die wichtigsten Komponenten bestimmt werden. Diese werden den Eckpfeilern ‚Lehrerinnen und Lehrer', ‚Experimentierecke' und ‚Kinder' zugeordnet. Die Komponenten beschreiben Bedingungen, wie sie sich aus den theoretischen Überlegungen, empirischen Befunden (vgl. Kap. 3) sowie aus den Befunden der Voruntersuchungen (vgl. Kap. 4.4) ergeben.

4.6.1.1 Lehrerinnen und Lehrer

Die Lehrerinnen bzw. Lehrer ermöglichen den Kindern, während der Unterrichtszeit selbstbestimmt zu agieren und sich selbst zu organisieren, d.h. insbesondere:

- sie halten Raum und Zeit frei, die die Kinder nach ihren Vorstellungen ausfüllen dürfen,
- ermöglichen Selbstorganisation und Kommunikation der Kinder untereinander,
- stellen Angebote oder Aufgaben zur Verfügung, die die Kinder bei Bedarf bearbeiten können, wenn sie sich nicht in der Experimentierecke beschäftigen wollen (zum Beispiel als Wochenplan). Dies muss deshalb erfüllt sein, weil die Kinder erst durch die Möglichkeit, selbst darüber entscheiden zu können, ob sie sich mit Experimenten beschäftigen wollen, in die Lage versetzt werden, intrinsisch motiviert zu handeln,
- lassen aus demselben Grund das Explorieren der Kinder zu, auch wenn sie nicht unmittelbar erkennen können, dass die Kinder ihre Zeit ‚sinnvoll' oder explizit lernend verbringen,
- loben oder tadeln die Kinder hinsichtlich ihrer Arbeit an oder in der Experimentierecke nicht, um intrinsische Motivation oder Flow nicht zu unterbrechen,
- fördern oder kontrollieren aus denselben Gründen das Lernen der Kinder nicht,
- antworten auf Fragen der Kinder bezüglich der Phänomene oder Experimente nicht sogleich, auch wenn sie dieses könnten.

Sie
- zeigen eine positive Haltung gegenüber der Arbeit der Kinder, die Autonomie unterstützend sein muss, weil dies eine wichtige Funktion für die Ausbildung von Interessen darstellt,
- sprechen – ebenfalls auf Autonomie unterstützende Weise – mit ihnen über organisatorische Fragen, wenn die Kinder dies wünschen und unterstützen sie in dieser Hinsicht,
- lassen sich von den Kindern dann in das Geschehen hineinziehen, wenn die Kinder dieses selbst wünschen,
- lassen sich mit den Kindern zusammen auf Phänomene und Experimente ein, tun dies aber auf Autonomie unterstützende, nicht auf anleitende oder führende Weise.

Damit die Kinder die Experimentierecke einrichten können,
- gehen die Lehrerinnen auf Vorschläge der Kinder für die Umgestaltung des Klassenraums und ggf. auf Kompromisse ein, da andere Arrangements im Klassenraum verändert werden,

- erhalten die Kinder nur dann Unterstützung durch die Lehrerin/ den Lehrer, wenn sie die Beschaffung allein nicht bewerkstelligen können.

4.6.1.2 Experimentierecke

Um die Handlungen der Kinder zumindest weitgehend auf physikalische Phänomene und Experimente einzugrenzen, wird der Begriff ‚Experimentierecke' gewählt. In die Wahl der Bezeichnung ‚Experimentierecke'[35] fließt auch die Erkenntnis aus Unterrichtserfahrungen und den Voruntersuchungen (vgl. Kap. 4.4) ein, dass Kinder sowohl das Explorieren als auch das spielerische Umgehen mit Phänomenen unter dem Begriff des Experimentierens zusammenfassen. Mit diesem Begriff verbinden sie die Vorstellung von für sie spannenden, interessanten Aktivitäten aus Naturwissenschaft und Technik (vgl. Sodian 1995, S. 653; vgl. Lauterbach 2001, S. 127).

Die Experimentierecke konstituiert einen Rahmen für Tätigkeiten, die eine naturwissenschaftliche ‚Typik' haben und repräsentiert damit einen Raum, der eine besondere und für die Kinder im Klassenraum neue Funktion erfüllt.
Obwohl auch die Möglichkeit eines Experimentierens an den Schultischen der Kinder gegeben ist, wird der Einrichtung einer Experimentierecke eine besondere Bedeutung beigemessen. Dieser Raum kann sich im Sinne eines ‚entspannten Feldes' (Sachser 2004, S. 477; vgl. Kap. 3.2.2) entwickeln, in dem die Kinder sowohl Anregung als auch Sicherheit vorfinden. Die anregende Umgebung müssen sie sich dabei selbst erschaffen, die Sicherheit wird einerseits durch die Lehrerin gewährleistet, die es ermöglicht, dass den Kindern Raum und Zeit für das Explorieren und Experimentieren zur Verfügung stehen, andererseits dadurch, dass die Tätigkeiten sich auf einen Bereich beziehen, den sie selbst auswählen und ausgestalten können. Die Experimentierecke ist ein von den Kindern in Eigenverantwortung geführter Bereich, der als ein gegen andere schulische Tätigkeiten weitgehend abgegrenzter und geschützter Raum erscheint.

In der Experimentierecke können die Kinder somit
- spielerisch und explorativ Erfahrungen mit Phänomenen und Materialen erwerben,
- Phänomene erzeugen und beobachten,
- Versuche ausdenken, planen und durchführen,
- Vermutungen anstellen und diese mittels eigener Experimente überprüfen,
- Parameter in den Versuchen variieren und die Veränderungen beobachten,
- Zusammenhänge und Regelhaftigkeiten entdecken,
- Ideen verwirklichen, Dinge erfinden oder nachbauen,

---

[35] Zum Begriff des Experimentierens im Sachunterricht: Wodzinski 2004

- Versuche dokumentieren und präsentieren,
- Experimentieraufbauten, Produkte, Ergebnisse etc. aufbewahren,
- Materialien, Bücher und Zeitschriften lagern.

Mit der Einrichtung einer *Experimentierecke* wird der Klassenraum verändert: Es entsteht ein neuer ‚Raum', der sich in seiner Funktion und Ausdehnung von anderen Bereichen im Klassenraum unterscheidet, da er von den Kindern selbst geschaffen, in seinen räumlichen und inhaltlichen Dimensionen und Grenzen von ihnen selbst definiert und genutzt wird. Die Experimentierecke stellt somit einen form- und richtunggebenden Rahmen für das spielerisch-forscherische Handeln der Kinder dar. Hier können sie sowohl Ideen von außen hineinbringen, um sie dort zu verwirklichen, Ideen für Versuche entwickeln und ausführen, mit Materialien und Gegenständen hantieren, explorieren und experimentieren. Die Tätigkeiten sowie auch die Experimente oder Ergebnisse können nach außen getragen werden und in den ‚normalen' Unterricht einfließen.

Liegen diese Bedingungen vor, so kann erwartet werden, dass sich Flow-Erleben entwickeln wird, die Kinder eine erhöhte Leistungsbereitschaft zeigen und Interessen ausbilden (vgl. Kap. 3.3).

4.6.1.3 Kinder

Die antreibende Kraft für das Freie Explorieren und Experimentieren ist zunächst die Neugier der Kinder (vgl. Kap. 3.2.2). Soll die Experimentierecke aber ihre Funktion eines Erfahrungsfelds erfüllen können, müssen die Kinder

- sich zunächst (freiwillig) für oder gegen die Einrichtung einer Experimentierecke entscheiden,
- eine Vorstellung davon entwickeln, welche inhaltliche Bestimmung die Experimentierecke haben und wie sie gestaltet werden soll,
- entscheiden und mit der Lehrerin/ dem Lehrer aushandeln, an welchem Ort sie im Klassenraum eingerichtet werden soll,
- Materialien und Informationen beschaffen,
- mit der Lehrerin/ dem Lehrer aushandeln, zu welchen Zeiten experimentiert werden kann,
- mit Hilfe der Materialien Versuche ohne Anleitung oder Hilfe durch die Lehrerin durchführen,
- Phänomene hervorbringen und diese beobachten,
- die Experimentierecke in einem pfleglichen und funktionsfähigen Zustand erhalten,
- sich mit den Mitschülern über Organisatorisches und Inhaltliches verständigen.

4.6.1.4 Organisatorische Bedingungen

Die erste Grundbedingung für selbstbestimmte Erfahrungsgewinnung ist, dass die Kinder selbstbestimmt agieren können. Daher wird auf Methoden aus reformpädagogischen Ansätzen zurückgegriffen, die darauf ausgerichtet sind, Selbstständigkeit sowie Selbstbestimmung und Eigentätigkeit zu fördern und die Strukturen aufweisen, die geeignet sind, den notwendigen Austausch der Schüler untereinander zu gewährleisten (vgl. Peschel 2002a, S. 86 ff.; Bannach 2002, S. 41 f.). Aus diesen Gründen werden Klassen ausgewählt, die bereits mit „geöffneten Unterrichtsformen" (Peschel 2002a, S. 90) vertraut sind.

Aufgrund von Zusagen der Klassenlehrerinnen werden zwei Klassen für dieses Projekt ausgewählt. Es handelt sich beide Male um ein viertes Schuljahr, eines in einer Essener, das andere in einer Gelsenkirchener Schule.
Beide Schulen befinden sich in einem durchschnittlichen sozialen Umfeld. Der Anteil ausländischer Kinder ist mit vier Kindern in der Essener Klasse und zwei Kindern in der Gelsenkirchener Klasse jedoch relativ gering. In beiden Klassen ist das Leistungsspektrum heterogen. Es gibt sowohl hochbegabte Kinder (jeweils ein Kind) als auch Kinder mit Lernschwächen und/ oder psychischen Problemen. In beiden Klassen gibt es Kinder, die nach Angaben der Lehrerinnen nicht sehr gut in die Klasse integriert sind, sich gerne zurückziehen, um allein zu arbeiten bzw. die anderen Kinder während der Arbeit stören.

Die beiden Klassenlehrerinnen werden im Vorfeld von dem Forschungsvorhaben in Kenntnis gesetzt. Sie werden darüber aufgeklärt, dass es das Ziel ist, zu untersuchen, ob sich Kinder eigenständig physikalische Erfahrungsfelder eröffnen können. Da beide Lehrerinnen geöffneten Formen des Unterrichts gegenüber aufgeschlossen sind und diese selbst im Unterricht praktizieren (Wochenplan, Werkstattlernen, Stationenbetriebe und zum Teil auch Freiarbeit), kann das Vorhaben problemlos in die gewohnten Strukturen integriert werden.
Die Klassenräume weisen in beiden Fällen bereits Funktionsecken (Leseecke, Computerecke) auf und lassen es vom Platzangebot her zu, recht großzügige Experimentierecken einzurichten.
Beide Lehrerinnen geben an, nur wenig Kompetenz im Bereich Physik zu besitzen, es jedoch zu begrüßen, wenn physikalische Inhalte durch die Eigentätigkeit der Kinder zum Tragen kommen.
Sie werden über die oben genannten Bedingungen aufgeklärt und darüber, dass die Kinder möglichst selbstständig und selbstbestimmt agieren sollen.

Auch die Klassen werden über das Vorhaben informiert. Die Kinder erhalten die Information, dass es das Ziel der Forschungen sei festzustellen, ob Kinder im Grundschulalter dazu in der Lage sind, selbstständig und möglichst ohne

Hilfe der Lehrerin eine Experimentierecke im Klassenraum einzurichten (s.o.). Dieser Hinweis bezieht sich bewusst nur auf den organisatorischen Aspekt, um eine Einflussnahme, die durch das Bewusstsein um die Untersuchung hervorgerufen werden könnte, möglichst auf diesen Bereich einzugrenzen. Weil sich bereits in den Voruntersuchungen gezeigt hat, dass Kinder prinzipiell dazu in der Lage sind, die äußeren Bedingungen für das Explorieren und Experimentieren selbst zu organisieren, ist es in der Hauptuntersuchung von größerem Interesse, das Verhalten der Kinder während des Explorierens und Experimentierens von extrinsischen Motivationsimpulsen so weit wie möglich frei zu halten.

Der anvisierte Untersuchungszeitraum beträgt sechs Schulwochen, in denen jeweils in Abständen von sieben bis zehn Tagen Beobachtungen stattfinden. Dieser Zeitraum wird dadurch erweitert, dass die Kinder nach Ablauf der sechs Wochen keinerlei Anzeichen von ‚Ermüdungserscheinungen' bezüglich des Freien Explorierens und Experimentierens zeigen, sondern eher ein stetig wachsendes Engagement an den Tag legen. Aus diesem Grund und auch weil sich zu diesem Zeitpunkt interessante Verhaltensänderungen bei einzelnen Kindern abzeichnen, wird die Beobachtung über den gesamten Zeitraum von drei Monaten bis zum Schuljahresende fortgesetzt.

4.6.2 Beschreibung der Handlungsverläufe in den Klassen

Mit den beiden Lehrerinnen werden im Vorfeld Termine abgesprochen, an denen die Kinder über das Forschungsvorhaben unterrichtet werden sollen. Beide Klassen sind bis zu diesem Zeitpunkt nicht darüber informiert worden, dass ihre Klasse für das Forschungsvorhaben ausgewählt worden sind. Die Kinder wissen nicht, was sie erwartet.
Im Folgenden wird jeweils anhand von beobachteten Beispielen beschrieben, wie die Kinder sich verhalten.

4.6.2.1 Klasse A [36]
(18 Schüler: 6 Mädchen, 12 Jungen)

Zu Beginn erhalten die Kinder eine kurze Erläuterung: Ihnen wird mitgeteilt, dass eine Untersuchung mit dem Ziel durchgeführt werden soll, zu erforschen, ob Kinder im Grundschulalter dazu in der Lage sind, selbstständig und ohne Hilfe der Lehrerin eine Experimentierecke im Klassenraum einzurichten. Die Kinder werden darauf hingewiesen, dass es ihnen freisteht, auf diese Möglichkeit einzugehen oder aber diese abzulehnen.

Die Kinder der Klasse A reagieren auf die Möglichkeit, in ihrem Klassenraum eine Experimentierecke einrichten zu können, erfreut. Gleich zu Beginn fragen sie die Lehrerin, ob dieses Projekt von der ganzen Klasse gemeinsam geplant und durchgeführt wird oder ob in (Tisch-) Gruppen gearbeitet werden soll. Die Lehrerin verweist darauf, dass diese Entscheidung ihnen selbst überlassen bleibt, woraufhin die Kinder entscheiden, dass die Klasse gemeinsam handeln solle. Sie fragen die Klassenlehrerin, ob sie gleich mit der Planung beginnen dürfen. Die Lehrerin stellt daraufhin diese Stunde für die Planung zur Verfügung.

4.6.2.1.1 Die Planungsphase
Die Kinder beginnen sofort mit Planungshandlungen. Es werden noch einige Fragen gestellt, die jedoch immer mit dem Hinweis darauf beantwortet werden, dass es sich um ein eigenständiges Projekt der Klasse handele, das möglichst ohne die Hilfestellung der Lehrerin realisiert werden soll.
Daraufhin wenden sich die Kinder nicht mehr mit Fragen an die Lehrerin.

Die Kinder arbeiten von Anfang an in ihren drei Tischgruppen. Während eine reine Jungengruppe sich darüber unterhält, was Experimente eigentlich sind: *„alles Mögliche ausprobieren, was ausforschen und mit Sachen spielen, die interessant sind"* (Tim) und welche Versuche konkret durchgeführt werden sollen, diskutieren die Kinder einer anderen Gruppe darüber, welches Kind die Ideen aufschreiben soll. Die Einigung darüber gelingt schließlich so, dass sich die Kinder dazu entschließen, ihre jeweils eigenen Vorschläge aufzuzeichnen. Sie konstruieren dabei verschiedene Vorschläge zum Aufbau der Experimentierecke im Klassenraum und diskutieren die Vor- und Nachteile der jeweiligen Vorschläge.

---

[36] Um die Entwicklungen nachvollziehbar darzustellen, werden die Handlungsverläufe in der beobachteten, chronologischen Reihenfolge dargestellt.

Die dritte Gruppe beginnt nach einer kurzen Unterredung damit, Gegenstände im Klassenraum zu suchen, die sich für Experimente eignen könnten. Sie entwickeln dabei spontan Ideen für Experimente, beginnen bereits mit Magneten zu experimentieren und besprechen, wie sie diese Versuche ausbauen können. Sie zeigen den anderen Gruppen die gefundenen Gegenstände und regen diese damit an, über eigene Ideen zu berichten. Eine Gruppe möchte ein Angelspiel entwerfen. Auch in dieser Gruppe werden nun Materialien für die Verwirklichung des Vorhabens zusammengesucht. Die Kinder vereinbaren, noch fehlende Dinge von zu Hause mitzubringen.

Die Kinder, die die Magnete gefunden haben (Lisa und Alina), geben der Klasse bereits ein Rätsel auf: An einer Pyramide aus Kunststoff bleiben zwei Magnete haften. Sie stellen die Frage, woran das liegen mag. Mit dieser Frage dokumentieren die Kinder, dass sie hinsichtlich dieses ‚Experiments' bereits ein Vorwissen darüber besitzen, dass Kunststoff keine magnetischen Eigenschaften besitzt. Nicht alle Kinder haben dieses Vorwissen, so dass viele die Frage nicht verstehen. Das Rätsel wird gelöst, indem die Kinder den Boden der Pyramide entfernen, wodurch der Blick auf zwei Magnete freigegeben wird, die sich im Inneren befinden. Die Kinder bezeichnen diesen ersten Versuch mit *„Vorgeschmack auf die ganzen tollen Experimente, die wir noch erfinden wollen."* (Lisa) Alina erklärt, dass *„das ja total interessant ist, mal zu gucken, welche Sachen alle von Magneten angezogen werden und welche nicht."* Die Ideen für die Überprüfung und Dokumentation werden im Anschluss daran weiterentwickelt.

Die Kinder denken bereits in dieser frühen Phase darüber nach, wie Experimente präsentiert werden können. Sie überlegen gemeinsam, ob sie die Experimente jeweils stehen lassen und damit ihren Erfolg im Sinne des Forschungsprojektes dokumentieren und ob sie diese auch den Nachbarklassen zeigen sollen, *„damit die auch mal sehen, was wir machen und sich dann vielleicht auch mal so eine Ecke bauen können."* (Stephan)

Der Vorschlag von Melanie, eine Mappe (für die eigene und für andere Klassen) anzulegen, wird von allen Kindern angenommen. Es folgen Ideen für den Inhalt und die Gestaltung dieser Mappe. Es wird vorgeschlagen, die Experimente zu beschreiben, zu fotografieren und Anleitungen zu kopieren und abzuheften.

Einige Kinder beginnen, mit der Lehrerin über den Standort der Ecke im Klassenraum zu verhandeln, andere versuchen sie dafür zu gewinnen, Fotos für die Mappe zu machen. Der Platz wird schnell gefunden. Die Kinder, die Pläne für die Experimentierecke gezeichnet haben, sind sich über eine Variante einig geworden. Sie stellen ihren Plan den anderen Kindern vor. Dem Vorschlag wird allgemeine Zustimmung zuteil, *„wenn es so passt, wie ihr euch das denkt."* (Okkan)

Die Lehrerin berichtet folgendermaßen über die weitere Entwicklung innerhalb der nächsten Tage: Die Kinder *„bringen sofort am nächsten Tag alle möglichen Sachen mit in die Schule".* Sie bitten sich eine weitere Unterrichtsstunde aus, um die Rahmenbedingungen im Klassenraum gemeinsam schaffen zu können. Ohne Hilfe der Lehrerin gelingt es ihnen in dieser Stunde, vor der Einrichtung der Ecke weitere Vorschläge auszuarbeiten. Der Klassenraum sowie die vorgesehenen Tische, die vom Flur in die Klasse geholt werden sollten, werden *„sorgfältig abgemessen und in die detaillierte Zeichnungen eingetragen."* Es wird schließlich ein Plan an die Wandtafel gezeichnet, über den dann die ganze Klasse abstimmt. Dieses demokratische Verfahren kennen die Kinder bereits aus anderen Situationen und wenden es nun selbstständig auf ihr Projekt an.

Das Umräumen des Klassenraumes kann unter diesen Bedingungen *„problemlos und schnell"* (L.) erfolgen. Die mitgebrachten Gegenstände werden in dieser Stunde noch in die Experimentierecke gebracht, bevor die Kinder sich wieder dem ‚normalen Unterricht' zuwenden.

In den folgenden Tagen sammeln die Kinder Experimentieranleitungen aus Kinderzeitschriften sowie aus dem Internet und bringen Experimentierbücher von zu Hause und aus der Stadtbibliothek mit. Die Anleitungen, die die Kinder für besonders interessant halten, werden für die Mappe kopiert und eingeheftet.

4.6.2.1.2 Erste Erfahrungen und Experimente

Am nächsten Tag kümmern sich die Kinder darum, die mitgebrachten Materialien in der Ecke ihren anfänglichen Vorstellungen aus der Planungsphase entsprechend einzuordnen. *„Julia hatte bereits alles für ein Experiment mitgebracht."* (L.) Sie hat in Schülerzeitschriften nach interessanten Versuchen gesucht und ist fündig geworden: Mittels einer Flasche, in die eine Mischung aus Backpulver und Essig eingefüllt wird, soll ein über den Flaschenhals gestülpter Luftballon aufgeblasen werden. Julia trifft die Vorbereitungen zu ihrem Versuch selbstständig und informiert die Lehrerin, um das Experiment der Klasse vorführen zu können. Sie erklärt den Versuch kurz, schüttet die Mischung in die Flasche und stülpt den Luftballon über den Flaschenhals. *„So, nun wird der dick"*, verkündet sie. Die Lehrerin berichtet von den Reaktionen der Kinder, nachdem sich der Ballon wie angekündigt aufbläst: *„Die Kinder fanden das ganz toll, sie standen da mit offenem Mund und staunten nur noch. Dann klatschten sie begeistert und wollten den Versuch unbedingt noch einmal* *durchführen. Einige Kinder diskutierten über den Versuch und wollten wissen, wie viel Luft in den Ballon geblasen worden war. Sie wollten auf diese Weise die Möglichkeit haben, ihre Versuche zu vergleichen. Natürlich war da auch der Wettbewerbsgedanke* (wer schafft es, den Luftballon am weitesten aufzublasen?) *mit im Spiel."* (L.)

Julia ist ein *„recht schüchternes und stilles Mädchen"* (L.). Sie ist trotz des allgemein angenehmen Sozialklimas in der Klasse *„nicht sehr gut integriert"*, da sie sich häufig von den anderen zurückzieht. Ihr Versuch kann als ein Einstieg in das selbstständige, selbstorganisierte Experimentieren der Klasse angesehen werden, der die Kinder stark motiviert. Julia genießt es nach Angaben der Lehrerin sehr, auch einmal im *„Mittelpunkt des allgemeinen und positiven Interesses"* (L.) zu stehen. Sie gilt von nun an als *„Fachfrau"* für diesen speziellen Versuch, der wiederholt durchführt wird.

Das Aufblasen des Luftballons erstaunt die Kinder. Sie fühlen, wie prall sich der Ballon gefüllt hat und messen mit den Händen seinen Umfang. Das Interesse ist dabei weniger auf die eigentlich ‚spektakuläre' chemische Reaktion zwischen Backpulver und Essig in der Flasche gerichtet als auf das Volumen des aufgeblasenen Luftballons. Sie nehmen offenbar nur intuitiv wahr, dass das entstehende Gas die Ursache für das Aufblasen des Ballons ist. Obwohl der Ballon sich nicht annähernd so weit aufbläst, wie jedes Kind dies durch Pusten tun könnte, äußern die Kinder Erstaunen über dieses Phänomen. Sie ‚wissen' (im Sinne impliziten Wissens, das nicht verbalisiert wird), dass es einer großen Anstrengung bedarf, den Gegendruck der Gummihaut zu überwinden und einen Luftballon aufzublasen. Daran, dass sie staunen und sich wundern, wird ersichtlich, dass sie in diesen Momenten auf implizites Wissen bzw. ästhetische Erfahrungen zurückgreifen. Sie bleiben vielleicht auch deshalb im Bereich dieser Vorerfahrungen, weil sie auf keinerlei implizites Wissen über chemische Prozesse zurückgreifen können, das zur Anknüpfung dienen könnte.

Im Folgenden wollen die Kinder wissen, *„wie viel man schaffen kann"* (Mandy), wie groß also das Volumen des Luftballons werden kann. Da sie keine befriedigende Lösung für das Problem der Volumenmessung finden, beziehen sie die Lehrerin mit ein und fragen, ob sie eine Lösung für das Problem anbieten kann. Bereits in dieser frühen Phase wird die Lehrerin dadurch zur Mitforschenden: Auch sie muss sich erst über geeignete Möglichkeiten informieren. (Weiteres dazu siehe unten.)

Ohne nachzufragen, haben die Kinder mit dem Experimentieren begonnen. Es scheint ihnen ganz selbstverständlich zu sein, dass sie über das eigentliche Angebot, sich eine Experimentierecke *einrichten* zu dürfen, hinausgehen und die geschaffenen Möglichkeiten auch zu nutzen. Kein Kind kommt auf die Idee zu fragen, ob denn im Anschluss an den Aufbau auch experimentiert werden darf oder welche Ziele die Lehrerin oder Beobachterin nun noch damit verbinden.

Die Lehrerin berichtet in den ersten Tagen, dass die Kinder noch viel spielen. Sie erwähnt, dass die Kinder hauptsächlich Spaß suchen und solche Experimente auswählen, die möglichst spannende Ergebnisse zeigen. Sie suchen noch nicht nach Erklärungen. So werden zunächst möglichst erstaunliche und spektakuläre Versuche durchgeführt (Luftballonrakete starten lassen; ‚Blitze' durch elektrostatische Auflading von Luftballons in einem dunklen Raum erzeugen; eine Flasche über einer Kerzenflamme erwärmen und sie dann mit der Öffnung in Wasser halten, wobei sich das Wasser hineinsaugt, einen Lichtstrahl durch einen Wasserschlauch schicken und ihn dadurch ‚biegen'; eine Nadel in einen Luftballon stechen, ohne dass er platzt (mit Hilfe eines Klebestreifens)). Auch Janine, die eine „*Wasserverdunstungsanlage*" (Janine) gebaut hat, will mit dem Versuch noch nichts erklären. Als sie von der Lehrerin nach einer Erklärung der ‚Anlage' gefragt wird und ob sie sich denn nun auch den Wasserkreislauf in der Natur vorstellen könne, antwortet sie: „*Nein, weil das ist alles viel, viel größer. Nein, das weiß ich nicht, weil es alles viel größer ist und anders.*" Sie ist sich des Modellcharakters ihrer ‚Wasserverdunstungsanlage' noch nicht bewusst.

Gerade in den ersten Tagen gibt es immer wieder Versuche, die nicht so funktionieren, wie es sich die Kinder vorgestellt hatten. Vielfach liegt es daran, dass sie Versuche aus Experimentierbüchern durchführen, die Anleitungen aber nicht lesen, sondern nur nach den Abbildungen arbeiten. Diese Versuche werden abgebrochen, das Interesse an ihnen erlischt schnell. Die Frustrationsphasen dauern nicht lange an, die Kinder „*wählen schnell wieder ein neues viel versprechendes Experiment aus*" und sind erneut „*voller Begeisterung*" (L.).

In dieser Orientierungsphase (vgl. Kap. 4.7) versuchen die Kinder offenbar durch die Erzeugung vielfältiger Phänomene vor allem neue ästhetische Erfahrungen zu gewinnen. Das Ziel der Beschäftigung ist es augenscheinlich, sich an den Erscheinungen und Effekten zu freuen, sich zu wundern, zu staunen und ästhetisch besonders ansprechende oder spektakuläre Phänomene zu finden. Die Kinder scheinen zu diesem Zeitpunkt noch eine reine Erfahrungsperspektive einzunehmen. Dies ändert sich erst langsam. Der Übergang in die Explorationsphase (vgl. Kap. 4.7) dauert länger als im Unterricht, in dem alle Materialien zu einem Thema innerhalb eines Stationenbetriebs, eines Workshops oder einer Werkstatt bereits zur Verfügung stehen. Es vergehen einige Tage, bis die ersten Kinder beginnen, sich über die hervorgebrachten Effekte hinaus länger mit einem Gegenstand zu beschäftigen.

4.6.2.1.3 Erstes längerfristiges Experimentieren

Julia und Mandy beschäftigen sich in der zweiten Woche unter anderem immer wieder mit Versuchen zum Magnetismus. Sie haben gemeinsam mit Maurice systematische Untersuchungen zu magnetischen Eigenschaften aller möglichen Gegenstände beteiligt und eine Liste mit magnetischen und nicht-magnetischen Materialien aufgestellt. Ein selbst gebasteltes Angelspiel bringt sie auf eine neue Idee: *„Angeln tut man ja eigentlich im Wasser, da müsste man versuchen, Sachen mit dem Magneten aus dem Wasser zu ziehen. Das wollen wir mal machen."* (Mandy) Die beiden Mädchen suchen sich nun Gegenstände, von denen sie aufgrund ihrer Erfahrungen bereits vermuten, dass sie magnetisch angezogen werden und werfen sie in ein Glas mit Wasser. Julia lächelt jedes Mal, wenn ein Gegenstand hochgezogen wird und dieser dann mit einem charakteristischen Geräusch am Magneten anhaftet. *„Ich höre das so gerne, wenn das so Klick macht."*, sagt sie. Viele verschiedene Gegenstände werden auf diese Weise vom Boden des Glases hoch geholt, und die beiden Mädchen lachen und jubeln, wenn die Gegenstände dabei ruckartige ‚Sprünge' vollführen oder auch mal wieder abfallen und zu Boden sinken. Sie wundern sich, als ein Geldstück (aus Messing) sich plötzlich *„weigert [...] mitzuspielen."* (Julia) *„Das muss ein anderes Metall sein!"*, vermutet Mandy. *„Ja, der Magnet funktioniert dabei nicht!"*, sagt Julia und greift spontan an ihre Gürtelschnalle, um auszuprobieren, ob dieses Metall angezogen wird. Beim erneuten ‚Klick' lächelt Julia wieder. Ihre Neugier ist nun geweckt. Sie prüft ihren Fingerring, der aus Silber ist und stellt fest, dass auch dieser nicht angezogen wird. Auch der goldene Ring der Lehrerin wird überprüft, und sie stellt fest, dass es *„viele Metalle gibt, die anders sind und wo der Magnet nichts tut."* (Julia)

Neben den expliziten Erkenntnissen (nicht alle Metalle werden angezogen) haben Julia und Mandy ästhetische Erfahrungen darüber gewonnen, dass der Magnet auch durch Wasser und eine Glaswand hindurch wirkt, dass es sich um ein Phänomen handelt, das sich plötzlich ereignet, schnell und durch ein Klicken hörbar. Außerdem haben sie erfahren, wie sich die Gegenstände unter gewissen Bedingungen auch wieder aus dem Magnetfeld lösen können, wenn sie z.B. den Magneten zu weit entfernt halten oder ihn ungeschickt verkanten. Durch dieses Spiel und durch die wiederholte vorsichtige Annäherung an die Gegenstände erwerben sie ästhetische Erfahrungen und vielleicht auch ein implizites Wissen über die Stärke und Ausdehnung des Magnetfeldes. (Wagenschein hält solche Erfahrungen für grundlegend für das Verstehen des Magnetismus (1976, S. 296 ff.)).

Das Engagement der Kinder steigert sich ständig: *"Die Kinder schleppen allen Hausrat in die Schule"*, berichtet die Lehrerin wenige Tage später. Der Elternabend, der zu diesem Zeitpunkt stattfindet, wird durch dieses Ereignis geprägt. *"Die Eltern waren ganz erstaunt über die außergewöhnliche Aktivität und das Engagement ihrer Kinder. Sie fragten mich, was ich denn mit den Kindern angestellt hätte, dass sie mit soviel Spaß und Freude zur Schule gingen. Ich erklärte ihnen das Projekt, und sie fanden das alles ganz toll. Sie begrüßten das sehr und äußerten die Hoffnung, dass diese Art von Unterricht ihren Kindern auch in den weiterführenden Schulen geboten würde, weil sie doch auf diese Weise ihre Kreativität ausleben könnten."* (L.)

Meik, Daniel und Alex befassen sich über mehrere Wochen immer wieder mit dem Herstellen von ‚fraktalen' Mustern (vgl. Nordmeier 1999). Als beim Reinigen zweier Plexiglasscheiben, die für elektrostatische Versuche verwendet worden sind, Spülmittel zwischen diese beiden Scheiben gerät, entdeckt Meik beim Auseinanderziehen der Scheiben zufällig die filigranen Figuren. Er versucht im Anschluss an seine Entdeckung, die Muster immer wieder herzustellen. Da das Spülmittel sehr flüssig ist, verlaufen die Muster schnell wieder. Bald kommt er auf die Idee, Farbe zu verwenden. Mit Alex und Daniel zusammen entwickelt er eine Methode, diese Gebilde auf Karten und Blätter zu drucken. Meik nennt seine Erfindung *"Plexiglasexperimente"* und sieht sich als besonderen *"Spezialisten"* für dieses Phänomen, denn er entwickelt immer wieder neue Ideen zur Veränderung und Verbesserung der Druckqualität. Er verschenkt seine *"Kunstwerke der Natur"*, wie er sie nennt, an Mitschüler und Lehrerinnen. Meik ist aufgrund seiner anwendungsorientierten Beobachtungen bald in der Lage, die Bedingungen, unter denen die Muster entstehen, klar zu fassen: *"Wenn die Farbe zu weich ist, macht das matschige Bilder. Dann halten die sich nicht lange. Aber du darfst auch nicht zu viel Farbe nehmen, dann gibt's nur `nen Flatschen – ohne Äste, meine ich. Nutella geht auch gut."* resümiert er. *"Das habe ich zu Hause gesehen, als ich mein Brot fallengelassen hab' – da wollte meine Mutter gerade schimpfen, da hab' ich es aufgehoben und ihr die Kunstwerke gezeigt. Da hat sie nicht mehr geschimpft, weil das so schön aussah."*
Meik hat noch mehr Beobachtungen gemacht: Er erzählt von der Milch, die unter sein Frühstückset gelaufen ist und beim Wegnehmen des Sets Muster auf der Tischplatte hinterließ.
Alex ist in der Natur aufmerksam auf ähnliche Strukturen geworden. Er berichtet von Büschen und Bäumen, in deren Geäst er Ähnlichkeiten mit den gedruckten Bildern entdeckt hat.

In dieser Zeit fällt der Lehrerin auf, dass Okkan sehr frustriert ist, weil sein Versuch nicht funktioniert. Er hatte seine Mutter dazu überredet, ihm auf dem Markt eine Selleriestange zu kaufen, weil er einen Versuch durchführen wollte, bei dem sich blau eingefärbtes Wasser in die Pflanze hoch zieht. Da er den Versuch erst am folgenden Schultag durchführen kann, ist nun die Selleriestange vermutlich schon zu sehr eingetrocknet, so dass keine Flüssigkeit mehr aufgesogen wird. Okkan reagiert auf seinen missglückten Versuch damit, sich aus dem Geschehen um die Experimentierecke zurück zu ziehen und bearbeitet stattdessen Aufgaben des Wochenplans.

Die Lehrerin berichtet davon, dass die anderen Kinder sich mehrmals aktiv darum bemühen, Okkan wieder mit in das Geschehen hinein zu ziehen, was dann auch nach einigen Tagen gelingt (s.u., Kap. 4.7.1.1.2).

4.6.2.1.4 Erstes systematisches Experimentieren

Alina hat sich in der dritten Woche selbst ein Experiment ausgedacht, das bereits eine wissenschaftsorientierte Arbeitsweise aufweist: Sie erzählt, dass ihre Mutter zwei verschiedene Spülmittel zum Abwaschen verwendet und bringt diese mit in die Schule. Außerdem hat sie verschiedene körnige Substanzen, wie Paniermehl, Zucker, Salz, Mehl, Capuccinopulver mitgebracht. Sie formuliert ihre Forschungsfrage so: *„Was passiert, wenn ich auf alle diese Sachen diese beiden Spülmittel gebe?"* Ihre Ergebnisse notiert sie und stellt fest, dass sich tatsächlich Unterschiede ergeben: Das ‚Balsamspülmittel' zeigt eine bessere Lösungsfähigkeit als das einfache Spülmittel. Lediglich beim Mehl ergeben sich keine Unterschiede, da die Tropfen vom Mehl umschlossen werden und somit keine Lösungsvorgänge stattfinden. Sie ist mit ihrer Untersuchung noch nicht am Ende: *„Ich muss das länger stehen lassen, vielleicht passiert ja noch mehr, das kann man jetzt noch nicht wissen."*

Die Lehrerin berichtet, dass Alina *„sehr stolz auf ihre Idee"* ist. Die Kinder der Klasse lassen den Angaben der Lehrerin zufolge ein starkes Interesse an den Versuchsergebnissen erkennen. Die Auswahl der Materialien und die Verwendung wissenschaftlicher Methoden zur Überprüfung ihrer Hypothese, dass sich die beiden Spülmittel unterschiedlich verhalten, lässt erneut an die Überzeugung Wagenscheins denken, dass Kinder von sich aus wissenschaftsorientiert sind (vgl. Wagenschein 1997, S. 9). Es handelt sich um das „Je-Desto-Abtasten", von dem Wagenschein sagt: „Jedes Kind nimmt dieses Denken ohne Zögern auf, ja es bringt es mit und erkennt es wieder, wenn wir nur einfach und natürlich genug anfangen und nicht gleich mit ebenso ‚wissenschaftlichen' wie unmotivierten Gebärden, Worten, Handlungen und Geräten befremden." (Wagenschein 1976, S. 54 f.) Dass es sich um einen natürlichen Anfang im Sinne Wagenscheins handelt, ist durch die Wahl- und Entscheidungsfreiheit der Kinder gewährleistet. Es steht ihnen völlig frei, sich überhaupt mit Experimenten zu beschäftigen, selbst welche zu erfinden oder Anleitungen aus Büchern und Zeitschriften, aus der Erinnerung an Fernsehsendungen oder Beobachtungen in ihrer Umwelt nachzuarbeiten. Alle Kinder nehmen diese Möglichkeiten wahr, keines beschäftigt sich mit anderen Dingen, alle zeigen Interesse, Engagement, Spaß und Freude.

Bemerkenswert ist, dass die Kinder in der Explorationsphase noch nicht vernehmlich nach dem ‚Warum' der Erscheinungen fragen. Noch begnügen sie sich damit, Phänomene wahrzunehmen, sie immer und immer wieder durchzuführen, die Effekte zu beobachten, zu erhören und erfühlen, sich an ihnen zu erfreuen, sie auch anderen Kindern zu beschreiben. Sie suchen aber offensichtlich nun nicht mehr nach ständig neuen Erfahrungen, sondern befassen sich längerfristig, *„mal in aller Ruhe"* (Benni), *„gemütlich"* (Jessica) und *„so schön lange"* (Simon) mit den ausgewählten Dingen und Phänomenen.

Erst nach zwei bis drei Wochen beginnen einige Kinder nach dem ‚Warum' einer Erscheinung zu fragen. Es sind die leistungsstärkeren Schüler und Schülerinnen, die diese Fragen zuerst stellen.

4.6.2.1.5 Entdeckungen von Randerscheinungen

Nach mehreren Tagen, an denen die Kinder sich immer wieder mit demselben Phänomen oder Experiment befassen, bemerken sie Randerscheinungen, Phänomene, die mit dem eigentlichen Experiment nichts zu tun haben, aber dennoch ihr Interesse und ihre Aufmerksamkeit wecken. Die Kinder selbst nennen diese Entdeckungen *„Zufallsexperimente"* (ein Begriff, den Lisa prägt und mit dem sie eine zufällige Entdeckung meint, die am Rande eines Experimentes interessant wird) oder *„Experiment im Experiment"* (Alina), wobei deutlich wird, dass sie das Wort ‚Experiment' im Sinne des Begriffes ‚Phänomen' verwenden, der ihnen nicht geläufig ist.[37]

So hat Alina seit der ersten Woche der Untersuchungen Salz- und Zuckerkristalle gezüchtet. Sie hat ein Gefühl dafür entwickelt, unter welchen Bedingungen sich die Kristalle am besten in Wasser auflösen. Sie weiß nun, dass sie kräftig und lange rühren muss, wie groß die Menge an Kristallen sein darf, damit sie sich noch auflösen lassen und dass es mit warmem Wasser besser funktioniert als mit kaltem. Nichts von dem hat sie aber bis zu diesem Zeitpunkt verbalisiert.

---

[37] Diese ‚Zufallsexperimente' lassen sich als ‚Serendipity' oder Serendipität (vgl. http://de.wikipedia.org/wiki/Serendipity) klassifizieren: Die Kinder machen eine zufällige, neue und für sie überraschende Beobachtung oder Entdeckung, während sie eigentlich etwas ganz anderes untersuchen oder hervorbringen wollen.

Mit Kupfersulfat aus einem Chemiekasten beginnt sie nun einen neuen Versuch. Sie weiß jedoch nicht, ob die blauen Kristalle in warmes oder kaltes Wasser eingerührt werden sollen oder womöglich eine andere Vorgehensweise erforderlich ist. Sie löst die Kristalle zunächst in warmem Wasser auf und greift damit auf ihre Erfahrungen zurück. Dann steht sie da und beobachtet, was geschieht. Nach etwa 10 Minuten (!) bemerkt die Lehrerin, dass Alina immer noch vor ihrem Glas steht und in die blaue Flüssigkeit schaut. Sie weist sie darauf hin, dass sie den Versuch nicht ständig beobachten müsse, *„die Kristalle werden ja nicht so schnell wachsen. Du kannst ruhig etwas anderes tun."* Alina lässt sich jedoch nicht davon abhalten, die Flüssigkeit weiterhin anzuschauen.[38] Sie holt sich stattdessen einen Stuhl, um es bequemer zu haben und beobachtet genau. (Da ich in der Nähe stehe, beginnt sie ungefragt zu erzählen): *„Ich hab' gesehen, dass da kleine Bläschen entstehen. Die kleben so am Rand vom Becher. Ich glaube, das ist wohl Luft oder so was. Vielleicht ist da in diesen kleinen Steinchen noch Platz so innen drin, so dazwischen, meine ich. Das sind dann so Lücken, ganz winzig klein und wenn man rührt und es löst sich auf, dann kommen die kleinen Blasen raus."* Offensichtlich ist aber diese Erklärung, die sich nicht weiter überprüfen lässt, noch nicht befriedigend für sie. Alina überlegt daher weiter. Nach einigen Minuten stillen Nachdenkens vermutet sie: *„Es kann aber auch das Wasser sein. Vielleicht ist da Luft drin. Das ist ja so warm, da könnte die Luft vielleicht rauswollen. Dann wäre das beim kalten Wasser vielleicht nicht so. Ob ich das mal testen soll?"* Sie füllt ein zweites Becherglas und rührt weitere Kristalle in kaltem Wasser an. Alina: *„Da bilden sich auch Blasen, aber nicht so viele. Ich hab' aber noch was gemerkt: Die Blasen sind alle oben und die werden nach `ner Zeit weniger. Ich weiß aber noch nicht, wo die bleiben."* Daher beobachtet sie weiter und stellt fest, dass die Bläschen an die Oberfläche wandern und dort *„zerplatzen"*.

Alina beschäftigt sich mit diesem Versuch über die gesamte beobachtete Doppelstunde hinweg. Sie macht weitere Beobachtungen: *„Da oben an dem warmen Glas ist das so beschlagen, da hat sich Luftfeuchtigkeit gebildet."* Sie stellt weiter fest, dass sich *„da auch wieder Tröpfchen bilden."* Obwohl sie sehr ernst ist, äußert sie spontan Begeisterung für ihre Beschäftigung: *„Ich finde das alles ganz spannend und witzig."* Ihre ganze Haltung drückt eine innere Zufriedenheit aus. Sie genießt es offensichtlich, in aller Ruhe und Bequemlichkeit beobachten zu können. Es macht ihr Freude, immer wieder Neues

---

[38] Hier zeigt sich, wie recht Wagenschein hatte, als er schrieb: „Aller Umgang mit Kindern und Erwachsenen scheint mir zu zeigen, dass der Weg zu jener wohlverstandenen ‚scharfen' Beobachtung und zum scharfen Nachdenken nur zu erreichen ist, wenn man ausgehen kann von einem nahezu leidenschaftlichen Ergriffensein und einem ruhigen, schweigenden und gesammelten Anschauen des Ganzen." (Wagenschein 1976, S.180).

zu entdecken. Als sie zuletzt noch feststellt, dass die beiden Flüssigkeiten sich durch eine unterschiedliche Durchsichtigkeit unterscheiden, steht sie auf und holt ihren Schreibblock: „*Das muss ich jetzt alles notieren, sonst vergesse ich es noch, und dann kann man es doch hinterher nicht vergleichen.*" (Dabei denkt sie an das restliche Drittel der für diesen Zweck sorgfältig aufgeteilten Menge des Kupfersulfates, das „*ich vielleicht noch in eine andere Flüssigkeit rühren muss, wenn's so nicht klappt.*")
Alina nutzt hier zur Sicherung ihrer Beobachtungen die Methode des Protokollierens. Sie gliedert ihre Notizen sinnvoll und beschreibt die Bedingungen der verschiedenen Versuchanordnungen.

4.6.2.1.6 Explorieren und Experimentieren

In der dritten Woche erinnert sich Christian an ein Experiment, das er „*irgendwann im Fernsehen gesehen*" hat. Er möchte den Versuch sofort durchführen und sucht die benötigten Materialien, eine Teekerze, eine Keksdose und ein Glas zusammen. Zunächst zündet er die Kerze an und stülpt das Glas darüber. Die Flamme erlischt bald darauf. Einige Mitschüler haben diesen Versuch verfolgt. Sie beginnen spontan, Vermutungen anzustellen über den Grund für das Erlöschen der Flamme: „*Die Kinder haben gerätselt, wie kann denn so etwas passieren, warum geht die Flamme aus? Sie einigen sich darauf, dass die Flamme die Luft im Glas verbraucht haben muss.*" (L.) Christian füllt nun die Keksdose mit ein wenig Wasser und stellt die Kerze hinein. Er zündet sie erneut an und stülpt das Glas über die Kerze. Wieder erlischt die Flamme und nach kurzer Zeit zieht sich das Wasser im Glas ein Stück weit hoch. Christian wendet sich an seine Mitschüler und sagt nach Angaben der Lehrerin: „*Na seht ihr, daran sieht man, dass die Kerze die Luft verbrannt hat, jetzt ist viel weniger Luft drin, und das Wasser kann hochsteigen.*"
Christians Leistung ist beachtlich, selbst dann, wenn er den Versuchsverlauf noch aus der Fernsehsendung erinnert. Obwohl er es nicht deutlich ausspricht, impliziert seine Erklärung, dass das Wasser nun den Platz der Luft einnimmt, die nach seiner Vorstellung verbraucht bzw. „*verbrannt*" (Christian) worden ist.
Christian beschäftigt sich in den nächsten Tagen immer wieder mit diesem Versuch. Nach vielen Versuchen ist im Boden des ‚Glases', das aus Kunststoff besteht, ein Loch entstanden, wodurch das Experiment nun scheitert. Die Kinder nehmen stattdessen eine Kakaoflasche mit weitem Flaschenhals.
Die Lehrerin berichtet, dass Mandy die Frage aufwirft, ob zwei Kerzen doppelt soviel Luft verbrauchen und man durch die Erhöhung der Anzahl an Kerzen „*die ganze Flasche voll Wasser kriegen*" könne. Die Diskussion führt jedoch nicht zur Erprobung des Vorschlags, denn der Flaschenhals ist zu eng, um mehreren Kerzen Platz bieten zu können. Ein anderes Kind, das sich mit dem Loch im Boden des Glases beschäftigt hat, äußert die Idee auszuprobieren, ob

es überhaupt an der Kerze liege oder nur daran „*dass es so heiß wird im Glas.*" „*Diesen Gedanken greifen die Kinder sofort auf.*" (L.) Die Flasche wird mit Hilfe der Kerze von außen nun so lange erwärmt, bis sie richtig heiß ist. Die Kinder stellen nun die Flasche ins Wasser und stellen fest, dass das Wasser sich gleichfalls hochzieht. Die Kinder diskutieren über das Phänomen und vermuten, dass sich die Luft in der Flasche durch die Wärme ausgedehnt hat und durch die Abkühlung wieder zusammenzieht.

Dass die Kinder im Gespräch eine ganz neue Fragestellung aufwerfen, zeigt dass sie sich nicht mit einfachen, aber für sie nicht ohne weiteres nachvollziehbaren Erklärungen zufrieden geben. Sie fragen von sich aus weiter und sind in der Lage, diesen Fragen anhand selbst erdachter Versuchsanordnungen nachzugehen.

Die Lehrerin berichtet von zwei Fällen, in denen sie Kindern „*auf die Sprünge helfen*" wollte: „*Beide Male hatten die Kinder plötzlich irgendwie keine Lust mehr weiterzumachen. Benni* (er hatte vergeblich versucht, ein Schmuckstück mit dem Magneten zu angeln und war auf die bereits fertig gestellte Liste hingewiesen worden, Anm. H.K.) *setzte sich stattdessen auf seinen Platz und begann an einer Aufgabe aus dem Sprachunterricht zu arbeiten, und Tim, den ich gefragt hatte, ob er mir seinen nicht funktionierenden Stromkreis erklären könne, baute an dem Versuch nicht mehr weiter.*"

4.6.2.1.7 Forschen

Lisa hat beobachtet, dass ein Löffel, mit dem in einem Glas eine Flüssigkeit umgerührt wird, vom Beobachter aus gesehen „*vorne kleiner wird und hinten immer größer und dicker, richtig so breit und platt*" wird. Sie stellt die Frage „*Warum ist das so?*" mit solcher Vehemenz und Eindringlichkeit, dass deutlich wird, sie versucht, ihr implizites Wissen und ihre ästhetischen Erfahrungen in explizites Wissen zu überführen. Als sie nicht sofort eine Antwort erhält, tritt sie einen Schritt näher. Ihr „*warum, warum ist das so?*" verschärft sich. Sie schaut einige Zeit intensiv auf das Glas und ruft fasziniert: „*Oh, der ist gar nicht da vorn, der ist ja da hinten! Aber das ist nicht wahr, das sieht nur so aus.*" Sie taucht erneut den Löffel ins Wasser und stellt fest: „*Das ist ja gut, wie eine Brille, wir könnten eine Brille daraus machen für Leute, die alles zu klein sehen!*"

Sie will nun unbedingt mehr erfahren, mehr lernen, mehr wissen. Ihr genügt offenbar das Implizite, Ästhetische nicht mehr. Sie fragt nach einem „*Buch, in dem `was darüber steht, warum das so komisch aussieht.*"

Lisa hat sich durch ihre Erfahrungen eigenständig auf das Gebiet der expliziten Fragehaltung begeben. Sie ist *plötzlich* in den Bereich des bewussten Nachdenkens über ein Phänomen gelangt. Ihr vehementes Nachfragen zeigt, dass sie auch emotional betroffen ist.

Ab der vierten Woche beginnen viele Kinder, sich einzelnen Phänomenen konzentrierter und längerfristig zuzuwenden. Da sie nun keine Eile mehr haben, beschäftigen sich über viele Tage hinweg immer wieder mit den gleichen Phänomenen oder Problemen. Noch befinden sich die Kinder dennoch eher in der Phase der Explorationen: Christian und Benjamin versuchen beispielsweise eine volle Woche lang jeden Tag immer aufs Neue, eine Büroklammer auf der Wasseroberfläche zum Schwimmen zu bringen. Sie interessieren sich während des Experimentierens und der Freiarbeit *„für nichts anderes mehr."* (L.)
Christian meint, die Büroklammer müsse erhitzt werden. Es werden unzählige Versuche unternommen: Die Klammer wird erhitzt und mit einer eigens dafür erfundenen ‚Zange' aus zwei Kronkorken (die auch beim Erhitzen über der Flamme als Schutz gegen Verbrennungen fungieren) auf die Wasseroberfläche gelegt. Sie sinkt jedoch immer wieder ab. Es wird ein Stück Papier auf das Wasser gelegt, das sich voll saugt und langsam absinkt, aber auch diese Methode funktioniert nicht. Irgendwann stellen die Kinder durch einen Zufall fest, dass die Büroklammern (in Folge der Nähe zu einem Magneten) magnetisch geworden sind. Sie bleiben an einer Schere hängen, die auf dem Tisch liegt.

Die Versuche zum Magnetismus, die von anderen Kindern durchgeführt und gezeigt worden waren, fruchten hier bereits: Christian bezieht sich auf diese Versuche und äußert die Vermutung, dass die metallene Keksdose, die als Wasserbehälter dient, die Büroklammer zum Absinken bringt. Es wird – und auch hier werden Kenntnisse angewendet, die im Verlauf der Magnetversuche gewonnen wurden – eine Kunststoffschüssel gesucht, die dieses Problem beseitigt. Die Klammer sinkt dennoch ab. Erst als Benjamin einen Versuch ohne das obligatorische Erhitzen unternimmt, schwimmt eine Büroklammer, die noch einen Rest einer Plastikummantelung trägt, nun plötzlich auf dem Wasser. (Da auch diese vorher untergegangen war, ist anzunehmen, dass die Kinder mit ihrer Vermutung, sie wäre magnetisch, Recht hatten.)
Die beiden Jungen freuen sich offensichtlich über diesen Erfolg, sind jedoch noch nicht zufrieden. Eine *„richtige Büroklammer"* war es, an die Christian sich erinnert – also eine ohne Plastikummantelung. Wieder werden mehrere, immer sorgfältigere Versuche angestellt. Christian hat schließlich eine Idee: *„Die andere Klammer (mit Ummantelung) hat irgendwie mehr Platz auf dem Wasser."* Er biegt seine *„richtige"* Klammer nun ein wenig auseinander, damit sie auch *„mehr Platz"* habe. Nun endlich bleibt die Klammer auf der Wasseroberfläche liegen.
Das Resultat lässt die beiden Jungen laut jubeln: „Es ist die Form, es ist die Form, es ist die Form!"[39]

---

[39] Obgleich die Erkenntnis der beiden Kinder keine wissenschaftliche Erklärung für das Phänomen darstellt, deutet Christians Vermutung, die Klammer brauche *„mehr*

Alle Kinder der Klasse kommen herbei, klatschen Beifall, schauen sich interessiert das Ergebnis an und freuen sich mit ihnen über den Erfolg. Diese Anteilnahme lässt darauf schließen, dass alle Kinder die Bemühungen von Christian und Benjamin verfolgt haben.

Das Forschen ist damit jedoch noch nicht beendet. Die Jungen kommunizieren mit ihren Mitschülerinnen und -schülern: Sie beschreiben den Forschungsprozess detailliert, lassen sich Fragen stellen und beantworten diese. Die Situation ähnelt stark einer Disputation. Auch tiefgehende Fragen werden zugelassen: *„Habt ihr denn auch geguckt, wie das auf dem Wasser liegt? Ich kann mir das irgendwie nicht richtig vorstellen, warum das da oben drauf bleibt."* (Janine) Die Jungen müssen hier verneinen und sind nun motiviert, dieser Frage sofort nachzugehen. Benjamin stellt fest, dass man *„das nicht von oben angucken darf, da sieht man das nicht richtig. Von hier aus* (er kniet seitlich neben der Schüssel) *sehe ich was: Das sieht aus, wie wenn die Büroklammer da so in einer Wanne liegt, eine Wanne aus Wasser – ein bisschen drin, aber doch nicht wirklich."*

Durch den Anstoß von Janine kommen die Kinder nun in die Vertiefungsphase: Jetzt ist die Frage nach dem ,Warum' des Schwimmens von Gegenständen, *„die eigentlich untergehen"* (Benjamin), von Interesse. Die Jungen erhalten von anderen Kindern Hinweise auf weitere Versuche zur Oberflächenspannung, die sie in Experimentierbüchern gesehen haben. Alle erreichbaren Versuche werden der Reihe nach von den Kindern durchgeführt. Sie sammeln dabei Erfahrungen und entwickeln Kriterien für das ,Klappen' dieser Versuche: *„Das Wasser muss sauber sein, dreckiges Wasser hält nichts."* – *„Seife macht die Wasserhaut kaputt, aber man kann kleine Boote damit flitzen lassen."* – *„Die Sachen dürfen nicht heiß sein, dann klappt es nicht."*

Da die Oberflächenspannung bei Erwärmung abnimmt, konnte die Versuchsanordnung mit der erhitzten Klammer nicht funktionieren. Christians fehlerhafte oder lückenhafte Erinnerung und der ,Widerstand' der selbst gestellten Aufgabe führen zur vertieften Auseinandersetzung und zum Experimentieren.
Die selbstständige Entwicklung einer wissenschaftsorientierten Arbeitshaltung gegenüber einem Problem verändert die Kinder: *„Die beiden haben eine ganz neue Ausdauer und Geduld bewiesen, die ich von ihnen so nicht kannte. Sie sind auch mit den ständigen Rückschlägen ohne weiteres zurechtgekommen. Vorschläge der anderen Kinder, denen sie einfach leid taten, wenn es wieder*

Platz" auf dem Wasser darauf hin, dass er ein Gefühl für den entscheidenden Faktor, das Verhältnis von Auflageform zur Oberflächenspannung, entwickelt hat.

nicht geklappt hatte, doch einfach ein anderes Experiment zu wählen, haben die beiden jedes Mal abgelehnt." (L.)

Diese Erfahrungen werden auch von anderen Kindern so wahrgenommen. Lisa beschreibt ihre Umgangsweise mit dem Problem des Nicht-Gelingens von Versuchen in einer Art ‚Brief' an Kinder anderer Klassen, denen sie die Experimentierecke empfehlen möchte: *„Es kann ja passieren, dass ein Versuch mal nicht klappt, dann sollte man nicht traurig sein, sondern versuchen, die Ursache zu finden und wenn es dann immer noch nicht geht, würde ich einfach bei der Versuchsbeschreibung dazu schreiben, dass es nicht geklappt hat. Natürlich haben mir die Versuche, die auch geklappt haben, am besten gefallen, aber es war auch eine wichtige Erfahrung, wenn es mal nicht geklappt hat"*.
Diese differenzierte Herangehensweise an das Problem zeugt von einem weiteren Aspekt, der bereits in den 1970er Jahren als ein wesentliches Ziel des (Sach-) Unterrichts angesehen wurde (vgl. Dallmann 1973) und bis heute nur in geringem Maße tatsächlich verwirklicht werden konnte: von der Emanzipation der Kinder im Zusammenhang mit den ausgewählten Inhalten, dem Umgang mit Erfolgen und Misserfolgen. Erst aus dieser distanzierten Haltung heraus können sie ein angemessenes Selbstkonzept entwickeln, da nicht alle ‚Fehler' oder Frustrationserlebnisse auf die eigene Person bezogen und als Folge eines Unvermögens interpretiert werden müssen.
Dieser Abstand ist m.E. notwendig, um die Offenheit der Kinder gegenüber der Beschäftigung mit physikalischen Phänomenen zu erhalten. Insbesondere für das Selbstkonzept der Mädchen auf dem Gebiet der Physik scheint eine solche Auffassung bedeutsam zu sein.

Nach einem Zeitraum von etwa zwei Monaten bahnt sich bei vielen Kindern eine Spezialisierung auf bestimmte Inhalte oder Themenbereiche an. Viele Experimente werden so ausgewählt, dass sie zum ‚eigenen' Interessengebiet passen. So hat Christian (Klasse A) die Flamme als sein ‚Fachgebiet' entdeckt und experimentiert ausdauernd und vielseitig (*„Ich sammle schließlich Feuerzeuge, was willste da erwarten?"* (Christian)). Lisa und Melanie haben zusammen vielfältige Versuche mit Luftballons durchgeführt und kennen sich *„damit gut aus"* (Lisa). Meik und die drei Jungen aus seiner Tischgruppe kennen sich mit dem Drucken von Mustern sehr gut aus und kommen im Verlauf der Zeit immer wieder auf diese Versuche zurück. Meik und Alex sind für diese Muster allgemein sensibilisiert. Lisa hat noch ein weiteres Themengebiet entdeckt: die Optik (vgl. Kap. 4.6.2.1.7). Sie vertieft sich in Literatur über optische Phänomene, wobei sie sich vor allem für das Phänomen der Lichtbrechung interessiert. Sie fragt nach Linsen, probiert mit verschiedenen Glasobjekten, bringt alte Brillen mit in die Schule und entwickelt eigene Versuche, um das Phänomen insbesondere in Flüssigkeiten beobachten zu können. Sie zieht mit diesen Versuchen immer wieder auch andere Kinder an, die sich dann mit ihr über ihre Entdeckungen unterhalten und auch eigene Ideen entwickeln.

Simon, Stephan und Tim interessieren sich vornehmlich für Versuche zur Elektrizitätslehre. Sie bauen Regenmelder, Telefone, Lichtanlagen u.ä. Alina ist zur Expertin für Kristallbildungen geworden. Benjamin führt vielfältige *„Wasserexperimente"* durch. Julia beschäftigt sich zusammen mit Mandy über einen langen Zeitraum hinweg mit Kerzen. Sie entdecken ohne Anleitungen, dass Flammen mehrere Zonen aufweisen, dass sie über den hoch steigenden Wachsdampf ‚überspringen' können, dass sich Wachs in den Docht zieht und dass Wachs vielfältige Formen annehmen kann.

4.6.2.2 Klasse B
(22 Schüler: 11 Mädchen, 11 Jungen)

4.6.2.2.1 Die Planungsphase

Die Kinder der Klasse B (ebenfalls viertes Schuljahr) organisieren sich nach der Einführung und ebenfalls erfreuter Zustimmung zur Teilnahme an dem Forschungsvorhaben ohne weiteres in Gruppen. Sie sind *„an das Arbeiten in frei gewählten Gruppen zu unterschiedlichen Themen oder Aufgaben gewöhnt"* (L.).
Die Klasse ist im Vergleich zur Klasse A wesentlich unruhiger. Es dauert eine geraume Zeit, bis sich die Lautstärke in der Klasse auf ein angenehmes Maß reduziert. Die Tatsache, dass die Gruppen selbst gewählt werden, führt nach Angaben der Lehrerin dazu, dass es in der Klasse kaum Kinder gibt, die sich lediglich den Meinungen und Vorschlägen dominanter Kinder anschließen. Da jedes Kind seinen eigenen Standpunkt vertritt, dauert die Phase der Einigung nach Angaben der Lehrerin auf eine allgemein akzeptierte Vorgehensweise zwar länger als in anderen Klassen, die Entscheidung für eine Arbeitsweise oder einen Vorschlag wird dann jedoch *„auch immer von allen Kindern gleichermaßen getragen"* und führt meistens zu sehr *„effektivem Arbeiten."* (L.)

Tatsächlich sind alle fünf Gruppen in der Lage, nach einer sehr intensiven Arbeits- und Diskussionsphase von etwa 40 Minuten unterschiedliche Vorschläge für die Einrichtung einer Experimentierecke im Klassenraum vorzutragen. Selbstorganisiert treffen sich die Kinder im Gesprächskreis. Diese Form der Darstellung und Diskussion von Gruppenergebnissen ist ihnen aus dem Unterricht bekannt. Die Organisation klappt daher reibungslos.

Die gewählten Schwerpunkte und Überlegungsrichtungen der einzelnen Gruppen unterscheiden sich: Während in drei Gruppen Ideen für Experimente notiert und Listen mit benötigten Materialien angefertigt werden, fokussieren die beiden anderen Gruppen auf organisatorische Rahmenbedingungen. Auffällig dabei ist, dass die letztgenannte Gruppe ausschließlich aus Mädchen besteht.

Eine Gruppe stellt eine Frage zur Diskussion, auf die sie keine Antwort finden kann: *„Wir haben überlegt, wie wir uns selbst Experimente überlegen könnten, aber uns ist noch nicht so viel eingefallen. Habt ihr dazu vielleicht eine Idee?"* (Niko)
Es werden Zweifel geäußert, ob es überhaupt möglich sei, sich alle Experimente selbst auszudenken. Laura schlägt vor, dass Sachbücher zur Hilfe genommen werden sollen. Klaas kommt auf die Idee, im Internet zu recherchieren.

Am Ende der Doppelstunde haben die Kinder bereits eine relativ klare Vorstellung davon, wie ihre Experimentierecke gestaltet und wie diese eingerichtet werden soll.

Sie haben sich einvernehmlich dafür entschieden, die drei zusammengestellten Tische, auf denen Computer stehen, zur Experimentierecke umzufunktionieren.

Die Idee wird im Anschluss mit der Klassenlehrerin besprochen, die sich einverstanden erklärt, die Computer im Nebenraum aufzustellen.

4.6.2.2.2 Anlaufprobleme

In der Klasse sind nach einer Woche noch keine Veränderungen festzustellen. Die Tische sind weiterhin mit Computern belegt, es gibt keine Materialien und keine Anzeichen dafür, dass die Kinder bereits an der Verwirklichung der Projektideen gearbeitet haben.

Auf Nachfragen berichten die Kinder, dass die Lehrerin alle diesbezüglichen Aktivitäten mit dem Hinweis auf andere Arbeiten, die zuerst fertig gestellt werden müssten, abgewiesen habe.

Zwar hatten die Kinder bereits in den ersten Tagen Materialien mitgebracht, diese konnten jedoch wegen der Computer nicht auf den dafür vorgesehenen Tischen gelagert werden. Die Doppelstunde, in der eigentlich die Aktivitäten der Kinder beobachtet werden sollten, wurde von der Lehrerin als ‚Experimentierstunde' angekündigt: *„Frau X hat uns gesagt, dass wir in der dritten und vierten Stunde experimentieren können, wenn du kommst."* (Lotta)

Diese Ankündigung fassten die Kinder als eine Art Hausaufgabe auf, für diese Stunden Materialien zum Experimentieren mitzubringen. Diese Aufgabenstellung lief dem Auftrag an die Kinder, eigenständig eine Experimentierecke aufzubauen, insofern zuwider, als sie nun nicht mehr das Gefühl hatten, es handele sich um ‚ihre' Aufgabe, um ihr eigenes, selbstständig zu verwirklichendes Projekt. In dieser Phase scheint es, als haben die Kinder die ursprüngliche Aufgabe vergessen: Die Experimentierecke wird von den Kindern nicht mehr erwähnt, sie denken nicht mehr über deren Gestaltung nach. Auf Nachfrage erfahre ich: *„Die Computer sind ja immer noch da." – „Wir hatten gar keine Zeit dazu." – „Wir wussten nicht, wo wir die Sachen hintun sollten."*

Die Angaben der Kinder zeigen deutlich, dass ihnen keine Freiräume zur Verfügung standen, in denen sie die eigenen Ideen hätten verwirklichen können.

Zu diesem Zeitpunkt scheint das Projekt in dieser Klasse bereits gescheitert zu sein.

Die Kinder haben sich jedoch auf die ‚Experimentierstunden' offensichtlich so gefreut, dass ich dennoch bleibe, um ihnen die Freude nicht zu verderben. (Die Lehrerin ist in dieser Stunde nicht in der Klasse zugegen.) Die Aktivitäten, die die ganze Klasse innerhalb dieser beiden Stunden entwickeln, lassen die Situation jedoch in einem völlig anderen Licht erscheinen: Es werden Materialien aus allen Taschen zutage gefördert, die in kürzester Zeit zu vielen verschiedenen Versuchsaufbauten zusammengefügt werden. Ein Büchertisch entsteht, auf dem Experimentierbücher, Sachbücher und Experimentieranleitungen zu finden sind. An vielen Lesezeichen erkennt man, dass sie gründlich durchgearbeitet wurden. Die Bücher stammen sowohl aus der Schulbibliothek, aus Nachbarklassen als auch aus Privatbesitz und aus der städtischen Leihbücherei.

Die Kinder haben sich auf diese Stunden intensiv vorbereitet: Sie haben im Vorfeld Absprachen über die Experimente getroffen, Materialien besorgt und Interessensgemeinschaften gebildet.
Zwei Gruppen finden sich an den Computertischen ein, um dort ihre Versuche aufzubauen. Sie nutzen den spärlichen Platz dort, obwohl sie besser an den eigenen Tischen arbeiten könnten. Diese Tatsache kann wohl so interpretiert werden, dass die Kinder sich ‚innerlich' bereits auf den entstehenden Experimentiertisch eingestellt haben. Sie thematisieren dies zu diesem Zeitpunkt zwar nicht, zeigen aber durch die Wahl des Ortes für ihre Versuche, dass sie an ihrer ursprünglichen Idee festhalten wollen. Andere Kinder, die dort keinen Platz finden, ziehen sich etwas missmutig von diesen Tischen zurück und bauen ihre Experimente an den eigenen Gruppentischen auf. Auch sie zeigen durch ihr Verhalten eindeutig, dass sie eigentlich den Experimentiertisch bevorzugt hätten.
Diese Beobachtungen lassen den Schluss zu, dass die Kinder das Projekt keineswegs vergessen haben. Sie warten vielmehr auf die Gelegenheit, ihre Pläne zu verwirklichen.

4.6.2.2.3 Explorieren und Experimentieren

Viele der ausgewählten Versuche, die die Kinder zu Beginn durchführen, deuten darauf hin, dass es ihnen zunächst um spektakuläre Effekte geht. Es handelt sich in erster Linie um Versuche, die auf staunenswerte Ergebnisse hoffen lassen. So werden eine Luftballon-Rakete gebaut, ein Lava spuckender Vulkan gebastelt, Wärmespiralen ausgeschnitten und aufgehängt, es wird mikroskopiert (Florian hat ein Mikroskop in der Tasche mitgebracht.), und es werden „Zauberkunststücke" (wie z.B. das Klappern einer Münze auf einer Flasche) geprobt und vorgeführt.
Die Kinder haben in dieser Orientierungsphase viel Spaß, sie lachen und tauschen ihre Erfahrungen lautstark aus.
Es ist offensichtlich, dass sie insbesondere die Versuche auswählen, die geeignet sind, ein Jauchzen und Klatschen, Lachen und Jubel hervorzurufen.

Nach weiteren zehn Tagen – in der Zwischenzeit sind aus schulorganisatorischen Gründen keine Beobachtungen möglich – sind die Tische immer noch nicht frei geräumt, und die Kinder haben wieder für die angekündigte ‚Experimentierstunde' Materialien mitgebracht. Dennoch sind sie nun in der Auswahl der Versuche und in der Art des Umgangs mit den Phänomenen nicht mehr *nur* auf spektakuläre Effekte aus. Obwohl sie nur wenig Zeit zum Experimentieren zur Verfügung hatten (nach den Angaben der Lehrerin insgesamt etwa eine Doppelstunde), sind sie insgesamt ruhiger und interessieren sich auch für längerfristigere Versuche, wie beispielsweise die Überprüfung, ob ein Blatt am Baum an abgedeckten Stellen weiß wird. Es wird in Gesprächen mit den Kindern deutlich, dass sie sich während der Zeit weiterhin damit beschäftigt haben, Experimentierbücher zu beschaffen und z.T. für Versuche und benötigte Materialien sogar Listen zu schreiben. Wenn auch nur wenig Gelegenheit zum Experimentieren bestand, haben sie sich dennoch anscheinend mental mit ihrem Projekt auseinander gesetzt und sind hierdurch bereits über die Orientierungsphase hinausgelangt. Drei Kinder erzählen aber auch von Versuchen, die sie bereits zu Hause durchgeführt haben.

In dieser Doppelstunde beschäftigen sich alle Kinder mit Experimenten, die sie vorher ausgewählt und für die sie Materialien mitgebracht haben. Die Intensität und Ausdauer der Arbeiten an ausgewählten Versuchen lassen den Schluss zu, dass sie sich bereits in der Explorationsphase befinden. Es handelt sich hier um die Klasse, in der auch das dritte Feldexperiment (vgl. Kap. 4.4.4) durchgeführt wurde. Die Orientierungsphase ist hier vermutlich auch deshalb kürzer als in Klasse A.

Eine Gruppe von Kindern befasst sich mit einem Versuch, zu dem nur wenige Materialien benötigt werden: Sie halten einen Trinkhalm in ein Glas mit Wasser. Durch einen zweiten Trinkhalm wird kräftig über die Öffnung des ersten geblasen. Durch den entstehenden Unterdruck steigt das Wasser im ersten Halm hoch und wird, wenn es oben austritt, versprüht.
Die Kinder führen den Versuch zu fünft durch. Sie wechseln sich ab, um das Sprühen selbst zu erleben. Die Kinder äußern sich begeistert über das Experiment, empfinden aber das Pusten als sehr anstrengend. Sie beginnen zu überlegen, wie sie die Bedingungen verändern könnten. Zunächst versuchen sie, den Durchmesser der Trinkhalme zu variieren. Sie stellen fest, dass ein dünnerer Halm im Glas die Zeitdauer des Pustens verringert. Die Kinder sind verblüfft, sie beobachten deshalb genau, was in dem Halm geschieht. Die Konsequenz aus der Beobachtung führt wiederum zu einer Optimierung des Versuchsaufbaus: *„Das Wasser steigt hoch, wenn du da reinbläst, das muss ganz hoch. Wir können doch den Trinkhalm ein Stückchen abschneiden, vielleicht geht das dann schneller?"* (Manuel) Der Trinkhalm wird einige Male gekürzt, bis er *„sehr gut funktioniert"* (Julia).

Danach testen die Kinder, ob ein Halm mit einem größeren Durchmesser *„die Luft besser durchlässt, damit das Pusten nicht so schwer geht."* (Julia) Sie machen nach einigem Probieren die Erfahrung, dass der Luftstrahl die Öffnung des dünneren Halms nicht so gezielt trifft und das Wasser so nicht angehoben werden kann.

Zu guter Letzt wird auch noch die Höhe des Wasserstandes im Becher verändert, denn die Kinder wollen *„mal gucken, was dann so passiert"* (Sarah). Als sich keine Änderungen mehr zeigen, ist das Experiment für die Kinder abgeschlossen. Insgesamt haben sie sich mehr als eine Zeitstunde mit dem Versuch beschäftigt. Noch befinden sie sich damit nicht in der Vertiefungsphase: Sie haben zwar bereits das ‚Wie' untersucht, stellen aber noch nicht die Frage nach dem ‚Warum'.

Manuel, Lotta und Sarah blättern diskutierend in Experimentierbüchern, die sie zum Teil selbst mitgebracht, zum Teil aus der Klassenbibliothek oder von einer Nachbarklasse entliehen haben. Nach ca. 10 Minuten haben sie sich auf ein Experiment geeinigt, das sie durchführen wollen: Ein Tuch zum Verbinden der Augen wird gesucht und gefunden, Manuel setzt sich auf einen Stuhl und wartet ab, was seine Mitschüler und -schülerinnen tun. Es wird deutlich, dass dieses Experiment ebenfalls bereits vorher in Betracht gezogen worden ist, denn die Kinder haben auch hierfür Materialien mitgebracht. Sie wollen testen, *„ob Menschen auch ohne was zu sehen, schmecken können, was sie im Mund haben"* (Lotta). Überprüft werden soll also die Unabhängigkeit des Geschmackssinns vom Sehsinn. Die Forschungsfrage entwickeln die Kinder eigenständig. Die Anregung aus dem Sachbuch betrifft lediglich die Bestimmung unterschiedlicher Geschmacksrichtungen.

Der erste Versuch, dem Jungen etwas in den Mund zu stecken, scheitert allerdings, da die Kinder ihm die Geschmacksprobe, eine Weintraube, zuerst in die Hand geben. Manuel will sie nicht essen, weil diese sich weich und für ihn *„eklig"* (Manuel) anfühlt.

Die Kinder diskutieren daraufhin, ob der Tastsinn miteinbezogen werden soll. Sie entscheiden sich dagegen, um die Ergebnisse nicht zu verfälschen. Als nächste Probe erhält Manuel ein Apfelstückchen, das er aufisst und richtig identifiziert. Ein Stückchen Milchschnitte folgt und schließlich ein Stückchen Zitrone. Manuel erkennt sie bereits am Duft, so dass nun diskutiert wird, ob nicht eine Wäscheklammer auf der Nase nötig sei, um den Geruchssinn auszuschalten. Sie entscheiden sich dafür, dass der Junge sich stattdessen die Nase zuhalten soll, *„sonst schmeckt er nachher nichts wegen der Schmerzen an seiner Nase"* (Lotta).

Die Bemerkungen und das Lachen der Kinder zeigen deutlich den Spaß, den sie bei der Sache haben. Andererseits mangelt es aber auch nicht an Neugier,

Eifer, Ernst und methodischen Überlegungen, z.B. hinsichtlich der systematischen Ausgrenzung von Störvariablen.

Die Kinder kommen bei diesem Versuch zu dem Ergebnis, dass Manuel *„alles, was er schon kennt, auch schmecken kann"* *(Lotta).* – *„Manche Sachen hat er nicht geschmeckt, weil er das nicht kannte* (eine ihm fremde Süßigkeit, Anm. H.K.), *und es ging besser, wenn die Nase nicht zu ist."* (Sarah) Die Prägnanz dieser Aussagen, die ausschließlich aufgrund der eigenen Erfahrungen zustande kam, ist erstaunlich. Die Erkenntnisse führen sogar weit über die Anfangsfrage hinaus. Dennoch sind die Kinder noch nicht zufrieden. Sie diskutieren darüber, ob die Ergebnisse *„auch bei Mädchen"* (Sarah) gelten. Die Ansichten sind unterschiedlich, denn *„Mädchen mögen ja auch Pink und Jungen nicht"* (Sarah), und so kommen die Kinder überein, die Versuche mit einem Mädchen zu wiederholen. Die Proben sind nun bereits eingegrenzt, Lotta ist in der Lage, alle Proben zu erkennen. Nochmals fällt aber den Kindern eine Variation des Versuches ein: Sie schneiden kleine Stückchen von einer Mohrrübe und einem Apfel ab, mischen diese und geben sie zusammen zum Probieren. Die Kinder freuen sich sichtlich, als Lotta auch diese Mischung eindeutig bestimmen kann.

Philip und Klaas haben sich zusammengetan, um mit den Musikinstrumenten zu experimentieren, die sich noch aus dem Musikunterricht in der Klasse befinden. Zunächst schlagen sie recht ungestüm und wahllos auf Trommeln, Triangel und Becken ein, blasen auf einer Flöte und haben offensichtlich viel Spaß dabei. Eindeutig befinden sie sich in der Orientierungsphase, in der sie noch die ungerichtete Erfahrungsperspektive einnehmen. Bereits nach wenigen Minuten gelangen sie jedoch in die Explorationsphase, in der sie sich nunmehr auf ein Instrument konzentrieren: Sie untersuchen eine Trommel auf ihren Klang hin. Viele verschiedene Gegenstände dienen dabei als Klöppel, um der Trommel unterschiedliche Klänge zu entlocken. Sie sitzen schweigend zusammen, schlagen auf die Trommel, während sie dem erzeugten Klang konzentriert nachhören[40]. Nach vielen Versuchen beginnen sie, ihre Eindrücke zu verbalisieren (Überführung der ästhetischen Erfahrungen in explizites Verbalisieren). Sie finden vielfältige Ausdrücke, um einander ihr Empfinden mitzuteilen: *„Wenn ich dies nehme* (einen Schlagstock, Anm. H.K.), *klingt die Trommel so richtig, so echt, aber wenn ich dies nehme* (eine Rassel aus Korbgeflecht, Anm. H.K.), *klingt es gleich ganz weich und so irgendwie heller."* (Klaas) – *„Ja, und wenn ich mit der Hand draufgehe, klingt es noch anders, so stumpf und rund."* (Philip) – *„Aber da gibt's noch einen Unterschied: Wenn du*

---

[40] Obwohl die Versuche manchmal etwas laut werden, beschwert sich keines der anderen Kinder. Sie respektieren die Versuche von Klaas und Philip, die ganz in ihrer Tätigkeit versunken sind.

am Rand klopfst, klingt's anders als in der Mitte." (Klaas) Auf diese Weise setzen sie ihre Untersuchungen fort und vergleichen schließlich den Klang der Trommel mit dem eines Beckens.

Die Suche nach ästhetischen Erfahrungen und Erlebnissen wird hier besonders deutlich. Obwohl die Untersuchungen an der Trommel durchaus als mit wissenschaftlicher Methodik ausgeführt beschrieben werden können, darf angenommen werden, dass es in erster Linie die ästhetischen Erfahrungen sind, um die es den Kindern an dieser Stelle geht, weniger die Bestätigung von Hypothesen darüber, *ob* sich unterschiedliche Klänge ergeben. Diese Hypothese hätten die Kinder auch ohne das Ausprobieren beantworten können. Vielmehr interessieren sie sich für das ‚Wie': ‚Wie ändert sich der Klang, welche Nuancen ergeben sich?'

Zufrieden mit den Erkenntnissen beginnt Klaas nun damit, das Becken an seiner Halteschlaufe festhaltend zu drehen. Er ist begeistert von der Rotationsgeschwindigkeit und überlegt spontan, wie er sie messen könnte: *„Da müsste man jetzt ein Tacho anbauen, so eins wie am Fahrrad, dann kann man messen, wie schnell sich das dreht und wie schnell man also fahren würde, wenn das ein Fahrrad wäre."* (Klaas)

Er experimentiert weiter mit dem Effekt, lässt die Scheibe an Gegenständen abbremsen oder dreht sich selbst mit dem rotierenden Becken um die eigene Achse. Die Vielfalt der Reaktionen, die das Drehen und Wenden, die langsamere oder schnellere Bewegung hervorrufen, führt ihn offenbar zu neuen Ideen: *„Man könnte daraus einen Propeller bauen oder einen Ventilator oder einen Mixer!"* Die Ideen werden spontan umgesetzt, indem er zunächst aus Pappe eine Art Flügel herstellt, der dann mit Hilfe von Fäden und Klebeband mit dem Teller verbunden werden. Seine Erfindung erläutert er so: *„Also das kann man ganz verschieden nutzen, aber als Mixer ist das, glaube ich, am besten. Das ist ja auch nicht teuer und funktioniert bestimmt gut."* Er möchte seine These prüfen, indem er eine Wanne mit Wasser füllt. Da sich keine Wanne finden lässt, die groß genug wäre, interpretiert er sein Gerät nun doch als Ventilator um, der gleich an Ort und Stelle erprobt und vorgeführt werden kann. Er lächelt und schließt die Augen, als er den Lufthauch spürt, der durch die Drehung erzeugt wird.[41]

---

[41] Deutlich wird an dieser Stelle, wie bedeutend die Freiheit, sich mit den Dingen zu beschäftigen, die sie selbst wählen, für die Kinder ist. Die Art der Wahrnehmungen für die sie sich interessieren, ist kaum vorhersehbar und nicht planbar. Außerdem wird ersichtlich, dass nicht alle Kinder immer über die Explorationsphase hinaus gelangen. Möglicherweise ist Klaas sehr kreativ, um sich längerfristig mit dem Problem auseinander zu setzten, möglicherweise eignet sich aber auch der gewählte Gegenstand ‚Klanguntersuchungen' nicht für eine Verbalisierung der Erfahrungen und bleibt daher auf der ästhetischen Ebene.

4.6.2.2.4 Planung und Durchführung einer Ausstellung

In der darauf folgenden Woche ist der Computertisch in einen Experimentiertisch umgewandelt worden. Viele Materialien und Bücher liegen darauf. Die Kinder haben durch Verhandeln mit der Lehrerin immer wieder Freiräume zugestanden bekommen, so dass alle Kinder von durchgeführten Versuchen berichten und einige während der Beobachtungsstunde auch der ganzen Klasse vorführen. Die Lehrerin ist während dieser Stunden nicht anwesend.

Die Kinder sind auf die Idee gekommen, den Eltern ihre Experimentierecke vorzustellen. Da zum Abschluss des Schuljahres ein Fest geplant ist, an dem traditionell auch Schülerarbeiten ausgestellt werden, möchten sie die schönsten Versuche in einer Ausstellung präsentieren. Die Vorbereitungen für diese Ausstellung erfordern eine ausgeprägte Koordination der Kinder untereinander. Die Lehrerin wird lediglich um Zustimmung für das Vorhaben gebeten.

Während der nächsten Wochen steht dieses Ziel den Kindern stets vor Augen. Sie achten darauf, dass die Experimente *„irgendwie besonders"* (Manuel) sind und *„Spaß machen"* (Ken), dass sie *„auch schön sein müssen"* (Lea) ist eine wichtige Bedingung insbesondere für die Mädchen. Sie wählen daher vielfach Versuche aus, die ästhetische Ergebnisse zeigen (Chromatographie; Farben im Wasserglas; Kapillaritätsversuche; in denen Blumen in verschiedenen Farben eingefärbt werden; verschiedene Versuche zur Optik).

Die Durchführung von Experimenten ist in der gesamten Klasse vornehmlich auf die Gestaltung der Ausstellung ausgerichtet. Die Kriterien zur Auswahl sind daher weniger durch eigene Interessen bestimmt als in Klasse A. Die Kinder wählen die Versuche eher nach methodischen Gesichtspunkten aus: Sie überlegen, welche Versuche sich für die unterschiedlichen Altersgruppen (Eltern, jüngere Kinder und altersgleiche Schulkameraden) eignen und wie diese Versuche angeboten werden sollen (mit Beschreibungen oder Piktogrammen, als Demonstrationsexperiment (beispielsweise, wenn der Versuch ‚gefährlich' oder schwierig durchführbar ist) oder als Experiment, das von den Besuchern selbst durchgeführt werden kann.

An den drei Tischen, die als Experimentiertisch zusammengestellt wurden und um die die Kinder während des Arbeitens herum stehen müssen, wird es in der vierten Woche zu eng. Die Kinder verhandeln mit der Lehrerin und erhalten die Genehmigung dafür, einen weiteren Tisch hinzuzuholen und die breite Fensterbank mitzunutzen. Nun werden die Tische so platziert, dass die Kinder zwischen ihnen und der Fensterbank stehen können. Es ist jetzt genügend Raum für etwa acht Kinder vorhanden. Sie zeigen sich in der anschließenden

Beobachtungsstunde sehr stolz auf ihre neue Errungenschaft. Die Lehrerin, die allmählich auf die Begeisterung der Kinder und auf ihr ernsthaftes Arbeiten eingeht, hat dafür gesorgt, dass es nun auch Kästen für das Material der Kinder gibt. Dieses erleichtert das Arbeiten in der Experimentierecke, da die Materialien so auch unter den Tischen gelagert werden können.

In den folgenden Wochen arbeiten die Kinder wiederum vornehmlich in den ‚Experimentierstunden' in der Experimentierecke. Obwohl auch in diesen Stunden bereits deutlich wird, dass sich einige Kinder auf bestimmte Themenbereiche spezialisieren (z.B. die ‚Farbengruppe' mit Vanessa, Sarah, Lotta, Alina und Manuel; die Mikroskopiergruppe um Florian; Cornelius, Janis und Ken; die ‚Pflanzengruppe' um Vanessa und Melody; die Gruppe, die sich mit optischen Phänomenen beschäftigt mit Lea, Dana, Julia; die ‚Technikgruppe' mit Klaas und Philip), lässt sich die Zuordnung der Interessen zu einzelnen Kindern nicht so eindeutig zeigen wie in Klasse A.

Die Kinder treffen die Absprachen darüber, welche Versuche ausgewählt und wie sie aufgebaut werden sollen, völlig eigenständig. Interessant ist dabei, dass sie weder die Ausstellung von Exponaten planen, noch Vorführungen von Versuchen, sondern sich explizit dazu entscheiden, *„die Experimente so dahin zu stellen, dass alle selbst was tun können, sonst ist das zu langweilig"* (Manuel).

Den Überlegungen zur Ausstellung gründen sich auf den eigenen Erfahrungen: *„Wenn wir die Experimente nehmen, die uns am meisten Spaß gemacht haben, haben die Eltern auch Spaß dabei."* (Sarah) Auch die Anwesenheit von Geschwistern wird berücksichtigt: *„Wir müssen das so hinstellen, dass auch die Kleinen das richtig sehen können. Und beim Teddybärenversuch* (Gummibärchen in Wasser quellen lassen, Anm. H.K.) *tun wir eine Tüte zum Naschen dazu."* (Joel)
Die Kinder entscheiden sich, sowohl die Experimentierecke im Klassenraum zu nutzen, *„um zu zeigen, wo wir normalerweise arbeiten"* (Dana), als auch eine Reihe von Tischen im Flur aufzustellen, für *„die Leute, die nur mal so vorbeikommen"* (Julia).
Bemerkenswert ist, dass den Kindern die Ermöglichung von ästhetischen Erlebnissen besonders wichtig ist. Diese Einschätzung ergibt sich sowohl aus den Äußerungen der Kinder als auch aus der Auswahl der Phänomene und Versuche. Sung Bum ist beispielsweise wichtig, dass *„die Leute genauso große Augen kriegen wie wir"*. Nikolai macht sich Gedanken darüber, wie *„wir die Eltern zum Staunen bringen können"*. Klaas möchte sicherstellen, dass *„wenn die hier vorbeikommen, die auch stehen bleiben und die Sachen anfassen"*. Manuel wählt als seinen *„wichtigsten"* Versuch eine Schale, in der Farben sehr schöne

Verwirbelungen zeigen, wenn die Flüssigkeit mit einem Stab durchzogen wird (dieser Versuch ist von den Kindern selbst erfunden worden.)

Die Ausstellung wird von den Kindern völlig in Eigenregie vorbereitet. Die Lehrerin stellt dafür wiederum die zwei Experimentierstunden zur Verfügung, die die Kinder (fast) jede Woche nutzen können. Sie holen in diesen Stunden Tische herbei, stellen sie im Flur auf und stellen Listen für die benötigten Materialien auf.

In der folgenden Woche, in der auch die Ausstellung stattfinden soll, werden ausgewählten Versuche vorbereitet.

Am Tag der Ausstellung werden alle Versuche im Flur und in der Experimentierecke der Klasse aufgebaut. Kim und Lea legen Küchentücher bereit, *„damit die Kinder auch mal in den Becher fassen können und fühlen, wie eklig so ein Gummibärchen wird"* (Kim).

Eine Gruppe von Kindern (Melody, Vanessa, Sarah und Alina) hat Versuche zur Chromatographie aufgebaut. Sie schneiden Streifen von saugfähigen Papieren zurecht, *„weil das jeder mal selber machen muss. Dann weiß man ja erst, warum das so schön aussieht"* (Sarah).

Die Kinder haben ohne Anregung von außen Schilder angefertigt, die zum ‚Anfassen', ‚Mitmachen', ‚Versuchen' einladen und somit eine Interaktivität ihrer Ausstellung herstellen, die ohne Führung oder Leitung auskommt. Diese Ideen erinnern stark an die Gestaltung in modernen naturwissenschaftlich-technischen Museen, die genau diesen Aspekt betonen.

Während der Besuchszeit finden sich immer einige Kinder der Klasse in der Nähe ihrer Ausstellung. Die Organisation erfolgt durch Absprache zwischen den Kindern und funktioniert ohne Reibungsverluste während der gesamten Zeit der Ausstellung (ca. drei Zeitstunden). Da auf dem Pausenhof und in der Turnhalle weitere attraktive Aktivitäten im Rahmen eines Schulfestes zum Schulabschluss stattfinden, ist dies besonders bemerkenswert.

Die Kinder erklären die Versuche auf Anfrage, ermutigen aber vor allem die Besucher zum Ausprobieren. Sie berichten über ihre *„Arbeit in der Experimentierecke"* (Manuel) und fühlen sich ausnahmslos kompetent, zu allen Versuchen Auskunft zu geben. Der Austausch der Kinder untereinander während der Arbeiten ist nachvollziehbar so verlaufen, dass sich alle Kinder der Klasse mit allen Exponaten auskennen.

Gerade weil die Kinder keine wirkliche Unterstützung durch die Lehrerin erfahren haben, ist es erstaunlich, wie vehement sie versuchen, ihre Ideen zu verwirklichen. Trotz der Hindernisse und weit geringerer Möglichkeiten zum Experimentieren als in Klasse A schaffen sie es, eine ebenso reich bestückte

Experimentierecke im Klassenraum zu installieren und vielfältige interessante Versuche durchzuführen.
Dies macht deutlich, dass die Motivation der Kinder, sich physikalischen Explorationen zu widmen, trotz ‚Gegenwind' über Monate erhalten bleibt.

4.7 Ergebnisse

Die Auswertung der Beobachtungen erfolgt vor dem in Kapitel 3 dargelegten theoretischen und empirischen Hintergrund. Dabei wird im Unterschied zum vorrangigen theoretischen Interesse an der Erfahrungsgewinnung zuerst betrachtet, ob und wie es den Kindern gelingt, mit den Vorbedingungen umzugehen, die für die selbstbestimmte Erfahrungsgewinnung notwendig sind: Wie reagieren Kinder auf die Möglichkeit zur Selbstbestimmung und Selbstorganisation? (Kap. 4.7.1.1 u. 4.7.1.2) Dann wird analysiert, auf welche Weise die Kinder Erfahrungen gewinnen und welche Qualität diese Erfahrungen aufweisen (Kap. 4.7.1.3). Danach wird das Augenmerk auf die Motivation der Kinder gelegt (Kap. 4.7.1.4).

Im Anschluss daran wird betrachtet, welche Entwicklungen beobachtbar sind (Kap. 4.7.2). Können Verhaltensweisen der Kinder als Flow-Erleben charakterisiert werden (Kap. 4.7.2.1), und wie sind die freiwilligen Leistungen in diesem Zusammenhang zu interpretieren (Kap. 4.7.2.2)? Welche Art von Interesse kann bei den Kindern festgestellt werden (Kap. 4.7.2.3) und schließlich: Welche Rolle kommt den Lehrerinnen zu und welche Veränderungen zeichnen sich bei ihnen ab (Kap. 4.7.3)?

4.7.1 Nutzung der Bedingungen für den weitgehend selbstständigen Erwerb physikalischer Erfahrungen durch die Kinder

4.7.1.1 Selbstbestimmung

Selbstbestimmung wird in der vorliegenden Arbeit verstanden als die Möglichkeit der Kinder, Entscheidungen über Inhalte, Ziele und Methoden selbst zu treffen (vgl. Kap. 3.3.1). Es wird davon ausgegangen, dass Selbstbestimmung nur dann verwirklicht werden kann, wenn den Schülern Raum und Zeit zur Verfügung steht, innerhalb derer sie eigene Entscheidungen treffen können.

Während der Untersuchung erhalten die Kinder in unterschiedlich ausgeprägter Weise die Möglichkeit zur Selbstbestimmung. Eingegrenzt wird dieser ‚innerschulische Freiraum' durch äußere schulorganisatorische Bedingungen wie z.B. die Schulpflicht, die Einteilung der Zeit in Schulstunden, die Aufsicht durch einen Erwachsenen und durch ‚innere' Bedingungen wie der durch die Lehrerin jeweils zur Verfügung gestellte Ort im Klassenraum, der Zeitraum,

der jeweils für das Explorieren genutzt werden konnte, die Erreichbarkeit von Materialien, die Ausprägung von Gruppen etc.
Aufgrund der Beobachtungen kann festgestellt werden, dass beide Klassen diesen Freiraum nutzen, um Überlegungen anzustellen und eigene Entscheidungen zu treffen. Diese beziehen sich bereits in der Phase der Organisation der Experimentierecke in beiden Gruppen sowohl auf die Inhalte als auch auf Methoden und Ziele. Es werden in beiden Gruppen Entscheidungen darüber getroffen, an welchem Ort der Klasse die Experimentierecke einzurichten ist, welche Aktivitäten dort stattfinden sollen, welche Materialien von wem beschafft, ob und wie die Experimente dokumentiert werden sollen.

In der Phase des Arbeitens in der Experimentierecke sind die Kinder an den ihnen zur Verfügung gestellten Arbeitszeitraum insofern gebunden, als dass sie ihn nicht unbegrenzt ausdehnen dürfen. Sie sind aber in beiden Gruppen frei, sich anderen Aufgaben zuzuwenden, wenn sie nicht explorieren oder experimentieren möchten. Diese Möglichkeit wird für einige Tage lediglich von Okkan in Klasse A wahrgenommen, als er von einem missglückten Experiment enttäuscht ist (vgl. Kap. 4.6.2.1.3). Die Kinder nehmen also die Möglichkeit, selbst über die Arbeitsintensität zu entscheiden in beiden Klassen wahr, um sich auf das Explorieren und Experimentieren zu konzentrieren.
Selbstbestimmt entscheiden die Kinder in beiden Gruppen auch darüber, ob sie angefangene Experimente zu Ende führen. In den Klassen gilt nach Angaben der Lehrerinnen im alltäglichen Unterricht die Regel, dass die Kinder einmal angefangene Arbeiten auch zu Ende führen. Diese Regel findet bei den Kindern keine Anwendung. Sie brechen besonders zu Beginn oftmals Versuche ab, nachdem sie keinen Erfolg gezeigt haben oder geben sich mit der ‚Erzeugung' eines spannenden Phänomens zufrieden, obwohl im gewöhnlichen Unterricht solche oder andere Erscheinungen immer hinterfragt werden.
Auch über die Art der Kommunikation mit anderen und über die Sozialform entscheiden die Kinder selbst. So gibt es sowohl Kinder, die alleine arbeiten als auch Gruppenbildungen. Diese Formen werden immer wieder aufgebrochen und verändert, ohne dass beobachtbar ist, dass dies für die Kinder problematisch wäre. (Dies ist deshalb besonders interessant, weil beide Lehrerinnen über Eifersüchteleien berichten, wenn befreundete Kinder im Unterricht mit anderen Kindern zusammenarbeiten oder spielen möchten.)

4.7.1.2 Selbstorganisation
Die Arbeitsweise der Kinder in Klasse A ist von Beginn an durch einen hohen Grad an Organisiertheit gekennzeichnet. Sie bilden sogleich Gruppen, beraten sich und teilen die Ergebnisse den anderen Gruppen mit. Sie planen die Experimentierecke gemeinsam und treffen Entscheidungen, die sie mit der Lehrerin aushandeln. Auch im Verlauf des Arbeitens wird deutlich, dass sie dazu in der

Lage sind, die Materialbeschaffung zu organisieren, die Experimente durchzuführen, sie den anderen zu präsentieren und sie in einem dafür angelegten Ordner zu dokumentieren.

Insbesondere Kinder, die sich für ein Spezialgebiet interessieren, bemühen sich gezielt um Materialien, Literatur und Informationen. Sie fragen sowohl Eltern als auch die Lehrerinnen und Beobachterinnen nach Informationen und bitten darum, besondere Materialien, die ihnen nicht ohne weiteres zugänglich sind, zu besorgen.

Das soziale Handeln zeichnet sich aus durch gegenseitige Achtung, das Bemühen, die anderen zu unterstützen und zu fördern, dafür zu sorgen, dass alle notwendigen Materialien beschafft werden und dass jedes Kind auch genügend Raum zum Experimentieren erhält. So ist es zu keinem Zeitpunkt ein Problem, dass nicht alle Kinder gleichzeitig in der Experimentierecke arbeiten können. Obwohl dieser Ort als sehr attraktiv empfunden wird, wechseln sich die Kinder ganz selbstverständlich ab.

Die freudige und unterstützende Reaktion der Kinder in der Klasse auf den Erfolg von Christian und Benjamin (Klasse A) als sie die Büroklammer zum Schwimmen bringen, liefert ein Beispiel für die Entwicklung einer neuen Dimension sozialen Verhaltens in der Klasse, die den Kindern im Zusammenhang mit dem Projekt zum Teil selbst bewusst ist. So schreibt Simon in einer Reflexion am Ende des Projekts: *„Die Experimentierecke ist gut, um besser miteinander auszukommen."* Simon, der sich zu Beginn ganz allein mit Versuchen zur Elektrizität beschäftigt, findet im Laufe der Zeit in Tim und Stephan interessierte ‚Mitforscher'. Die Entwicklung mehrerer komplexer Versuchsaufbauten (Stromerzeugung mittels einer Zitrone, ein ‚Alarmgerät für Regen' und ein Gerät zur Messung der Leitfähigkeit von Stoffen) lässt die drei Jungen zu einem Team werden, das bis auf kurze Unterbrechungen bis zum Ende des Schuljahres immer wieder zusammenarbeitet.

Die Kommunikation unter den Kindern wird zielgerichteter, je intensiver sie an bestimmten Phänomenen interessiert sind: Bereits nach einigen Tagen beginnen die Kinder, Materialien bei Klassenkameraden anzufordern, von denen sie wissen oder glauben, dass diese die gewünschten Dinge besorgen können. Sie beginnen, sich untereinander Tipps und Ratschläge zu geben und beziehen auch ihre Eltern als Quelle sowohl für Informationen als auch für Materialien mit ein. Auch die Lehrerinnen werden in einigen Fällen herangezogen (vorwiegend in Klasse A), jedoch eher nicht in ihrer Funktion als Lehrerin. Vielmehr nutzen die Kinder die Möglichkeit, eine weitere Erwachsene als ‚Expertin' für Auskünfte bezüglich der Materialbeschaffung zur Verfügung zu haben.

Die Versorgung mit Materialien für die einzelnen Vorhaben der Kinder liegt im Interesse der gesamten Klasse. Wird etwas benötigt, fühlen sich die Kinder manchmal sogar dann zuständig, wenn sie nicht wissen, wofür das Material gebraucht wird. Alina fragt beispielsweise nach einem elektrischen Grill, den Maurice und Robin angeblich benötigen. Sie bemüht sich sehr darum, möchte schon den Hausmeister fragen, als sie erfährt, dass sie etwas falsch verstanden hat: Nicht ein Grill, sondern Grillkohle möchten die beiden Jungen haben. Niemand lacht sie wegen des Irrtums aus, Maurice bedankt sich bei ihr dafür, *„dass du uns helfen wolltest"*.

Die Erstellung einer Mappe, in der viele der durchgeführten Experimente sorgfältig *„für die anderen"* (Mandy) dokumentiert werden, zeugt ebenfalls von der intersubjektiven Bedeutsamkeit, die die Kinder ihren Arbeiten beimessen. Dass ihre Versuche und die Ergebnisse für andere von Interesse sind, bemerken sie im Verlauf der Arbeiten immer wieder. Diese Einstellung der anderen Kinder gegenüber der eigenen Arbeit wird besonders von den leistungsschwächeren Kindern der Klasse als wohltuend empfunden: *„Das ist schön, wenn man sich auskennt, da fragen die anderen mich auch mal!"* (Jannik)

Viele Kinder betonen, dass sie gerne zusammenarbeiten. Die Lehrerin bemerkt, dass sich die *„Teamfähigkeit der Kinder stark verbessert"* hat. Mädchen und Jungen arbeiten produktiv zusammen. Die Gruppenzusammensetzung ändert sich während der drei Monate immer wieder. Je nach Interesse tun sich die Kinder zu neuen Gruppen zusammen oder führen in Einzelfällen auch allein Versuche durch, um sie den anderen später vorzustellen. Die Lehrerin berichtet darüber, dass eine *„Erziehung der Kinder untereinander"* stattfindet *„zur Vorsicht, Umsicht, Hilfe, zum Zuhören, zur Freundlichkeit, gegenseitigen Achtung der Leistungen"*. Die Kinder helfen einander, teilen Materialien und liefern Ideen, wenn Versuche bei anderen Kindern nicht klappen.

Die Kinder scheinen eine eigene ‚Experimentierkultur' auszuprägen: Sie verhandeln miteinander über die Nutzungszeiträume für die Experimentierecke und darüber, welche Experimente, Phänomene oder Tätigkeiten an andere Tische ‚ausgelagert' werden können (der Platz in der Experimentierecke reicht nicht für alle Kinder aus), welche Materialien wann zur Verfügung stehen sollen und wer zu welcher Zeit eine Präsentation vorführen darf.
Aus Interessensgemeinschaften bilden sich kleine Forschergruppen heraus, die entweder nur über die Zeit der Arbeit an dem jeweiligen Experiment oder Phänomen aufrecht erhalten werden oder dazu führen, dass sich lang andauernde und über die Arbeit in der Experimentierecke hinausreichende Freundschaften entwickeln, die so im Klassenverband nicht vorhanden waren. (Die Kinder

möchten nebeneinander sitzen und treffen sich nachmittags.) Insgesamt lässt sich die Klasse als eine „Gemeinschaft von Forschenden" (Schreier 1992, S. 65) beschreiben.

Während des Explorierens und Experimentierens treten in einigen Fällen Frustrationserlebnisse auf, wenn Versuche nicht wie in den Anleitungen beschrieben funktionieren. Diese Erlebnisse werden von den Kindern unterschiedlich verarbeitet. So ist Okkan sichtlich enttäuscht darüber, dass sein Versuch, eine Selleriestange blau einzufärben, nicht klappt. Er arbeitet daraufhin für einige Tage nicht mehr in der Experimentierecke. Seine Frustration bewirkt, dass er sich von den anderen Kindern zurückzieht und er sich Aufgaben aus dem Wochenplan vornimmt. Obwohl er die Bedingungen des gescheiterten Versuches nicht mehr variieren will und sich von diesem Versuch völlig abwendet, schaffen es seine Tischnachbarn, ihn wieder zum Experimentieren zu bewegen. Sie verlegen ihre Tätigkeiten in seinen unmittelbaren Aufmerksamkeitsbereich und beginnen an dem Gruppentisch Okkans damit, Muster zu drucken (s.o.). Die Kinder zeigen hier im Umgang mit Okkan eine erstaunliche soziale Sensibilität. Ihr Einfühlungsvermögen und die feinfühlige Art, mit der sie Okkan wieder dazu bewegen, Tätigkeiten im Bereich des ‚Experimentierens' aufzunehmen, ist beeindruckend: Sie weisen ihn erst in die von ihnen entwickelte Technik ein, nachdem er von sich aus ein Interesse an den ästhetischen Produkten bekundet.

Probleme mit nicht funktionierenden Versuchen oder unbekannten Ausdrücken in Experimentieranleitungen werden von den meisten Kindern produktiv gelöst. Sie protokollieren diese Probleme für die Experimentiermappe, *„damit das den anderen nicht noch mal passiert"* (Janine).
Die Empfehlungen Alinas lesen sich denn auch als eine Art Brief an die Klassenkameraden oder an Kinder, die auch eine Experimentierecke einrichten wollen: *„Ich würde es auf jeden Fall weiterempfehlen, aber an die Ersten Klassen noch nicht, weil es sehr schwere Ausdrücke gibt, die wir selbst noch nicht verstanden hatten. Aber für die anderen Klassen ist es eine Empfehlung wert. Wir hatten dabei sehr viel Spaß […]. Wir hoffen, dass es euch auch Spaß macht, damit ihr gute Erfahrungen macht."* (Alina)

Die Kinder der Klasse B befinden sich demgegenüber in einer denkbar ungünstigen Situation: Die Lehrerin scheint sich nicht wirklich darauf einlassen zu wollen, physikalische Inhalte in ihren Unterricht aufzunehmen. Sie gibt die Verantwortung bewusst aus der Hand und entzieht sich einer Beteiligung dadurch, dass sie den Raum verlässt, sooft sie es für vertretbar hält.
Obwohl sie den Kindern durch ihr Verhalten zeigt, dass andere Aufgaben für sie wichtiger sind, bewirkt dies keine Abwendung der Kinder von dem Vorha-

ben. Sie planen, besprechen, sammeln und organisieren, ohne die Lehrerin zu informieren oder sie in Überlegungen hinein zu ziehen. Zwar bitten sie einige Male darum, die Computer zu entfernen und auch darum, experimentieren zu können, allerdings meist ohne Erfolg.

Dass es die Kinder letztlich dennoch schaffen, eine Experimentierecke im Klassenraum einzurichten (und zwar größer als eigentlich geplant) und diese den Eltern vorstellen, lässt darauf schließen, dass der eigene Antrieb der Kinder groß genug ist, um die Lernhürden zu überwinden. Die Kinder entwickeln eine Eigendynamik, die auch gegen Widerstände resistent zu sein scheint.

Obwohl diese Kinder unter wesentlich ungünstigeren Bedingungen planen, organisieren, explorieren und experimentieren müssen, gelingt es ihnen ebenso wie der Klasse A, sich ein eigenes Erfahrungs- und Begegnungsfeld im Klassenraum zu schaffen. Der in Gang gesetzte Selbstorganisationsprozess scheint hier also gegen Störungen von außen recht unempfindlich zu sein.

4.7.1.3 Erfahrungsgewinnung

Während der gesamten Zeit der Untersuchung wird immer wieder deutlich, dass die Kinder vielfältige neue Erfahrungen sammeln; dieses kann aufgrund von Äußerungen gestischer, mimischer und sprachlicher Art geschlossen werden: Immer dann, wenn Kinder offensichtliches Staunen, Verwunderung, Erschrecken oder ausgeprägte Freude (Jauchzen, Freudenrufe und spontanes Lachen) zeigen, wird dieses Verhalten als ein Hinweis dafür gewertet, dass es sich um eine neue Erfahrung handelt.

Zu Beginn sind Äußerungen wie das Staunen, Wundern, Lachen, freudiges Erschrecken besonders häufig zu beobachten. Den Kindern scheinen die Phänomene, Experimente, Versuchsergebnisse gar nicht ‚Frag'- würdig zu sein. Es kommt ihnen offensichtlich in erster Linie auf spannende Effekte und neue Erfahrungen an. Ist ein solcher erhoffter Effekt erstmal erzeugt, wird dieser ausgiebig bestaunt und bewundert, jedoch scheinen die Kinder nicht an einer Erklärung des Phänomens interessiert zu sein. Es werden in dieser Phase keine Bemühungen um Klärung beobachtet.

Soostmeyer beschreibt solches Handeln wie folgt: „Die erste Handlungsform ist eine unspezifische Aktivität, die vorrangig dem Motiv entspringt, das Bruner als ‚Manipulationstrieb' oder ‚Kompetenzmotiv' bezeichnet (1974, S. 112). Ihre hauptsächlichen Merkmale sind das zweckfreie, zufällige, ungeregelte und ziellose Umgehen mit den Gegenständen sowie das ‚Episodenhafte' der Erfahrungen. Zu Beginn der Grundschulzeit dominiert beim Kind die unspezifische Handlung. Diese kann auch sporadisch bleiben. Wir interpretieren sie dann häufig als Spielen oder als Versuch-Irrtum-Handlung." (Soostmeyer 1998, S. 42)

Schulte-Janzen (2002), die sich mit dem Phänomen des Staunens bei Kindern befasst und ebenfalls beobachtet, dass Kinder häufig keine Fragen stellen, geht davon aus, „dass gewisse Kenntnisse schon vorhanden sein müssen, um überhaupt Fragen stellen zu können." (ebd., S. 113). Obwohl spontane Fragen nach dem ‚Wie' bereits früh geäußert werden, folgen diesen Fragen zu Beginn keine Konsequenzen in der Art, dass die Kinder sich um Klärung bemühen würden. Ernsthafte Betrachtungen lehnen sie in dieser Phase sogar ab (vgl. Kap. 4.4.4.2). Es scheint so zu sein, dass diese Art der Fragen eher oberflächlich ist und noch nicht von einer Motivation getragen wird, Antworten finden zu wollen. Vielmehr scheinen diese Fragen häufig nur ein Ausdruck der Neugier oder des Staunens zu sein.[42]

Die Verknüpfung von Erfahrungen und Erlebnissen mit dem Versuch der kognitiven Durchdringung ist häufig dadurch gekennzeichnet, dass die Kinder beginnen, Fragen zu stellen, die einen ‚echten Fragen-Charakter' aufweisen: Diesen Fragen folgen Bemühungen, Antworten zu finden. Diese Fragehaltung entwickelt sich bei den beobachteten Kindern – ebenso wie das genaue Beobachten, die Sensibilität für Erscheinungen und Phänomene, die Offenheit für Bedingungen im Umfeld des eigentlich betrachteten Phänomens – erst mit der Zeit.

Während der Auseinandersetzung mit physikalischen Phänomenen treten bei den Kindern dann oftmals recht plötzliche Änderungen des Verhaltens auf: Aus dem spielerischen Explorieren, bei dem vermutlich die Assimilation des Wahrgenommenen stattfindet, wird ein Experimentieren, bei dem die Kinder einer Frage nachgehen. Sie verändern nun gezielt Variablen um eigenen Vermutungen nachzugehen. Hier lässt sich oft auch das beobachten, was als Adaptionshandlung gekennzeichnet werden könnte: Die Kinder wiederholen den Versuch, Verändern, Prüfen und wiederholen erneut. Es scheint, als wollten sie sich Gewissheit verschaffen über die Gültigkeit ihrer eigenen Erfahrungen. Sie tauschen sich dabei immer wieder über ihre Wahrnehmungen und Erfahrungen aus. Die Intersubjektivität der Aussagen ist offenbar für die Kinder von herausragender Bedeutung.
Zwar handelt es sich hier noch nicht um wissenschaftliche Experimente oder wissenschaftliche Forschung im eigentlichen Sinne (vgl. Wodzinski 2004, S.

---

[42] Hier stellt sich die Frage, ob Erwachsene mit Kinderfragen immer richtig umgehen. Eigene Erfahrungen mit Kinderfragen haben mir oft gezeigt, dass diese offenbar häufig gar nicht so ‚ernst' gemeint sind. Setzt man aufgrund einer Frage, z.B. darüber, warum der Mond manchmal klein und manchmal groß erscheint, zu einer umfassenden Erklärung an, merkt man oft sehr schnell, dass die Kinder gar nicht an einer Antwort interessiert sind. Sie lenken ab und beschäftigen sich mit anderen Dingen.

9), jedoch kann die forscherische Haltung der Kinder, mit der sie Fragen stellen, ein Problem isolieren, Variablen verändern, Erklärungen suchen und eigene methodische Ideen ausprobieren, bereits als wissenschaftsbezogene oder wissenschaftsorientierte Haltung charakterisiert werden.

Nach einiger Zeit (vgl. Kap. 4.6.2.1.3; 4.6.2.2.3) werden die Versuche immer gewissenhafter durchgeführt und oft viele Male wiederholt, wenn die Ergebnisse als noch nicht befriedigend empfunden werden. Die Verhaltensänderungen der Kinder im Verlauf der Untersuchungen lassen vermuten, dass der starke ‚Neugierdruck' erst abgebaut werden muss, bevor konzentrierte Exploration und vertiefte Auseinandersetzung in Gang kommen kann.

Damit einhergehend ist auch eine gesteigerte Sensibilität gegenüber Randerscheinungen und Phänomenen zu beobachten (vgl. Kap. 4.6.2.1.5). Diese Sensibilität scheint auch die Fähigkeit zu Serendipität hervorzubringen (vgl. Fußnote 37, S. 137): Die Kinder beschäftigen sich mit einem Phänomen oder Versuch und machen plötzlich für sie überraschende Entdeckungen, die mit dem eigentlichen Ziel der Untersuchung nur noch wenig gemein haben. So entdeckt Alina *„Luftfeuchtigkeit"* – Kondenswasser an einem mit heißem Wasser gefüllten Becher, in das sie Kristalle eingerührt hat. Christian sieht plötzlich ein *„Loch in der Flamme"*, nachdem er viele Tage lang die Büroklammer in die Flamme gehalten hat und diese Erscheinung nicht bemerkte, weil er sich auf die Büroklammer konzentrierte. Jetzt entdeckt er auch die unterschiedlichen Farben der Flamme. Benjamin wird aufmerksam darauf, dass seine Papierschiffchen, die durch Oberflächenspannung des Wassers oben bleiben, irgendwann *„Wasser aufsaugen und dadurch untergehen"*. Manuel bemerkt beim Experimentieren mit Farbmischungen, dass sich in einer Mischung aus Blau und Silber Wirbel zeigen, wenn er einen Pinsel darin bewegt.

Die Kinder nutzen oder entwickeln in der Folge in unterschiedlichem Umfang von sich aus wissenschaftsorientierte Handlungsformen: Sie fertigen Aufzeichnungen und Skizzen an, diskutieren ihre Erfahrungen mit anderen Kindern, ziehen vereinzelt auch Literatur oder das Internet zur Informationsgewinnung heran. Auf ihre Weise versuchen sie nach eigenem Bekunden, Nachprüfbarkeit, Objektivität und Intersubjektivität herzustellen. Ob diese Formen der Aneignung bereits als Lernstrategien klassifizierbar, also „mental repräsentierte Schemata oder Handlungspläne zur Steuerung des eigenen Lernverhaltens, die sich aus einzelnen Handlungssequenzen zusammensetzen und situationsspezifisch abrufbar sind", (Wild et al. 2001, S. 248) darstellen, ist fraglich. Jedoch ist anzunehmen, dass methodische Zugänge, die sich für die Kinder als sinnvoll erwiesen haben, auch zu bewussten Lernstrategien entwickelt werden können.

Die Handlungen vieler Kinder sind auf der Kompetenzstufe V aus der IGLU-Studie anzusiedeln (‚Naturwissenschaftliches Denken und Problemlösen'): „Die Kinder sind in der Lage, bei naturwissenschaftlichen Fragestellungen Erklärungen und Voraussagen zu formulieren. Sie können einfache Untersuchungsverfahren entwickeln und spezifische Problemlösestrategien begründen." (Imhof 2005, S. 124) In den beschriebenen Beispielen der vorliegenden Arbeit lassen sich solche Verhaltensweisen ebenfalls nachweisen. Ein bedeutsames Beispiel ist der Versuch mit der Büroklammer, die auf der Wasseroberfläche liegen bleiben soll (vgl. Kap. 4.6.2.1.7).
Allerdings sind bei den Kindern Unterschiede im Erreichen dieser Fähigkeiten feststellbar. So sind auch im Unterricht als besonders leistungsstark auffallende Kinder (auch nach Aussagen der Lehrerinnen) dazu in der Lage, Erklärungen zu geben, sich Inhalte abstrakt vorzustellen oder Vorhersagen zu treffen, während leistungsschwächere Kinder eher dazu neigen, die Beobachtungen zu beschreiben.

Im Umgang mit Phänomenen und Versuchen sind immer wieder Ansätze erkennbar, die darauf hindeuten, dass sie die Kinder – in etwas unterschiedlichem Tempo und unterschiedlicher ‚Tiefe'- eine wissenschaftsorientierte Haltung einnehmen, bzw. entwickeln. Sie beobachten, haben Ideen, die zu Vorstellungen ausgebaut werden können, sie variieren in ihren Versuchen Parameter. Sie vergleichen ihre Ergebnisse und diskutieren darüber miteinander, entwickeln Fragestellungen, denken sich Experimente aus und führen diese durch. Selbst die Wiederholbarkeit ist manchen Kindern wichtig.[43]

Die Untersuchungen in Klasse A und B zeigen, dass eine bedeutsame Bedingung für die selbstständige Entwicklung einer solchen wissenschaftsorientierten Haltung der Kinder die Freiheit für eigene Entscheidungen hinsichtlich der Auswahl und der Zeitdauer der Beschäftigung mit den Phänomenen und Experimenten ist. Es wird deutlich, wie wichtig das Gefühl der Selbstbestimmung für die Kinder ist: Wenn sie durch Lehrerfragen oder -impulse unterbrochen werden, ziehen sie sich von ihren Tätigkeiten zurück. Die Gewissheit, erfolgreich selbstständig, selbstbestimmt und eigenverantwortlich handeln zu können, die sich im Verlauf des Explorierens bei den Kindern einstellt, führt nach Angaben der Lehrerinnen auch im ‚normalen' Unterricht zu mehr Selbstständigkeit, Kreativität und zu einem gesteigerten Selbstbewusstsein. Die Lehre-

---

[43] Der Begriff der Wissenschaftsorientierung muss daher m.E. neu interpretiert werden. Er sollte nicht mehr nur ein von außen an die Kinder herangetragenes Prinzip des Sachunterrichts (vgl. Soostmeyer 1990, S. 216 ff.) bezeichnen, sondern auch die forscherische Haltung der Kinder gegenüber (physikalischen) Phänomenen.

rinnen machen darauf aufmerksam, dass die Kinder vielfältige Kompetenzen, die sie im offenen Unterricht erworben haben, erproben und einsetzen.

Die Kinder befassen sich innerhalb der drei Monate explorativ mit physikalischen Phänomenen und Experimenten aus fast allen Gebieten der klassischen Physik (Elektrizitätslehre, Optik, Mechanik, Wärmelehre, Akustik) und darüber hinaus mit vielen Alltags- und Naturphänomenen, auch aus den Bereichen der Biologie, Chemie und Technik. Dass auch ein explizites Wissen über physikalische Phänomene erworben wird, zeigt sich an vielen der in Kapitel 4 beschriebenen Beispiele.

4.7.1.4 Motivation

Die Kinder der Klasse A vergewissern sich zunächst, ob Ansprüche oder Vorstellungen seitens der Lehrerin vorhanden sind, denen sie nachkommen sollen. Nachdem sie wiederholt darauf hingewiesen werden, dass sie die notwendigen Entscheidungen selbst treffen müssen, beginnen sie mit eigenen Überlegungen. Zu Beginn kann nicht ausgeschlossen werden, dass sie durch das Bewusstsein um die Forschungssituation auch extrinsisch motiviert sind. Es zeigt sich jedoch bald, dass die Kinder auch dann an ihrer Experimentierecke weiterarbeiten oder explorieren und experimentieren, wenn niemand zur Beobachtung im Klassenraum ist. Sie bemühen sich in Verhandlungen mit der Lehrerin aktiv um mehr Zeit zum Experimentieren und zeigen Neugier und Spontaneität bezüglich der Phänomene und Versuche. Sie arbeiten nach Angaben der Lehrerin freiwillig länger und intensiver und zeigen eine höhere Aufmerksamkeit auf die jeweiligen Tätigkeiten und Gegenstände als im gewöhnlichen Unterricht. An ihrer offensichtlichen Freude und der nicht nachlassenden hohen Motiviertheit wird erkennbar, dass sie ein positives emotionales Empfinden aufgebaut haben (vgl. Kap. 3.3.3).

Auch in Klasse B kann eine anfängliche extrinsische Motivation nicht ausgeschlossen werden. Jedoch beginnen auch hier die Kinder ihre Planungen und Überlegungen mit solchem Eifer, dass eine intrinsische Komponente angenommen werden kann. Dass die Kinder im weiteren Verlauf intrinsisch motiviert sind, lässt sich aus ihrem Engagement schließen, obwohl sie keine Unterstützung durch die Lehrerin erhalten und zeitweise in ihren Bemühungen sogar gehemmt werden.

Kontrollierend wirkende Nachfragen beider Lehrerinnen veranlassen die Kinder dazu, sich von den Versuchen abzuwenden. Dieses Verhalten weist auf eine Störung der intrinsischen Motivation hin. Das ‚Sich-Einlassen' der Lehrerin aus Klasse A auf die Versuche der Kinder, scheint dagegen eher Autonomie

unterstützend zu wirken. Es ruft keine Abwehrreaktionen der Kinder hervor und scheint die intrinsische Motivation eher noch zu stärken.
Daran, dass die Kinder beider Klassen während der dreimonatigen Dauer des Beobachtungsprojektes äußerst intensiv arbeiten, lässt sich erkennen, dass die intrinsische Motivation sehr stabil erhalten bleibt.

Als ein wichtiges Ergebnis der Hauptuntersuchung ist hervorzuheben, dass die Kinder ein besonderes Maß an Ausdauer, Konzentrationsfähigkeit und Geduld zeigen. Für alle Beobachtenden und Lehrerinnen ist es erstaunlich, mit wie viel Engagement die Kinder selbst gestellte Aufgaben angehen. Sie entwickeln eine hohe Frustrationstoleranz und beschäftigen sich lange und intensiv auch mit wenig spektakulären Experimenten. Die Tätigkeiten werden von den Kindern selbst in Gang gehalten, obwohl oder gerade weil kein Zwang herrscht und keine Belohnung versprochen wird.

Die Tätigkeiten der Kinder während des Explorierens und Experimentierens sind dadurch gekennzeichnet, dass sie sich stets um neue Erfahrungen bemühen. Gerade physikalische Phänomene weisen häufig einen hohen Überraschungsgehalt in ihren Effekten auf. Zudem sind diese Phänomene oftmals nicht ganz einfach hervorzubringen. Dabei bleibt der Erfolg eines Experiments über eine Zeit lang im Ungewissen. Das Staunen über viele der Phänomene ist ein Zeichen dafür, dass auch kognitive Konflikte ausgelöst werden.
Die „Reizkonstellationen" (Callies 1973, zit. nach Heimlich 2001, S. 54), die beim Spielen zu intrinsisch motivierten Handlungen führen, scheinen also auch hier gegeben zu sein. Heckhausen hat als Ausgangspunkte für Spieltätigkeiten die Neuigkeit, den Überraschungsgehalt und die Verwickeltheit identifiziert (vgl. Heimlich 2001, S. 54). Heimlich weist zusätzlich auf die Kategorien Ungewissheit bzw. Konflikt hin. Ganz ähnlich sind die Voraussetzungen für das Flow-Erleben (vgl. 3.4.1).

Bei vielen Kindern scheint sich eine nachhaltige Lernmotivation eingestellt zu haben. Eine nachhaltige Lernmotivation ergibt sich nach Krapp (2003) dann, wenn die motivationale Disposition (das Motiv) des Lernenden derart auf den Gegenstand gerichtet ist, dass er sich mit ihm identifiziert oder ihn für persönlich bedeutsam hält. Um nachhaltige Lernmotivation aufrecht zu erhalten, ist die Fähigkeit zum selbstbestimmten Handeln notwendig, denn der Lernende muss sich über einen längeren Zeitraum mit dem Inhalt befassen können und seine Ziele verfolgen, auch wenn äußere Anreize entfallen oder Schwierigkeiten auftreten. In beiden Klassen wird die Arbeit in den Experimentierecken über den längstmöglichen Zeitraum mit großem Engagement weitgehend selbstständig fortgeführt. Manche Kinder fragen in den weiterführenden Schulen nach Möglichkeiten zum Experimentieren, nach Physik-AG und Experimentierräumen (nach Aussagen der Lehrerin der Klasse A).

Krapp (2003, S. 21) macht darauf aufmerksam, dass die motivationale Entwicklung stark von den Einflüssen der sozialen Umgebung abhängig ist. In den beforschten Klassen sind diese Einflüsse sehr unterschiedlich. In Klasse A steht die Lehrerin dem Experimentieren positiv gegenüber und lässt sich selbst in das Geschehen hineinziehen, in Klasse B entzieht sich die Lehrerin den Aktivitäten und wirkt nicht unterstützend. Dennoch sind die Kinder beider Klassen gleichermaßen motiviert. Vermutlich hat die Lehrerin der Klasse B einen geringeren Einfluss auf die Motivationslage der Klasse als man zunächst vielleicht annehmen würde. Das ‚ausschlaggebende' soziale Umfeld scheint in diesem Fall durch die ebenfalls interessierten Mitschüler konstituiert zu sein.

4.7.2 Entwicklung von Flow, Leistung und Interesse

4.7.2.1 Flow-Erleben

Im Folgenden werden die beobachteten Verhaltensweisen der Kinder während des Explorierens und Experimentierens daraufhin analysiert, ob angenommen werden kann, dass das Engagement sowie die Ausdauer, Geduld und Konzentrationsfähigkeit, die bei den Kindern in beiden untersuchten Klassen beobachtet werden konnten, mit dem Erleben von Flow (vgl. Kap. 3.4.1) erklären lässt.

Wenn die positive, engagierte Haltung der Kinder auf Flow-Erleben zurückgeführt werden kann, könnte dies als Erklärung für die von den Lehrerinnen beobachtete erhöhte Leistungsbereitschaft der Kinder herangezogen werden. Auch für die allgemein bessere Konzentrationsfähigkeit und für die im Vergleich zum normalen Unterricht gesteigerte Motivation könnte ursächlich sein, dass die Kinder Flow erleben.

Geprüft wird, ob die in Kap. 3.4.1 aufgeführten Merkmale für ‚Flow' (nach Csikszentmihalyi) bei den Kindern vorliegen:
1. keine Erwartung externer Belohnung,
2. Anstrengungen und Nachteile werden in Kauf genommen,
3. Konzentration und Selbstvergessenheit auf ein eingeschränktes Stimulusfeld,
4. Verschmelzen von Handlung und Bewusstsein,
5. Ungewissheit/ Offenheit,
6. Gefühl der Kontrolle über die Bedingungen,
7. Spaß/ Freude/ Befriedigung,

8. wiederholtes Anstreben der gleichen Bedingungen,
9. verändertes Zeitempfinden.

Zu 1.: Keine Erwartung externer Belohnung
Diese Bedingung kann als gegeben vorausgesetzt werden, weil die Teilnahme von vornherein freiwillig war und durch die Lehrerinnen Alternativen (Arbeit am Wochenplan, Freiarbeit, Übungsaufgaben) für die Kinder in Aussicht gestellt wurden, die sich gegen die Teilnahme ausgesprochen hätten. Diese Alternativen hätten im Gegensatz zum Arbeiten in der Experimentierecke noch zu einem Verbessern der Noten beitragen können, während die Zensur im Sachunterricht offiziell durch das Explorieren und Experimentieren nicht tangiert wurde.
Trotz dieser Bedingungen gab es kein Kind, das sich gegen das Experimentieren entschied.

Die zielgerichteten intensiven Aktivitäten der Kinder in der Planungsphase lassen den Schluss zu, dass sie sich mit dem Projekt jeweils identifizieren. Die Zusammenarbeit der Kinder klappt reibungslos, es werden keine Meinungsverschiedenheiten ausgetragen, jede Idee wird in der Gruppe und später im Klassenverband verbalisiert und ohne Diskussion aufgenommen. Die Voraussetzungen für eine tätigkeitszentrierte (auf das Experimentieren gerichtete) Motivation (vgl. Schiefele 1993, S. 125; s.u.) scheinen hier vorzuliegen. Die Kinder führen alle Überlegungen und Handlungen ohne Druck von außen durch, weil sie wissen, dass sie das Projekt jederzeit ohne die Befürchtung von Repressalien aufgeben können. Es werden ihnen auch keinerlei Belohnungen versprochen, wenn sie der Anregung folgen. Die Aussicht auf eine Experimentierecke aktiviert fast alle Kinder dazu, in den Tagen nach der Planungsphase Materialien von zu Hause mitzubringen. Einige Kinder gehen in die Stadtbibliothek, um Bücher auszuleihen. Das Gefühl der Selbstbestimmung (vgl. Deci/ Ryan 1985; vgl. Kap. 3.3.1) wird durch die relative Unabhängigkeit von der Lehrerin gestärkt. Beide Lehrerinnen beobachten vermehrt freiwillige Aktivitäten der Kinder.

Insbesondere in Klasse B weist die Lehrerin mehrfach darauf hin, dass in der Regel Probleme entstehen, wenn die Kinder dazu aufgefordert werden, Materialien in die Schule mitzubringen. Sie zweifelt daran, dass den Kindern die Einrichtung einer Ecke dann gelingen könnte, wenn die Materialien von ihnen selbst beschafft werden müssen. Selbst bei dem eigens von den Kindern gewünschten Themenrahmen ‚Harry Potter' gelingt es in dieser Klasse nicht, die Kinder dazu zu motivieren, das Buch und benötigte Materialien zum Verkleiden regelmäßig bzw. zu einem besonderen Anlass mitzubringen, wenn dies als

Hausaufgabe aufgegeben wurde. Diese Tatsache lässt an die Wirkung externer Kontrolle auf intrinsische Motivation denken (vgl. Kap. 3.3.3): Sie verwandelt sich in extrinsische Motivation, oder die Motivation erlischt sogar gänzlich.
Die Befürchtungen der Lehrerin bewahrheiten sich jedoch nicht (s.o.). Da sie selbst sich kaum in das Projekt einbringt, werden von dieser Seite keine Erwartungen an die Kinder gerichtet.
Die Handlungen, die sich auf die Einrichtung und Ausstattung der Experimentierecke in beiden Klassen richten, werden von allen Kindern gleichermaßen und über den gesamten Zeitraum hinweg mit zunehmender Kompetenz durchgeführt.

Zu 2.: Anstrengungen und Nachteile werden in Kauf genommen
Während der Planungsphase konnte erstmals beobachtet werden, dass die Kinder beider Klassen sowohl zu körperlicher als auch zu kognitiver *Anstrengung* bereit waren. In Klasse A räumten die Kinder gemeinsam die Klasse um, verhandelten mit der Lehrerin und dem Hausmeister wegen der zusätzlichen Tische, putzten alles ordentlich sauber und richteten die Ecke ein.
In Klasse B ergaben sich durch die prinzipielle Handlungsunfähigkeit in der Anfangsphase zunächst Probleme. Obwohl die Kinder in dieser Phase das Gefühl hatten, die Experimentierecke nicht aufbauen zu können, brachten sie ihre Materialien jeden Tag in der Hoffnung mit, dass die Schwierigkeiten (Computer, die den Tisch blockierten) behoben würden. Sie nahmen sie aufgrund mangelnder Staumöglichkeiten im Klassenraum immer wieder mit nach Hause, ließen aber nicht darin nach, in ihrer Freizeit Ideen zu sammeln und Materialien zu besorgen.

Die Widerstände bzw. *Nachteile* in der Anfangsphase führten also nicht zum Abflauen der Motivation, obwohl die Kinder lediglich eine Vorstellung von den Möglichkeiten der als attraktiv empfundenen Handlungen aufbauen konnten. Diese Vorstellung war offensichtlich bereits so stark motivierend, dass die Kinder auf eine sich bietende Gelegenheit, mit den explorativen Tätigkeiten zu beginnen, jederzeit vorbereitet waren. Auch das mangelnde Feedback der Lehrerin ließ die Anstrengungsbereitschaft der Kinder nicht abebben.
Obwohl in dieser Phase noch nicht von Flow-Erleben ausgegangen werden kann, wird doch deutlich, dass die Motivation der Kinder bereits erheblich dadurch getragen wird, dass sie sich eine Situation erhoffen, die positive Gefühle vermittelt.

Zu 3.: Konzentration und Selbstvergessenheit
In den Phasen des Explorierens und Experimentierens selbst kann bei allen Kindern im Verlauf der Zeit immer wieder festgestellt werden, dass sie sich auf

ein Phänomen, einen Versuch oder ein Experiment stark *konzentrieren*. Diese Konzentration kann sowohl in Momenten der angespannten Erwartung als auch über lange Zeiträume hinweg während des Explorierens und Experimentierens beobachtet werden.
Interessant ist auch, dass sich die Konzentrationsfähigkeit der Kinder insgesamt verbessert. Nach Angaben der Lehrerinnen werden auch andere Aufgaben im Unterricht schneller und effektiver erledigt.
Selbstvergessenheit ist insbesondere dann zu beobachten, wenn es sich um die Wahrnehmung von Phänomenen handelt. Diese Haltung lässt sich bei den Kindern beobachten, wenn sie sich über längere Zeit hinweg still und konzentriert mit einem Phänomen beschäftigen.

Zu 4.: Verschmelzen von Handlung und Bewusstsein
Ein *Verschmelzen von Handlung und Bewusstsein* ist insbesondere in der Orientierungsphase wahrnehmbar, wenn das Empfinden das Bewusstsein völlig auszufüllen scheint. Das Bewusstsein ist hier auf das Erleben der ästhetischen Erfahrungen ausgerichtet. Es ist aber ebenfalls auch dort festzustellen, wo sich Kinder über längere Zeit still mit einer Sache befassen (z.B. Alina, die am Rande ihres Kristallisationsversuches weitere Phänomene beobachtet; Meik und Alex, die sich immer wieder mit ihrer Druckkunst beschäftigen.)

Zu 5.: Ungewissheit/ Offenheit
In Momenten der gespannten Erwartung auf das Ergebnis oder den Effekt eines Versuches ist der Flow-Faktor der *Ungewissheit* als ausschlaggebender Stimulus auszumachen. Die prinzipielle Offenheit von Versuchen wird durch die Kinder immer wieder angestrebt. Es ist immer wieder zu beobachten, dass die Kinder Experimente, die sie in Büchern vorfinden, so variieren, dass der Ausgang doch noch offen bleibt. Versuche, deren Ergebnis ungewiss ist, werden offenbar als besonders attraktiv empfunden.

Zu 6.: Gefühl der Kontrolle über die Bedingungen
Es ist fraglich, ob die Kinder jederzeit das Gefühl der *Kontrolle über die Bedingungen* hatten. Dieses Merkmal von Flow tritt dort auf, wo dem Handelnden die Tätigkeit sehr vertraut ist und er sich seiner Fähigkeiten auf diesem Gebiet bewusst ist (vgl. Csikszentmihalyi 1999, S. 115; S. 165 ff.).
Dieses Gefühl konnten die Kinder aufgrund der Neuheit der Aufgaben zumindest zu Beginn noch nicht entwickeln. Erst in der Phase der Spezialisierungen kann angenommen werden, dass sich bei vielen Kindern ein Gefühl der Kontrolle über die Bedingungen entwickelt: Sie treten in den ausgewählten Bereichen zunehmend sicherer auf und vertreten die Ergebnisse mit dem Ausdruck von Selbstbewusstsein und Kompetenz.

Zu 7.: Spaß/ Freude/ Befriedigung
Das Flow-Merkmal des *Spaßes, der Freude und der Befriedigung* lässt sich eindeutig bei allen Kindern nachweisen. In den mündlichen und schriftlichen Abschlussbemerkungen, die von einigen Kindern abgegeben werden, kommt diese Dimension deutlich heraus: Fast alle Kinder nennen das Wort ‚Spaß' in ihren Ausführungen mindestens einmal, mehrfach wird es in der Zusammensetzung ‚sehr viel Spaß', ‚total viel Spaß' oder ‚ganz viel Spaß' verwendet.

Die Kinder äußern sich beispielsweise so: „Für mich war die Experimentierecke eine sehr schöne Erfahrung." (Mandy) – „In der Experimentierecke habe ich viel erfahren." (Marcel) – „Man kann auch viel entdecken und lernen." (Jessica) – „Meiner Meinung nach ist die Experimentierecke sehr empfehlenswert, weil es sehr interessant ist." (Manuel) – „In der Experimentierecke kann man sich so richtig austoben, wenn man was Interessantes wissen will." (Philip) – „ […] weil man bei so was sehr viel lernt" (Christian) – „ […] man kann viele neue Sachen entdecken" (Janine) – „Wir haben viele Themen unternommen." (Meik) – „[…] weil man immer neue Sachen ausprobieren kann […]" (Maurice).
Die Zufriedenheit der Kinder mit ihrer Arbeit wird durch diese Anmerkungen sehr deutlich. In Klasse B drückt sich der Stolz über die eigenen Leistungen vor allem während der Ausstellung aus, bei der sie ihren Eltern ausgesuchte Versuche präsentieren. Sie erzählen den Eltern von ihren *„Forschungen"* (Vanessa), von *„neuen Erfindungen"* (Klaas), vom *„Glück, dass wir die Experimentierecke gemacht haben."* (Florian) und davon, dass sie *„so viele Dinge herausgefunden haben, wie noch nie in unserem Leben."* (Niklas)

Zu 8.: Wiederholtes Anstreben der gleichen Bedingungen
Beide Gruppen bemühen sich in Verhandlungen mit den Lehrerinnen darum, mehr Zeit für die Experimentierecke investieren zu dürfen. Sie arbeiten im normalen Unterricht den Aussagen der Lehrerinnen zufolge konzentrierter und aufmerksamer, um „*Zeit zu sparen für die Experimente.*" (Aussage eines der Kinder in Klasse B, zit. nach der L.) Sie handeln dadurch zusätzliche gemeinsame Stunden heraus, die dem Anschein nach in beiden Klassen besonders geschätzt werden. Vermutlich wird die Atmosphäre ‚emsigen' Zusammenarbeitens, des Austausches und des gemeinsamen Erlebens besonderer Höhepunkte trotz der voneinander völlig unabhängig arbeitenden Gruppen als besonders attraktiv empfunden. Allerdings werden auch während der Wochenplanarbeit und der freien Arbeitsphasen immer wieder von einzelnen Kindern oder kleinen Gruppen Gelegenheiten zum Explorieren und Experimentieren wahrgenommen.

In Klasse A reicht den Kindern die verfügbare Zeit nicht aus, sie kommen daher zusätzlich für zwei eigentlich freie Stunden in die Schule.
Es kann also davon ausgegangen werden, dass die Kinder nach Möglichkeiten suchen, sich die gewünschten Erlebnisse und Erfahrungen vermehrt zu verschaffen. Das Flow-Merkmal des *wiederholten Anstrebens der gleichen Bedingungen* zeigt sich hier deutlich.

Zu 9.: Verändertes Zeitempfinden
Ein *verändertes Zeitempfinden* kann vielleicht dort vermutet werden, wo konkrete Aussagen der Kinder auf die Bedingung ‚Zeit' hinweisen: So deutet Simon dieses Gefühl in seiner Aussage an, dass er es genieße, sich *„so schön lange"* mit einem Phänomen zu befassen. Auch Benni, der seine Befriedigung darüber ausdrückt, sich *„mal in aller Ruhe"* auf eine Sache einzulassen, oder Jessica, die in dem Ausdruck *„gemütlich"* ein Zeitempfinden anklingen lässt, das Langsamkeit, Bedächtigkeit und Ruhe impliziert. Auch die Aussage von Niklas (s.o.) *„[...] wie noch nie in unserem Leben"* deutet darauf hin, dass er das Gefühl hat, für seine Tätigkeiten viel Zeit zur Verfügung gehabt zu haben.
Auch die Tatsache, dass die Kinder in den beobachteten Stunden sich immer wieder erstaunt und häufig traurig darüber äußern, dass die Stunden *„schon wieder 'rum"* sind (mehrere Kinder äußern sich so oder ähnlich), deutet darauf hin, dass das Zeitempfinden wirklich im Sinne der Flow-Theorie verändert ist: Die Zeit scheint nach dem Flow-Erlebnis schnell vergangen zu sein, während sie im Verlauf des Erlebens als sehr ausgedehnt empfunden wird (vgl. Csikszentmihalyi 1999, S. 119 u. S. 170).

Alle wesentlichen Merkmale des Flow-Erlebens können bei den Kindern zumindest zeitweise beobachtet werden. Es liegt damit nahe anzunehmen, dass das Explorieren und Experimentieren durch die Möglichkeit, *Flow* zu erleben, bei den Kindern zu der von den Lehrerinnen und Lehrern festgestellten freiwilligen und über das gewöhnliche Maß hinausgehende Leistungssteigerung und zu mehr Freude am Lernen insgesamt geführt hat.
Csikszentmihalyi bezeichnet ‚Flow' auch als „spielerisches Erleben" (ebd., S. 170). Vieles deutet darauf hin, dass die Kinder beider Klassen bei der Vorstellung, etwas zu tun, das Ähnlichkeiten mit spielerischem Entdecken hat, intuitiv Flow-Gefühle erwarten. Diese Motivation hat eine besondere Qualität und bezieht sich noch nicht auf den Gegenstand oder die als interessant eingeschätzte Tätigkeit. Sie richtet sich vielmehr auf die Erlangung positiver Empfindungen durch das Flow selbst.

Wo das Handeln der Kinder durch die Fragen oder Bemerkungen der Lehrerinnen unterbrochen werden, die darauf zielen, ihnen *„auf die Sprünge"* zu helfen oder festzustellen, was sie beim Experimentieren gelernt haben, wird das Flow-Erleben der Kinder unterbrochen, wodurch sie sich sogar von den Experimenten abwenden.

Die Intensität, Ausdauer und das nicht nachlassende Engagement der Kinder sind Hinweise darauf, dass sie intrinsisch motiviert handeln. Da alle Kinder gleichermaßen agieren und sich als ganze Klasse um den Erfolg auch jeweils Einzelner oder Gruppen von Kindern bemühen, könnte vielleicht sogar eine Art von ‚kollektiver intrinsischer Motivation' bzw. ein ‚kollektives Flow-Erleben' angenommen werden. Aus diesem Gefühl heraus ließe sich das Bemühen der Kinder verstehen, fehlende Materialien unter allen Umständen zu beschaffen oder durch fehlgeschlagene Versuche frustrierte Kinder zu trösten oder sie sogar durch Interventionen wieder zum Experimentieren zu bewegen (wie z.B. im Falle Okkans, s.o.). Auf diese Weise wird dann ein eventuell vorhandenes ‚kollektives Flow' zu erhalten versucht.

4.7.2.2 Leistungsbereitschaft

Das Leistungsverhalten der Kinder während der Arbeitsphasen in bzw. mit der Experimentierecke ist in beiden Klassen im Vergleich zum ‚normalen' Unterricht verändert. Die Lehrer und Lehrerinnen, die während dieser Zeit in den Klassen unterrichten, berichten über *„freiwillige Zusatzarbeiten"*, *„enorme Motivation"*, *„Selbstständigkeit"*, *„Eigenverantwortung"*, *„Teamfähigkeit"* und *„außergewöhnlichen persönlichen Einsatz"*.

Die offensichtliche Freude daran, dass es sich um Tätigkeiten handelt, die sie bewusst als selbstbestimmt und frei von Leistungsanforderungen empfinden, drückt sich, so die Lehrerin der Klasse A, immer wieder auch darin aus, dass *„die Kinder von sich aus über ihre Erfolge und Misserfolge, über ihre Versuche und die Ergebnisse berichten"*, dass sie *„stolz die Durchführung und die Ergebnisse der Experimente"* auch der Lehrerin darbieten.

Die Kinder betonen in beiden Klassen des Öfteren, dass es sich um ‚ihre' Experimentierecke und um ‚ihre' Versuche handelt. Sie handeln von sich aus, *„freiwillig und mit großem Engagement"* und sind während der gesamten Zeitdauer *„ausnahmslos begeistert"* von den Phänomenen. Sie arbeiten *„mit vollem Elan"* (alle Zit. Lehrerin Klasse A) an den Experimenten und nehmen Aufgaben auf sich, die ansonsten eher als *„lästig"* (Lehrerin Klasse B) empfunden werden: Sie beschaffen Materialien, besuchen Bibliotheken und leihen Bücher aus, protokollieren und dokumentieren schriftlich ihre Versuche und versehen sie mit Zeichnungen. Die Kinder der Klasse A kommen zu Zeiten in die Schule, in denen sie eigentlich ‚frei' haben und handeln sogar mit der Lehrerin aus, dass sie selbst für zwei zusätzliche Wochenstunden in die Schule kommt, damit die Zeit für das Explorieren und Experimentieren zur Verfügung steht. Dabei leiden nach Angaben der Lehrerin Pflichtaufgaben und Zusatzaufgaben nicht unter der Beschäftigung mit den Versuchen. Im Gegenteil kann beobachtet werden, dass auch diese Aufgaben mit einer gewissen *„Leichtigkeit und Freude"* (Lehrerin Klasse A) angegangen werden und dass sich die Kinder auch auf diese Aufgaben besser konzentrieren

4.7.2.3 Interesse
Während der Hauptuntersuchung wird von den Kindern immer wieder das Wort *„interessant"* verwendet. Fraglich ist, wie sich diese Äußerungen hinsichtlich eines vertieften Interesses gegenüber physikalischen Gegenständen werten lassen.

Allgemein wird von Interesse dann ausgegangen, wenn eine positive emotionale Tönung vorliegt und die Handlungen mit positiven Gefühlen (Spaß) assoziiert werden (gefühlsbezogene Valenz), eine hohe subjektive Wertschätzung für den Gegenstand (wertbezogene Valenz) vorliegt und eine intrinsische Komponente gegeben ist, d.h. das Individuum sich frei von Zwängen und selbstbestimmt erlebt und die Handlungen auch dann, wenn sie als anstrengenden empfunden werden, als „spannend", „befriedigend" oder „freudvoll" erlebt (vgl. Kap. 3.4.3).

Bei den Interessenbekundungen der Kinder im Forschungsprozess handelt es sich um unterschiedliche Bewertungen. Zu Beginn ist deutlich erkennbar, dass sie ein Interesse am Projekt und an den zu erwartenden Versuchen bekunden, obwohl sie noch nicht oder nur in sehr geringem Ausmaß über konkrete Vorstellungen über die inhaltliche Ausgestaltung verfügen. Daher muss ‚Interesse' hier eigentlich zunächst als *Neugier* verstanden werden. In Phasen des Staunens und ‚Sich-Wunderns' drückt die Bestimmung ‚interessant' eben diese *Möglichkeit zum Staunen* aus.

Die Kinder sind in der Orientierungsphase vor allem fasziniert von der Möglichkeit, Neues zu entdecken, Effekte hervorzubringen und spielerisch mit Phänomenen umzugehen. Sie denken sich eigene Experimente aus, entwerfen Spiele und wählen Versuche aus Sachbüchern oder Zeitschriften aus, die besonders spektakulär erscheinen. Diese Phase dauert etwa eine Woche an, in der sie sich jeden Tag für einige Zeit (fünfzehn Minuten bis zu einer Zeitstunde) mit Versuchen beschäftigen. Hier kann eine Interessiertheit angenommen werden, die sich auf den Erwerb neuer, spannender Erfahrungen richtet, jedoch noch nicht bzw. wenig gegenstandsbezogen ist.

Erst nach der Orientierungsphase (vgl. Kap. 4.4.5) entwickeln die Kinder ein *vertieftes Interesse* an speziellen Phänomenen und Problemen, an Fragestellungen und Methoden. Es ist allmählich eine deutliche Wandlung im Verhalten der Kinder zu beobachten: Die Lehrerin spricht davon, dass „*die Beobachtungsfähigkeit erheblich gesteigert*" worden ist. Die Kinder sind zwar immer noch zunächst interessiert an neuen, spannenden Erfahrungen, fokussieren ihre Interessen aber im Verlauf der Zeit so, dass von einem vertieften Interesse an den Gegenständen, Experimenten und Sachverhalten ausgegangen werden kann: Sie beginnen, Phänomene genauer zu betrachten, verweilen länger bei bestimmten Experimenten und verändern hier und da Parameter. Die Kinder zeichnen sich nun durch „*außergewöhnliche Ausdauer*" (L.), Geduld und Beharrlichkeit aus. Sie haben keine Eile mehr, Neues zu entdecken, sondern beschäftigen sich so ausgiebig und konzentriert mit ausgewählten Phänomenen, dass ein gegenstandsbezogenes Interesse wahrscheinlich ist.

Nach längerfristiger Beschäftigung mit Phänomenen und Experimenten ist ein bei vielen Kindern außerdem ein *übergreifendes* Interesse an natürlichen und technischen Phänomenen festzustellen, das durch eine die prinzipielle Offenheit bezüglich der zu erwartenden Erlebnisse und Erkenntnisse gekennzeichnet ist. Die Handlungen, die zur Befriedigung des Interesses ausgeführt werden, reichen von dem Bestreben, neue Erlebnisse durch den Zugang zu noch unbekannten Phänomenen zu gewinnen bis hin zur Informationssuche und dem Forschen hinsichtlich bestimmter Probleme.

Die Handlungen, die zur Befriedigung des Interesses ausgeführt werden, reichen von dem Bestreben, neue Erlebnisse durch den Zugang zu noch unbekannten Phänomenen zu gewinnen bis hin zur Informationssuche und dem Forschen hinsichtlich bestimmter Probleme.

Diese Unterteilung der Interessensbekundungen der Kinder in Neugier hinsichtlich neuer Erfahrungen, die Möglichkeit zum Staunen, vertieftes Interesse und übergreifendes Interesse korrespondiert mit der Untergliederung der intrinsischen Motivation in „tätigkeitszentrierte und gegenstandszentrierte intrinsische Motivation" (Schiefele/ Köller 1998, S. 193). Die tätigkeitszentrierte Form bezieht sich auf Handlungen. Diese werden um ihrer selbst willen durchgeführt, weil sie beispielsweise Freude auslösen oder eine Herausforderung darstellen – wie bei der Neugier oder dem Staunen. Von gegenstandsbezogener intrinsischer Motivation wird dann gesprochen, wenn sich die Aktivitäten auf einen Inhalt, einen Gegenstand richten, an dem ein Interesse vorliegt (Schiefele/ Köller 1998, S. 193) – wie beim vertieften Interesse an Inhalten oder Gegenständen oder dem übergreifenden Interesse an Phänomenen überhaupt.

Es sind Beispiele für alle Formen beobachtbar: Zunächst sind es weniger die Inhalte, die die Kinder interessieren. Hier handelt sich also um Neugier auf etwas Neues bzw. um die Erwartung von Situationen, die ästhetische Erlebnisse oder Flow-Erleben versprechen. Gezielt werden ‚Experimente', Phänomene

und Effekte ausgewählt, die neue, erstaunliche und spektakuläre Erfahrungen erwarten lassen. Die Auswahl der betrachteten Phänomene oder durchgeführten ‚Experimente' deutet auf dieses Bedürfnis hin: Etwa 80% der ausgewählten Versuche entstammen der Physik. Sie alle zeigen Effekte, die geeignet sind, Staunen, Wundern, Erschrecken oder Lachen hervorzurufen[44].
Die Handlungen, das Explorieren, Experimentieren, Bauen, Basteln, Versuchen, Ausprobieren, das Wundern, Staunen und Freuen sind als vorrangige Ziele der Aktivitäten auszumachen: In der Orientierungsphase werden ausschließlich Versuche gewählt, die relativ kurzfristig zu Ergebnissen führen. Versuche, die erst längerfristig zu beobachtbaren Phänomene führen, wie beispielsweise Pflanzenwachstum oder Gärungsprozesse werden von den Kindern erst in späteren Phasen gewählt. Auch aufwändige eher technische Versuche werden erst in späteren Phasen durchgeführt, in denen die Kinder insgesamt ruhiger sind und das Vertrauen gewonnen haben, dass ihnen genügend Zeit zur Verfügung steht.

Die Gegenstandsbezogenheit tritt dann hervor, wenn sich das Interesse auf bestimmte Themengebiete eingrenzt: Nach der Orientierungsphase richten die Kinder ihr Interesse gezielter auch auf die Phänomene selbst, spektakuläre Effekte treten in den Hintergrund. Es entwickelt sich dann ein vertieftes Interesse an dem ausgewählten ‚Spezialgebiet' oder ‚Lieblingsthema'. Während das Interesse zu Beginn mehr auf spannende Erlebnisse ausgerichtet ist, zielt es später mehr auf die Erweiterung der spezifischen Erfahrungen und dem Ausbau von Erkenntnissen.

Einige Beispiele:
Tim hat einen Experimentierkasten mitgebracht, der es erlaubt, kleine elektronische Schaltungen herzustellen. Mit Simon und Stephan zusammen will er einen Regenwarner zu bauen. Die Kinder testen ihr Gerät und halten die Kabel ins Wasser. *„Das gibt's ja nicht, das gibt's ja nicht, das funktioniert tatsäch-*

---

[44] Eine Vermutung, warum die Kinder häufig physikalische Versuche wählen ist, dass physikalische Phänomene zumindest im Vergleich zu biologischen und technischen sehr viel schneller hervorgebracht werden können und häufig spektakuläre Effekte zeigen, die zum spontanen Staunen oder Sich-Wundern herausfordern. Gerade in den ersten Phasen des Explorierens und Experimentierens scheint dies für die Motivation der Kinder von herausragender Bedeutung zu sein. Zudem lassen sich diese physikalischen Experimente vergleichsweise einfach manipulieren. Dies ist zumindest im Bereich der Biologie nicht immer möglich. Chemische Versuche sind oftmals abhängig von Materialien, die für die Kinder schwieriger zu beschaffen sind. Wenn nicht Haushaltmittel verwendet werden können, benötigen sie finanzielle Mittel und oftmals die Hilfe Erwachsener, um die Chemikalien beschaffen zu können. Sollte das Explorieren und Experimentieren also gerade diesen Bereich fördern, ist eine Unterstützung Erwachsener eher notwendig als im Bereich der Physik, weil es hier meistens haushaltsübliche Materialien sind, die Verwendung finden.

lich." (Patrick) Simon bemerkt: *„Durch das Wasser durch geht das! Das geht einfach so durch, ohne aneinander zu kommen geht das da durch! Mensch, wisst ihr, was wir da gefunden haben? – Einen Tester! Wir können gucken, wo der Strom durchgeht."* Er demonstriert seine Erfindung an einem Federmäppchen: Beide Kabelenden werden aus dem Wasser genommen und an verschiedenen Stellen des Mäppchens platziert. *„Siehst du, da geht nichts durch, aber wenn ich jetzt das Kabel nehme, dann wohl. Und so können wir das machen!"* Nachdem die beiden anderen Jungen Simons Idee verstanden haben, wird nacheinander eine große Anzahl von Materialien auf ihre Leitfähigkeit überprüft.

Nach diesem gemeinsamen Erlebnis interessieren sich Tim, Simon und Stephan fast ausschließlich für Versuche zu elektrischen und technischen Phänomenen (Strom aus der Zitrone, Spannungsmessungen, Bau eines elektronischen Morsegerätes, eines Geschicklichkeitsspiels, Beleuchtungen).

Die Entwicklung eines vertieften und übergreifenden Interesses kann besonders eindeutig bei Lisa nachgewiesen werden: Sie sieht Alina dabei zu, wie sie versucht, Kristalle in einem Glas mit Wasser zu lösen (vgl. Kap. 4.6.2.1.5). Die blaue Farbe des Kupfersulfats hat ihre Aufmerksamkeit erregt. Alina lässt den Löffel unentwegt im Becher kreisen. Plötzlich nimmt Lisa wahr, dass ein Löffel, mit dem in einem Glas eine Flüssigkeit umgerührt wird, vom Beobachter aus gesehen *„vorne kleiner wird und hinten immer größer und dicker, richtig so breit und platt"* wird. Sie interessiert sich von diesem Erlebnis ausgehend zunehmend für optische Phänomene und spezialisiert sich auf Brechungsphänomene aller Art.

Meik, Daniel und Alex haben sich auf ‚Fraktale' spezialisiert (vgl. Kap. 4.6.2.1.3). Sie sind fasziniert von den filigranen Gebilden, die sie zunächst mit Hilfe von Pasten, Seifen und Cremes herstellen. Diese Substanzen eignen sich jedoch nicht dazu, die Gebilde über längere Zeit hinweg zu erhalten. Die Kinder überlegen sich ein Verfahren, die Strukturen mit Hilfe von Farben so herzustellen, dass sie auf Papier gedruckt werden können. Sie entwickeln eine große Geschicklichkeit und Kunstfertigkeit. Darüber hinaus haben diese Kinder (insbesondere Meik) eine Sensibilität für fraktale Strukturen in der Natur entwickelt und können ständig mit neuen Beispielen aufwarten, die sie außerhalb der Schule wahrgenommen haben.

Manuel interessiert sich nach der ‚Erfindung' des Spiels mit den Farben für Strömungen in Flüssigkeiten. Er untersucht mit wechselnder Hilfe seiner Mitschülerinnen und Mitschüler die Wirbelbildungen in verschiedenen Flüssigkeiten und versucht, unterschiedlich viskose Mischungen herzustellen um die

Musterbildungen zu verändern. Er experimentiert über eine lange Zeit hinweg mit Möglichkeiten zur Sichtbarmachung und Veränderung der Strukturen durch die Hinzunahme unterschiedlicher Rührgegenstände (wie Stricknadel, Pappscheiben, Spielfiguren, Ball, Kamm, kleines Boot).

4.7.3 Zur Rolle der Lehrerinnen

Die durchgeführten Untersuchungen erbringen erste Erkenntnisse auch darüber, welchen Einfluss die Dynamik und das Interesse der Kinder an physikalischen Phänomenen und Experimenten auf das Verhalten der beteiligten Lehrerinnen haben.

Beiden Lehrerinnen (aus der Hauptuntersuchung) fehlen Kompetenzen auf dem Gebiet der Physik. Sie führen dies auf ihre geschlechtsspezifische Erziehung und einen naturwissenschaftlichen Unterricht zurück, der eher abschreckte als motivierte. Die Lehrerin der Klasse B hat zwar ein Studium im Fach Sachunterricht mit naturwissenschaftlich-technischem Schwerpunkt absolviert, dennoch fühlt sie sich in diesem Bereich nicht kompetent.

Die Lehrerin der Klasse A wird bereits früh in die Versuche einbezogen, indem die Kinder sie um Rat fragen, wie sie das Volumen der durch die Gasentwicklung der Essig-Backpulvermischung aufgeblasenen Luftballons messen können (s.o.). Da ihr zunächst keine geeignete Möglichkeit einfällt, holt sie Informationen ein, um den Kindern helfen zu können. Sie erfährt von der einfachen Lösung, das Volumen durch Eintauchen des Gegenstandes in Wasser zu messen und lernt auf diese Weise selbst einen grundlegenden physikalischen Zusammenhang kennen. In der folgenden Beobachtungsstunde wird die Gelegenheit genutzt, das Verhalten der Lehrerin zu beobachten.
Die Messungen werden von der Lehrerin auf selbstverständliche Art und Weise zusammen mit den Kindern durchgeführt, die sich nach eigenem Bekunden *„ebenso sehr über die Ergebnisse* (ge)*freut"* (L.) wie die Kinder. Sie hat sich bereits in dieser Phase derart von der Begeisterung der Kinder anstecken lassen, dass sie die Vorgabe vergisst, dass die Kinder eigentlich ohne Hilfe der Lehrerin arbeiten sollen. Da sie sich jedoch offensichtlich nicht als Lenkerin der Situation versteht, sondern sich selbst als Lernende empfindet, wird sie in die forscherische Tätigkeit der Kinder problemlos miteinbezogen. Die Kinder äußern weiterhin eigene Ideen und zeigen sich in ihrer Begeisterung ungebremst.
An diesem Beispiel wird auch deutlich, dass kaum vorhersehbar ist, woran sich das Interesse der Kinder entzündet. Es ist anzunehmen, dass dieser Versuch im Fall des geplanten Unterrichts eher auf das Verstehen der chemischen Vorgän-

ge ausgerichtet sein würde, während Volumenbestimmungen in der Regel mit Hilfe von Litermaßen an Flüssigkeiten eingeführt werden. Dadurch, dass die Lehrerin keine fachlichen Lernziele bezüglich der Experimente verfolgt, kann sie ihre Hilfestellung auf *den* Punkt ausrichten, der den Kindern interessant erscheint. Die Idee, den durch das Gas aufgeblasenen Ballon in ein mit Wasser gefülltes Glas zu stecken und dann das übergelaufene Wasser in einem Litermaß zu messen, macht die Volumina der in vielen Wiederholungsversuchen aufgeblasenen Luftballons vergleichbar. Diese Möglichkeit wird von den Kindern interessiert aufgegriffen. Sie messen nun auch selbst aufgeblasene Ballonvolumina aus sowie die Volumina verschiedener Gegenstände und vergleichen dann die notierten Messergebnisse. Für eine anschließende Lernsequenz zum Wiegen und Messen (in diesem Fall innerhalb des Mathematikunterrichts) erweist sich dieses nach Angaben der Lehrerin als nützlich.

Während die Lehrerin zusammen mit den Kindern arbeitet, ist zu erkennen, dass sie selbst über Effekte und Phänomene staunt, dass sie lernt und Ideen entwickelt, von denen sie nicht weiß, ob sie erfolgreich sein werden. Sie hat kein Lernziel vor Augen außer dem, dass die Kinder *„Erfahrungen sammeln"* sollen (L.). Diese Offenheit scheint ein Grund für die Kinder zu sein, ganz besonders intensiv zu forschen. Immer wieder wird die zunächst ungläubig klingende Frage an die Lehrerin: *„Weißt du wirklich nicht, wie das geht?"* (Kinderaussagen nach Angaben der Lehrerin) gestellt. Gerade, wenn die Lehrerin eindeutig verneint, zeigen die Kinder ein besonderes Engagement und sind im Anschluss an einen Versuch sehr daran interessiert, ihre Ergebnisse auch der Lehrerin mitzuteilen.

Die Lehrerin ist sich bewusst, dass sie sich in den beiden Fällen, in denen sie den Kindern ‚auf die Sprünge' helfen wollte (vgl. Kap. 4.6.2.1.6), *„wie eine typische Lehrerin"* (L.) gefragt hat[45] und dass die Kinder in dieser Situation merken mussten, dass ihre Fragen *„nicht ernst gemeint"* waren, sondern darauf zielten, den Kindern Impulse in die richtige Richtung zu geben. Die Beziehung zwischen Lehrerin und Kindern ist in diesen Situationen von einer typisch ‚schulischen' Hierarchie bestimmt: Während die Lehrerin bereits weiß, welches das richtige Ergebnis ist, müssen die Kinder das Gefühl haben, dass sie unterlegen sind bzw. noch nicht verstanden haben, worauf es *eigentlich* ankommt. Offensichtlich fühlen sich die Kinder in dieser Konstellation nicht

---

[45] Wagenschein bezeichnet dieses typische Lehrerverhalten nach einem Gleichnis auch als ‚Ziehen an den Halmen', um sie schneller wachsen zu lassen (Wagenschein 1999, S. 99).

mehr wohl, sodass sie sich von ihren Tätigkeiten zurückziehen.[46] Die Intervention durch die Lehrerin hat offenbar einen negativen Einfluss auf die Motivation der Kinder, sich weiterhin mit ihren Versuchen zu beschäftigen und auf deren Selbstbestimmungsempfinden. (Ähnliche Erfahrungen liegen auch aus Klasse B vor, s.u.)

Die Lehrerin äußert sich erstaunt über die Fähigkeiten der Kinder, sich so intensiv und geduldig mit den Phänomenen zu beschäftigen: *„Ich lerne meine Kinder neu kennen. Ich wusste sie alle bisher recht gut einzuschätzen, was ihre Fähigkeiten betrifft. Ich weiß genau, wer gut rechnen kann, wer Probleme beim Lesen hat, wer noch Hilfen braucht. Aber jetzt sehe ich, dass einige Kinder in vielen Bereichen sehr viel mehr leisten, als ich ihnen so ohne weiteres zugetraut hätte. Auch das glühende Interesse an den physikalischen Dingen hätte ich so nicht erwartet. Oft ist es doch so, dass man ein neues Spiel mitbringt und es ist dann nach wenigen Tagen schon langweilig. Dies hier scheint überhaupt nicht langweilig werden zu können."* (L.)

Diese Aussage deutet darauf hin, dass das Fähigkeitsspektrum der Kinder durch das selbstbestimmte Explorieren und Experimentieren erweitert worden ist und die erworbenen Fähigkeiten auch in den ‚normalen' Unterricht einfließen.

Durch die Tätigkeiten der Kinder angeregt, kommt es bei dieser Lehrerin zu einer Veränderung der Einstellung gegenüber physikalischen Inhalten. Sie beginnt in ihrem nächsten ersten Schuljahr sofort damit, einen Entdeckungstisch mit wechselnden physikalischen Materialangeboten einzurichten. Ab dem zweiten Schuljahr werden jede Woche unterschiedliche Experimente von einzelnen Kindern erarbeitet und vorgestellt. Für Klasse drei und vier ist wiederum eine Experimentierecke im Klassenraum vorgesehen.[47]

---

[46] Bannach (2002, S. 262) berichtet von ganz ähnlichen Erfahrungen. Die Interventionen des Lehrers bei einer eigentlich von den Schülern selbstbestimmt durchgeführten Themensuche verunsichert und frustriert die Schülerinnen. Geppert und Küster (1983) berichten darüber, dass Kleinkinder ebenfalls Hilfen und Eingriffe zurückweisen, wenn es sich um attraktive Tätigkeiten handelt.

[47] Die Lehrerin der Klasse A entwickelt im Anschluss an die Untersuchungen eine sehr positive Haltung gegenüber physikalischen Inhalten, bildet sich selbst fort und erreicht es, dass Fördermittel für die Einrichtung von Experimentierecken und die Beschaffung von Experimentiermaterialien für alle Klassen der Schule eingeworben werden können. Sie beteiligt sich als Autorin für physikalische Inhalte an der Erstellung von Schulbüchern für den Sachunterricht und schreibt Artikel für Grundschulzeitschriften. Zudem betreut sie Studierende, um sie mit dem Explorieren und Experimentieren vertraut zu machen und leitet Fortbildungsveranstaltungen zu naturwissenschaftlich-technischen Inhalten für Lehrkräfte. Diese positiven Entwicklungen zeigen, dass es möglich ist, persönliche Lehrgrenzen der Lehrerinnen aufzuweichen und ein verstärktes Engagement zu fördern, physikalische Inhalte in den Sachunterricht zu bringen.

Die Lehrerin der Klasse B verlässt in den Beobachtungsstunden in der Regel den Klassenraum, um anderweitigen Aufgaben nachzugehen. Die Schulsituation stellt sich während der Forschungsphase problematisch dar, weil Lehrkräfte fehlen und der Krankenstand wegen Überlastung hoch ist. Die Lehrerin nutzt unter diesen Umständen die Möglichkeit, in anderen Klassen Vertretungsunterricht zu erteilen oder sich um anderweitige Aufgaben zu kümmern. Sie nimmt daher nicht wirklich teil an dem, was die Kinder planen, aufbauen und durchführen. Zwar stehen auch diesen Kindern Zeitspannen während der Freiarbeit zur Verfügung. Da diese Phasen aber meistens dadurch gekennzeichnet sind, dass die Lehrerin zwei Klassen gleichzeitig zu betreuen hat, beziehen auch die Kinder sie nur bei sehr ‚spektakulären' Versuchen als Zuschauerin mit ein.
Die Lehrerin kümmert sich daher auch nur wenig um die Bedürfnisse und Wünsche, die die Kinder in der Planungsphase an sie haben.
Zwar wünscht auch sie sich, dass die Kinder Erfahrungen mit physikalischen Phänomenen sammeln können (die auch in ihrem Unterricht vernachlässigt werden), sieht aber das Projekt, das ihr ausdrücklich eine passive Rolle zuerkennt, als willkommene Möglichkeit an, diese Defizite ohne eigene Initiative ausgleichen zu können.

In den Beobachtungsstunden erscheint sie nur hin und wieder, um sich davon zu überzeugen, *„dass die Kinder auch arbeiten"* (L.).
Während dieser Gelegenheiten zeigen ihr die Kinder, welche Experimente sie gerade durchführen.
Diese Augenblicke werden genutzt, um das Verhalten der Lehrerin im Verhältnis zu den Kindern zu beobachten. Da sie sich in das Projekt der Kinder wenig involviert fühlt, versucht sie immer wieder, von den Kindern zu erfahren, was sie bei dem, was sie tun, denn *„lernen"* (L.).
Ihre typischen Fragen lauten: *„Ja und was bedeutet das denn nun?"* - *„Hast du mal darüber nachgedacht, warum das so ist?"* – *„Jetzt erzähl mir mal, warum das mit deinem Stromkreis überhaupt funktioniert."*
Es lässt sich dabei feststellen, dass sich die Kinder sichtlich unwohl fühlen. Sie sollen Antworten auf Fragen formulieren, die sie sich selbst noch nicht gestellt haben. Sie wirken verunsichert, suchen mühsam nach Erklärungen oder versuchen von der Frage durch Hinweise auf das Phänomen abzulenken. Philip wendet sich nach solchen Fragen oder Aufforderungen zweimal von seinen Versuchen ab, lässt die verwendeten Gegenstände achtlos liegen und beschäftigt sich danach nicht mehr ernsthaft mit den Versuchen. Auch der Hinweis an Melody und Vanessa: *„Eure Versuche dauern aber, bis man was sieht."* (L.) (Sie möchten Blätter an Bäumen durch Aufbringen kleiner Pappstücke teilweise entfärben, Anm. H.K.) führt dazu, dass die Kinder von ihren Plänen ablassen und in dieser Stunde keine neuen Versuche mehr planen.

Im Verhalten der Lehrerin ist nur ein geringfügiger Wandel festzustellen. Sie lässt sich kaum auf die Arbeiten der Kinder ein. Der Hinweis, dass die Kinder möglichst ohne Hilfe der Lehrer auskommen sollen, veranlasst sie dazu, sich nahezu komplett zurückzuziehen. Zwar stellt sie den Kindern nach und nach etwas mehr Freiräume zur Verfügung und unterstützt sie auch in ihren Bemühungen um die Ausstellung, jedoch wird die Experimentierecke nicht in den ‚normalen' Unterricht integriert.

Obwohl die Kinder dennoch vielfältige Erfahrungen sammeln können und eine sehr positive Haltung gegenüber ihren Tätigkeiten und den Experimenten entwickeln, ist anzunehmen, dass den Kindern das positive Feedback der Lehrerin doch fehlt. Vielleicht ist der Grund für ihre Konzentration auf die Vorbereitung einer öffentlichen Ausstellung vor diesem Hintergrund zu sehen. Sie sind stolz auf ihre Arbeiten und möchten sie präsentieren.

Allerdings wird auch deutlich, dass der Einfluss der beiden Lehrerinnen auf die forscherische Haltung der Kinder im Grunde gering ist. Werden sie bestärkt und unterstützt wie in Klasse A, haben sie mehr Gelegenheit zum Forschen. Wird nur wenig Unterstützung zuteil, verringert sich die Motivation der Kinder dennoch nicht. Unterbrochen werden die Arbeiten allerdings durch ‚lehrertypische' Fragen. Es ist zu vermuten, dass auch eine deutliche Abwehrhaltung seitens der Lehrerin/ des Lehrers sich dämpfend auf die Motivation der Kinder auswirken kann.

Erstaunlich ist, dass die Lehrerin dennoch die Arbeit der Kinder am Ende des Schuljahres als sehr hochwertig einschätzt. Sie äußert sich sehr positiv über das, was die Kinder geleistet haben und möchte einen Experimentierraum für die Kinder in der Schule einrichten. Vermutlich ist dies auch auf die positiven Rückmeldungen der Eltern zurückzuführen, von denen die Lehrerin berichtet. Als Raum stellt sie die alte Schulküche zur Verfügung, die in einem zweimonatigen Folgeprojekt von einer dritten Klasse der Schule zu einem Experimentierraum umfunktioniert wird. Drei Studierende dokumentieren die Arbeit dieser Kinder im Rahmen von Examensarbeiten (vgl. Kirchner 2003, Thielezeck 2003, Kilders 2003).

4.8 Zusammenfassung

Die Ergebnisse zeigen, dass die Kinder die Möglichkeit zur Selbstbestimmung innerhalb des schulischen Rahmens spielerisch, explorierend und experimentierend nutzen, um Erfahrungen mit (nicht nur) physikalischen Phänomenen zu erwerben. Es gelingt ihnen, die organisatorischen Bedingungen für die Einrichtung und Nutzung einer Experimentierecke im Klassenraum so zu schaffen, dass sie über mehrere Monate fast unabhängig von den Lehrerinnen explorieren und experimentieren können.

Zusammenfassend lassen sich folgende Merkmale des Verhaltens der Kinder während des Untersuchungszeitraums aufzeigen:

- Die Kinder nutzen die Möglichkeit zur Selbstbestimmung, um eigene Entscheidungen zu treffen und allein oder gemeinsam umzusetzen.
- Sie schaffen es selbstorganisiert, eine Experimentierecke aufzubauen und funktionsfähig zu erhalten.
- Sie erwerben sowohl ästhetische Erfahrungen als auch implizites und explizites Wissen über vielfältige physikalische (biologische, chemische und technische) Phänomene und Experimente.
- Viele Kinder entwickeln sinnvolle Verfahrensweisen und forscherische Methoden zur Beantwortung von selbst gestellten Fragen und prägen dabei eine wissenschaftsorientierte Haltung aus.
- Die Kinder spezialisieren sich nach einigen Wochen auf mindestens ein Gebiet (Phänomene betreffend oder Versuchsgruppen) und entwickeln dabei ein bereichspezifisches Selbstbewusstsein.
- Die von Beginn an starke Motivation zum Experimentieren bleibt in beiden Klassen über den gesamten Zeitraum von jeweils drei Monaten bei allen Kindern erhalten.
- Die Kinder erleben Flow.
- Sie leisten zusätzliche Arbeit und sind auch im Unterricht leistungsfähiger und leistungswilliger.
- Sie entwickeln vertiefte Interessen.
- Die Kinder werden sensibel und offen für neue Phänomene, Sachverhalte und Fragestellungen.
- Sie entwickeln eine positive Einstellung gegenüber naturwissenschaftlichen Inhalten.
- Sie erweitern ihre sozialen Kompetenzen, ihre Kommunikationskompetenzen, schulen ihre Teamfähigkeit und bilden im Verlauf der Zeit

eine Art ‚Forschergemeinschaft', in der sich die Mitglieder gegenseitig unterstützen und ermuntern.
- Sie lernen gegebene Bedingungen durch Aushandeln mit Mitschülern, Lehrerinnen, Hausmeistern, Eltern und anderen Erwachsenen zu verändern.

Nach Angaben der Lehrerinnen
- steigern sie zusätzlich ihre Selbstkompetenz, ihre Lesefähigkeit und ihre Fähigkeit, mit Medien umzugehen sowie die Fähigkeit des selbstständigen Organisierens.
- entwickeln sie Eigeninitiative, Durchhaltevermögen und Geduld und sind in der Lage, ihre Erfahrungen und Ergebnisse zu reflektieren, dokumentieren und zu präsentieren.

5 Theoriebildung
5.1 Erweiterung des Modells der Erfahrungsgewinnung

Die Voruntersuchungen erbringen Erkenntnisse über die Selbstorganisationsfähigkeit von Kindern im Hinblick auf den Erwerb von Erfahrungen mit physikalischen Phänomenen und Versuchen, über die Qualität der Erfahrungen, die durch die spielerische Auseinandersetzung mit physikalischen Phänomenen gewonnen werden sowie über die Wirkungen des Explorierens im Hinblick auf veränderte Zugangsweisen zu Phänomenen und Versuchen.

Die Ergebnisse der Voruntersuchungen sind in einem ersten Phasenmodell der Erfahrungsgewinnung zusammengefasst (vgl. Kap. 4.4.5). Es zeigt unterschiedliche Phasen, die Kinder bei der Gewinnung von neuen Erfahrungen mit physikalischen Phänomenen durchleben und dokumentiert den Weg von der Orientierung bezüglich der Phänomene und Experimente über die Exploration mit den Materialien und Phänomenen bis hin zu ersten Vertiefungen.

Die Kinder der Klassen A und B aus der Hauptuntersuchung (vgl. Kap. 4.6) durchlaufen ebenfalls die in den Voruntersuchungen festgestellten Phasen der Erfahrungsgewinnung. Allerdings muss das für kurzfristige Erfahrungssequenzen (in denen die Materialien zur Verfügung gestellt wurden, vgl. Kap. 4.4.4) aufgestellte *Modell der Erfahrungsgewinnung* hier um zwei Phasen, die der Organisation (zu Beginn) sowie die der Spezialisierung (am Ende) erweitert werden. Durch eine Fokussierung auf bestimmte Phänomene, ‚Experimentiergruppen' oder Inhalte entwickelt sich im Verlauf der Zeit – etwa nach zwei Monaten regelmäßiger Beschäftigung – bei den Kindern ein ‚Spezial- oder Expertenwissen' auf einem oder mehreren Gebieten. Dies ist besonders in Klasse A erkennbar, kann jedoch trotz anderer Ausgangsbedingungen auch in Klasse B festgestellt werden.[48] In dieser Phase wählen die Kinder (z.T. in Gruppen) ein oder mehrere Themengebiete aus, für die sie ein z.T. intensives Kompetenzgefühl entwickeln. Die Beispiele (vgl. Kap. 4.6.2.1.6) zeigen, dass es sich dabei sowohl um fachliche Themengebiete als auch rein phänotypisch ähnliche Experimente handelt.

Obwohl dieses Phasenmodell den gesamten dreimonatigen Prozess umgreift (‚makroskopische' Betrachtung), kann im Verlauf des Explorierens und Experimentierens bei allen Kindern immer wieder festgestellt werden, dass sie die Orientierungsphase, die Explorationsphase und häufig die Vertiefungsphase

---

[48] Auch in der dritten Klasse, die sich im Anschluss an die Untersuchungen einen Experimentierraum in derselben Schule eingerichtet hat (s.o.), sowie in einer Klasse, die im eigenen Klassenraum experimentierte, ist diese Spezialisierung auf bestimmte Themengebiete feststellbar.

auch im Hinblick auf einzelne staunenswerte Phänomene oder Experimente immer wieder erleben (,mikroskopische' Betrachtung): Obwohl sie bezüglich anderer Versuche bereits eine wissenschaftsorientierte Haltung eingenommen haben, wird bei neuen Versuchen oft zunächst wieder eine spielerische Haltung eingenommen und aus der noch ungerichteten Erfahrungsperspektive heraus agiert. Allerdings verkürzen sich diese beiden Phasen mit wachsender Experimentier-Erfahrung.

Es lassen sich somit vier Phasen unterscheiden, in denen sich die Kinder unterschiedlich verhalten. In der folgenden Übersicht werden die Phasen der Erfahrungsgewinnung dargestellt:

Phasenmodell der Erfahrungsgewinnung beim Freien Explorieren und Experimentieren

Organisationsphase
- Planen und Besprechen organisatorischer Vorbedingungen
- Klären des Inhaltlichen: Was sind Experimente, was soll und kann entdeckt werden?
- Entwickeln von Ideen für Aktivitäten in der Experimentierecke,
- Sammeln von Ideen für eigene Experimente
- Sammeln von Materialien, Büchern, Anleitungen
- Aushandeln der Bedingungen mit der Lehrerin/ dem Lehrer

⇩

Orientierungsphase
- Orientierung über das Angebot
- Sammeln möglichst vieler neuer Eindrücke und Erfahrungen
- Streben nach ästhetischen Erlebnissen, nach Spaß, Erstaunlichem
- hohe Kommunikationstätigkeit
- Ausdrücken von Gefühlen durch Gesten, Mimik, Rufen, Lachen
- Vermeiden ernsthafter Betrachtungen

⇩

Explorationsphase
- ‚ernsthafter' Zugang zu den Phänomenen und Experimenten
- gezielte Auswahl der Experimente, längerfristiges ‚Sich-Einlassen' und Konzentration auf das jeweilige Phänomen/ Experiment
- genauere Beobachtung
- Fragen nach dem ‚Wie' und detaillierte Beschreibungen
- Variationen werden vorgenommen
- Experimente werden mehrfach wiederholt

⇩

Vertiefungs- und Spezialisierungsphase
- Kommunikation mit dem Ziel, Erfahrungen auszutauschen, Vermutungen zu vergleichen oder sie anderen verständlich zu machen
- Sensibilisierung auch für weitere, nicht mit dem Ziel/ Zweck des Experiments verbundene Phänomene
- Experimentieren und Suchen nach Erklärungen (z.B. in Form von Analogiebildung); Fragen nach dem ‚Wie' *und* dem ‚Warum'
- wissenschaftsorientiertes Experimentieren
- Spezialisierung auf eingegrenzte Themengebiete: Forschungsfragen werden entwickelt, Untersuchungsmöglichkeiten überprüft, Ergebnisse werden festgehalten

In der Organisationsphase wird das Erfahrungsfeld ‚Experimentierecke' sowohl inhaltlich als auch in seiner äußeren Form näher bestimmt und dann gemeinsam eingerichtet.

In der darauf folgenden Orientierungsphase wenden sich die Kinder einer Vielzahl von Phänomenen und Experimenten zu, um im Wesentlichen spielerisch, aber noch relativ ‚flüchtig' mit ihnen umzugehen. Jedoch dauert diese Phase länger an als dies in der Voruntersuchung der Fall war.

Zu Beginn streben die Kinder hauptsächlich nach neuen, spannenden Erfahrungen und Erlebnissen. Es geht ihnen zunächst also mehr um die ästhetische Komponente: Sie wollen staunen, sich freuen, ästhetisch ansprechende Phänomene hervorbringen. Dabei ist es wichtig, dass sie sich lautstark und begeistert austauschen, um diesen Gefühlen Ausdruck verleihen zu können. Es wird vermutet, dass es sich hierbei um ein Bedürfnis handelt, das sich sowohl anthropologisch, soziologisch als auch evolutionär erklären lässt: Evolutionär hat die Mitteilung neuer Entdeckungen vermutlich stark zum erfolgreichen Überleben beigetragen. Das Interesse anderer Kinder an den Entdeckungen der Mitschülerinnen und -schüler zeigt, dass es sich bei Erfahrungen, Erlebnissen und Erkenntnissen dieser Art, die im direkten Umgang mit dem Material gewonnen werden, um gemeinschaftliche Ereignisse handelt, weniger um individuelle.

Individuelle Erfahrungen lassen sich in der Explorationsphase beobachten. In dieser Phase nähern sich die Kinder einzelnen Phänomenen oder Experimenten konzentrierter und ernster. Sie beobachten genauer und verändern Variablen. Auch hier kommunizieren die Kinder noch mit anderen Kindern, jedoch wird eher ‚privatisiert'. Die Erfahrungen werden nicht mehr beständig nach außen getragen. Auch wenn zunächst nur spielerisch und noch ohne direktes Ziel vor Augen Variablen probeweise verändert werden, kann doch davon ausgegangen werden, dass diese Art der Erfahrungsgewinnung den Übergang vom ästhetischen Erleben zum Nachdenken über eine Sache markiert. Diese Phase, in der nonverbale Erfahrungen durch Konzentration auf den Gegenstand und durch Manipulation eher individuell (jedoch manchmal zu zweit oder zu dritt) gewonnen werden und gleichzeitig das ‚ernstere' Sprechen über den Gegenstand ansetzt, ist somit als eine sensible Phase hinsichtlich des beginnenden kognitiven Durchdringens anzusehen. Sie braucht Zeit und sollte frei von Störungen sein, die darauf abzielen, Verbalisierungen hervorzurufen. Die Kinder signalisieren den Bedarf an Ruhe und Konzentrationsmöglichkeit damit, dass sie sich zurückziehen, leiser sprechen, konzentrierter beobachten, vorsichtig manipulieren.

Diese Art der Erfahrungsgewinnung aus den ersten beiden Phasen muss offenbar in vielfältigen Kontexten immer wieder erprobt und durchlaufen werden, damit sich eine Konsolidierung hinsichtlich des Bedürfnisses nach neuen Erfahrungen einstellt, die in erster Linie spektakulär und spannend sind. Ist der ‚Neugierdruck' abgebaut, entwickelt sich ein ruhigeres Herangehen auch an neue Phänomene: Obgleich weiterhin das Bedürfnis zu bestehen scheint, jedes neue Phänomen zunächst ästhetisch wahrzunehmen, ebbt die lautstarke Gefühlsäußerung, die jeweils damit verbunden ist, schneller ab, wenn Kinder bereits über vielfältige Erfahrungen mit Phänomenen verfügen. Gleichzeitig steigt aber die Sensibilität gegenüber eher nicht ‚ins Auge springenden', weniger offensichtlichen Phänomenen und Randerscheinungen.

Die daran anschließende Phase der Vertiefung und Spezialisierung ist durch wissenschaftsorientiertes Experimentieren und Fragen nach dem ‚Warum' einer Erscheinung gekennzeichnet. Die Kinder spezialisieren sich in dieser Phase, die erst nach etwa zwei Monaten eintritt, selbstständig auf bestimmte Inhalte oder Experimentgruppen. In dieser Phase entsteht offenbar das Bedürfnis, die Erfahrungen mit anderen zu diskutieren und Erklärungen zu suchen für die beobachteten Erscheinungen oder Effekte. Obwohl auch in anderen Phasen bereits sinnvolle methodische Ansätze zu beobachten sind, entwickelt sich in dieser Phase bei vielen Kindern eine größere Systematik hinsichtlich der methodischen Vorgehensweise – sie beginnen in einer wissenschaftsorientierten Weise eigene Fragestellungen aufzuwerfen, diese aufgrund selbst entworfener Versuche nachzugehen und die Ergebnisse zu dokumentieren und vielfach auch sie zu präsentieren.
Innerhalb der Klasse entwickelt sich damit eine Dynamik, die sich als Forschergemeinschaft charakterisieren lässt.
Über das Explorieren und Experimentieren hinaus finden Veränderungen im sozialen Gefüge der Klasse statt. Die Kinder nutzen ihre erprobte Fähigkeit, gemeinsam koordiniert zu arbeiten auch über die Gestaltung der Experimentierecke hinaus. Beispiele dafür sind das von den Kindern der Klasse A selbstständig initiierte, entworfene, geplante und geprobte Theaterstück, für das sie alle Requisiten selbst entwerfen und anfertigen und für das sie ebenfalls ‚Zeitfenster' mit der Lehrerin aushandeln oder die Ausstellung, die die Kinder der Klasse B für die Eltern gestalten.

Wie schnell die Phasen der Erfahrungsgewinnung durchlaufen werden, scheint von der allgemeinen Leistungsfähigkeit der Kinder, aber auch von der Quantität an gewonnenen Erfahrungen sowie vom bereichsspezifischen Wissen der Kinder abhängig zu sein.

5.2 Begriffsbestimmung ‚Freies Explorieren und Experimentieren'

Die Kennzeichnung des Handelns der Kinder als ‚Freies Explorieren und Experimentieren' (FEE) kristallisierte sich im Verlauf der Analyse der Untersuchungsergebnisse heraus. Zunächst als ‚Freies Experimentieren' klassifiziert (Köster 2002), wurde bald deutlich, dass diese Bezeichnung[49] das Handeln der Kinder nur unzureichend charakterisierte. Die Anlehnung an den Begriff der ‚Freien Arbeit' (vgl. Kap. 6.2) erschien wegen der Ähnlichkeit zu dieser pädagogischen Unterrichtstradition geeignet, sollte aber andererseits auf dem gründen, was die Kinder insbesondere zu Beginn, jedoch auch immer wieder im Verlauf der Untersuchungen überwiegend tun: Sie gehen zunächst spielerisch und explorierend mit den Phänomenen um. Diesem Handeln liegen noch keine expliziten Fragen oder Hypothesen zugrunde. Vielmehr ist es ein eher unspezifisches, noch relativ ungerichtetes Wahrnehmen und Manipulieren, das auf neue Erfahrungen gerichtet ist. Im Unterschied zum Experimentieren, das sich auch im Grundschulunterricht auf die Beantwortung von Fragen oder Lösung von Problemen richtet (vgl. Möller 1987, S. 384 ff., Wodzinski 2004), ist das Explorieren durch das Tastende, Suchende, Spielerische und Orientierende geprägt. Es geht dabei um das Wahrnehmen, Probieren, Versuchen und Kennen lernen. Explorieren, das mit „erforschen, untersuchen, erkunden" (Duden 1997, S. 247) umschrieben wird, ist auf Erfahrungserweiterung gerichtet: Über die Sinne wird zunächst ein ‚Kontakt' zu einem Phänomen hergestellt, das in den Aufmerksamkeitshorizont gelangt ist. Durch Verweilen bei diesem Phänomen, das vielleicht Erstaunen, Freude oder Interesse hervorgerufen hat, wird die Aufmerksamkeit gebündelt. Im direkten Umgang werden dann Wahrnehmungen, ästhetische Erlebnisse, Erfahrungen und Erkenntnisse gewonnen, implizites aber auch explizites Wissen erworben und Möglichkeiten und Grenzen manipulierend ausgelotet.

Wenn Kinder selbstbestimmt explorieren, kann aus diesem eher unspezifischen Erforschen eines Gegenstandes oder Phänomens ein Experimentieren erwachsen. Im Unterschied zum Explorieren muss aber hier der Blick bereits fokussiert sein. Das kann nur dann geschehen, wenn vorher das ‚Feld' mit seinen wesentlichen Charakteristika erfasst worden ist. Das Freie Explorieren und Experimentieren benötigt deshalb ein Zeitfenster, in dem die unspezifischen Handlungen, die „nicht unmittelbar auf die Erhellung einer Sachstruktur" (Soostmeyer 1978, S. 181) gerichtet sind, ihren Platz und ihre Berechtigung haben, auch weil die Kinder sich nach einer gewissen Zeit ‚autonom' den eher

---

[49] Die Bezeichnung ‚Freies Experimentieren' wird auch von Claussen (1996) verwendet.

spezifischen Tätigkeiten und dem Experimentieren im eigentlichen Sinne (s.o.) zuwenden.

Als ‚frei' wird FEE gekennzeichnet, weil es als Handlungsmuster auf Selbstbestimmung basiert. Wenn es zudem innerhalb eines geschlossenen schulischen Rahmens und Umfeldes stattfindet, wird das Handeln der Kinder ein Stück weit herausgenommen aus dem, was gewöhnlich als Unterricht verstanden wird: aus der Rollenverteilung Lehrer-Schüler und aus der Planung und Strukturierung des Lernprozesses durch die Lehrerin oder den Lehrer. ‚Frei' ist dieses Handeln auch deshalb, weil die Kinder – wie im außerschulischen Spielen – durch ihre Neugier und ihr Interesse angetrieben werden, nicht durch äußere Anforderungen oder Erwartungen. Selbstbestimmung und intrinsische Motivation sind daher die wichtigsten Komponenten des Freien Explorierens und Experimentierens.

6 Diskussion: Verortung des Freien Explorierens und Experimentierens im Sachunterricht

6.1 Kompatibilität zu Aufgaben und Zielen des Sachunterrichts

Seit der Einführung in den 1970er Jahren wurden die Anforderungen an einen wissenschaftsorientierten Sachunterricht diskutiert und ausgeschärft. Die daraus entwickelten Prinzipen, Aufgaben und Ziele haben sich in der didaktischen Literatur niedergeschlagen. Das Freie Explorieren und Experimentieren kommt einigen dieser Anforderungen entgegen, unterscheidet sich jedoch in manchem Punkten auch von dem, was für einen grundlegenden und auf Verstehen ausgerichteten Sachunterricht für notwendig erachtet wird. In einem ersten Ansatz sollen die Kompatibilität zu diesen Anforderungen, aber auch Unterschiede beleuchtet werden, um Anknüpfungspunkte für eine didaktische Diskussion aufzuzeigen.

Aus den Ergebnissen der vorgelegten Studien lassen sich eine Reihe von Ansatzpunkten gewinnen, die im Hinblick auf eine Implementation des Konzepts ‚Freies Explorieren und Experimentieren' im Sachunterricht diskutiert werden müssen: Ist der Sachunterricht der geeignete ‚Ort' und gehen Zielrichtung und Wirkungen mit den Anforderungen an das Fach Sachunterricht konform? Besteht eine Anschlussfähigkeit oder ‚Kompatibilität' an bereits bestehende Konzeptionen für den naturwissenschaftlichen Bereich? Kann das Freie Explorieren und Experimentieren zu einer Stärkung des naturwissenschaftlich-technischen Bereichs des Sachunterrichts beitragen? Ist das, was die Kinder tun und lernen unter pädagogischer und didaktischer Perspektive als bedeutsam, zugänglich und ergiebig einzustufen? Kann das Freie Explorieren und Experimentieren den Aufgabenbereich des Sachunterrichts sinnvoll erweitern? Nicht alle Fragen können hier beantwortet werden. Da die Arbeit nicht die Gestaltung von Unterricht zum Gegenstand hat, wird die didaktische Analyse aller von den Kindern durchgeführten Experimente hier nicht geleistet. Die Frage nach der Bedeutsamkeit, Zugänglichkeit, Ergiebigkeit und Exemplarität der Inhalte wird daher innerhalb einer möglichen Anschlussforschung zu bearbeiten sein (vgl. Kap. 7). Übergreifend soll diskutiert werden, ob das FEE mit zentralen Zielen des naturwissenschaftlichen Sachunterrichts, dem

1. Erschließen der Umwelt
2. Umgang mit den ‚Dingen', Explorieren und Experimentieren
3. Initiation von Interessen
4. Grundlegende Bildung und Verstehen vereinbar ist.

Zu 1.: Erschließen der Umwelt
Vorrangiges Ziel des Sachunterrichts ist es, dem Kind bei der Erschließung und dem Verstehen der Welt und Wirklichkeit, in der es lebt, zu helfen (vgl. Kahlert 2002, S. 23; 2005, S. 551; Köhnlein 2005). Das gilt sowohl für die soziale, wie auch für die natürliche und technische Umwelt (vgl. GDSU: Perspektivrahmen 2002, S. 2). In einer Zeit, in der die Lebenswirklichkeit stark physikalisch und technisch geprägt ist, sollte der Sachunterricht sich diesem Teilbereich wieder vermehrt zuwenden.

Das Freie Explorieren und Experimentieren kann als Möglichkeit dafür angesehen werden, physikalischen Phänomenen, die auch in der Lebenswelt repräsentiert sind, nachzugehen. Andererseits ergeben sich aber auch Einblicke in Zusammenhänge, die über das Erschließen der Umwelt hinaus gehen, wenn die Kinder Phänomene hervorbringen, die auf diese Weise in der Regel nur in experimentellen Zusammenhängen sichtbar werden. Ob diese Phänomene ebenfalls zur Erschließung der Umwelt beitragen können, muss im Einzelfall geprüft werden. Andererseits werden Experimentierbücher für Kinder angeboten, Versuchsanleitungen in Kinderzeitschriften oder Tageszeitungen veröffentlicht. Dadurch gelangen auch diese ‚Inhalte' in den Lebensbereich der Kinder. Es müsste diskutiert werden, inwieweit die Erfahrungen, die für das Freie Explorieren und Experimentieren spezifisch sind, mit dem Ziel, Kindern bei der Erschließung ihrer Umwelt zu helfen, übereinstimmt.

Zu 2.: Umgang mit den ‚Dingen', Explorieren und Experimentieren
Eine zentrale Forderung für den naturwissenschaftlichen Anteils des Sachunterrichts ist der „handelnde Umgang mit den Dingen" (Soostmeyer 1998, S. 282). Es herrscht in der Literatur Konsens darüber, dass Sachunterricht sich nicht ausschließlich auf die Nutzung von Schulbüchern stützen darf und nicht allein durch Vermittlung von Informationen und Faktenwissen gestaltet werden soll (vgl. ebd. S. 326). Die Bedeutung des eigenständigen Handelns wird von Soostmeyer besonders herausgestellt: „Der Sachunterricht soll so beschaffen sein, daß er den Kindern nicht ständig das vorgibt, was sie selbst durch eigenes Handeln erarbeiten können. Unter dieser Perspektive werden dem kindlichen Spiel, der Freude am Sammeln und Beobachten, dem Impuls, an Dingen zu hantieren und mit ihnen herumzuprobieren soviel Raum gegeben, daß sich eben auf der Basis solcher Erfahrungen, Phantasie, kreativer Umgang, Interessen, Freude am Lernen und dann in der Folge kognitiv höher entwickelte Formen der handelnden Sachauseinandersetzung entwickeln können." (Soostmeyer 1998, S. 282)
Auch Köhnlein (2000, S. 135) weist darauf hin, dass die ersten Schritte des Lernens Wahrnehmungen in der realen Welt sind. Um diese ersten Schritte auf

dem Gebiet physikalischer Phänomene zu ermöglichen, die dann auch in Deutungen und „Ansätze des kritischen Fragens, des Vergleichs, der Reflexion, der Objektivierung, des Herstellens von Zusammenhängen und der damit verbundenen Verallgemeinerung" (ebd.) übergehen können, ist es notwendig, den Kindern Möglichkeiten zu eröffnen, sich den Phänomenen aktiv handelnd, auf forscherische Weise zu nähern (vgl. Lauterbach 1992b, S. 154; Soostmeyer 1998, S. 271). Bereits 1960 lautet eine Forderung des Deutschen Ausschusses für das Erziehungs- und Bildungswesen (1960), Kindern die Möglichkeit zum „tätig-anschauendem Erfassen der Welt" (ebd., S. 42, zit. nach Hameyer/ Lauterbach/ Wiechmann 1992, S. 11) zu ermöglichen, das „planmäßigem Begreifen, Einsehen, Lernen und Arbeiten" (ebd.) zugrunde liegt.

In diesem Zusammenhang wird auch auf die Ausgleichsfunktion des Sachunterrichts hingewiesen (Lichtenstein-Rother 1992; S. 64; Möller/ Wiesenfarth 1992, S. 173). Diese wird jedoch aktuell zu wenig wahrgenommen. Möller (1998) stellt fest: „Leider bietet die Grundschule häufig noch zu selten Möglichkeiten für eigenaktives, erfindendes und erkundendes Lernen im Sachunterricht. An die Stelle eigener Aktivitäten im Denken und Handeln treten Informationen und Belehrung. Wir wissen aber heute aufgrund von Untersuchungen in Psychologie und Didaktik, dass Schüler Begriffe und Zusammenhänge aktiv aufbauen, dass sie dabei ihre Vorerfahrungen nutzen und das Neue mit Vertrautem in Beziehung setzen müssen [...]. Nur so kann sich ein wirkliches Verstehen von Sachen und Sachverhalten ereignen." (Möller 1998, S. 101; vgl. Köhnlein 1999, S. 94; vgl. Simons 1992, S. 252)

Köhnlein, Spreckelsen und Soostmeyer sehen auch deshalb als grundlegende Bestandteile des Erkenntnisprozesses das Explorieren und Experimentieren an, die „einen natürlichen Zug im Verhalten des Kindes" (Köhnlein/ Spreckelsen 1992, S. 158) darstellen und ihren Platz im Sachunterricht haben sollten (Soostmeyer 1998, S. 329). Die Bedeutung dieser Tätigkeiten liegt für Soostmeyer auch darin, dass sie auf allen Ebenen des Sachunterrichts wirksam werden:

- Subjektiv-erlebnishafte Ebene: ästhetisches Erleben im Phänomenbereich
- Inhaltlich-intersubjektive Ebene: methodisches, wissenschaftsorientiertes Vorgehen zur Klärung von Fragen
- Kognitiv-strukturelle Ebene: Entwicklung von Handlungsplänen [vgl. Aebli 1998, S. 87 ff.; vgl. Köster/ Soostmeyer 2000a]
- sittlich-soziale Ebene: Austausch von Erfahrungen, Würdigung der Ergebnisse und Erfolge anderer (vgl. Soostmeyer 1998, S. 255).

Explorieren und Experimentieren werden außerdem als wertvolles Instrument der Erziehung angesehen (Köhnlein/ Spreckelsen 1992, S. 158), da sie den Aufbau von Kompetenzen, die über den Bereich des Naturwissenschaftlichen hinausreichen, fördern.

In der sachunterrichtsdidaktischen Literatur wird neben dem Erwerb von Wissen auch der ästhetischen Erfahrung eine eigenständige Bedeutsamkeit beigemessen (vgl. Soostmeyer 1998, S. 245 ff.; Köhnlein 2005; Fischer 2004). Aissen-Crewett betont den Eigenwert ästhetisch-aisthetischer Erfahrung auch in Bezug auf die Naturwissenschaften (Aissen-Crewett 1998, S. 306 ff., 1997, S. 144 ff.) Sie geht davon aus, dass Gegenstände nicht in ihrem Begriff aufgehen. Der sinnlichen Wahrnehmung kommt die Funktion einer Wahrnehmungsstrukturierung zu, die über das rein Begriffliche hinausgeht. Sie plädiert deshalb dafür „die ästhetische Wahrnehmung von *Phänomenen auszuschöpfen*." (1997, S. 169).

Soostmeyer fordert ein, der ästhetischen Erfahrung einen eigenen Platz im Sachunterricht zuzubilligen: „Diese Ebene einer leiblich-ästhetischen Erziehung […], muss in das Bemühen, ‚grundlegendes Lernen' zu verwirklichen, hineingenommen werden." (Soostmeyer 1990, S. 225).

Physikalische Phänomene sind der ästhetischen Erfahrung besonders zugänglich: „Natur ist die Sphäre dessen, was ästhetisch-sinnlich wahrnehm- und erfahrbar ist." (Aissen-Crewett 2000, S. 52; vgl. Köhnlein 2004; Aissen-Crewett 1998, S. 306 ff.; 1997, S. 144 ff.). Manche physikalischen Begriffe erfordern zum Verstehen den Einsatz des ganzen Körpers: „Dinge wie Drehmoment, Gleichgewicht und Beschleunigung sind physikalische Grunderfahrungen, die man sich nur durch Bewegung erschließen kann." (Zimmer 2001, S. 71) Auch Wagenschein betont: „Phänomene können nicht mit schon isoliertem Intellekt, sie müssen mit dem ganzen Organismus (‚am ganzen Leibe') erfahren werden." (Wagenschein 1975, S. 21)

Eine ästhetische Erfahrung zeichnet sich nach Aissen-Crewett dadurch aus, dass „sie frei von praktischen Erwägungen" (2000, S. 113) und intrinsisch motiviert ist (ebd., S. 124; vgl. auch Daucher 1979, S. 118). Um ein Phänomen ästhetisch erfahren zu können, muss also beides gegeben sein: ein Phänomen, das geschieht und wahrnehmbar wird (Außensicht) und eine Person, die sich auf dieses Phänomen freiwillig einlässt, ohne zunächst ein Ziel damit zu verfolgen (Innensicht).

Die Charakteristika der ästhetischen Erfahrung fasst Aissen-Crewett so zusammen:

- „Ästhetische Erfahrung verfolgt keine praktischen, funktionellen utilitaristischen Zwecke. Stattdessen schätzt sie Genuß, Befriedigung, Erkenntnis, die die Begegnung mit ästhetischen Objekten ermöglicht.
- Ästhetische Erfahrung genügt sich selbst; sie stellt kein Mittel zu anderen außerhalb ihrer selbst liegenden Zielen dar.
- Ästhetische Erfahrung hat mit Affekten, Gefühlen, Emotionen zu tun." (Aissen-Crewett 1998, S. 116)

Die Ergebnisse der Hauptuntersuchung (Kap. 4.7) zeigen, dass die Kinder vielfältige Umgangs- und ästhetische Erfahrungen sammeln, sich eigenaktiv mit Phänomenen beschäftigen und über diese sprechen und diskutieren, Experimente durchführen, entwickeln oder variieren. Das ‚Experimentieren' wird beim Freien Explorieren und Experimentieren jedoch anders verstanden als in der didaktischen Literatur: Hier werden die Kinder nicht durch die kompetente Lehrerin oder den Lehrer geleitet, sondern müssen zumindest zunächst ohne kompetente Anleitung oder Weiterführung ihrer Gedanken auskommen. Das Lernen verläuft nicht in geordneten, systematisierten und didaktisch durchdachten Strukturen und die Begriffsbildung findet eher beiläufig statt. Auch gelangen die Kinder nicht immer zum ‚Ziel' oder zur Beantwortung eingangs gestellter Fragen. Andererseits werden bei den Kindern Potenziale hinsichtlich der Eigentätigkeit, des selbst gewählten und Interesse geleiteten Zugangs, des produktiven Findens, des selbst Entdeckens und Nachforschens im Hinblick auf physikalische Phänomene eröffnet. Ob dieser besonderen, nicht geleiteten methodischen ‚Variante' des Explorierens und Experimentierens ein Platz im Sachunterricht zugewiesen werden muss, sollte diskutiert werden.

Zu 3.: Initiation von Interessen
In seinem Handbuchartikel ‚Aufgaben und Ziele des Sachunterrichts' macht Köhnlein darauf aufmerksam, dass sich der Sachunterricht u.a. auf die Initiation von Interessen richtet (Köhnlein 2005, S. 563). Die Ergebnisse der Untersuchungen (vgl. Kap. 4.7) zeigen, dass die Kinder Interessen auf vielfältige Weise entwickeln: Sie haben ein Interesse daran, zu explorieren und zu experimentieren, sie entwickeln aber auch vertiefte Interessen an einzelnen Phänomenen (z.B. der Kerzenflamme), an Experimentgruppen (alle Experimente mit Luftballons), an fachlichen Inhalten und Bereichen (z.B. Optik) sowie an der Physik bzw. dem Experimentieren allgemein (z.B. Nachfrage in den weiterführenden Schulen nach Experimentierräumen oder Physik-AGs).
Auch beim Freien Explorieren und Experimentieren wird eine Basis geschaffen, die zumindest auf den Ebenen der sinnlich-ästhetischen Erfahrungen, des impliziten Wissens sowie des intuitiv-methodischen Handelns wirksam wird und auf der weitere explizite Grundlagen und ein vertieftes Verstehen aufge-

baut werden können. Aus „episodischen Erfahrungen und Erlebnissen" können sich dann „Kristallisationskerne" (Köhnlein 2005, S. 565) entwickeln, an die die Kinder weitere Erfahrungen anlagern können. Es müsste diskutiert werden, ob sich der Begriff des grundlegenden Lernens so wie er derzeit in der didaktischen Literatur verstanden wird, auch auf diese Art der ‚Grundlegung' ausweiten lassen kann.

Zu 4.: Grundlegende Bildung und Verstehen
Der physikalischen Bildung wird im Rahmen der didaktischen Diskussion unter dem Gesichtspunkt der grundlegenden Bildung (vgl. Köhnlein 2005, S. 560) und der Forderung nach einer ‚scientific literacy' für alle (vgl. Lauterbach 2005, S. 572 ff.) eine große Bedeutung beigemessen. Köhnlein (2000, S. 135) sieht im Sachunterricht einen „Quellbereich, in dem die fachlichen Ströme in der Schul- und Lerngeschichte der Kinder ihren Anfang haben" (ebd.).
Obwohl die fachlich orientierten Curricula der Anfangsjahre des wissenschaftsorientierten Sachunterrichts ihren Einfluss auf den Unterricht bereits ab Mitte der 1970er Jahre wieder verloren (vgl. Lauterbach 2001, S. 118 f.), wurden und werden Möglichkeiten der Förderung naturwissenschaftlichen Denkens im Grundschulalter weiter diskutiert. Insbesondere Thiel, Köhnlein und Soostmeyer vertreten mit Bezug auf Wagenschein die exemplarisch-genetisch-sokratische Konzeption für den Sachunterricht (vgl. Feige 2004, S. 83 ff.), die sich auch der physikalischen Inhalte annimmt. Die Stärkung des naturwissenschaftlich-technischen Bereiches durch den Perspektivrahmen (GDSU 2002) und die auch diesen Inhaltsbereich betreffenden und mit großem Aufwand betriebenen Studien PISA, IGLU und SINUS-Transfer (2005) machen die Aktualität und den hohen Stellenwert deutlich, der diesem Inhaltsbereich aktuell wieder beigemessen wird.

6.2 Kompatibilität zum Unterricht

Die aus den vorgelegten experimentellen Untersuchungen resultierenden Ergebnisse können trotz der Nähe der Untersuchung zum Feld nicht unmittelbar auf den Unterricht übertragen werden. Die Untersuchungsergebnisse lassen beispielsweise noch wenig Aussagen darüber zu, wie sensibel das ‚System' auf Modifikationen reagiert. Dass es kritische ‚Momente' gibt, die das Freie Explorieren und Experimentieren behindern, zeigt sich schon daran, dass die Kinder auf typische Lehrerfragen mit Verunsicherung oder Rückzug reagieren. Wie steht es aber mit Bedingungen wie festen Zeitvorgaben, Einschränkungen auf Inhaltsbereiche oder durch Verbote (z.B. mit Feuer zu experimentieren) oder begrenzter Raum – oder Materialkapazität? Eine weitere Frage ist, inwieweit sich einzelne Lehrerinnen und Lehrer im Hinblick auf ihr Selbstkonzept und ihre Vorstellung von professioneller Vorbereitung und Strukturierung des Unterrichts darauf einlassen können, den Kindern die für das Freie Explorieren und Experimentieren notwendige Freiheit zu eröffnen. Hinsichtlich der Lehrerinnen der beiden untersuchten Klassen kann gesagt werden, dass sich deren Haltungen und Einstellungen im Verlauf der Studie im Hinblick auf physikalische Inhalte ändern und sie danach die Bereitschaft zeigen, vermehrt physikalische Inhalte in den Unterricht zu bringen.

Das Ziel, ein neues Konzept wie das Freie Explorieren und Experimentieren in den Unterricht einzuführen, sollte am besten dann erreichbar sein, wenn bereits bewährte und in der Schulwirklichkeit etablierte Unterrichtsmethoden und organisatorische Arrangements Anwendung finden. So können in einem geöffneten Unterricht (vgl. Peschel 2002a, S. 88) die in Kap. 4.6.1 beschriebenen Komponenten eine allgemeine Richtschnur für die Einführung des Freien Explorierens und Experimentierens im Sachunterricht sein. Schaut man jedoch in die Schule, wird deutlich, dass es *den* Grundschulunterricht oder *den* Sachunterricht nicht gibt. Durch die langjährige Diskussion über innovative Lern- und Organisationsformen in der Schule hat sich inzwischen ein heterogenes Bild der Schulwirklichkeit herausgebildet, in dem es ‚geschlossenen' Frontal- und lehrerzentrierten Unterricht ebenso gibt wie völlig ‚offene' (vgl. Peschel 2002a/ b) oder als „Lernlandschaften" (Noll 2002, S. 210) konzipierte Unterrichtsformen sowie alle nur denkbaren Realisierungen zwischen diesen beiden Polen. Der Sachunterricht findet entsprechend nicht mehr generell als Fachunterricht statt, sondern ist häufig ein Bestandteil des Wochenplan- oder projektorientierten Unterrichts. Vordergründig betrachtet mag diese Entwicklung als ein Nachteil für den Sachunterricht und damit für die intensive Bearbeitung von Inhalten erscheinen, sie ist jedoch tatsächlich häufig mit einer Erweiterung der zeitlichen Kapazität für sachunterrichtliche Themen verbunden: Diese bilden beispielsweise das Rahmenthema des Wochenplanes oder Projektes, von dem aus neben der spezifisch sachlichen auch die sprachlichen Betrachtungen, mathematische Anwendungen und ästhetische Aspekte verfolgt werden. Insbesondere die freiere Zeiteinteilung eröffnet Möglichkeiten, Kinder im Unterricht individuelle Erfahrungen sammeln und verarbeiten zu lassen (vgl. Soostmeyer 1998, S. 285f.). Dies wird jedoch aktuell im Hinblick auf physikalische Inhalte nicht oder kaum genutzt.

Wenn Vorerfahrungen durch das Freie Explorieren und Experimentieren im Unterricht selbst gewonnen würden, wäre die Abstimmung von geplanten Unterrichtsphasen, in denen es um explizites Lernen zu einem bestimmten Thema gehen soll, auf das Vorwissen der Kinder leichter zu realisieren. Die Lehrerin oder der Lehrer wird durch Beobachtung in die Lage versetzt zu bestimmen, wo die Erfahrungen liegen und wo systematische Betrachtungsweisen, exemplarische Vertiefungen und Verbreiterungen sinnvoll und notwendig erscheinen. Ein Rückbezug auf die gewonnenen Erfahrungen der Kinder ermöglicht es der Lehrkraft zudem, Informationen zu neuen Inhalten so zu präsentieren, dass die Kinder aufgrund ihrer gewonnenen Erfahrungen Analogien bilden könnten.

Da das Freie Explorieren und Experimentieren nur dann verwirklicht werden kann, wenn es den Kindern ermöglicht wird, untereinander zu kommunizieren, Zeit selbst einzuteilen und zu gestalten und eigene wirksame Entscheidungen zu treffen, werden offene bzw. geöffnete Unterrichtsformen (Peschel 2002a, S. 152) als ideale Basis für das Konzept des Freien Explorieren und Experimentieren (im Folgenden mit FEE abgekürzt) angesehen.

Köhnlein (2000) betont, dass Offenheit im Sachunterricht vor allem bedeutet: „Offenheit für die vielfältigen, uns Erwachsene nicht selten überraschenden Ideen, Sicht- und Denkweisen, Fragen und Vorschläge der Kinder." (ebd., S. 139)

Die pädagogische Idee der Freien Arbeit, die Teil des offenen Unterrichts ist bietet eine geeignete Plattform für die Verwirklichung des Freien Explorierens und Experimentieren im Unterricht: Den Kindern wird die notwendige Freiheit zum Forschen, Entdecken und Entwickeln eigener Interessen sowohl im zeitlichen als auch im räumlichen Rahmen ermöglicht. Das der Freiarbeit zugrunde liegende Menschenbild ist geprägt durch ein Vertrauen in die Selbstorganisationsfähigkeit des Kindes und darin, dass Kinder von sich aus Anstrengungen unternehmen, zu lernen (vgl. Laux 2002, S. 58; Soostmeyer 1998, S. 337). Diese Haltung kommt den Bedürfnissen der Kinder nach Eigentätigkeit und Selbstbestimmung entgegen.

7 Ausblick: Forschungsfragen und Thesen für mögliche Anschlussforschungen

Die Hauptuntersuchung kann in den Bereich der ‚Grundlagenforschung' eingeordnet werden. Die Beobachtung des komplexen Feldes führte zur Aufdeckung von Strukturen in diesem Feld, die damit differenzierteren Untersuchung zugänglich sind. Im Folgenden sollen einiger dieser in den Blick gekommenen Anschlussfragen aufgeführt und zur Diskussion gestellt werden.

7.1 Forschungsfragen und Thesen hinsichtlich der Kinder

1. These: Das Freie Explorieren und Experimentieren setzt voraus, dass die Kinder bereits mit Formen des Unterrichts vertraut sind, die es ihnen ermöglichen, relativ selbstständig zu handeln, eigene Entscheidungen zu treffen und miteinander zu kommunizieren.

Das Freie Explorieren und Experimentieren ist eine Arbeitsform, die Kinder die Fähigkeit zur partiellen Selbstbestimmung und Selbstständigkeit abverlangt. Sie müssen eigene Entscheidungen treffen und selbst tätig werden, wenn die Experimentierecke ‚funktionieren' soll. Diese Art des Handelns unterscheidet sich stark von derjenigen, die die Kinder in der Schule aus dem traditionellen Unterricht kennen, aber auch von derjenigen, die in der Regel im geöffneten Unterricht realisiert wird (vgl. Peschel 2002a, S. 8 ff.). Während des FEEs wird den Kindern auch dort Selbstständigkeit zugemutet, wo sie sonst geführt und geleitet werden. Sie werden auch nicht von außen für etwas motiviert, sondern sind ganz auf Eigeninitiative und Eigentätigkeit angewiesen, wenn etwas Konstruktives geschehen soll. Ihre Kommunikation wird nicht gebündelt und strukturiert, sondern muss sich den jeweiligen Gegebenheiten entsprechend aus sich selbst heraus entwickeln. Sie müssen mit Erwachsenen über Bedingungen verhandeln und Entscheidungen und Wünsche argumentativ vertreten. So wird das Verhältnis Lehrer-Schüler unter Umständen durch FEE stark verändert: Die Kinder sind nun die hauptsächlichen Akteure, während die Lehrerinnen und Lehrer sich stark zurücknehmen und auf Wünsche der Kinder reagieren, statt ihnen ‚Lernstoff' anzubieten. In vielen Fällen werden es die Lehrkräfte sein, die nun die Kinder fragen, um etwas darüber zu ‚erfahren', was die Kinder tun oder auch um sich Phänomene erklären zu lassen, statt umgekehrt. Das Selbstvertrauen dazu und die Fähigkeit zur Kommunikation untereinander und mit den Erwachsenen, die sie für Hilfestellungen gewinnen wollen (Hausmeister, Eltern, Lehrerinnen), sind bei den Kindern der untersuchten Klassen gut ausgeprägt.

Grenzen für die Möglichkeiten des FEE liegen vermutlich dort, wo diese Fähigkeiten nicht entwickelt oder eingeübt worden sind. Hier würde eine Erprobungsstudie in eher traditionell geführten Klassen Antworten erbringen, die auch im Hinblick auf die grundsätzliche Fähigkeit der Kinder zur Ausprägung einer wissenschaftsorientierten Haltung von Bedeutung sein könnte.

2. These: Es können auf Grundlage des FEE didaktisch bedeutsame, zugängliche und ergiebige Lernziele verfolgt werden, wenn diese durch Autonomie unterstützende Maßnahmen in den Unterricht gebracht werden.

Durch das Selbstbestimmungsempfinden nicht störende Maßnahmen können die Erfahrungen der Kinder mit physikalischen Erscheinungen im Klassenunterricht produktiv aufgenommen werden.

Im Hinblick auf die Kinder ergeben sich auch Fragen nach der Anschlussfähigkeit des Konzepts: Das FEE führt bei den Kindern zu umfangreichen Erfahrungen im Bereich physikalischer Phänomene. Welches Verhalten der Lehrerinnen ist geeignet, diese Erfahrungen in den gemeinsamen Unterricht produktiv aufzunehmen, ohne das Selbstbestimmungsempfinden und damit die Motivation der Kinder zu stören? Wie können unterstützende Maßnahmen das Interesse der Kinder noch fördern?

Durch die Selbstbestimmung werden die Kinder einerseits freier, was die Gestaltung ihrer schulischen Zeit betrifft, andererseits werden sie dadurch aber auch mit verantwortlich für den Lernprozess bzw. für Tätigkeiten, die innerhalb der Unterrichtszeit stattfinden. Sie übernehmen im Prozess des FEE auch ein Stück weit die Verantwortung für das eigene Lernen, indem sie über die Auswahl der Phänomene und Versuche selbst entscheiden und darüber, ob ihnen die ästhetische Erfahrung oder das Verstehen des Phänomens oder auch beides wichtig ist.

Untersucht werden könnte nun, ob und inwieweit es Kindern gelingt, die metakognitive Fähigkeit, zu beurteilen, was für sie selbst und ihre eigene ‚Lernbiografie' von Bedeutung ist, selbstständig auszuprägen. Es scheint so zu sein, dass sie während des FEE nicht von zweckgerichteten expliziten Überlegungen hinsichtlich ihrer Lernfortschritte, sondern von ihrer Neugier und dem Bedürfnis, mehr über die Welt zu erfahren, geleitet werden. Ob diese Entscheidungen der Kinder auch mit curricularen Vorstellungen verknüpft werden können, müsste geprüft werden. Die Kinder müssten dann im Vorfeld darüber informiert werden, welche Lernziele innerhalb eines festgelegten Zeitraums erreicht werden sollen.

Einen Hinweis auf die grundsätzliche Fähigkeit von Grundschulkindern, Verantwortung für das eigene Lernen zu entwickeln, liefern die Untersuchungen von Falko Peschel. Er berichtet z.B. von einer durchaus erfolgreichen „Delegierung der Verantwortung bezüglich der Wissensaneignung und Sozialerziehung an die Kinder" (2002a, S. 152).

3. These: Die Kinder sind sich der Pädagogisierung ihrer spielerischen Herangehensweise an Phänomene nicht bewusst.
Die Handlungsmöglichkeiten der Kinder werden trotz weitgehender ‚Freiheit' beim FEE durch die Rahmengebung eingegrenzt und in gewisser Weise vorstrukturiert (vgl. Kap. 4.6.1). Insbesondere ist die Gefahr der Pädagogisierung des kindlichen Spielens (vgl. Einsiedler 1999, S. 149; Schiffler 1985, S. 218 f.; Heimlich 2001, S. 174) nicht ganz von der Hand weisen, da das Ziel, die ‚Verbreiterung' der Erfahrungsbasis mit physikalischen Phänomenen und damit die Möglichkeit zur Erschließung der Umwelt sowie die Förderung der Leistungsfähigkeit auf diesem Gebiet eines jeden Kindes angestrebt wird. Bleibt dieses übergreifende Ziel jedoch als „Objectiv in Mind" (vgl. Soostmeyer 1978, S. 70), eine reine „Leitlinie" (ebd.), und wird in das konkrete Geschehen nur insofern eingegriffen, als Zeit und Raum zum Spielen zur Verfügung gestellt werden, so übersteigen diese Eingriffe vermutlich nicht diejenigen, denen ein Kind auch in seiner häuslichen, außerschulischen Lebenswirklichkeit während seines ‚natürlichen' Spiels ausgesetzt ist. Kluge (1980) geht sogar davon aus, dass der Selbstzweck des Spiels und der verfolgte pädagogische ‚Fremdzweck' nicht unbedingt zu kollidieren brauchen, weil nicht das Kind, sondern nur der Erwachsene diesen Zweck kennt und nutzt (ebd., S. 83). Inwieweit sich die Kinder dieser Pädagogisierung dennoch bewusst sind und welche Folgen dies möglicherweise auf das Lernen hat, müsste noch untersucht werden.

4. These: Vorerfahrungen haben einen Einfluss auf die Qualität der neuen Erfahrungen sowie auf die Fähigkeit, diese zu verbalisieren und Problemstellungen und Fragen kreativer und flexibler zu begegnen.
Diese These findet sich für den technischen Bereich ganz ähnlich bei Möller (1998, S. 93). Sie schreibt: „Erfahrungen im Umgang mit technischen Gegenständen stützen den Aufbau bildhafter Vorstellungen. Haben Schüler ausreichend Vorerfahrungen, so sind sie durchaus in der Lage, sich kreativ und erfinderisch mit technischen Problemen auseinander zu setzen. Das Handeln spielt auch hierbei eine wichtige Rolle: Im Handeln lassen sich die entworfenen Lösungen überprüfen."
Die Kinder gewinnen während der Untersuchungen vielfältige bereichsspezifische Erfahrungen mit physikalischen Phänomenen. Die Ergebnisse zeigen, dass diese unterschiedlicher ‚Qualität' oder ‚Natur' (ästhetisch, implizit, explizit) sind, sich unterschiedlich ‚zeigen', aber auch fließend ineinander übergehen können. Hier müssten die ‚Schnittstellen' näher untersucht werden: Wann und wie ereignet sich beispielsweise ein Übergang von der ästhetischen Wahrnehmung zum expliziten Verbalisieren? Außerdem zeigt sich, dass es Phasen der Erfahrungsgewinnung gibt, in denen sich die Kinder in Abhängigkeit von ihren Vorerfahrungen unterschiedlich verhalten. Hier wären Fallstudien darüber auf-

schlussreich, welchen Einfluss Vorerfahrungen auf die Qualität neuer Erfahrungen, auf die Fähigkeit, diese zu verbalisieren und darauf haben, flexibler und kreativer auf Problemstellungen zu reagieren.

5. These: Kinder können während des FEE vieles über physikalische Phänomene und Zusammenhänge implizit lernen.

Insbesondere die Ergebnisse der zweiten Vorstudie (Kap. 4.4.4) weisen darauf hin, dass die Kinder durch das Explorieren und Experimentieren implizite Vorerfahrungen und Vorwissen sammeln. Diese lassen sich, da sie nicht verbalisiert werden, nur schwierig feststellen.

Die Bedeutung von Vorwissen und seine Relevanz für das Lernen über den Unterrichtsgegenstand ist gerade im Bereich der Physik vielfach untersucht und belegt worden (s.u.; vgl. Schneider et al. 1989; Krist 1999, S. 195). Eine viel genannte pädagogisch-didaktische Forderung ist es daher, im Unterricht auf dem Vorwissen der Schüler aufzubauen: „Unter Vorwissen kann man, in einem sehr allgemeinen Sinne, jegliches Wissen verstehen, das Lernende bereits besitzen, bevor sie mit einer Lernaufgabe konfrontiert werden, die dieses Wissen voraussetzt oder in irgend einer Weise tangiert." (Krist 1999, S. 193) Insbesondere im Bereich der Physik konnte jedoch auch festgestellt werden, dass ‚falsches' Vorwissen (‚misconceptions', vgl. Lawrenz 1986, S. 654 ff.) dem Erwerb korrekter physikalischer Vorstellungen entgegenstehen oder aber neben den schulisch erworbenen Konzepten unangetastet fortbestehen kann. Vielfach wird dann dieses ‚falsche' Alltagswissen als Erklärungsansatz für Problemstellungen gegenüber der physikalisch korrekten Sichtweisen bevorzugt (zu physikalischen Konzepten bei Erwachsenen und Lehrern vgl. Häußler et al. 1983; Summers 1992; Webb 1992; Harlen et al. 1997, S. 59 ff.).

Es existiert eine Vielzahl an empirischen Untersuchungen zu dieser Art des Vorwissens. Schülervorstellungen zu physikalischen Phänomenen und Sachverhalten werden dabei im Hinblick auf konkrete Themenstellungen beispielsweise aus den Bereichen Elektrizität, Energie, zum Gewicht, zu den Aggregatzuständen, zur Luft und zum Luftdruck, Schwimmen und Sinken, zu Temperatur und Wärme und zur Optik erforscht (vgl. Duit 2004; Müller et al. 2004). Die Ergebnisse dieser Studien zeigen Vorstellungen auf, die Schüler zu bestimmten Inhalten mit in den Unterricht bringen. Das Hauptanliegen ist es, Fehlvorstellungen bei Schülern aufzudecken, um diese dann im Unterricht korrigieren zu können. Einige Ansätze gehen von der Notwendigkeit eines Konzeptwechsels von Alltagsvorstellungen zu wissenschaftlichen Konzepten aus, der durch den Unterricht geleistet werden soll (‚conceptual change', nach der Theorie von Posner, Strike, Hewson und Gerzog von 1982, vgl. Duit 1996, S. 150). Kattmann und Gropengießer (1996) relativieren diese Vorstellung, indem sie Alltagskonzepte und wissenschaftliche Anschauungen als gleichrangig bewerten und dem einzelnen Menschen die Auswahl und Nutzung des jeweiligen Konzeptes anhand der durch den Unterricht vermittelten „Einsicht in Beschränktheit und Funktion der einzelnen Konzepte" (ebd., S. 191) selbst überlassen wollen. Sie gehen also davon aus, dass es sinnvoller sei, die Schülervorstellungen im Unterricht nicht zugunsten wissenschaftlicher Konzepte zu beseitigen, sondern diese „in für die Lernenden nachvollziehbarer Weise auf wissenschaftliche Anschauungen zu beziehen, um die unterschiedlichen Sichtweisen – in verschiedenen Kontexten – einsehbar zu machen." (ebd., S. 189) Stern (2003) geht davon aus, dass man sich menschliches Lernen „zu jedem Alterszeitpunkt als eine permanente Erweiterung, Einschränkung oder Umstrukturierung von Begriffen" (ebd., S. 55) vorstellen kann. Missverständnisse können deshalb im Verlauf des Lernens auch wieder ausgeräumt werden.

Die kontroversen Positionen um die Theorie des Konzeptwechsels sollen an dieser Stelle jedoch nicht diskutiert werden (siehe dazu die Zusammenstellung der Argumente und Gegenpositionen in Duit 1996, S. 145 ff.).

Allen oben genannten Untersuchungen ist gemeinsam, dass sie von konkreten Vorstellungen der Schüler ausgehen, die diese zu verbalisieren in der Lage sind: Vorwissen wird stets mit Hilfe von Fragebögen oder Interviews erhoben, die eine Verbalisierung voraussetzen.

Vorwissen wird also im Allgemeinen so verstanden, dass bereits Vorstellungen vorliegen, die sich kognitiv manifestiert haben und verbalisiert werden können. Es wird dann auch von einem von einem Vor*verständnis* oder von bereits vorhandenen *Konzepten* gesprochen. Wenn es sich um ästhetische Vorerfahrungen oder um implizites Wissen handelt, das sich zwar als Erinnerungen einprägt, jedoch nicht unmittelbar reflektiert oder verbalisiert werden kann, ist dieses als ‚Vorwissen' nicht explizit erfassbar (vgl. Mecklenbräuker/ Wippich 1995; Stern 2003, S. 40). Dennoch handelt es sich um Wissensbestände, die eine unterstützende oder grundlegende Bedeutung für das Lernen haben können (vgl. Krist 1999).

Obwohl implizites Wissen beiläufig erworben wird, vermutet Neuweg (2000), dass „Lerner in der direkten Konfrontation mit praktischen Aufgabenstellungen vieles und mehr, als man vermuten möchte, *auch* implizit lernen können." (ebd., S. 210) Die Erforschung dieser Möglichkeiten während des Freien Explorierens und Experimentierens wäre eine weitere Aufgabe.

Auch die Bedeutung informellen Lernens rückt zunehmend in das Blickfeld und soll zukünftig stärker gefördert werden (Europäische Kommission 2001, S. 9; S. 32 ff., zit. nach Overwien 2005, S. 346). Informelles Lernen wird definiert als ein „Lernen, das im Alltag, am Arbeitsplatz, im Familienkreis oder in der Freizeit stattfindet" (Overwien 2005, S. 346). Es ist „(in Bezug auf Lernziele,

Lernzeit oder Lernförderung) nicht strukturiert und führt üblicherweise nicht zur Zertifizierung. Informelles Lernen kann zielgerichtet sein, ist jedoch in den meisten Fällen nichtintentional (oder inzidentiell/beiläufig)." (ebd.) Möglicherweise lernen die Kinder während des FEE auch informell (also nicht immer bzw. nicht sehr bewusst, vgl. ebd., S. 344), obwohl sie sich in der Institution Schule befinden, nämlich dann, wenn sie sich während des Experimentierens als so weit selbstbestimmt empfinden, wie sie es in der Freizeit tun würden. Anzeichen für diese Haltung können bei den Kindern der Klassen A und B (s.o.) insbesondere dort gefunden werden, wo sie sich freiwillig über die übliche Zeitdauer des Unterrichts mit den Experimenten beschäftigen.

6. These: Sowohl leistungsstarke als auch leistungsschwächere Kinder entwickeln sinnvolle methodische Zugänge zu den Phänomenen, wenn genügend Zeit zur Verfügung steht.

Die Hauptuntersuchung zeigt, dass der Vorgang der Wahrnehmung und des ‚Sich-Einlassens' auf die Phänomene viel Zeit erfordert und über den Zeitrahmen einer gewöhnlichen Unterrichteinheit oder auch eines Projekts hinaus geht. Erst nach etwa drei Wochen der Neugier, des spielerischen Explorierens, des Herumprobierens, des Hervorbringens immer neuer erstaunlicher Effekte und Phänomene kann festgestellt werden, dass die Kinder beginnen, in einem wissenschaftsorientierten Sinn zu experimentieren (vgl. Kap. 4.6.2.1.4). Sinnvolle methodische Zugangsweisen können Kinder also von sich aus vermutlich erst dann entwickeln, wenn genügend Zeit zur Verfügung steht. Zu untersuchen, wie viel Zeit einzelne Kinder benötigen, um in die jeweils nächste Phase zu gelangen, könnte Gegenstand einer weiteren Untersuchung sein. Leistungsstärkeren Kindern gelangen während der Untersuchungen die Übergänge zwischen den Phasen offensichtlich etwas eher und leichter. Genauer zu untersuchen wäre, welche Unterschiede es zwischen einzelnen Kindern bzw. Kindergruppen gibt, welche Ursachen diese Unterschiede haben und wo Grenzen oder Gefahren bezüglich der selbstbestimmten Gewinnung von Erfahrungen liegen.

7. These: Die Engagiertheit der Kinder während des FEE ist höher als im durch die Lehrkraft geplanten Unterricht.

Angelehnt an die Untersuchungen von Laevers (1994a,b, 1996; vgl. Mayr/ Ulich 2003, S.168 ff.), der anhand von Tätigkeitsprofilen die Engagiertheit von Vorschulkindern erfasste, wäre es interessant eine vergleichende Studie mit dem Ziel durchzuführen, die das Maß an Engagiertheit von Kindern im Sachunterricht während des FEE im Vergleich zu ‚normalen' Unterrichtsphasen mit physikalischen Inhalten festzustellen und die Folgen für den Unterricht zu evaluieren.

8. These: Die Kinder profitieren im Fachunterricht von den Erfahrungen, die sie während des FEE in der Grundschulzeit erworben haben. Sie entwickeln ein positives bereichsspezifisches Selbstkonzept.

Ein Aspekt, der innerhalb der vorliegenden Arbeit nur im Ansatz betrachtet werden konnte, ist die Frage nach der langfristigen, nachhaltigen Wirkung des FEE. Um herauszufinden, inwiefern Kinder für spätere Lernphasen vom Freien Explorieren und Experimentieren profitieren und ein positives Selbstkonzept entwickeln können, ist eine mehrjährige Studie erforderlich, in denen das Lernverhalten, die Einstellungen und Zugangsweisen von Kindern, die in der Grundschulzeit nach dem Konzept ‚FEE' gearbeitet haben untersucht und mit Kontrollguppen verglichen werden.

9. These: Kinder können auch im durch die Lehrkraft gestalteten Unterricht unter bestimmten Bedingungen von sich aus eine wissenschaftsorientierte Haltung entwickeln.

Die Ergebnisse der Hauptuntersuchung zeigen, dass der Übergang zu spezifischen Handlungen, zum Nachfragen, Bedenken, Reflektieren und Deuten sich von selbst oder „autonom" (Soostmeyer 1978, S. 181) einstellt. Die Kinder erarbeiten sich also selbstständig Zugangsweisen, die in eine wissenschaftsorientierte Haltung münden können. Ob dieses Verhalten als eine anthropologische Grundhaltung angesehen werden kann, lässt sich aus der vorliegenden qualitativen Studie nicht ablesen, jedoch scheint es so zu sein, dass Kinder, wie bereits Wagenschein und auch Soostmeyer beobachteten oder vermuteten - diese Art des Zugangs unter bestimmten Bedingungen aus sich heraus entwickeln können. Hier wäre eine eher quantitativ angelegte Studie aufschlussreich, die Erkenntnisse darüber erbringt, welche Kinder unter welchen Bedingungen eine wissenschaftsorientierte Haltung entwickeln.

10. These: Der Anteil fachlichen Lernens nimmt mit der Dauer der Spezialisierungsphase zu.

Während ihrer Handlungen lernen die Kinder vieles auch explizit über physikalische Zusammenhänge. Da die Untersuchungen durch das Ende des Schuljahres in der Spezialisierungsphase endeten, wäre es möglich, dass die Dimension des fachlichen Lernens und Wissenserwerbs sich noch ausweitet, wenn den Kindern eine längere Zeitdauer für das FEE zur Verfügung steht. Erkenntnisse darüber könnten in einer Langzeitstudie gewonnen werden. Gegenstand weiterer Untersuchungen sollte in diesem Zusammenhang auch sein, genauer zu erforschen, inwieweit die Kinder aus sich heraus ein wissenschaftsorientiertes, eher systematisches Lernen auf dem Gebiet der Physik entwickeln.

11. These: Geschlechtsspezifische Unterschiede hinsichtlich des Interesses an physikalischen Inhalten lassen sich durch FEE abmildern.

Während der Untersuchungen konnte beobachtet werden, dass Mädchen und Jungen beim Explorieren und Experimentieren gleichermaßen engagiert waren. Obwohl dies nicht Fragestellung der Arbeit ist, lässt sich im Rückblick eine Tendenz dahingehend feststellen, dass die Jungen an eher technischen Versuchen mehr interessiert waren als die Mädchen. Sie führten beispielsweise mehr Versuche aus dem Bereich Elektrizitätslehre durch.

Dennoch waren die Mädchen auch an diesen Versuchen interessiert und ließen sich die Ergebnisse zeigen und erklären.

Es müsste untersucht werden, ob die Mädchen ihre eher passive Haltung diesen Versuchen gegenüber allmählich aufgeben, wenn Zeit genug dafür zur Verfügung steht.

7.2 Forschungsfragen und Thesen hinsichtlich der Lehrerinnen und Lehrer

1. These: Die Bereitschaft der Lehrerinnen und Lehrer, physikalische Inhalte in den Unterricht aufzunehmen, steigt, wenn sie diese Inhalte zunächst nicht selbst ‚unterrichten' müssen.

Die Innovationsforschung versucht bereits seit langem, Kriterien abzuleiten, die es wahrscheinlich machen, dass eine Innovation in den Unterricht übernommen wird. Dabei hat es sich vor allem bei der Implementation von Curricula gezeigt, dass Innovationsprozesse in der Schule vor allem Zeit brauchen (vgl. Schirp 1992, S. 37). Wichtigste Bedingung dafür, ob ein neues Modell Eingang in den Unterricht findet, ist, dass es von den beteiligten Personen angenommen wird. „Nur wenn es Innovationen gelingt, Zweifel und Widerstand zu überwinden, werden die Menschen sie annehmen, umsetzen, verändern, situativ anpassen." (Hameyer 2000, S. 9). Zu untersuchen wäre, wie groß die Bereitschaft bei Lehrerinnen und Lehrern ist, das FEE in ihren Unterricht aufzunehmen und ggf. welche Gründe für eine Ablehnung vorgebracht werden. Fraglich ist beispielsweise, ob dieses ‚Angebot', die Verantwortung zeitweise an die Kinder zu delegieren mit dem jeweiligen Rollen- bzw. Professionalitätsverständnis der Lehrerinnen und Lehrer kompatibel ist.

2. These: Wenn Kinder nach dem Konzept des FEE arbeiten, bauen die Lehrerinnen und Lehrer ihre Vermeidungshaltung gegenüber physikalischen Inhalten allmählich ab.

Die Untersuchungsergebnisse hinsichtlich der Rolle der Lehrerinnen geben zu der Hoffnung Anlass, dass sich auch bei anderen Lehrerinnen im Verlauf der Zeit eine allmähliche Abnahme der Vermeidungshaltung und damit ein Aufweichen der Lehrgrenzen ereignen können. Um hier mehr Klarheit zu gewinnen, wäre eine Evaluationsstudie mit einer größeren Anzahl von Klassen und Lehrkräften nötig. Im Hinblick darauf, dass aktuell häufig keinerlei physikalische Inhalte thematisiert werden, könnte das FEE ein Weg sein, den naturwissenschaftlich-technischen Bereich wieder zu stärken, indem die Lehrerinnen die Möglichkeit erhalten, zeitweise als ‚Außenstehende' auf die Kinder zu blicken und sich mit dem Geschehen durch Beobachtung der Kinder vertraut zu machen. In den untersuchten Klassen wirkten die Aktivitäten und Erfahrungen der Kinder insbesondere bei der Lehrerin aus Klasse A als Anreiz dafür, sich selbst intensiver mit physikalischen Inhalten zu beschäftigen und Hemmnisse abzubauen. Hier wäre genauer zu untersuchen, unter welchen Bedingungen sich dieses ‚Sich-Einlassen' sowohl auf die Aktivitäten und Interessen der Kinder als auch auf fachliche Inhalte ereignen kann.

3. These: Das FEE kann eine Veränderung des Unterrichtsstils in Richtung geöffneter Unterrichtsformen bewirken.

Probleme dürften sich bei den Lehrerinnen ergeben, die einen eher lenkenden Unterrichtsstil bevorzugen. Hier könnte sich die Bedingung der Öffnung des Unterrichts als eine neue Hemmschwelle zeigen. Andererseits könnte aber die Möglichkeit bestehen, dass durch das FEE eine Veränderung des Rollenverständnisses eintritt. Bei günstigem Verlauf könnten die Entwicklungen bei den Kindern vielleicht eine Reflexion des eigenen professionellen Selbstverständnisses der Lehrkräfte in Gang setzen. Das FEE wäre dann denkbar als eine Art ‚Instrument' für die Öffnung von Unterricht.

Da besonders in der Orientierungsphase ein hoher Geräuschpegel entsteht und die Kinder in ihren Handlungen häufig den Eindruck der Oberflächlichkeit und Albernheit erwecken, besteht die Gefahr der vorschnellen Ablehnung durch die Lehrer und Lehrerinnen. Das Gefühl nicht mehr ‚Herr bzw. Frau der Lage' zu sein, die Angst und Zeit zu vergeuden und nicht exakt benennen zu können, was die Kinder in diesen Phasen lernen, führt womöglich zum Abbruch des Explorierens, bevor es noch richtig begonnen hat. Dieses Verhalten ist bei Lehrkräften beobachtet worden, die zum ersten Mal Formen des offenen Unterrichts wie Stationenbetrieben, Werkstattarbeit und Freiarbeitsphasen erprobten (vgl. Kasper 1989, S. 123 f.). Auch in den beiden beobachteten Klassen reagieren die Lehrerinnen auf die Orientierungsphase zunächst irritiert. Sie fragen nach, ob das Verhalten der Kinder den Erwartungen entspricht, ob es sich dabei nicht nur um Spielerei handelt und ob sie die Kinder auf bestehende Regeln (Ruhe im Klassenraum, eine angefangene Sache muss zu Ende bearbeitet werden, Dinge sollen zuerst weggeräumt werden, bevor etwas Neues hervorgeholt wird) hinweisen sollen. Zu untersuchen wäre deshalb im Zusammenhang der Öffnung des Unterrichts auch, ob Lehrerinnen diese Phasen ohne Rückversicherung ‚aushalten' können, wenn sie über die Übergänge im Vorfeld informiert sind.

4. These: FEE und der exemplarisch-genetisch-sokratische Ansatz können bei gegebener Kompetenz der Lehrkraft produktiv verknüpft werden.

Ein weiteres Forschungsfeld eröffnet sich dort, wo die Lehrkräfte durchaus physikalisch interessiert und/ oder kompetent sind oder es durch Erfahrungen mit dem FEE geworden sind. Hier wäre es interessant zu untersuchen, ob und ggf. in welcher Weise solche Lehrer und Lehrerinnen mit den Erfahrungen der Kinder und den Anschlussmöglichkeiten für den ‚normalen' Unterricht umgehen. In diesem Zusammenhang stellt sich auch die Frage, ob FEE eine Form des Zugangs zu physikalischen Phänomenen darstellt, die mit der durch fachliche Kompetenz des Lehrers/ der Lehrerin gestützten Form z.B. des exemplarisch-genetisch-sokratischen Ansatzes kompatibel ist.

Hinweise darauf geben Einschätzungen Köhnleins: „Genetischer Unterricht beginnt in der Regel mit der Wahrnehmung von *Phänomenen*, die sich ‚sinnenhaft zeigen'" (Köhnlein 2000, S. 299) - „Der Sinn des genetischen Lernens besteht also darin, dass er es den Kindern (und Jugendlichen) ermöglicht, einen Gegenstandsbereich produktiv zu bewältigen, d.h. grundlegende Ideen und Strukturen durch eigene Aktivitäten hervorzubringen. Mit Aebli sind wir der Auffassung, dass sich das Denken – und mit ihm das Verstehen der physischen und sozialen Umwelt – aus dem praktischen Handeln und aus dem Wahrnehmen entwickelt." (ebd., S. 300) – „Der *Einstieg* in das Thema hat die Funktion, die Kinder an ein Phänomen oder eine Aufgabe so heranzuführen, dass sie das Problem erkennen und zum Fragen, Sehen und Nachforschen angeregt werden." (ebd., s. 299 f.).

Werden Kinder während des FEE in dieser Weise aufmerksam auf ein Phänomen – so meine These – kann in einem sich anschließenden genetischen bzw. exemplarisch-genetisch-sokratischen Unterricht (wenn das Phänomen, das vertieft werden soll, von der Lehrkraft unter dem Aspekt des Exemplarischen ausgewählt wird), die „Erarbeitung einer weiterführenden Einsicht" (Köhnlein 2000, S. 300) in ähnlicher Weise stattfinden, wie in einem geplanten Unterricht.

5. These: FEE ist als ein Element der Lehrerausbildung förderlich im Hinblick auch auf fachliches Lernen.

Erfahrungen mit Studierenden zeigen, dass das Konzept FEE auch auf dem Gebiet der Lehrerausbildung einsetzbar ist. Hier sind vertiefte Studien nötig, um die Übergänge vom Explorieren an explizites Lernen über Physik, aber auch die nachhaltige Wirksamkeit auf Einstellungen und Haltungen der Studierenden gegenüber physikalischen Phänomenen sowie gegenüber physikalischen Inhalten in ihrem späteren Unterricht als Lehrerinnen und Lehrer zu erfassen.

7.3 Forschungsfragen hinsichtlich der Experimentierecke

Vielen Kindern fehlen Erfahrungen mit einfachen Werkzeugen, mit technischen Geräten und einfachen mechanischen Maschinen (vgl. Mammes 2001, S. 20). Da Werkunterricht nur noch selten angeboten wird und Werkräume in der Regel fehlen oder nur spärlich ausgestattet sind, empfiehlt Soostmeyer, Möglichkeiten zum Arbeiten mit einfachen Werkmaterialien im Klassenraum auf einem Entdeckungstisch anzubieten (Soostmeyer 1998, S. 372 ff.). Der Entdeckungstisch ist ein von der Lehrerin oder dem Lehrer gestalteter Tisch mit Materialien zu einem im Sachunterricht thematisierten Inhaltsbereich (vgl. Soostmeyer 2002, S. 155). Die Materialien sind präpariert, um den Kindern gefahrlos und effektiv Entdeckungen zu ermöglichen, die im Kontext des jeweiligen Unterrichtsgegenstandes interessant werden können. Das Konzept des Entdeckungstisches ist unmittelbar angebunden an das Entdeckende Lernen: „Ein Schüler also, der selbsttätig entdeckt, Probleme findet und löst, lernt Informationen so zu verwenden und umzuorganisieren, dass sie zur Beantwortung einer Frage tauglich werden. […] Selbstentdecktes wird besser behalten, als solches, was nur angelernt ist. Entdeckungen steigern die Gedächtnisleistung und die Freude an ihnen führt zur Steigerung der Wissbegier und des Willens, etwas zu können." (Soostmeyer 1998, S. 27)

Der Entdeckungstisch bzw. ‚Discovery-table' stammt ursprünglich aus England. Thiel übernahm diesen Namen für seine eigene Idee, mit Kindern „ausgemusterte Werkzeuge, Haushaltsgeräte, Plastik- und Gummischläuche, Töpfe, Krüge und Wannen – was so die Privathaushalte bei Lehrern und Schülern eben hergeben" in die Klasse zu bringen und sie „in Bananenkisten" (Thiel 1997, S. 193) unterzubringen, um sie für Versuche nutzbar zu machen.

Der Aufbau eines Entdeckungstisches durch die Lehrerin oder den Lehrer erfordert, zumindest dann, wenn sie thematisch in eine bestimmte Richtung führen soll, ein Verständnis davon, was an Materialien für Experimente sinnvoll sein könnte. Dafür ist zunächst eine Auseinandersetzung mit den zugrunde liegenden Phänomenen nötig. Dem steht jedoch, wie in Kap. 1 gezeigt wurde, häufig eine Vermeidungshaltung entgegen.

Die Einrichtung einer Experimentierecke durch die Kinder selbst ist in diesen Fällen deshalb zentral für die Verwirklichung eines funktionierenden physikalischen Erfahrungsfeldes. Erste Erfahrungen zeigen aber, dass die Lehrerin der untersuchten Klasse A keine Probleme damit hatte, in ihrer Folgeklasse von Beginn an Experimentiertische einzurichten. Sie eröffnete den Kindern auf diese Weise vom ersten Schuljahr an Möglichkeiten zum Kennen lernen physikalischer Phänomene. Anschlussforschung könnte sich darauf beziehen zu untersuchen, wie Kinder, die bereits seit dem ersten Schuljahr experimentieren, das Angebot des FEE wahrnehmen.

Grenzen des Erfahrungsfeldes ‚Experimentierecke' können vor allem im biologischen und technischen Bereich ausgemacht werden. Die Kinder beider Klassen nehmen nur sehr selten biologische oder technische Phänomene in den Blick. Vermutlich verbinden sie mit dem Wort ‚Experimentierecke' nicht das für technische Inhalte eher typische ‚Bauen' oder ‚Konstruieren' oder biologische Inhalte. Es wäre zu untersuchen, welche Inhalte und Phänomene Kinder wählen, wenn sie stattdessen das Angebot erhielten, eine Technikecke, eine Bauecke oder eine ‚Naturforscherecke' einzurichten.

Grenzen ergeben sich auch dort, wo der Klassenraum aufgrund von Raummangel keine Möglichkeiten zur Einrichtung einer Experimentierecke bietet. Hier müssten ‚Kleinformen' getestet werden, in denen die Materialien in Regalen gelagert, die Experimente aber an den Schülertischen durchgeführt werden. Problematisch bleibt dabei, dass Experimente nur schwer über einen längeren Zeitraum aufgebaut bleiben können.

7.4 Forschungsfragen hinsichtlich der Schule

Innerhalb der Hauptstudie wurde dem schulischen Rahmen kaum Beachtung geschenkt. Allerdings zeigte sich im Nachhinein, dass ein großes Interesse der jeweiligen Kollegen der Lehrerinnen aus Klasse A und B an der methodischen Form des FEE vorhanden war. Beide Lehrerinnen berichteten in den Kollegien über ihre Erfahrungen. Die Lehrerin der Klasse A konzipierte auf die Fragen ihrer Kolleginnen hin eine schulinterne Fortbildung, sowie später auch ‚externe' Lehrerfortbildungen hinsichtlich des FEE.

Von Interesse sind in diesem Zusammenhang vor allem die Prozesse, die zu einer Verbreitung des Modells führen können.

7.5 Forschungsfragen hinsichtlich der Eltern bzw. Erziehungsberechtigten

Das Interesse und die Anteilnahme der Eltern an den Aktivitäten der Kinder waren in beiden Klassen vergleichsweise groß. Dies kann z.B. daran festgemacht werden, dass viele Eltern den Kindern bereitwillig Materialien aus dem Haushalt mitgaben, ihnen aber auch z.T. Bücher oder Experimentierkästen kauften. Rückmeldungen, die die Lehrerinnen erhielten, waren stets sehr positiv, weil die Kinder auch im häuslichen Bereich von ihren Erlebnissen und Erfahrungen erzählten und zu Hause auch weiter experimentierten bzw. Phänomene vorführten.

Die Eltern wurden jedoch nicht in den Forschungsprozess einbezogen. Auch hier können Anknüpfungspunkte gesehen werden: Welche Einschätzungen und Haltungen bezüglich physikalischer Inhalte liegen bei den Eltern vor? Ändern sich diese durch die Aktivitäten und Interessensbekundungen durch die Kinder? Sind die Eltern bereit, sich selbst in den Prozess einzubringen und ggf. mit den Kindern zusammen zu experimentieren? Es liegen bereits Erfahrungen mit Eltern aus anderen Klassen vor, die mit dem FEE gearbeitet haben. Hier konnte festgestellt werden, dass die Eltern sich stark engagierten, den Kindern bei der Bereitstellung und der Herstellung von Materialien zu helfen (Bau eines Ständers für Reagenzgläser, Herstellen von Eisenfeilspäne durch Abfeilen eines Eisenklotzes!) sowie sie bei der Recherche nach Experimenten (in Büchern und im Internet) zu unterstützen. Die Kinder ‚verführten' (Aussage der Lehrerin) manche Eltern geradezu dazu, sich ebenfalls für das Experimentieren zu interessieren. Viele Kinder berichteten von gemeinsamen Aktivitäten mit den Eltern. Um das Interesse noch zu verstärken und wohl aber auch zu würdigen, gestalteten die Kinder einer Klasse einen Elternabend, an dem die Eltern *„die schönsten Experimente"* (L.) selbst durchführen konnten.

8 Zusammenfassung

Ausgangspunkt der vorliegenden Arbeit ist das Problem der zu geringen Aufnahme physikalischer Inhalte in den Sachunterricht (vgl. Kap. 1). Physikalische, chemische und technische Inhalte werden im Sachunterricht kaum thematisiert, obwohl Kinder sich dafür interessieren. Im ersten Kapitel wird dieses Problem daher zunächst analysiert. Die Arbeit befasst sich dabei schwerpunktmäßig mit dem Bereich der Physik.

In einer Voruntersuchung (vgl. Kap. 1.2.2 ff.) wird mit Hilfe des dafür entwickelten Verfahrens des ‚Kollegialen Gesprächs' (vgl. Kap. 1.2.2.1) nach Gründen für dieses Phänomen gesucht. Es stellt sich heraus, dass es vielfach persönliche Gründe der Lehrerinnen und Lehrer sind, die dazu führen, dass physikalische Inhalte im Sachunterricht zu wenig oder überhaupt nicht thematisiert werden. Negative eigene Schulerfahrungen, mangelnde fachliche Kompetenzen, geringes Interesse, insbesondere bei den in der Grundschule überwiegend tätigen Lehrer*innen,* führen zur Vermeidung von physikalischen Inhalten im Sachunterricht. Durch die als ‚Lehrgrenzen' charakterisierten Hemmschwellen der Lehrerinnen und Lehrer gegenüber physikalischen Inhalten werden ‚Lerngrenzen' für die Kinder aufgebaut (vgl. Kap. 1.3).

In Kapitel 2 wird die Fragestellung für das Forschungsvorhaben entwickelt. Da traditionelle Maßnahmen wie z.B. Lehrerfortbildungen gegen das Problem der geringen Aufnahme physikalischer Inhalte zu wenig greifen und sich die Lehrgrenzen nur schwer überwinden lassen (vgl. Kap. 1.4), richtet sich die Forschungsabsicht nicht in erster Linie auf die Lehrerinnen und Lehrer, sondern auf die Kinder: Untersucht wird die Möglichkeit einer selbstbestimmten Gewinnung von Erfahrungen mit physikalischen Phänomenen durch die Kinder - im schulischen Rahmen aber ohne die Anleitung durch die Lehrkraft.

Um ein Vorverständnis (vgl. Flick 2000, S. 60) von diesem Untersuchungsgegenstand zu erlangen, werden im dritten Kapitel diesbezügliche Theorien und Ergebnisse empirischer Untersuchungen herangezogen. Zunächst wird der Erfahrungsbegriff analysiert (vgl. Kap. 3.1) und auf theoretischer Grundlage geklärt, unter welchen Bedingungen selbstbestimmte Erfahrungsgewinnung stattfindet. Außerdem wird über Entwicklungsmöglichkeiten nachgedacht, die sich bei einer selbstbestimmten Erfahrungsgewinnung ergeben können (vgl. Kap. 3.4). Die Theorien und Ergebnisse empirischer Untersuchungen dienen als Basis für die Gestaltung der empirischen Untersuchungen der vorliegenden Arbeit: Kinder kommen bereits mit physikalischem ‚Wissen' auf die Welt und sind in der Lage, relativ eigenständig Erfahrungen zu sammeln. Neugier und Explorationslust sind die Antriebe dafür, dass Kinder von sich aus in ihrer

Umwelt spielerisch und explorativ nach neuen Erfahrungen suchen. Dabei ist es für die Ausprägung einer intrinsischen Motivation wichtig, dass sie weitgehend selbstbestimmt agieren können. Werden diese Bedingungen erfüllt, können die Kinder Flow erleben und im Zuge dessen auch eine höhere Leistungsbereitschaft, gesteigerte Leistungen sowie ein vertieftes Interesse entwickeln.

Kapitel 4 enthält die Darlegung der empirischen Untersuchungen. Es werden zunächst methodologische Überlegungen angestellt (vgl. Kap. 4.1) und die Entscheidung für die Wahl qualitativer Forschungsmethoden begründet.

In Kaptitel 4.4 werden Voruntersuchungen beschrieben, die in drei Grundschulklassen zum selbstständigen Umgang mit Literatur und Experiment, zum Erwerb und zur Qualität von Erfahrungen sowie zu Verhaltensänderungen durch Vorerfahrungen durchgeführt wurden. Diese Voruntersuchungen liefern wichtige Hinweise darauf, ob die Kinder im schulischen Rahmen dazu in der Lage sind, selbstbestimmt und selbstorganisiert Erfahrungen mit physikalischen Phänomenen zu erwerben (vgl. Kap. 4.4.2) und auch darauf, welche Qualität die erworbenen Erfahrungen haben (vgl. Kap. 4.4.3). Außerdem werden erste Hinweise darauf gefunden, wie sich das Verhalten ändert, wenn Kinder mit einschlägigen Vorerfahrungen zu einem physikalischen Inhalt mit neuen, aber in ihrer Struktur ähnlichen Phänomenen konfrontiert werden (vgl. Kap. 4.4.4).

In der ersten Voruntersuchung zeigt sich, dass es auch nicht vorbereiteten Kindern in überwiegend gelenkten Klassen gelingt, anhand von Sachliteratur selbstständig das notwendige Material für Experimente zu beschaffen und diese dann auch durchzuführen. Die zweite Voruntersuchung erbringt, dass die Kinder beim Explorieren und Experimentieren ästhetische und implizite Erfahrungen sowie explizites Wissen erwerben können. Die dritte Voruntersuchung liefert Hinweise darauf, dass Kinder mit einschlägigen Vorerfahrungen schneller dazu übergehen, die Phänomene analytisch und ‚ernster' zu betrachten. Das Verhalten der Kinder lässt außerdem Schlüsse auf Phasen zu, die die Kinder bei der Erfahrungsgewinnung mit physikalischen Phänomenen durchlaufen. Die Untersuchungen münden daher in einem ersten Modell der Erfahrungsgewinnung (vgl. Kap. 4.4.5).

Die Hauptuntersuchung (vgl. Kap. 4.6) wird in zwei vierten Klassen durchgeführt. Die Kinder erhalten das Angebot, sich eine Experimentierecke im Klassenraum einrichten zu können. Es steht ihnen frei, sich für dieses Vorhaben oder dagegen zu entscheiden. Ihnen wird mitgeteilt, dass sie die Experimentierecke bei positiver Entscheidung ohne Hilfe der Lehrerin aufbauen müssen. Diese Bedingung ist zentral für die Untersuchungsabsicht, da auf diesem Wege

bei den Kindern ein Selbstbestimmungsempfinden und eine intrinsische Motivation erreicht werden soll.
Die Ergebnisse dieser Untersuchung zeigen, dass die Kinder dazu in der Lage sind, sich selbst ein physikalisches Erfahrungsfeld im Klassenraum zu schaffen und dieses produktiv und kreativ zu nutzen. Die Kinder nutzen die Möglichkeiten zur Selbstbestimmung, organisieren sich weitgehend selbst, sind über einen Zeitraum von 3 Monaten motiviert und erleben Flow. Ihre Leistungsbereitschaft erhöht sich und sie entwickeln Interessen. Die Kinder führen im Verlauf der Untersuchungen eine Reihe von Experimenten durch, erwerben dabei vielfältige Erfahrungen, bilden eine wissenschaftsorientierte Haltung aus und erweitern soziale Kompetenzen.

Die Lehrerinnen der beiden Klassen reagieren unterschiedlich auf die Aktivitäten der Kinder. Während die Lehrerin der Klasse A (vgl. Kap. 4.6.2.1) sehr bald eine aufgeschlossene Haltung einnimmt und sich mitforschend und -lernend in das Geschehen einbringt, zieht sich die Lehrerin der Klasse B in der Regel aus dem Klassenraum zurück, wenn die Kinder explorieren und experimentieren. Dennoch gewinnt auch sie aufgrund der Leistungen der Kinder und vermutlich auch durch die positiven Rückmeldungen der Eltern eine positive Einstellung gegenüber dem Explorieren und Experimentieren. Obwohl sie sich persönlich nicht einbringt, sorgt sie doch dafür, dass in der Schule ein Experimentierraum eingerichtet wird.

In Kapitel 5 findet sich die Theoriebildung zum Konzept des Freien Explorierens und Experimentierens (FEE). Das in Kapitel 4.4.5 für kurzfristige Erfahrungssequenzen entworfene Modell der Erfahrungsgewinnung wird aufgrund der Ergebnisse aus der Hauptstudie weiter entwickelt. Es ergeben sich vier Phasen, die aufgrund der Verhaltensänderungen der Kinder während der längerfristigen Gewinnung von Erfahrungen mit physikalischen Phänomenen unterschieden werden konnten: Die Organisationsphase zu Beginn, in der die Kinder die Experimentierecke planen und aufbauen, die Orientierungsphase, in der die Kinder im Wesentlichen neue spektakuläre Erfahrungen sammeln, die Explorationsphase, die durch mehr Ruhe und Konzentration auf bestimmte Versuche gekennzeichnet ist und die Vertiefungs- bzw. Spezialisierungsphase, in der die Kinder sich vertieft und wissenschaftsorientiert mit einzelnen Phänomenen oder mit Fragestellungen zu besonderen Bereichen längerfristig beschäftigen.

In Kapitel 6 wird die Diskussion über das Konzept FEE angeregt: Ist es möglich und sinnvoll, dem Freien Explorieren und Experimentieren einen Platz im Sachunterricht einzuräumen? Gibt es eine Kompatibilität mit den allgemein anerkannten Aufgaben und Zielen des Sachunterrichts? Kann FEE sinnvoll in den ‚normalen' Unterricht integriert werden?

Mit Abschluss der Untersuchungen öffnet sich gleichzeitig ein neues Forschungsfeld. In Kapitel 7 werden deshalb im Sinne eines Ausblicks Forschungsfragen und Thesen für eine mögliche Anschlussforschung aufgeworfen.

Literatur

Aebele, A.: Auswirkungen von Wohlbefinden oder: Kann gute Laune schaden? In: Aebele, A./ Becker, P. (Hrsg.): Wohlbefinden - Theorie - Empirie - Diagnostik. Weinheim/ München 1991, S. 297-326

Aebli, H.: Zwölf Grundformen des Lehrens. Stuttgart 1998

Aissen-Crewett, M.: Ästhetische Zugänge zur Welterkenntnis bei Kindern – Überlegungen zum natur- und naturwissenschaftsbezogenen Sachunterricht. In: Köhnlein, W./ Marquardt-Mau, B./ Schreier, H. (Hrsg.): Kinder auf dem Weg zum Verstehen der Welt. Bad Heilbrunn 1997, S. 144-169

Aissen-Crewett, M.: Grundriss der ästhetisch-aisthetischen Erziehung. Potsdam 1998

Aissen-Crewett, M.: Musisch-ästhetische Bildung – was macht sie unverzichtbar? In: Grundschule, 32 (2000) 10, S. 50-52

Akker, J. J. H. van den: Die Grundschule unterwegs: Ergebnisse aus der Innovationsforschung anderer OECD-Länder. In: Hameyer, U./ Lauterbach, R./ Wiechmann, J. (Hrsg.): Innovationsprozesse in der Grundschule. Bad Heilbrunn 1992, S. 306-317

Alt-Stutterheim, W. von/ Andreas, R./ Bittlinger, L.: Lehrer und Lehrplan in der Grundschule. Ergebnisse einer repräsentativen Lehrerbefragung in Bayern. München 1983

Aufschnaiter, C. v./ Aufschnaiter, S. v.: Eine neue Aufgabenkultur für den Physikunterricht. In: Der mathematische und naturwissenschaftliche Unterricht (MNU), 54 (2001) 7, S. 409-416

Baillargeon, R.: The Object Concept Revisited. Visual Perception and Cognition in Infancy. Carnegie-Mellon Symposia on Cognition, 23. New York 1992

Bannach, M.: Selbstbestimmtes Lernen. Hohengehren 2002

Basting, D.: Am Anfang steht der Spaß an der Physik. In: Physikalische Blätter, 57 (2001) 7/ 8, S. 37-41

Bauer, R.: Lernen an Stationen in der Grundschule. Berlin 1998

Baumeister, T.: Ästhetische Erlebnisse. In: Zeitschrift für Ästhetik und allgemeine Kunstwissenschaft, 39 (1994) 2, S. 145-161

Baumert, J./ Bos, W./ Watermann, R.: TIMSS/III: Schülerleistungen in Mathematik und den Naturwissenschaften am Ende der Sekundarstufe II im internationalen Vergleich. Berlin 1998

Baumert, J./ Klieme, E./ Neubrand, M./ Prenzel, M./ Schiefele, U./ Schneider, W./ Stanat, P./ Tillmann, K. J./ Weiß, M. (Hrsg.): PISA 2000. Basiskompetenzen von Schülerinnen und Schülern im internationalen Vergleich. Opladen 2001

Baumgarten, A. G.: Meditationes philosophicae de nonnullis ad poema pertinentibus. Philosophische Betrachtungen über einige Bedingungen des Gedichtes. Deutsche Übersetzung von H. Paetzold. Hamburg 1983

Baumgarten, A. G.: Theoretische Ästhetik. Die grundlegenden Abschnitte aus der ‚Aesthetica' (1750/58). Deutsche Übersetzung von H. R. Schweizer. Hamburg 1988

Becker, H. S./ Geer, B.: Teilnehmende Beobachtung: Analyse qualitativer Felddaten. In: Gerdes, K. (Hrsg.): Explorative Sozialforschung. Stuttgart 1979, S. 158-183

Berge, O. E./ Duit, R.: Richtig anfangen! Physikalischer Anfangsunterricht – Chancen für unser Fach. In: Naturwissenschaften im Unterricht Physik, 11 (2000) 60, S. 4-7

Berlyne, D. E.: Conflict arousal and curiosity. New York 1960

Berlyne, D. E.: Structure and direction in thinking. New York 1965

Bernard, W.: Rezeptivität und Spontaneität der Wahrnehmung bei Aristoteles. Baden-Baden 1988

Bjorklund, D. F.: How age changes in knowledge base contribute to the development of children's memory: An interpretative review. In: Development review, 7 (1987) 2, S. 93-130

Blaseio, B.: Entwicklungstendenzen der Inhalte des Sachunterrichts. Eine Analyse von Lehrwerken von 1970 bis 2000. Bad Heilbrunn 2004

Böhme, G.: Die Verwissenschaftlichung der Erfahrung. Wissenschaftsdidaktische Konsequenzen. In: Böhme, G./ Engelhardt, M. von: Entfremdete Wissenschaft. Frankfurt am Main 1979, S. 114-136

Bohnsack, R.: Rekonstruktive Sozialforschung. Einführung in die Methodologie und Praxis qualitativer Forschung. Opladen 2000

Bohrer, K.-H.: Die Grenzen des Ästhetischen. In: Welsch, W. (Hrsg.): Die Aktualität des Ästhetischen. München 1993, S. 48-64

Bonß, W./ Hartmann, H.: Konstruierte Gesellschaft, rationale Deutung. Zum Wirklichkeitscharakter soziologischer Diskurse. In: Bonß, W./ Hartmann, H. (Hrsg.): Entzauberte Wissenschaft. Zur Rationalität und Geltung soziologischer Forschung. Göttingen 1985, S. 9-46

Bos, W./ Lankes, E.-M./ Prenzel, M./ Schwippert, K./ Walther, G./ Valtin, R.: Erste Ergebnisse aus IGLU. Schülerleistungen am Ende der vierten

Jahrgangsstufe im internationalen Vergleich. Münster/ New York/ München/ Berlin 2003

Brügelmann, H. (Hrsg.): Kinder lernen anders. Langwil am Bodensee 1998

Bruner, J. S.: Entwurf einer Unterrichtstheorie. Berlin 1974

Bruner, J. S./ Olver, R. R./ Greenfield, P. M: Studien zur kognitiven Entwicklung. Stuttgart 1971

Bullock, M./ Ziegler, A. (Hrsg.): Scientific reasoning: Development and individual differences. In: Weinert, F. E./ Schneider, W. (Hrsg.): Individual development from 3 to 12. Findings from the Munich Longitudinal Study. Cambridge 1999, S. 38-54

Bundesministerium für Forschung und Bildung: OECD (Organisation for EconomicCo-Operation and development): Education at a glance. Paris 2002

Bundesministerium für Forschung und Bildung: OECD-Veröffentlichung ‚Bildung auf einen Blick'. Wesentliche Aussagen in der Ausgabe 2004: http://www.bmbf.de/pub/bildung_auf_einen_blick_wesentliche_aussagen.pdf [Stand: 11/2005]

Chi, M. T. H. / Slotta, J. D.: The ontological coherence of intuitive physics. In: Cognition and Instruction, (1993) 10, S. 249-269

Claussen, C.: Freies Experimentieren. In: Grundschule, 28 (1996) 12, S. 20-23

Csikszentmihalyi, M.: Das Flow-Erlebnis. Stuttgart 1999

Csikszentmihalyi, M./ Schiefele, U.: Die Qualität des Erlebens und der Prozess des Lernens. In: Zeitschrift für Pädagogik, 30 (1993) 2, S. 207-221

Daehler, M. W./ Greco, C.: Memory in Very Young Children. In: Pressley, M./ Brainerd, C. J.: Cognitive Learning and Memory in Children. New York 1985, S. 49-79

Dallmann, G./ Grabowski-Pamlitschka, S.: Sachunterricht: Erfahrung und Emanzipation. Düsseldorf 1973

Daucher, H./ Sprinkart, K.-P.: Ästhetische Erziehung als Wissenschaft. Köln 1979

Deci, E.L./ Ryan, M.: Die Selbstbestimmungstheorie der Motivation und ihre Bedeutung für die Pädagogik. In: Zeitschrift für Pädagogik, 39 (1993) 2, S. 223 -238

Deci, E. L./ Ryan, M.: Intrinsic motivation and self determination in human behaviour. New York 1985

Degel, J./ Köster, E. P.: Odors: implizit memory and performance effects. In: Chemical senses, 24 (1999) 3, S. 317-325

Dengler, R.: Physik - ein Teil unserer Kultur? Untersuchungen und Vorschläge für die Schule. Erlangen/ Jena 1995

Deutscher Bildungsrat 1970: Empfehlungen der Bildungskommission. Strukturplan für das Bildungswesen. Bonn 1970

Dewey, J.: Kunst als Erfahrung. Frankfurt am Main 1988

Dornes, M.: Der kompetente Säugling. Die präverbale Entwicklung des Menschen. Frankfurt am Main 1993

Drechsler, B./ Gerlach, S.: Naturwissenschaftliche Bildung im Sachunterricht – Problembereich bei Grundschullehrkräften. In: Kahlert, J./ Inckemann, E. (Hrsg.): Wissen, Können und Verstehen – über die Herstellung ihrer Zusammenhänge im Sachunterricht. Bad Heilbrunn 2001, S. 215-225

Drechsler-Köhler, B. (Hrsg.): Bausteine Sachunterricht. Frankfurt am Main 2003

Dreher, E.: Entwicklungspsychologie des Kindes. In: Einsiedler, W./ Götz, M./ Hacker, H./ Kahlert, J./ Keck, R. W./ Sandfuchs, U. (Hrsg.): Handbuch Grundschulpädagogik und Grundschuldidaktik. Bad Heilbrunn 2005, S. 146-154

Driver, R./ Guesne, E./ Tiberghien, A. (Hrsg.): Childrens ideas in science. Philadelphia 1985

Duden: Das Fremdwörterbuch, Bd. 5, Mannheim/ Leipzig/ Wien/ Zürich 1997

Duit, R.: Lernen als Konzeptwechsel im naturwissenschaftlichen Unterricht. In: Duit, R. / Rhöneck, C. v. (Hrsg.): Lernen in den Naturwissenschaften. Kiel 1996, S. 145-162

Duit, R.: Bibliografie – STCSE. Students' and teachers' conceptions and science education, 2004 http://www.ipn.uni-kiel.de/aktuell/stcse/stcse.html [Stand: 11.2005]

Edelmann, W.: Lernpsychologie. Weinheim 1996

Einsiedler, W.: Das Spiel der Kinder. Bad Heilbrunn 1999

Einsiedler, W.: Empirische Grundschulforschung im deutschsprachigen Raum – Trends und Defizite. In: Unterrichtswissenschaft, 25 (1997) 25, S. 291-315

Einsiedler, W.: The Curricula of Elementary Science Education in Germany. Erlangen/ Nürnberg 1998

Einsiedler, W.: Zum Verhältnis von Lernen im Spiel und intentionalen Lehr-Lernprozessen. In: Unterrichtswissenschaft, 17 (1989) 4, S. 291-308

Engler, U.: Kritik der Erfahrung. Die Bedeutung der ästhetischen Erfahrung in der Philosophie John Deweys. Würzburg 1992

Feige, B.: Der Sachunterricht und seine Konzeptionen. Historische, aktuelle und internationale Entwicklungen. Bad Heilbrunn 2004

Filstead, W. J.: Soziale Welten aus erster Hand. In: Gerdes, K. (Hrsg.): Explorative Sozialforschung. Stuttgart 1979, S. 29-40

Fischer, E. P.: Die andere Bildung. Was man von den Naturwissenschaften wissen sollte. München 2001

Fischer, H.-J.: Zur ästhetischen Dimension handelnden Lernens. In: Köhnlein, W./ Lauterbach, R. (Hrsg.): Verstehen und begründetes Handeln. Studien zur Didaktik des Sachunterrichts. Bad Heilbrunn 2004, S. 117-129

Flick, U.: Qualitative Forschung. Reinbek bei Hamburg 2000

Fölling-Albers, M.: Kindheitsforschung und Schule. In: Behnken, I./ Jaumann, O. (Hrsg.): Kindheit und Schule. Weinheim/ München 1995, S. 11-20

Fölling-Albers, M. (Hrsg.): Veränderte Kindheit – revisited. Konzepte und Ergebnisse sozialwissenschaftlicher Kindheitsforschung der vergangenen 20 Jahre. In: Fölling-Albers, M./ Richter, S./ Brügelmann, H./ Speck-Hamdan, A. (Hrsg.): Jahrbuch Grundschule III. Frankfurt am Main 2001, S. 10-51

Friebertshäuser, B./ Prengel, A. (Hrsg.): Handbuch Qualitative Forschungsmethoden in der Erziehungswissenschaft. Weinheim/ München 1997

Fried, L.: Spielen – Lernen – Leisten. In: Preuß, E./ Itze, U./ Ulonska, H.: Lernen und Leisten in der Grundschule. Bad Heilbrunn 1999, S. 179-209

Friedrich, H. F./ Mandl, H.: Analyse und Förderung selbstgesteuerten Lernens. In: Weinert, F. E./ Mandl, H. (Hrsg.): Psychologie der Erwachsenenbildung. Enzyklopädie der Psychologie. Pädagogische Psychologie, Bd. 4. Göttingen 1997, S. 237-293

Fthenakis, W. E.: Pädagogische Qualität in Tageseinrichtungen für Kinder. In: Fthenakis, W. E.: Elementarpädagogik nach PISA. Wie aus Kindertagesstätten Bildungseinrichtungen werden können. Freiburg im Breisgau 2003b, S. 208-242

Fthenakis, W. E.: Zur Neukonzeptualisierung von Bildung im frühen Kindesalter. In: Fthenakis, W. E.: Elementarpädagogik nach PISA. Wie aus Kindertagesstätten Bildungseinrichtungen werden können. Freiburg im Breisgau 2003a, S. 18-37

Gadamer, H. G.: Wahrheit und Methode. Tübingen 1975

Gage, N. L./ Berliner, D. C.: Pädagogische Psychologie. Weinheim 1996

Garz, D.: Entwicklungslinien qualitativ-empirischer Sozialforschung. In: König, E./ Zeidler, P.: Bilanz qualitativer Forschung, Bd. 1: Grundlagen qualitativer Forschung. Weinheim 1995, S. 11-32

GDSU: Perspektivrahmen Sachunterricht: Gesellschaft für Didaktik des Sachunterrichts (GDSU), 2002

Geertz, C.: Dichte Beschreibung. Beiträge zum Verstehen kultureller Systeme. Frankfurt 1983

Gerdes, K. (Hrsg.): Explorative Sozialforschung. Stuttgart 1979

Giest, H.: Lernen und Lehren im entwicklungsfördernden Unterricht. In: Roßbach, H. G./ Nölle, K./ Czerwenka, K.: Forschungen zu Lehr- und Lernkonzepten für die Grundschule. Jahrbuch Grundschulforschung Bd. 4. Opladen 2001, S. 86-92

Girtler, R.: Randkulturen. Theorie der Unanständigkeit. Wien 1995

Grolnick, W. S. / Ryan, R. M.: Autonomy in children's learning: an experimental and individual difference investigation. In: Journal of Personality and Social Psychology, 52 (1987), S. 890-898

Grygier, P./ Günther, J./ Kircher, E.: Über Naturwissenschaften lernen. Vermittlung von Wissenschaftsverständnis in der Grundschule. Bad Heilbrunn 2004

Häußler, P./ Frey, K./ Hoffmann, L./ Rost, J./ Spada, H.: Physikalische Bildung für heute und morgen. Ergebnisse einer curricularen Delphi-Studie. Köln 1983

Haken, H./ Wunderlin, A.: Die Selbststrukturierung der Materie. Synergetik in der unbelebten Welt. Braunschweig 1991

Hameyer, U./ Lauterbach, R./ Wiechmann, J. (Hrsg.): Innovationsprozesse in der Grundschule – Stand der Entwicklung. In: Hameyer, U./ Lauterbach, R./ Wiechmann, J. (Hrsg.): Innovationsprozesse in der Grundschule. Bad Heilbrunn 1992, S. 8-18

Hameyer, U.: Blickpunkt Grundschulforschung. Zur Wirksamkeit von Innovationsprozessen im Primarbereich. In: Grundschule, 32 (2000) 6, S. 8-9

Hannover, B.: Geschlecht- und Interessenentwicklung. Mädchen in geschlechtsuntypischen Berufen. Eine quasiexperimentelle Studie zur Förderung des Interesses Jugendlicher an Naturwissenschaften und Technik. In: Zeitschrift für Sozialpsychologie 23 (1992) 1, S. 36-45

Hansen, K.-H./ Klinger, U.: Interesse am naturwissenschaftlichen Lernen im Sachunterricht – Ergebnisse einer Schülerbefragung. In: Marquardt-Mau, B./ Köhnlein, W./ Lauterbach, R. (Hrsg.): Forschung zum Sachunterricht. Bad Heilbrunn 1997, S. 101-121

Harlen, W.: Primarschulentwicklung und Naturwissenschaften in England und Wales. In: Hameyer, U./ Lauterbach, R./ Wiechmann, J. (Hrsg.): Innovationsprozesse in der Grundschule. Bad Heilbrunn 1992, S. 272-305

Harlen, W. / Holroyd, C.: Primary teachers'understanding of concepts of science: impact on confidence and teaching. In: International Journal of Science Education, 19 (1997) 1, S. 93-105

Hartinger, A.: Entdeckendes Lernen. In: Einsiedler, W./ Götz, M./ Hacker, H./ Kahlert, J./ Keck, R. W./ Sandfuchs, U. (Hrsg.): Handbuch Grundschulpädagogik und Grundschuldidaktik. Bad Heilbrunn 2005, S. 386-390

Hartinger, A.: Interessenförderung. Eine Studie zum Sachunterricht. Bad Heilbrunn 1997

Hartinger, A.: Motivieren durch Belohnungen. ‚Risiken und Nebenwirkungen'. In: Grundschule, 35 (2003) 4, S. 33-35

Hartinger, A.: Selbstbestimmungsempfinden in offenen Lernsituationen. Eine Pilotstudie zum Sachunterricht. In: Spreckelsen, K./ Möller, K./ Hartinger A.: Ansätze und Methoden empirischer Forschung zum Sachunterricht. Bad Heilbrunn 2002, S. 174-184

Hartinger, A./ Mörtl-Hafizovic, D./ Fölling-Albers, M.: Situiertes Lernen in der Lehrerbildung. Anwendungsbezogenes Lehren und Lernen von Anfang an. In: Grundschule, 36 (2004) 6, S. 21-23

Hartinger, A./ Fölling-Albers, M. (Hrsg.): Lehrerkompetenzen für den Sachunterricht. Bad Heilbrunn 2004

Hartinger, A. / Roßberger, E.: Interessen von Mädchen und Jungen im Sachunterricht der Grundschule. Regensburger Beiträge zur Lehr-Lernforschung, Nr. 9. Regensburg 2001

Hartmann, W./ Neugebauer, R./ Riess, A.: Spiel und elementares Lernen. Wien 1988

Hasse, J.: Wahrnehmung – ein Schlüsselproblem des Sachunterrichts. In: Baier, H./ Gärtner, H./ Marquard-Mau, B./ Schreier, H.: Umwelt, Mitwelt, Lebenswelt im Sachunterricht. Bad Heilbrunn 1999, S. 55-71

Hasselhorn, M./ Mähler, C.: Wissen, das auf Wissen baut: Entwicklungspsychologische Erkenntnisse zum Wissenserwerb und zum Erschließen von Wirklichkeit im Grundschulalter. In: Kahlert, J.: Wissenserwerb in der Grundschule. Bad Heilbrunn 1998, S. 73-89

Haug-Schnabel, G.: Kinder von Anfang an stärken. Wie Resilienz entstehen kann. In: Theorie und Praxis der Sozialpädagogik (TPS), (2004) 5, S. 4-8

Haug-Schnabel, G.: Prävention und Förderung – im Spannungsfeld von evolutionärer Ausstattung und kultureller Anforderung. In: Alt, K. W./ Kemkes-Grottenthaler, A. (Hrsg.): Kinderwelten. Anthropologie – Geschichte – Kulturvergleich. Köln/ Weimar/ Wien 2002, S. 41-48

Heckhausen, H.: Motivation und Handeln. Berlin 1989

Heimlich, U.: Einführung in die Spielpädagogik. Rieden 2001

Helmke, A.: Entwicklung lern- und leistungsbezogener Motive und Einstellungen. Ergebnisse aus dem SCHOLASTIK-Projekt. In: Weinert, F. E./ Helmke, A. (Hrsg.): Entwicklung im Grundschulalter. Weinheim 1997, S. 77-82

Hempel, M.: Lernwege im Sachunterricht aus Sicht von Kindern. In: Cech, D./ Schwier, H.-J.: Lernwege und Aneignungsformen im Sachunterricht, Bad Heilbrunn 2003, S. 159-172

Hempel, M.: „Forschendes Studieren" zum subjektorientierten Lernen und Lehren in der Grundschule. In: Roßbach, H. G./ Nölle, K./ Czerwenka, K.: Forschungen zu Lehr- und Lernkonzepten für die Grundschule. Jahrbuch Grundschulforschung Bd. 4. Opladen 2001, S. 108-115

Hentig, H. v.: Die Bielefelder Laborschule. Bielefeld 1998

Hentig, H. v.: Die Entzauberung der Ästhetik. In: Hentig, H. v.: Ergötzen, Belehren, Befreien. Schriften zur ästhetischen Erziehung. München 1985, 65-92

Henze, G.: Lernen. In: Keck, R. W./ Sandfuchs, U./ Feige, B. (Hrsg.): Wörterbuch Schulpädagogik. Bad Heilbrunn 2004, S. 283-285

Herold, M./ Landherr, B.: Selbstorganisiertes Lernen. Ein systemischer Ansatz für Unterricht. Hohengehren 2001

Hofer, M./ Pekrun, R./ Zielinski, W.: Die Psychologie des Lerners. In: Weidenmann, B./ Krapp et al. (Hrsg.): München 1993, S. 207-270

Hoffmann, L.: Mädchen und Naturwissenschaften/ Technik – eine schwierige Beziehung. In: Pfister, G./ Valtin, R. (Hrsg.): Mädchen stärken. Probleme der Koedukation in der Grundschule. Frankfurt am Main 1993, S. 114-123

Hüther, G.: Woher kommt die Lust am Lernen? http://www.win-future.de/modules.php?name=News&file=article&sid=189 [Stand: 11/2005]

Imhof, M.: Lehr- und Lernerfolg am Ende der Grundschule. In: Einsiedler, W./ Götz, M./ Hacker, H./ Kahlert, J./ Keck, R. W./ Sandfuchs, U. (Hrsg.): Handbuch Grundschulpädagogik und Grundschuldidaktik. Bad Heilbrunn 2005, S. 116-128

Inderst, S.: Kinder erforschen die Welt der Spiegel. In: Grundschulmagazin, 72 (2004) 5, S. 21- 26

Kahlert, J.: Der Sachunterricht und seine Didaktik. Bad Heilbrunn 2002

Kahlert, J.: Sachunterricht in der Grundschule. In: Fölling-Albers, M./ Richter, S./ Brügelmann, H./ Speck-Hamdan, A. (Hrsg.): Kindheitsforschung – Forschung zum Sachunterricht. Jahrbuch Grundschule III: Fragen der Praxis – Befunde der Forschung. Seelze-Velber 2001, S. 64-68

Kahlert, J.: Sozialwissenschaftlicher Lernbereich im Sachunterricht. In: Einsiedler, W./ Götz, M./ Hacker, H./ Kahlert, J./ Keck, R. W./ Sandfuchs, U.: (Hrsg.): Handbuch Grundschulpädagogik und Grundschuldidaktik. Bad Heilbrunn 2005a, S. 588-596

Kahlert, J.: Zwischen Grundlagenforschung und Unterrichtspraxis – Erwartungen an die Didaktik (nicht nur) des Sachunterrichts. In: Cech, D./ Giest, H.: Sachunterricht in Praxis und Forschung. Bad Heilbrunn 2005b, S. 37-56

Kaiser, A.: Einführung in die Didaktik des Sachunterrichts. Baltmannsweiler 1999

Kammermeyer, G.: Lernen im Spiel. In: Einsiedler, W./ Götz, M./ Hacker, H./ Kahlert, J./ Keck, R. W./ Sandfuchs, U. (Hrsg.): Handbuch Grundschulpädagogik und Grundschuldidaktik. Bad Heilbrunn 2005, S. 414-419

Kasper, H.: Laßt die Kinder lernen. Braunschweig 1989

Kattmann U./ Gropengießer, H.: Modellierung der didaktischen Rekonstruktion. In: Duit, R. / Rhöneck, C. v.: Lernen in den Naturwissenschaften. Kiel 1996, S. 180-204

Kilders, E.: Zugangsweisen zu naturwissenschaftlich-technischen Phänomenen bei Mädchen und Jungen. Erste Staatsexamensarbeit. Essen 2003

Kirchner, M: Zur Selbstorganisationsfähigkeit bei Grundschulkindern am Beispiel der Einrichtung eines naturwissenschaftlich-technischen Erfahrungsfeldes. Erste Staatsexamensarbeit. Essen 2003

Kleining, G.: Qualitativ-heuristische Sozialforschung: Schriften zur Theorie und Praxis. Hamburg-Harvestude 1994

Kluge, N.: Spielpädagogik. Bad Heilbrunn 1980

Köhnlein, W.: Annäherung und Verstehen. In: Lauterbach, R./ Köhnlein, W./ Spreckelsen, K./ Bauer, H. F. (Hrsg.): Wie Kinder erkennen. Probleme und Perspektiven des Sachunterrichts, Bd. 1. Kiel 1991, S. 7-20

Köhnlein, W.: Ansätze naturwissenschaftlichen Denkens – Wahrnehmung des Ganzen. In: Hinrichs, W./ Bauer, H. F. (Hrsg.): Zur Konzeption des Sachunterrichts. Mit einem systematischen Exkurs zur Lehrgangs- und Unterrichtsmethodik. Reihe Schule und Unterricht, herausgegeben von Petersen, J. und Reinert, G.-B. Donauwörth 2000, S. 291-302

Köhnlein, W.: Ansatzpunkte und Spielräume des Denkens. Wahrnehmen und Erkunden in der naturwissenschaftlichen Dimension des Sachunterrichts. In: Kahlert, J./ Binder, S./ Lieber, G. (Hrsg.): Ästhetische Bildung in der Grundschule. Zugänge zum begegnungsintensiven Lernen. Bad Heilbrunn (im Druck)

Köhnlein, W.: Anti-scientific attitude in der Grundschule? In: Härtel, H.: Zur Didaktik der Physik und Chemie. Probleme und Perspektiven. (GDCP-Tagungsband). Alsbach/ Bergstraße 1981, S.109-112

Köhnlein, W.: Aufgaben und Ziele des Sachunterrichts. In: Einsiedler, W./ Götz, M./ Hacker, H./ Kahlert, J./ Keck, R. W./ Sandfuchs, U. (Hrsg.): Handbuch Grundschulpädagogik und Grundschuldidaktik. Bad Heilbrunn 2005, S. 560-571

Köhnlein, W. (Hrsg.) unter Mitarbeit von G. Pospiech: Der Vorrang des Verstehens. Beiträge zur Pädagogik Martin Wagenscheins. Bad Heilbrunn 1998

Köhnlein, W.: Exemplarischer Physikunterricht. Beispiele und Anmerkungen zu einer Pädagogik der Physik. Bad Salzdethfurt 1982

Köhnlein, W.: Innovation Sachunterricht – Auswahl und Aufbau der Inhalte. In: Köhnlein, W./ Schreier, H. (Hrsg.): Innovation Sachunterricht – Befragung der Anfänge nach zukunftsfähigen Beständen. Bad Heilbrunn 2001, S. 299-329

Köhnlein, W.: Leitbild: Verstehen im Sachunterricht. In: Fölling-Albers, M./ Richter, S./ Brügelmann, H./ Speck-Hamdan, A. (Hrsg.): Kindheitsforschung – Forschung zum Sachunterricht. Jahrbuch Grundschule III: Fragen der Praxis – Befunde der Forschung. Seelze-Velber 2001, S. 100-104

Köhnlein, W.: Leitende Prinzipien und Curriculum des Sachunterrichts. In: Glumpler, E./ Wittkowske, S. (Hrsg.): Sachunterricht heute: Zwischen interdisziplinärem Anspruch und traditionellem Fachbezug. Bad Heilbrunn 1996, S. 46-76

Köhnlein, W.: Über einige Beziehungen und gemeinsame Aufgaben von Fachdidaktik, Fachwissenschaft und Allgemeiner Didaktik. Unter besonderer Berücksichtigung der Grundschule. In: Keck, R./ Köhnlein, W./ Sandfuchs, U. (Hrsg.): Fachdidaktik zwischen allgemeiner Didaktik und Fachwissenschaft. Bestandsaufnahme und Analyse. Bad Heilbrunn 1990, S. 216-232

Köhnlein, W.: Verstehen und begründetes Handeln im Sachunterricht. In: Köhnlein, W./ Lauterbach, R. (Hrsg.): Verstehen und begründetes Handeln. Bad Heilbrunn 2004, S. 9-32

Köhnlein, W./ Marquardt-Mau, B./ Schreier, H. (Hrsg.): Vielperspektivisches Denken im Sachunterricht. Forschungen zur Didaktik des Sachunterrichts, Bd. 3. Bad Heilbrunn 1999

Köhnlein, W.: Vielperspektivität, Fachbezug und Integration. In: Löffler, G./ Möhle, V. / Reeken, D. v. / Schwier, V. (Hrsg.): Sachunterricht zwischen Fachbezug und Integration. Bad Heilbrunn 2000, S. 134-146

Köhnlein, W.: Vielperspektivität und Ansatzpunkte naturwissenschaftlichen Denkens. Analysen von Unterrichtsbeispielen unter dem Gesichtspunkt des Verstehens. In: Köhnlein, W./ Marquardt-Mau, B./ Schreier, H. (Hrsg.): Vielperspektivisches Denken im Sachunterricht. Forschungen zur Didaktik des Sachunterrichts, Bd. 3. Bad Heilbrunn 1999

Köhnlein, W.: Zur Konzipierung eines genetischen, naturwissenschaftlich bezogenen Sachunterrichts. In: Bauer, H. F./ Köhnlein, W. (Hrsg.): Problemfeld Natur und Technik. Bad Heilbrunn 1984, S. 193-215

Köhnlein, W./ Spreckelsen, K.: Werkstatt „Experimentieren". In: Hameyer, U./ Lauterbach, R./ Wiechmann, J. (Hrsg.): Innovationsprozesse in der Grundschule. Bad Heilbrunn 1992, S. 156-167

König, E./ Zeidler, P.: Bilanz qualitativer Forschung, Bd. 1: Grundlagen qualitativer Forschung. Weinheim 1995

Köster, H.: Kinder erleben Naturphänomene mit allen Sinnen. In: Praxis Grundschule, 26 (2003) 4, S. 24-31

Köster, H.: Lehrgrenzen – Lernhürden? In: Nordmeier, V. (Red.): Didaktik der Physik. Vorträge der Frühjahrstagung der DPG. Berlin 2001

Köster, H.: Individuelle Erfahrungen mit Naturphänomenen im Sachunterricht. In: Nordmeier, V. (Red.): Didaktik der Physik. Vorträge der Frühjahrstagung der DPG. Berlin 2002

Köster, H.: Physik ist doof! Meinungen und Einstellungen von Grundschülern zum Fach Physik. In: Nordmeier, V. (Red.): Didaktik der Physik. Vorträge der Frühjahrstagung der DPG. Berlin 2003a

Köster, H. (Hrsg.): Sachlexikon TIPI, Klasse 1. Berlin 2002

Köster, H. (Hrsg.): Sachlexikon TIPI, Klasse 2. Berlin 2003b

Köster, H.: Sterne haben Zacken, Planeten nicht. Astronomie am Schulvormittag. In: Praxis Grundschule, 26 (2003c) 4, S. 12-22

Köster, H./ Soostmeyer, M.: Entdeckendes Lernen im Sachunterricht. Ein Unterrichtsbeispiel: Warum werden die Wände dunkel? In: Nordmeier, V., (Red.): Didaktik der Physik. Vorträge der Frühjahrstagung der DPG. Berlin 2000

Kooij, R. v.d.: Spiel. In: Rost, D. (Hrsg.): Handwörterbuch Pädagogische Psychologie. Weinheim 2001, S. 686-699

Krapp, A: Die Bedeutung von Interesse und intrinsischer Motivation für den Erfolg und die Steuerung schulischen Lernens. In: Schnaitmann, G. W. (Hrsg.): Theorie und Praxis der Unterrichtsforschung. Donauwörth 1996a, S. 88-111

Krapp, A: Interesse. In: Rost, D. (Hrsg.): Handwörterbuch Pädagogische Psychologie. Weinheim 2001, S. 286-294

Krapp, A.: Intrinsische Lernmotivation und Interesse. Forschungsansätze und konzeptionelle Überlegungen. In: Zeitschrift für Pädagogik, 45 (1999) 4, S. 387-406

Krapp, A.: Nachhaltige Lernmotivation: Ergebnisse und Konsequenzen aus der neueren psychologischen Forschung. In: Staatsinstitut für Schulpädagogik und Schulforschung (Hrsg.): Nachhaltige Lernmotivation und schulische Bildung. München 2003, S. 13-27

Krapp, A: Psychologische Bedingungen naturwissenschaftlichen Lernens: Untersuchungsansätze und Befunde zu Motivation und Interesse. In: Duit, R./ von Rhöneck, Chr.: Lernen in den Naturwissenschaften. Kiel 1996b, S. 37-67

Krapp, A.: Psychologie der Lernmotivation – Perspektiven der Forschung und Probleme ihrer pädagogischen Rezeption. In: Zeitschrift für Pädagogik, 39 (1993) 2, S. 187-206

Krist, H.: Die Integration intuitiven Wissens beim schulischen Lernen. In: Zeitschrift für Pädagogische Psychologie, 13 (1999) 4, S. 191-206

Krüsmann B.: „Hilfe, meine Martinslaterne brennt nicht!" Versuche zur elektrischen Leitfähigkeit. In: Grundschulmagazin, 72 (2004) 5, S. 21- 26

Labudde, P.: Erlebniswelt Physik. Bonn 1993

Laevers, F.: The innovative project „Experiential Education" and the definition of quality in education. In: Laevers, F. (Hrsg.): Defining and Assessing Quality in Early Childhood Education. Leuven 1994b, S. 159-172

Laevers, F.: The Leuven Involvement Scale for Young Children (LIS-YC) – Manual. Experiential Education Series, Nr. 1. Centre for Experiential Education. Leuven 1994a

Laevers, F./ Vandenbussche, E./ Kog, M./ Depondt, L.: A processoriented child monitoring system for young children. Centre for Experiential Education. Leuven 1996

Lamnek, S.: Qualitative Sozialforschung, Bd.2. Methoden und Techniken. Weinheim 1984

Landwehr, B.: Distanzen von Lehrkräften und Studierenden des Sachunterrichts zur Physik. Berlin 2002

Lankes, E. M./ Bos, W./ Schwippert, K.: Die deutschen Grundschulen im internationalen Vergleich. In: Grundschule, 35 (2003) 12, S. 32-33

Lauterbach, R.: Das Lernen im Sachunterricht lehren lernen. In: Cech, D./ Schwier, H.-J.: Lernwege und Aneignungsformen im Sachunterricht. Bad Heilbrunn 2003, S. 217-236

Lauterbach, R.: Naturwissenschaftlich orientierte Grundbildung im Sachunterricht. In: Riquarts, K./ Dierks, W./ Duit, R./ Eulefeld, G./ Haft, H./ Stork, H. (Hrsg.): Naturwissenschaftliche Bildung in der Bundesrepublik Deutschland, Bd. 3: Didaktik. Kiel 1992a, S. 397-436

Lauterbach, R.: Naturwissenschaftlich-technischer Lernbereich im Sachunterricht. In: Einsiedler, W./ Götz, M./ Hacker, H./ Kahlert, J./ Keck, R. W./ Sandfuchs, U. (Hrsg.): Handbuch Grundschulpädagogik und Grundschuldidaktik. Bad Heilbrunn 2005, S. 572-588

Lauterbach, R.: Sachunterricht zwischen Alltag und Wissenschaft. In: Hameyer, U./ Lauterbach, R./ Wiechmann, J. (Hrsg.): Innovationsprozesse in der Grundschule. Bad Heilbrunn 1992b, S. 147-155

Lauterbach, R: „Science – A Process Approach" – revisited - Erinnerungen an einen „Weg in die Naturwissenschaft". In: Köhnlein, W. / Schreier, H. (Hrsg.): Innovation Sachunterricht. Befragung der Anfänge nach zukunftsfähigen Beständen. Bad Heilbrunn 2001, S. 103-131

Lauterbach, R./ Köhnlein, W./ Spreckelsen, K./ Klewitz, E. (Hrsg.): Brennpunkte des Sachunterrichts. Probleme und Perspektiven des Sachunterrichts. Kiel 1992c

Laux, H.: Originäres Lernen. Selbstbestimmung für Grundschüler. Hohengehren 2002

Lawrenz, F.: Misconceptions of physical science concepts among elementary school teachers. In: School Science and mathematics, (1986) 8, S. 654-660)

Lefrancois, G. R.: Psychologie des Lernens. Berlin/ Heidelberg/ New York/ London/ Paris/ Tokyo/ Hong Kong/ Barcelona/ Budapest 1994

Lichtenstein-Rother, I.: Schulanfang. Frankfurt am Main 1969

Lichtenstein-Rother, I: Veränderte Lebenswelt als Impuls für Innovationen in der Grundschule. In: Hameyer, U./ Lauterbach, R./ Wiechmann, J. (Hrsg.): Innovationsprozesse in der Grundschule. Bad Heilbrunn 1992, S. 55-69

Lindberg, M. A.: Is knowledgebase development necessary and sufficient condition for memory development? In: Journal of Experimental Child Psychology, 30 (1980) 10, S. 401-410

Lockl, K./ Schneider, W.: Zur Entwicklung des selbstregulierten Lernens im Grundschulalter: Zusammenhänge zwischen Aufgabenschwierigkeit und Lernzeiteinteilung. In: Psychologie in Erziehung und Unterricht, 49 (2002) 1, S. 3-16

Lofland, J.: Feldnotizen. In: Gerdes, K. (Hrsg.): Explorative Sozialforschung. Stuttgart 1979, S. 110-120

Lück, G.: Interesse und Motivation im frühen Kindesalter. In: Brechel, R. (Hrsg.): Zur Didaktik der Physik und Chemie. Berlin 1999, S. 32-44

Lück, G.: Naturwissenschaften im frühen Kindesalter. Untersuchungen zu Primärbegegnungen von Kindern im Vorschulalter mit Phänomenen der unbelebten Natur. Habilitationsschrift. Kiel 2000

Lukesch, H.: Mediennutzung bei Kindern und Jugendlichen. Donauwörth 1997

Lukesch, H.: Mediennutzung und Mediennutzen bei Kindern. In: Markefka, M./ Nauck, B. (Hrsg.): Handbuch Kindheitsforschung. Neuwied/ Kriftel/ Berlin 1993, S. 481-489

Mammes, I.: Förderung des Interesses an Technik. Frankfurt am Main 2001

Mandl, H./ Friedrich, H. F. (Hrsg.): Lern- und Denkstrategien. Göttingen/ Toronto/ Zürich 1992

Maturana, H.: Was ist erkennen? München/ Zürich 1994

Mayr, T./ Ulich, M.: Die Engagiertheit von Kindern. Zur systematischen Reflexion von Bildungsprozessen in Kindertageseinrichtungen. In: Fthenakis, W. E.: Elementarpädagogik nach PISA. Freiburg/ Basel/ Wien 2003, S. 169-189

Mayring, P.: Einführung in die qualitative Sozialforschung. Eine Anleitung zu qualitativem Denken. Weinheim 1999

Mayring, P.: Möglichkeiten qualitativer Ansätze in der Unterrichtsforschung. In: Schnaitmann, G. W. (Hrsg.): Theorie und Praxis der Unterrichtsforschung. Donauwörth 1996, S. 41-62

Mecklenbräuker, S./ Wippich, W.: Implizites Gedächtnis bei Kindern: Bleiben auch bei konzeptgesteuerten Aufgaben alterskorrelierte Differenzen aus? In: Zeitschrift für Entwicklungspsychologie und Pädagogische Psychologie, Bd. XXVII (1995) 1, S. 29-46

Meuser, M./ Nagel, U.: ExpertInneninterviews. In: Garz, D./ Kraimer, K. (Hrsg.): Qualitativ-empirische Sozialforschung. Opladen 1991, S. 441-471

Meyling, H.: Wissenschaftstheorie im Physikunterricht der gymnasialen Oberstufe. Dissertation. Bremen 1990

Meyling, H.: How to Change Students' Conceptions of the Epistemology of Science. In: Science & Education, 379 (1997) 6, S. 397-416

Mietzel, G.: Wege in die Entwicklungspsychologie. München 1989

Mikelskis-Seifert, S.: Die Entwicklung von Metakonzepten zur Teilchenvorstellung bei Schülern. Untersuchung eines Unterrichts über Modelle mit Hilfe eines Systems multipler Repräsentationsebenen. Berlin 2002

Möller, K.: Kinder und Technik. In: Brügelmann, H. (Hrsg.): Kinder lernen anders. Langwil am Bodensee 1998, S. 89-106

Möller, K.: Lernen durch Tun. Frankfurt am Main 1987

Möller, K.: Naturwissenschaftliches Lernen in der Grundschule. Welche Kompetenzen brauchen Grundschullehrkräfte? In: Merkens, H. (Hrsg.): Lehrerbildung: IGLU und die Folgen. Opladen 2004, S. 65-84

Möller, K.: Technikbezogene Themen im Sachunterricht. In: Grundschule, 35 (2003) 9, S. 33-34

Möller, K.: Zur Situation der technischen Bildung im Sachunterricht. In: Lauterbach, R./ Schwier, H.-J./ Marquardt-Mau, B. (Hrsg.): Dimensionen des Zusammenlebens. Kiel 1993, S. 104-107

Möller, K. / Jonen, A./ Kleickmann, T.: Für den naturwissenschaftlichen Sachunterricht qualifizieren. Eine Aufgabe für die Lehrerfortbildung. In: Grundschule, 36 (2004) 6, S. 27-29

Möller, K./ Tenberge, C.: Entwicklung von Professionalität. Ein Beitrag zu einer biografieorientierten Lehrerbildung. In: Jaumann-Graumann, O./ Köhnlein, W.: Lehrprofessionalität – Lehrerprofessionalisierung. Bad Heilbrunn 2001, S. 99-109

Möller, K./ Tenberge, C./ Ziemann, U.: Technische Bildung im Sachunterricht. Eine quantitative Studie zur Ist-Situation an nordrhein-westfälischen Grundschulen. Münster 1996

Möller, K./ Wiesenfarth, G.: Werkstatt Technik. In: Hameyer, U./ Lauterbach, R./ Wiechmann, J. (Hrsg.): Innovationsprozesse in der Grundschule. Bad Heilbrunn 1992, S. 168-178

Mönks, F. J./ Knoers, A.: Lehrbuch der Entwicklungspsychologie. München 1996

Mörth, I./ Baum, D. (Hrsg.): Gesellschaft und Lebensführung an der Schwelle zum neuen Jahrtausend. Linz 2000. http://soziologie.soz.uni-linz.ac.at/sozthe/staff/moerthpub/STSGesellschaft.pdf [Stand 11.2005]

Muckenfuß, H.: Lernen im sinnstiftenden Kontext. Berlin 1995

Müller, R./ Wodzinski, R./ Hopf, M.: Schülervorstellungen in der Physik. Köln 2004

Nave-Herz, R.: Familie heute. Wandel der Familienstrukturen und Folgen für die Erziehung. Darmstadt 1994

Neuweg, G. H.: Könnerschaft und implizites Wissen. Zur lehr-lerntheoretischen Bedeutung der Erkenntnis- und Wissenstheorie Michael Polanyis. Münster/ New York/ München/ Berlin 1999

Neuweg, G. H.: Mehr lernen, als man sagen kann: Konzepte und didaktische Perspektiven impliziten Lernens. In: Unterrichtswissenschaft, 28 (2000) 3, S. 197-217

Nickel, H./ Schmidt-Denter, U.: Vom Kleinkind zum Schulkind. München 1995

Noll, H.: Lehren und Lernen in einer kindgerecht vorbereiteten Umgebung. In: Drews, U./ Wallrabenstein, W. (Hrsg.): Freiarbeit in der Grundschule. Offener Unterricht in Theorie, Forschung und Praxis. Frankfurt 2002, S. 206-218

Nordmeier, V.: Zugänge zur nichtlinearen Physik am Beispiel fraktaler Wachstumsphänomene. Ein generisches Fraktal-Konzept. Münster 1999

Overwien, B.: Stichwort: Informelles Lernen. In: Zeitschrift für Erziehungswissenschaft (ZfE), 8 (2005) 3, S. 339-355

Paetzold, H.: Alexander Gottlieb Baumgarten als Begründer der philosophischen Ästhetik. Einleitung zu: Baumgarten, A. G.: Meditationes philosophicae de nonnullis ad poema pertinentibus. Philosophische Betrachtungen über einige Bedingungen des Gedichtes. Hamburg 1983

Pais, A.: Ich vertraue auf Intuition. Der andere Albert Einstein. Heidelberg 1998

Pallasch, W./ Reimers, H.: Pädagogische Werkstattarbeit. Eine pädagogisch-didaktische Konzeption zur Belebung der traditionellen Lernkultur. Weinheim/ München 1990

Parkin, A. J.: Gedächtnis. Weinheim 1996

Parkin, A. J./ Russo, R.: Implicit and explicit memory and the automatic/ effortful distinction. In: European Journal of Cognitiv Psychology, 2 (1990) 1, S. 71-80

Pawlak, A.: Der große kleine Unterschied. In: Physik Journal, 1 (2002) 7/8, S. 8

Peschel, F.: Offener Unterricht. Idee, Realität, Perspektive. Teil I: Allgemeindidaktische Überlegungen. Hohengehren 2002a

Peschel, F.: Offener Unterricht. Idee, Realität, Perspektive. Teil II: Und ein praxiserprobtes Konzept zur Diskussion. Hohengehren 2002b

Petillon, H./ Flor, D.: Wissenschaftliche Evaluation des Modellversuchs ‚Lern- und Spielschule' in Rheinland-Pfalz. In: Fatke, R./ Valtin, R. (Hrsg.): Sozialpädagogik in der Grundschule. Frankfurt am Main 1997, S. 157-174

Petillon, H./Valtin, R. (Hrsg.): Spielen in der Grundschule. Grundlagen – Anregungen – Beispiele. Frankfurt am Main 1999

Piaget, J.: Meine Theorie der geistigen Entwicklung. Frankfurt am Main 1983

Popp, W.: Zur anthropologischen Begründung eines handlungsorientierten Sachunterrichts. In: Duncker, L./ Popp, W.: Kind und Sache. Zur pädagogischen Grundlegung des Sachunterrichts. Weinheim/ München 1994, S. 57-78

Pöppel, E.: Was ist Wissen? http://www.uni-koeln.de/uni/aktuell_rede_ws0102_02.html [Stand: 11.2005]

Popper K.: Über Wissen und Nichtwissen. In: Popper, K. (Hrsg.): Auf der Suche nach einer besseren Welt. Vorträge und Aufsätze aus dreißig Jahren. München/ Zürich 1990

Prenzel, M.: Brauchen wir einen Science-Ansatz? Das naturwissenschaftliche Verständnis am Ende der Grundschule. In: Grundschule, 35 (2003) 12, S. 37-39

Prenzel, M./ Lankes, E. M./ Minsel, B.: Interessenentwicklung in Kindergarten und Grundschule: Die ersten Jahre. In: Schiefele, U./ Wild, K. P.: Interesse und Lernmotivation. Untersuchungen zu Entwicklung, Förderung und Wirkung. Münster 2000, S. 11-30

Preuss-Lausitz, U.: Kinder zwischen Selbstständigkeit und Zwang. Widersprüche in der Schule. In: Preuss-Lausitz, U./ Rülcker, T./ Zeiher, H. (Hrsg.): Selbstständigkeit für Kinder – die große Freiheit? Weinheim/ Basel 1990, S. 10-19

Prigogine, I./ Stengers, I.: Das Paradox der Zeit. Zeit, Chaos und Quanten. München und Zürich 1993

Rauterberg, M.: Die ‚Alte Heimatkunde' im Sachunterricht. Eine vergleichende Analyse der Richtlinien für den Realienunterricht der Grundschule in Westdeutschland von 1945 bis 2000. Bad Heilbrunn 2002

Reichen, J.: Sachunterricht und Sachbegegnung. Zürich 1991

Rheinberg, F.: Motivation. Stuttgart 1995

Richter, S.: Unterschiede in den Schulleistungen von Mädchen und Jungen. Regensburg 1996

Roth, H.: Pädagogische Psychologie des Lehrens und Lernens. Hannover, 1983

Rumpf, H.: Didaktische Interpretationen. Weinheim/ Basel 1991

Rumpf, H.: Die künstliche Schule und das wirkliche Leben. München 1986

Rumpf, H.: Die übergangene Sinnlichkeit. München 1981

Sachser, N.: Neugier, Spiel und Lernen: Verhaltensbiologische Anmerkungen zur Kindheit. In: Zeitschrift für Pädagogik, 50 (2004) 4, S. 475-486

Schäfer, G. E.: Bildungsprozesse im Kindesalter. Selbstbildung, Erfahrung und Lernen im frühen Kindesalter. Weinheim/ München 1995

Scheuerl, H.: Das Spiel. Weinheim/ Basel 1979

Schiefele, U. / Köller, O.: Intrinsische und extrinsische Motivation. In: Rost, D. (Hrsg.): Handwörterbuch Pädagogische Psychologie. Weinheim 1998, S. 193-197

Schiefele, U./ Krapp, A./ Schreyer, I.: Metaanalyse des Zusammenhangs von Interesse und schulischer Leistung. In: Zeitschrift für Entwicklungspsychologie und pädagogische Psychologie, 25 (1993) 2, S. 120-148

Schiefele, U./ Schreyer, I.: Intrinsische Lernmotivation und Lernen. Ein Überblick zu den Ergebnissen der Forschung. In: Zeitschrift für Pädagogische Psychologie, 8 (1994) 1, S. 1-13

Schiefele, U./ Wild, K. P.: Interesse und Lernmotivation. Münster 2000

Schiffler, H.: Das Spiel im Sachunterricht. In: Ziechmann J. (Hrsg.): Konkrete Didaktik des Sachunterrichts. Braunschweig 1985, S. 216-239

Schiller, F.: Über die ästhetische Erziehung des Menschen. Stuttgart 1995

Schirp, H.: Grundlagen für Innovationen im Primarbereich - Merkpunkte aus dem Kieler IPN-Symposium. In: Hameyer, U./ Lauterbach, R./ Wiechmann, J. (Hrsg.): Innovationsprozesse in der Grundschule. Bad Heilbrunn 1992, S. 31-38

Schlee, J./ Mutzek, M. (Hrsg.): Kollegiale Supervision. Modelle zur Selbsthilfe für Lehrerinnen und Lehrer. Heidelberg 1996

Schlichting, H. J.: Physik – eine Perspektive der Realität. Probleme des Physikunterrichts (Teil 1 und 2). In: Physik in der Schule, 34 (1996) 9, S. 283-288 u. 34 (1996) 10, S. 339-342

Schlichting, H. J./ Nordmeier, V.: Thermodynamik und Strukturbildung am Beispiel der Entstehung eines Flussnetzwerkes. In: Der mathematische und naturwissenschaftliche Unterricht (MNU), 53 (2000) 8, S. 450-454

Schmitt, R.: Das Zusammenspiel von Kognition und Emotion in der ästhetischen Erziehung. In: Matthies, K./ Polzin, M./ Schmitt, R. (Hrsg.): Ästhetische Erziehung in der Grundschule. Frankfurt am Main 1987, S. 1-2

Schnaitmann, G. W. (Hrsg.): Theorie und Praxis der Unterrichtsforschung, Donauwörth 1996

Schneider, W./ Büttner, G.: Entwicklung des Gedächtnisses. In: Oerter, R./ Montada, L. (Hrsg.): Entwicklungspsychologie. Weinheim 2002, S. 495-516

Schneider, W./ Körkel, J./ Weinert, F. E.: Domain-specific knowledge and memory performance: A comparison of high and low-aptitude children. In: Journal of Educational Psychology, 81 (1989), S. 306-312

Schreier, H.: Der Gegenstand des Sachunterrichts. Bad Heilbrunn 1994

Schreier, H.: Sachunterricht - Themen und Tendenzen. Eine Inhaltsanalyse von Lehrberichtsaufzeichnungen aus Kasseler Grundschulen im Zeitraum 1967- 1975. Paderborn 1979

Schreier, H.: Sachunterricht und Erfahrung. In: Lauterbach, R./ Köhnlein, W./ Spreckelsen, K./ Klewitz, E. (Hrsg.): Brennpunkte des Sachunterrichts. Probleme und Perspektiven des Sachunterrichts. Kiel 1992, S. 47-65

Schreier, H.: Setzt intelligentes Handeln Verstehen voraus? John Deweys Erziehungsphilosophie und der Sachunterricht. In: Köhnlein, W./ Lauterbach, R. (Hrsg.): Verstehen und begründetes Handeln. Studien zur Didaktik des Sachunterrichts. Bad Heilbrunn 2004, S. 68-73

Schrempp, I./ Sodian, B.: Wissenschaftliches Denken im Grundschulalter. Die Fähigkeit zur Hypothesenüberprüfung und Evidenzevaluation im Kontext der Attributation von Leistungsergebnissen. In: Zeitschrift für Entwicklungspsychologie, 31 (1999) 2, S. 67-77

Schütze, F.: Biographieforschung und narratives Interview. In: Neue Praxis, 13 (1983), S. 283-293

Schulte-Janzen, A.: Staunen – Lernen. Staunen und seine Bedeutung für den Sachunterricht der Grundschule. Frankfurt am Main/ Berlin/ Bern/ Brüssel/ New York/ Oxford/ Wien 2002

Schwanitz, D.: Bildung: Alles, was man wissen muß. Frankfurt am Main. 1999

Schwarting, R. K. W./ Huston, J. P.: Psychobiologie von Lernen und Gedächtnis. In: Irle, E. / Markowitsch, H.-J. (Hrsg.): Enzyklopädie der Psychologie. Biologische Psychologie. Bd. 7: Vergleichende Psychobiologie. Göttingen 1998, S. 373-457

Schweizer, H. R.: Begründung der Ästhetik als Wissenschaft der sinnlichen Erkenntnis. Einführung zu: Baumgarten, A. G.: Theoretische Ästhetik. Die grundlegenden Abschnitte aus der ‚Aesthetica' (1750/58). Hamburg 1988

Seel, M.: Ästhetik und Aisthetik. Über einige Besonderheiten ästhetischer Wahrnehmung. In: Recki/ Wiesing (Hrsg.): Bild und Reflexion. Paradigmen und Perspektiven gegenwärtiger Ästhetik. München 1997

Seyfahrt-Stubenrauch, M./ Skiera, E.: Reformpädagogik und Schulreform in Europa. Hohengehren 1996

Simons, P. R.: Lernen, selbständig zu lernen – ein Rahmenmodell. In: Mandl, H./ Friedrich, H. F. (Hrsg.): Lern- und Denkstrategien. Analyse und Intervention. Göttingen 1992, S. 251-264

Singer, W.: Was kann ein Mensch wann lernen? Ein Beitrag aus Sicht der Hirnforschung. In: Fthenakis, W. E.: Elementarpädagogik nach PISA. Wie aus Kindertagesstätten Bildungseinrichtungen werden können. Freiburg im Breisgau 2003, S. 67-75

SINUS-transfer: http://www.sinus-transfer.de/ [Stand: 11.2005]

Snow, C. P.: Die zwei Kulturen. Stuttgart 1967 (engl. Erstausgabe 1959)

Sodian, B.: Entwicklung bereichsspezifischen Wissens. In: Oerter, R./ Montada, C. (Hrsg.): Entwicklungspsychologie. Weinheim 1995, S. 622-653

Sodian, B./ Zaitchik, D./ Carey, S.: Young children's differentiation of hypothetical beliefs from evidence. In: Child Development, (1991) 62, S. 753-766

Sörensen, B./ Ramseger, J.: Erster Bericht zur Situation der Grundschule in der Bundesrepublik Deutschland. Ein vergleichender Überblick. Arbeitsstelle Bildungsforschung Primarstufe an der Hochschule der Künste. Berlin 1997

Soostmeyer, M.: Lernen durch Erfahren, Experimentieren und Sprechen. Feuer machen und Feuer löschen. In: Cech, D./ Feige, B./ Kahlert, J./ Löffler, G./ Schreier, H./ Schwier, H.-J./ Stoltenberg, U. (Hrsg.): Die Aktualität der Pädagogik Martin Wagenscheins für den Sachunterricht. Bad Heilbrunn 2001, S. 111 -134

Soostmeyer, M.: Genetischer Sachunterricht. Hohengehren 2002

Soostmeyer, M.: Problemorientiertes Lernen im Sachunterricht. Paderborn/ München/ Wien/ Zürich 1978

Soostmeyer, M.: Zum Verhältnis zwischen allgemeiner Didaktik und der Didaktik des Sachunterrichts aus der Sicht der Didaktik des Sachunterrichts. In: Keck, R./ Köhnlein, W./ Sandfuchs, U. (Hrsg.): Fachdidaktik zwischen allgemeiner Didaktik und Fachwissenschaft. Bestandsaufnahme und Analyse. Bad Heilbrunn 1990, S. 216-232

Soostmeyer, M.: Zur Sache Sachunterricht. Frankfurt am Main 1998

Spangler, G./ Zimmermann, P.: Emotion, Motivation und Leistung aus entwicklungs- und persönlichkeitspsychologischer Perspektive. In: Jerusalem, M./ Pekrun R. (Hrsg.): Emotion, Motivation und Leistung. Göttingen/ Bern/ Toronto/ Seattle 1999, S. 85-103

Spelke, E.: Physical Knowledge in Infancy: Reflections on Piagets Theory. In: Carey, S. / Gelman, R. (Hrsg.): Epigenesis of Mind. Essays on Biology and Cognition. Hillsdale, New York 1991, S. 133-169

Spitzer, M.: Lernen. Gehirnforschung und die Schule des Lebens. Heidelberg/ Berlin 2003

Spitzer, M.: Vorsicht Bildschirm! Elektronische Medien, Gehirnentwicklung, Gesundheit und Gesellschaft. Stuttgart 2005

Spradley, J. P.: Participant observation. New York 1980

Spreckelsen, K.: Phänomenkreise als Entwicklungskerne für das Verstehen-Lernen. In: Köhnlein, W./ Lauterbach, R. (Hrsg.): Verstehen und begründetes Handeln. Studien zur Didaktik des Sachunterrichts. Bad Heilbrunn 2004, S. 133-144

Spreckelsen, K.: Simultanexperimente bei der Behandlung physikalischer Phänomene im Primarbereich und als Gegenstand fachdidaktischer Forschung. In: Physik in der Schule, 37 (1999) 4, S. 220-228

Spreckelsen, K.: Ursprüngliches Verstehen im Sachunterricht auf der Grundlage von Simultanexperimenten. In: Cech, D./ Feige, B./ Kahlert, J./ Löffler, G./ Schreier, H./ Schwier, H.-J./ Stoltenberg, U. (Hrsg.): Die Aktualität der Pädagogik Martin Wagenscheins für den Sachunterricht. Bad Heilbrunn 2001, S. 135 - 144

Spreckelsen, K./ Möller, K./ Hartinger A. (Hrsg.): Ansätze und Methoden empirischer Forschung zum Sachunterricht. Bad Heilbrunn 2002

Stat. Bundesamt: http://www.destatis.de/basis/d/biwiku/schultab20.php/ [Stand: 11.2005]

Stern, E.: Kompetenzerwerb in anspruchsvollen Inhaltsgebieten bei Grundschulkindern. In: Cech, D./ Schwier, H.-J. (Hrsg.): Lernwege und Aneignungsformen im Sachunterricht. Bad Heilbrunn 2003, S. 37-58

Stern, E.: Wie abstrakt lernt das Grundschulkind? Neuere Ergebnisse der entwicklungspsychologischen Forschung. In: Petillon, H. (Hrsg.): Handbuch der Grundschulforschung, Bd. 5.: Individuelles und soziales Lernen – Kinderperspektive und pädagogische Konzepte. Leverkusen 2002, S. 22-28

Strunck, U.: Die Behandlung von Phänomenen aus der unbelebten Natur im Sachunterricht: Die Perspektive der Förderung des Erwerbs von kognitiven und konzeptuellen Fähigkeiten. Kiel 1998

Strunck, U./ Lück, G./ Demuth, R.: Der naturwissenschaftliche Sachunterricht in Lehrplänen, Unterrichtsmaterialien und Schulpraxis. Eine qualitative

Analyse der Entwicklung in den letzten 25 Jahren. In: Zeitschrift für Didaktik der Naturwissenschaften, 4 (1998) 1, S. 69-80

Summers, M.: Improving primary school teachers'understanding of science concepts – theory into practice. In: International Journal of Science Education, 14 (1992) 1, S. 25-40

Tenberge, C.: Technische Bildung im Sachunterricht – gibt es unüberwindliche Barrieren? In: Marquardt-Mau, B./ Köhnlein, W./ Cech, D./ Lauterbach, R. (Hrsg.): Lehrerbildung Sachunterricht. Bad Heilbrunn 1996, S. 181-194

Terhart, E.: Entwicklung und Situation des qualitativen Forschungsansatzes in der Erziehungswissenschaft. In: Friebertshäuser, B./ Prengel, A. (Hrsg.): Handbuch Qualitative Forschungsmethoden in der Erziehungswissenschaft. Weinheim/ München 1997, S. 27-42

Terhart, E.: Grundschularbeit als Beruf. In: Einsiedler, W./ Götz, M./ Hacker, H./ Kahlert, J./ Keck, R. W./ Sandfuchs, U. (Hrsg.): Handbuch Grundschulpädagogik und Grundschuldidaktik. Bad Heilbrunn 2001, S. 97-108

Terhart, E.: Qualität und Qualitätssicherung im Schulsystem. Hintergründe – Konzepte – Probleme. In: Zeitschrift für Pädagogik, 46 (2000) 6, S. 809-829

Thiel, S.: Grundschulkinder zwischen Umgangserfahrung und Naturwissenschaft. In: Wagenschein, M.: Kinder auf dem Wege zur Physik. Weinheim/ Basel 1997, S. 90-205

Thielezcek, A.: Beobachtungen zur Entwicklung naturwissenschaftlichen Denkens und Handeln bei Grundschulkindern. Erste Staatsexamensarbeit. Essen 2003

Valtin, R./ Warm, U. (Hrsg.): Frauen machen Schule. Frankfurt am Main 1996

Vollmer, G.: Die Natur der Erkenntnis: Beiträge zur evolutionären Erkenntnistheorie. Stuttgart 1988

Vollmer, G.: Evolutionäre Erkenntnistheorie. Stuttgart 1998

Vollstädt, W./ Tillmann, K. J./ Rauin, U./ Höhmann, K./ Tebrügge, A.: Lehrpläne im Schulalltag. Opladen 1999

Wagenschein, M.: Die pädagogische Dimension der Physik. Braunschweig 1976

Wagenschein, M.: Die Sprache zwischen Natur und Naturwissenschaft. In: Henning-Kaufmann-Stiftung, Jahrbuch 1985. Marburg 1986

Wagenschein, M.: Erinnerungen für Morgen. Weinheim/ Basel 1983

Wagenschein, M.: Kinder auf dem Wege zur Physik. Weinheim/ Basel 1997

Wagenschein, M.: Rettet die Phänomene! In: Dahncke, H. (Hrsg.): Zur Didaktik der Physik und Chemie. Probleme und Perspektiven. Hannover 1975, S. 12-32

Wagenschein, M.: Verstehen lehren. Weinheim/ Basel 1999

Webb, P.: Primary science teachers' understanding of electric currents. In: International Journal of Science Education, 14 (1992) 4, S. 423-429

Weidenmann, B./ Krapp, A. (Hrsg.): Pädagogische Psychologie. Weinheim 2001

Weinert, F. E. (Hrsg.): Entwicklung im Kindesalter. Weinheim 1998

Weinert, S.: Spracherwerb und implizites Lernen. Bern 1991

Weitz, B. O.: Möglichkeiten und Grenzen der Einzelfallstudie als Forschungsstrategie im Rahmen qualitativ orientierter Modellforschung. Essen 1994

Weizsäcker, C. F. von: Die Einheit der Natur. München/ Wien 1974

Wellenreuther, M.: Quantitative Forschungsmethoden in der Erziehungswissenschaft. Eine Einführung. Weinheim/ München 2000

Welsch, W.: Aisthesis. Grundzüge und Perspektiven der Aristotelischen Sinneslehre. Stuttgart 1987

Welsch, W.: Ästhetisches Denken. Stuttgart 1990

Wiesner, H.: Schwimmen und Sinken: Ist Piagets Theorie noch immer eine geeignete Interpretationshilfe für Lernvorgänge? In: Sachunterricht und Mathematik in der Primarstufe, 19 (1991)1, S. 2-6

Wodzinski, R.: Fragen an die Natur. In: Grundschulmagazin, 72 (2004) 5, S. 9-11

Zimbardo, G./ Gerrig, R. J.: Psychologie. München 2004

Zimmer, R.: Erziehen als Aufgabe. Schondorf 2001

Zimmer, R.: Handbuch der Sinneswahrnehmung. Freiburg im Breisgau 1995

Zocher, U.: Entdeckendes Lernen lernen. Donauwörth 2000

Verwendete Experimentierbücher (vgl. Kap. 4.4.2)

Baker, W./ Haslam, A.: Erde, Wind und Wetter. München 1993

Istituto Geografico De Agostini: Das große Buch der Experimente. Turnhout 2000

Köthe, R.: Mein Experimentierbuch. Nürnberg 1986

Krekeler, H./ Rieper-Bastian, M.: Experimente einfach verblüffend. Ravensburg 1994

Krekeler, H./ Rieper-Bastian, M.: Spannende Experimente. Ravensburg 1992

Leiß, R.: Komm, mach mit! München 1998

Leiß, R.: Versuch's doch mal! München 1997

Madgwick, W.: Was kann Luft? Hamburg 1999

Madgwick, W.: Was Wasser alles kann. Hamburg 1998

Manning, M./ Granström B.: Ich mach mir einen Regenbogen. Luzern 1998

Bisher erschienene Bände der Reihe „*Studien zum Physik- und Chemielernen*"

ISSN 1614-8967 (vormals *Studien zum Physiklernen* ISSN 1435-5280)

1   Helmut Fischler, Jochen Peuckert (Hrsg.): Concept Mapping in fachdidaktischen Forschungsprojekten der Physik und Chemie
    ISBN 978-3-89722-256-4   40.50 EUR

2   Anja Schoster: Bedeutungsentwicklungsprozesse beim Lösen algorithmischer Physikaufgaben. *Eine Fallstudie zu Lernprozessen von Schülern im Physiknachhilfeunterricht während der Bearbeitung algorithmischer Physikaufgaben*
    ISBN 978-3-89722-045-4   40.50 EUR

3   Claudia von Aufschnaiter: Bedeutungsentwicklungen, Interaktionen und situatives Erleben beim Bearbeiten physikalischer Aufgaben
    ISBN 978-3-89722-143-7   40.50 EUR

4   Susanne Haeberlen: Lernprozesse im Unterricht mit Wasserstromkreisen. *Eine Fallstudie in der Sekundarstufe I*
    ISBN 978-3-89722-172-7   40.50 EUR

5   Kerstin Haller: Über den Zusammenhang von Handlungen und Zielen. *Eine empirische Untersuchung zu Lernprozessen im physikalischen Praktikum*
    ISBN 978-3-89722-242-7   40.50 EUR

6   Michaela Horstendahl: Motivationale Orientierungen im Physikunterricht
    ISBN 978-3-89722-227-4   50.00 EUR

7   Stefan Deylitz: Lernergebnisse in der Quanten-Atomphysik. *Evaluation des Bremer Unterrichtskonzepts*
    ISBN 978-3-89722-291-5   40.50 EUR

8   Lorenz Hucke: Handlungsregulation und Wissenserwerb in traditionellen und computergestützten Experimenten des physikalischen Praktikums
    ISBN 978-3-89722-316-5   50.00 EUR

9   Heike Theyßen: Ein Physikpraktikum für Studierende der Medizin. *Darstellung der Entwicklung und Evaluation eines adressatenspezifischen Praktikums nach dem Modell der Didaktischen Rekonstruktion*
    ISBN 978-3-89722-334-9   40.50 EUR

10 Annette Schick: Der Einfluß von Interesse und anderen selbstbezogenen Kognitionen auf Handlungen im Physikunterricht. *Fallstudien zu Interessenhandlungen im Physikunterricht*
    ISBN 978-3-89722-380-6   40.50 EUR

11 Roland Berger: Moderne bildgebende Verfahren der medizinischen Diagnostik. *Ein Weg zu interessanterem Physikunterricht*
    ISBN 978-3-89722-445-2   40.50 EUR

12 Johannes Werner: Vom Licht zum Atom. *Ein Unterrichtskonzept zur Quantenphysik unter Nutzung des Zeigermodells*
ISBN 978-3-89722-471-1   40.50 EUR

13 Florian Sander: Verbindung von Theorie und Experiment im physikalischen Praktikum. *Eine empirische Untersuchung zum handlungsbezogenen Vorverständnis und dem Einsatz grafikorientierter Modellbildung im Praktikum*
ISBN 978-3-89722-482-7   40.50 EUR

14 Jörn Gerdes: Der Begriff der physikalischen Kompetenz. *Zur Validierung eines Konstruktes*
ISBN 978-3-89722-510-7   40.50 EUR

15 Malte Meyer-Arndt: Interaktionen im Physikpraktikum zwischen Studierenden und Betreuern. *Feldstudie zu Bedeutungsentwicklungsprozessen im physikalischen Praktikum*
ISBN 978-3-89722-541-1   40.50 EUR

16 Dietmar Höttecke: Die Natur der Naturwissenschaften historisch verstehen. *Fachdidaktische und wissenschaftshistorische Untersuchungen*
ISBN 978-3-89722-607-4   40.50 EUR

17 Gil Gabriel Mavanga: Entwicklung und Evaluation eines experimentell- und phänomenorientierten Optikcurriculums. *Untersuchung zu Schülervorstellungen in der Sekundarstufe I in Mosambik und Deutschland*
ISBN 978-3-89722-721-7   40.50 EUR

18 Meike Ute Zastrow: Interaktive Experimentieranleitungen. *Entwicklung und Evaluation eines Konzeptes zur Vorbereitung auf das Experimentieren mit Messgeräten im Physikalischen Praktikum*
ISBN 978-3-89722-802-3   40.50 EUR

19 Gunnar Friege: Wissen und Problemlösen. *Eine empirische Untersuchung des wissenszentrierten Problemlösens im Gebiet der Elektrizitätslehre auf der Grundlage des Experten-Novizen-Vergleichs*
ISBN 978-3-89722-809-2   40.50 EUR

20 Erich Starauschek: Physikunterricht nach dem Karlsruher Physikkurs. *Ergebnisse einer Evaluationsstudie*
ISBN 978-3-89722-823-8   40.50 EUR

21 Roland Paatz: Charakteristika analogiebasierten Denkens. *Vergleich von Lernprozessen in Basis- und Zielbereich*
ISBN 978-3-89722-944-0   40.50 EUR

22 Silke Mikelskis-Seifert: Die Entwicklung von Metakonzepten zur Teilchenvorstellung bei Schülern. *Untersuchung eines Unterrichts über Modelle mithilfe eines Systems multipler Repräsentationsebenen*
ISBN 978-3-8325-0013-9   40.50 EUR

23 Brunhild Landwehr: Distanzen von Lehrkräften und Studierenden des Sachunterrichts zur Physik. *Eine qualitativ-empirische Studie zu den Ursachen*
ISBN 978-3-8325-0044-3   40.50 EUR

24 Lydia Murmann: Physiklernen zu Licht, Schatten und Sehen. *Eine phänomenografische Untersuchung in der Primarstufe*
ISBN 978-3-8325-0060-3   40.50 EUR

25 Thorsten Bell: Strukturprinzipien der Selbstregulation. *Komplexe Systeme, Elementarisierungen und Lernprozessstudien für den Unterricht der Sekundarstufe II*
ISBN 978-3-8325-0134-1   40.50 EUR

26 Rainer Müller: Quantenphysik in der Schule
ISBN 978-3-8325-0186-0   40.50 EUR

27 Jutta Roth: Bedeutungsentwicklungsprozesse von Physikerinnen und Physikern in den Dimensionen Komplexität, Zeit und Inhalt
ISBN 978-3-8325-0183-9   40.50 EUR

28 Andreas Saniter: Spezifika der Verhaltensmuster fortgeschrittener Studierender der Physik
ISBN 978-3-8325-0292-8   40.50 EUR

29 Thomas Weber: Kumulatives Lernen im Physikunterricht. *Eine vergleichende Untersuchung in Unterrichtsgängen zur geometrischen Optik*
ISBN 978-3-8325-0316-1   40.50 EUR

30 Markus Rehm: Über die Chancen und Grenzen moralischer Erziehung im naturwissenschaftlichen Unterricht
ISBN 978-3-8325-0368-0   40.50 EUR

31 Marion Budde: Lernwirkungen in der Quanten-Atom-Physik. *Fallstudien über Resonanzen zwischen Lernangeboten und SchülerInnen-Vorstellungen*
ISBN 978-3-8325-0483-0   40.50 EUR

32 Thomas Reyer: Oberflächenmerkmale und Tiefenstrukturen im Unterricht. *Exemplarische Analysen im Physikunterricht der gymnasialen Sekundarstufe*
ISBN 978-3-8325-0488-5   40.50 EUR

33 Christoph Thomas Müller: Subjektive Theorien und handlungsleitende Kognitionen von Lehrern als Determinanten schulischer Lehr-Lern-Prozesse im Physikunterricht
ISBN 978-3-8325-0543-1   40.50 EUR

34 Gabriela Jonas-Ahrend: Physiklehrervorstellungen zum Experiment im Physikunterricht
ISBN 978-3-8325-0576-9   40.50 EUR

35 Dimitrios Stavrou: Das Zusammenspiel von Zufall und Gesetzmäßigkeiten in der nichtlinearen Dynamik. *Didaktische Analyse und Lernprozesse*
ISBN 978-3-8325-0609-4   40.50 EUR

36 Katrin Engeln: Schülerlabors: authentische, aktivierende Lernumgebungen als Möglichkeit, Interesse an Naturwissenschaften und Technik zu wecken
ISBN 978-3-8325-0689-6   40.50 EUR

37 Susann Hartmann: Erklärungsvielfalt
ISBN 978-3-8325-0730-5   40.50 EUR

38 Knut Neumann: Didaktische Rekonstruktion eines physikalischen Praktikums für Physiker
ISBN 978-3-8325-0762-6   40.50 EUR

39 Michael Späth: Kontextbedingungen für Physikunterricht an der Hauptschule. *Möglichkeiten und Ansatzpunkte für einen fachübergreifenden, handlungsorientierten und berufsorientierten Unterricht*
ISBN 978-3-8325-0827-2   40.50 EUR

40 Jörg Hirsch: Interesse, Handlungen und situatives Erleben von Schülerinnen und Schülern beim Bearbeiten physikalischer Aufgaben
ISBN 978-3-8325-0875-3   40.50 EUR

41 Monika Hüther: Evaluation einer hypermedialen Lernumgebung zum Thema Gasgesetze. *Eine Studie im Rahmen des Physikpraktikums für Studierende der Medizin*
ISBN 978-3-8325-0911-8   40.50 EUR

42 Maike Tesch: Das Experiment im Physikunterricht. *Didaktische Konzepte und Ergebnisse einer Videostudie*
ISBN 978-3-8325-0975-0   40.50 EUR

43 Nina Nicolai: Skriptgeleitete Eltern-Kind-Interaktion bei Chemiehausaufgaben. *Eine Evaluationsstudie im Themenbereich Säure-Base*
ISBN 978-3-8325-1013-8   40.50 EUR

44 Antje Leisner: Entwicklung von Modellkompetenz im Physikunterricht
ISBN 978-3-8325-1020-6   40.50 EUR

45 Stefan Rumann: Evaluation einer Interventionsstudie zur Säure-Base-Thematik
ISBN 978-3-8325-1027-5   40.50 EUR

46 Thomas Wilhelm: Konzeption und Evaluation eines Kinematik/Dynamik-Lehrgangs zur Veränderung von Schülervorstellungen mit Hilfe dynamisch ikonischer Repräsentationen und graphischer Modellbildung – mit CD-ROM
ISBN 978-3-8325-1046-6   45.50 EUR

47 Andrea Maier-Richter: Computerunterstütztes Lernen mit Lösungsbeispielen in der Chemie. *Eine Evaluationsstudie im Themenbereich Löslichkeit*
ISBN 978-3-8325-1046-6   40.50 EUR

48 Jochen Peuckert: Stabilität und Ausprägung kognitiver Strukturen zum Atombegriff
ISBN 978-3-8325-1104-3   40.50 EUR

49 Maik Walpuski: Optimierung von experimenteller Kleingruppenarbeit durch Strukturierungshilfen und Feedback
ISBN 978-3-8325-1184-5   40.50 EUR

50 Helmut Fischler, Christiane S. Reiners (Hrsg.): Die Teilchenstruktur der Materie im Physik- und Chemieunterricht
ISBN 978-3-8325-1225-5   34.90 EUR

51 Claudia Eysel: Interdisziplinäres Lehren und Lernen in der Lehrerbildung. *Eine empirische Studie zum Kompetenzerwerb in einer komplexen Lernumgebung*
ISBN 978-3-8325-1238-5   40.50 EUR

52 Johannes Günther: Lehrerfortbildung über die Natur der Naturwissenschaften. *Studien über das Wissenschaftsverständnis von Grundschullehrkräften*
    ISBN 978-3-8325-1287-3   40.50 EUR

53 Christoph Neugebauer: Lernen mit Simulationen und der Einfluss auf das Problemlösen in der Physik
    ISBN 978-3-8325-1300-9   40.50 EUR

54 Andreas Schnirch: Gendergerechte Interessen- und Motivationsförderung im Kontext naturwissenschaftlicher Grundbildung. *Konzeption, Entwicklung und Evaluation einer multimedial unterstützten Lernumgebung*
    ISBN 978-3-8325-1334-4   40.50 EUR

55 Hilde Köster: Freies Explorieren und Experimentieren. *Eine Untersuchung zur selbstbestimmten Gewinnung von Erfahrungen mit physikalischen Phänomenen im Sachunterricht*
    ISBN 978-3-8325-1348-1   40.50 EUR

56 Eva Heran-Dörr: Entwicklung und Evaluation einer Lehrerfortbildung zur Förderung der physikdidaktischen Kompetenz von Sachunterrichtslehrkräften
    ISBN 978-3-8325-1377-1   40.50 EUR

57 Agnes Szabone Varnai: Unterstützung des Problemlösens in Physik durch den Einsatz von Simulationen und die Vorgabe eines strukturierten Kooperationsformats
    ISBN 978-3-8325-1403-7   40.50 EUR

58 Johannes Rethfeld: Aufgabenbasierte Lernprozesse in selbstorganisationsoffenem Unterricht der Sekundarstufe I zum Themengebiet ELEKTROSTATIK. *Eine Feldstudie in vier 10. Klassen zu einer kartenbasierten Lernumgebung mit Aufgaben aus der Elektrostatik*
    ISBN 978-3-8325-1416-7   40.50 EUR

59 Christian Henke: Experimentell-naturwissenschaftliche Arbeitsweisen in der Oberstufe. *Untersuchung am Beispiel des HIGHSEA-Projekts in Bremerhaven*
    ISBN 978-3-8325-1515-7   40.50 EUR

60 Lutz Kasper: Diskursiv-narrative Elemente für den Physikunterricht. *Entwicklung und Evaluation einer multimedialen Lernumgebung zum Erdmagnetismus*
    ISBN 978-3-8325-1537-9   40.50 EUR

61 Thorid Rabe: Textgestaltung und Aufforderung zu Selbsterklärungen beim Physiklernen mit Multimedia
    ISBN 978-3-8325-1539-3   40.50 EUR

62 Ina Glemnitz: Vertikale Vernetzung im Chemieunterricht. *Ein Vergleich von traditionellem Unterricht mit Unterricht nach Chemie im Kontext*
    ISBN 978-3-8325-1628-4   40.50 EUR

63 Erik Einhaus: Schülerkompetenzen im Bereich Wärmelehre. *Entwicklung eines Testinstruments zur Überprüfung und Weiterentwicklung eines normativen Modells fachbezogener Kompetenzen*
    ISBN 978-3-8325-1630-7   40.50 EUR

64 Jasmin Neuroth: Concept Mapping als Lernstrategie. *Eine Interventionsstudie zum Chemielernen aus Texten*
ISBN 978-3-8325-1659-8   40.50 EUR

65 Hans Gerd Hegeler-Burkhart: Zur Kommunikation von Hauptschülerinnen und Hauptschülern in einem handlungsorientierten und fächerübergreifenden Unterricht mit physikalischen und technischen Inhalten
ISBN 978-3-8325-1667-3   40.50 EUR

66 Karsten Rincke: Sprachentwicklung und Fachlernen im Mechanikunterricht. *Sprache und Kommunikation bei der Einführung in den Kraftbegriff*
ISBN 978-3-8325-1699-4   40.50 EUR

67 Nina Strehle: Das Ion im Chemieunterricht. *Alternative Schülervorstellungen und curriculare Konsequenzen*
ISBN 978-3-8325-1710-6   40.50 EUR

68 Martin Hopf: Problemorientierte Schülerexperimente
ISBN 978-3-8325-1711-3   40.50 EUR

69 Anne Beerenwinkel: Fostering conceptual change in chemistry classes using expository texts
ISBN 978-3-8325-1721-2   40.50 EUR

70 Roland Berger: Das Gruppenpuzzle im Physikunterricht der Sekundarstufe II. *Eine empirische Untersuchung auf der Grundlage der Selbstbestimmungstheorie der Motivation*
ISBN 978-3-8325-1732-8   40.50 EUR

71 Giuseppe Colicchia: Physikunterricht im Kontext von Medizin und Biologie. *Entwicklung und Erprobung von Unterrichtseinheiten*
ISBN 978-3-8325-1746-5   40.50 EUR

72 Sandra Winheller: Geschlechtsspezifische Auswirkungen der Lehrer-Schüler-Interaktion im Chemieanfangsunterricht
ISBN 978-3-8325-1757-1   40.50 EUR

73 Isabel Wahser: Training von naturwissenschaftlichen Arbeitsweisen zur Unterstützung experimenteller Kleingruppenarbeit im Fach Chemie
ISBN 978-3-8325-1815-8   40.50 EUR

74 Claus Brell: Lernmedien und Lernerfolg - reale und virtuelle Materialien im Physikunterricht. *Empirische Untersuchungen in achten Klassen an Gymnasien (Laborstudie) zum Computereinsatz mit Simulation und IBE*
ISBN 978-3-8325-1829-5   40.50 EUR

75 Rainer Wackermann: Überprüfung der Wirksamkeit eines Basismodell-Trainings für Physiklehrer
ISBN 978-3-8325-1882-0   40.50 EUR

76 Oliver Tepner: Effektivität von Aufgaben im Chemieunterricht der Sekundarstufe I
ISBN 978-3-8325-1919-3   40.50 EUR

77 Claudia Geyer: Museums- und Science-Center-Besuche im naturwissenschaftlichen Unterricht aus einer motivationalen Perspektive. *Die Sicht von Lehrkräften und Schülerinnen und Schülern*
ISBN 978-3-8325-1922-3   40.50 EUR

78 Tobias Leonhard: Professionalisierung in der Lehrerbildung. *Eine explorative Studie zur Entwicklung professioneller Kompetenzen in der Lehrererstausbildung*
ISBN 978-3-8325-1924-7   40.50 EUR

79 Alexander Kauertz: Schwierigkeitserzeugende Merkmale physikalischer Leistungstestaufgaben
ISBN 978-3-8325-1925-4   40.50 EUR

80 Regina Hübinger: Schüler auf Weltreise. *Entwicklung und Evaluation von Lehr-/Lernmaterialien zur Förderung experimentell-naturwissenschaftlicher Kompetenzen für die Jahrgangsstufen 5 und 6*
ISBN 978-3-8325-1932-2   40.50 EUR

81 Christine Waltner: Physik lernen im Deutschen Museum
ISBN 978-3-8325-1933-9   40.50 EUR

82 Torsten Fischer: Handlungsmuster von Physiklehrkräften beim Einsatz neuer Medien. *Fallstudien zur Unterrichtspraxis*
ISBN 978-3-8325-1948-3   42.00 EUR

83 Corinna Kieren: Chemiehausaufgaben in der Sekundarstufe I des Gymnasiums. *Fragebogenerhebung zur gegenwärtigen Praxis und Entwicklung eines optimierten Hausaufgabendesigns im Themenbereich Säure-Base*
978-3-8325-1975-9   37.00 EUR

84 Marco Thiele: Modelle der Thermohalinen Zirkulation im Unterricht. *Eine empirische Studie zur Förderung des Modellverständnisses*
ISBN 978-3-8325-1982-7   40.50 EUR

85 Bernd Zinn: Physik lernen, um Physik zu lehren. *Eine Möglichkeit für interessanteren Physikunterricht*
ISBN 978-3-8325-1995-7   39.50 EUR

86 Esther Klaes: Außerschulische Lernorte im naturwissenschaftlichen Unterricht. *Die Perspektive der Lehrkraft*
ISBN 978-3-8325-2006-9   43.00 EUR

87 Marita Schmidt: Kompetenzmodellierung und -diagnostik im Themengebiet Energie der Sekundarstufe I. *Entwicklung und Erprobung eines Testinventars*
ISBN 978-3-8325-2024-3   37.00 EUR

88 Gudrun Franke-Braun: Aufgaben mit gestuften Lernhilfen. *Ein Aufgabenformat zur Förderung der sachbezogenen Kommunikation und Lernleistung für den naturwissenschaftlichen Unterricht*
ISBN 978-3-8325-2026-7   38.00 EUR

89 Silke Klos: Kompetenzförderung im naturwissenschaftlichen Anfangsunterricht. *Der Einfluss eines integrierten Unterrichtskonzepts*
ISBN 978-3-8325-2133-2   37.00 EUR

90 Ulrike Elisabeth Burkard: Quantenphysik in der Schule. *Bestandsaufnahme, Perspektiven und Weiterentwicklungsmöglichkeiten durch die Implementation eines Medienservers*
ISBN 978-3-8325-2215-5   43.00 EUR

91 Ulrike Gromadecki: Argumente in physikalischen Kontexten. *Welche Geltungsgründe halten Physikanfänger für überzeugend?*
ISBN 978-3-8325-2250-6   41.50 EUR

92 Jürgen Bruns: Auf dem Weg zur Förderung naturwissenschaftsspezifischer Vorstellungen von zukünftigen Chemie-Lehrenden
ISBN 978-3-8325-2257-5   43.50 EUR

93 Cornelius Marsch: Räumliche Atomvorstellung. *Entwicklung und Erprobung eines Unterrichtskonzeptes mit Hilfe des Computers*
ISBN 978-3-8325-2293-3   82.50 EUR

94 Maja Brückmann: Sachstrukturen im Physikunterricht. *Ergebnisse einer Videostudie*
ISBN 978-3-8325-2272-8   39.50 EUR

95 Sabine Fechner: Effects of Context-oriented Learning on Student Interest and Achievement in Chemistry Education
ISBN 978-3-8325-2343-5   36.50 EUR

96 Clemens Nagel: eLearning im Physikalischen Anfängerpraktikum
ISBN 978-3-8325-2355-8   39.50 EUR

97 Josef Riese: Professionelles Wissen und professionelle Handlungskompetenz von (angehenden) Physiklehrkräften
ISBN 978-3-8325-2376-3   39.00 EUR

98 Sascha Bernholt: Kompetenzmodellierung in der Chemie. *Theoretische und empirische Reflexion am Beispiel des Modells hierarchischer Komplexität*
ISBN 978-3-8325-2447-0   40.00 EUR

99 Holger Christoph Stawitz: Auswirkung unterschiedlicher Aufgabenprofile auf die Schülerleistung. *Vergleich von Naturwissenschafts- und Problemlöseaufgaben der PISA 2003-Studie*
ISBN 978-3-8325-2451-7   37.50 EUR

100 Hans Ernst Fischer, Elke Sumfleth (Hrsg.): nwu-essen – 10 Jahre Essener Forschung zum naturwissenschaftlichen Unterricht
ISBN 978-3-8325-3331-1   40.00 EUR

101 Hendrik Härtig: Sachstrukturen von Physikschulbüchern als Grundlage zur Bestimmung der Inhaltsvalidität eines Tests
ISBN 978-3-8325-2512-5   34.00 EUR

102 Thomas Grüß-Niehaus: Zum Verständnis des Löslichkeitskonzeptes im Chemieunterricht. *Der Effekt von Methoden progressiver und kollaborativer Reflexion*
ISBN 978-3-8325-2537-8   40.50 EUR

103 Patrick Bronner: Quantenoptische Experimente als Grundlage eines Curriculums zur Quantenphysik des Photons

ISBN 978-3-8325-2540-8   36.00 EUR

104 Adrian Voßkühler: Blickbewegungsmessung an Versuchsaufbauten. *Studien zur Wahrnehmung, Verarbeitung und Usability von physikbezogenen Experimenten am Bildschirm und in der Realität*
ISBN 978-3-8325-2548-4   47.50 EUR

105 Verena Tobias: Newton'sche Mechanik im Anfangsunterricht. *Die Wirksamkeit einer Einführung über die zweidimensionale Dynamik auf das Lehren und Lernen*
ISBN 978-3-8325-2558-3   54.00 EUR

106 Christian Rogge: Entwicklung physikalischer Konzepte in aufgabenbasierten Lernumgebungen
ISBN 978-3-8325-2574-3   45.00 EUR

107 Mathias Ropohl: Modellierung von Schülerkompetenzen im Basiskonzept Chemische Reaktion. *Entwicklung und Analyse von Testaufgaben*
ISBN 978-3-8325-2609-2   36.50 EUR

108 Christoph Kulgemeyer: Physikalische Kommunikationskompetenz. *Modellierung und Diagnostik*
ISBN 978-3-8325-2674-0   44.50 EUR

109 Jennifer Olszewski: The Impact of Physics Teachers' Pedagogical Content Knowledge on Teacher Actions and Student Outcomes
ISBN 978-3-8325-2680-1   33.50 EUR

110 Annika Ohle: Primary School Teachers' Content Knowledge in Physics and its Impact on Teaching and Students' Achievement
ISBN 978-3-8325-2684-9   36.50 EUR

111 Susanne Mannel: Assessing scientific inquiry. *Development and evaluation of a test for the low-performing stage*
ISBN 978-3-8325-2761-7   40.00 EUR

112 Michael Plomer: Physik physiologisch passend praktiziert. *Eine Studie zur Lernwirksamkeit von traditionellen und adressatenspezifischen Physikpraktika für die Physiologie*
ISBN 978-3-8325-2804-1   34.50 EUR

113 Alexandra Schulz: Experimentierspezifische Qualitätsmerkmale im Chemieunterricht. *Eine Videostudie*
ISBN 978-3-8325-2817-1   40.00 EUR

114 Franz Boczianowski: Eine empirische Untersuchung zu Vektoren im Physikunterricht der Mittelstufe
ISBN 978-3-8325-2843-0   39.50 EUR

115 Maria Ploog: Internetbasiertes Lernen durch Textproduktion im Fach Physik
ISBN 978-3-8325-2853-9   39.50 EUR

116 Anja Dhein: Lernen in Explorier- und Experimentiersituationen. *Eine explorative Studie zu Bedeutungsentwicklungsprozessen bei Kindern im Alter zwischen 4 und 6 Jahren*
ISBN 978-3-8325-2859-1   45.50 EUR

117 Irene Neumann: Beyond Physics Content Knowledge. *Modeling Competence Regarding Nature of Scientific Inquiry and Nature of Scientific Knowledge*
ISBN 978-3-8325-2880-5   37.00 EUR

118 Markus Emden: Prozessorientierte Leistungsmessung des naturwissenschaftlich-experimentellen Arbeitens. *Eine vergleichende Studie zu Diagnoseinstrumenten zu Beginn der Sekundarstufe I*
ISBN 978-3-8325-2867-6   38.00 EUR

119 Birgit Hofmann: Analyse von Blickbewegungen von Schülern beim Lesen von physikbezogenen Texten mit Bildern. *Eye Tracking als Methodenwerkzeug in der physikdidaktischen Forschung*
ISBN 978-3-8325-2925-3   59.00 EUR

120 Rebecca Knobloch: Analyse der fachinhaltlichen Qualität von Schüleräußerungen und deren Einfluss auf den Lernerfolg. *Eine Videostudie zu kooperativer Kleingruppenarbeit*
ISBN 978-3-8325-3006-8   36.50 EUR

121 Julia Hostenbach: Entwicklung und Prüfung eines Modells zur Beschreibung der Bewertungskompetenz im Chemieunterricht
ISBN 978-3-8325-3013-6   38.00 EUR

122 Anna Windt: Naturwissenschaftliches Experimentieren im Elementarbereich. *Evaluation verschiedener Lernsituationen*
ISBN 978-3-8325-3020-4   43.50 EUR

123 Eva Kölbach: Kontexteinflüsse beim Lernen mit Lösungsbeispielen
ISBN 978-3-8325-3025-9   38.50 EUR

124 Anna Lau: Passung und vertikale Vernetzung im Chemie- und Physikunterricht
ISBN 978-3-8325-3021-1   36.00 EUR

125 Jan Lamprecht: Ausbildungswege und Komponenten professioneller Handlungskompetenz. *Vergleich von Quereinsteigern mit Lehramtsabsolventen für Gymnasien im Fach Physik*
ISBN 978-3-8325-3035-8   38.50 EUR

126 Ulrike Böhm: Förderung von Verstehensprozessen unter Einsatz von Modellen
ISBN 978-3-8325-3042-6   41.00 EUR

127 Sabrina Dollny: Entwicklung und Evaluation eines Testinstruments zur Erfassung des fachspezifischen Professionswissens von Chemielehrkräften
ISBN 978-3-8325-3046-4   37.00 EUR

128 Monika Zimmermann: Naturwissenschaftliche Bildung im Kindergarten. *Eine integrative Längsschnittstudie zur Kompetenzentwicklung von Erzieherinnen*
ISBN 978-3-8325-3053-2   54.00 EUR

129 Ulf Saballus: Über das Schlussfolgern von Schülerinnen und Schülern zu öffentlichen Kontroversen mit naturwissenschaftlichem Hintergrund. *Eine Fallstudie*
ISBN 978-3-8325-3086-0   39.50 EUR

130 Olaf Krey: Zur Rolle der Mathematik in der Physik. *Wissenschaftstheoretische Aspekte und Vorstellungen Physiklernender*
ISBN 978-3-8325-3101-0   46.00 EUR

131 Angelika Wolf: Zusammenhänge zwischen der Eigenständigkeit im Physikunterricht, der Motivation, den Grundbedürfnissen und dem Lernerfolg von Schülern
ISBN 978-3-8325-3161-4   45.00 EUR

132 Johannes Börlin: Das Experiment als Lerngelegenheit. *Vom interkulturellen Vergleich des Physikunterrichts zu Merkmalen seiner Qualität*
ISBN 978-3-8325-3170-6   45.00 EUR

133 Olaf Uhden: Mathematisches Denken im Physikunterricht. *Theorieentwicklung und Problemanalyse*
ISBN 978-3-8325-3170-6   45.00 EUR

134 Christoph Gut: Modellierung und Messung experimenteller Kompetenz. *Analyse eines large-scale Experimentiertests*
ISBN 978-3-8325-3213-0   40.00 EUR

135 Antonio Rueda: Lernen mit ExploMultimedial in kolumbianischen Schulen. *Analyse von kurzzeitigen Lernprozessen und der Motivation beim länderübergreifenden Einsatz einer deutschen computergestützten multimedialen Lernumgebung für den naturwissenschaftlichen Unterricht*
ISBN 978-3-8325-3218-5   45.50 EUR

136 Krisztina Berger: Bilder, Animationen und Notizen. *Empirische Untersuchung zur Wirkung einfacher visueller Repräsentationen und Notizen auf den Wissenserwerb in der Optik*
ISBN 978-3-8325-3238-3   41.50 EUR

137 Antony Crossley: Untersuchung des Einflusses unterschiedlicher physikalischer Konzepte auf den Wissenserwerb in der Thermodynamik der Sekundarstufe I
ISBN 978-3-8325-3275-8   40.00 EUR

138 Tobias Viering: Entwicklung physikalischer Kompetenz in der Sekundarstufe I. *Validierung eines Kompetenzentwicklungsmodells für das Energiekonzept im Bereich Fachwissen*
ISBN 978-3-8325-3277-2   37.00 EUR

139 Nico Schreiber: Diagnostik experimenteller Kompetenz. *Validierung technologiegestützter Testverfahren im Rahmen eines Kompetenzstrukturmodells*
ISBN 978-3-8325-3284-0   39.00 EUR

140 Sarah Hundertmark: Einblicke in kollaborative Lernprozesse. *Eine Fallstudie zur reflektierenden Zusammenarbeit unterstützt durch die Methoden Concept Mapping und Lernbegleitbogen*
ISBN 978-3-8325-3251-2   43.00 EUR

141 Ronny Scherer: Analyse der Struktur, Messinvarianz und Ausprägung komplexer Problemlösekompetenz im Fach Chemie. *Eine Querschnittstudie in der Sekundarstufe I und am Übergang zur Sekundarstufe II*
ISBN 978-3-8325-3312-0   43.00 EUR

142 Patricia Heitmann: Bewertungskompetenz im Rahmen naturwissenschaftlicher Problemlöseprozesse. *Modellierung und Diagnose der Kompetenzen Bewertung und analytisches Problemlösen für das Fach Chemie*
ISBN 978-3-8325-3314-4   37.00 EUR

143 Jan Fleischhauer: Wissenschaftliches Argumentieren und Entwicklung von Konzepten beim Lernen von Physik
ISBN 978-3-8325-3325-0   35.00 EUR

144 Nermin Özcan: Zum Einfluss der Fachsprache auf die Leistung im Fach Chemie. *Eine Förderstudie zur Fachsprache im Chemieunterricht*
ISBN 978-3-8325-3328-1   36.50 EUR

145 Helena van Vorst: Kontextmerkmale und ihr Einfluss auf das Schülerinteresse im Fach Chemie
ISBN 978-3-8325-3321-2   38.50 EUR

146 Janine Cappell: Fachspezifische Diagnosekompetenz angehender Physiklehrkräfte in der ersten Ausbildungsphase
ISBN 978-3-8325-3356-4   38.50 EUR

147 Susanne Bley: Förderung von Transferprozessen im Chemieunterricht
ISBN 978-3-8325-3407-3   40.50 EUR

148 Cathrin Blaes: Die übungsgestützte Lehrerpräsentation im Chemieunterricht der Sekundarstufe I. *Evaluation der Effektivität*
ISBN 978-3-8325-3409-7   43.50 EUR

149 Julia Suckut: Die Wirksamkeit von piko-OWL als Lehrerfortbildung. Eine Evaluation zum Projekt *Physik im Kontext* in Fallstudien
ISBN 978-3-8325-3440-0   45.00 EUR

150 Alexandra Dorschu: Die Wirkung von Kontexten in Physikkompetenztestaufgaben
ISBN 978-3-8325-3446-2   37.00 EUR

151 Jochen Scheid: Multiple Repräsentationen, Verständnis physikalischer Experimente und kognitive Aktivierung: *Ein Beitrag zur Entwicklung der Aufgabenkultur*
ISBN 978-3-8325-3449-3   49.00 EUR

152 Tim Plasa: Die Wahrnehmung von Schülerlaboren und Schülerforschungszentren
ISBN 978-3-8325-3483-7   35.50 EUR

153 Felix Schoppmeier: Physikkompetenz in der gymnasialen Oberstufe. *Entwicklung und Validierung eines Kompetenzstrukturmodells für den Kompetenzbereich Umgang mit Fachwissen*
ISBN 978-3-8325-3502-5   36.00 EUR

154 Katharina Groß: Experimente alternativ dokumentieren. *Eine qualitative Studie zur Förderung der Diagnose- und Differenzierungskompetenz in der Chemielehrerbildung*
ISBN 978-3-8325-3508-7   43.50 EUR

155 Barbara Hank: Konzeptwandelprozesse im Anfangsunterricht Chemie. *Eine quasiexperimentelle Längsschnittstudie*
ISBN 978-3-8325-3519-3   38.50 EUR

156 Katja Freyer: Zum Einfluss von Studieneingangsvoraussetzungen auf den Studienerfolg Erstsemesterstudierender im Fach Chemie
ISBN 978-3-8325-3544-5   38.00 EUR

157 Alexander Rachel: Auswirkungen instruktionaler Hilfen bei der Einführung des (Ferro-)Magnetismus. *Eine Vergleichsstudie in der Primar- und Sekundarstufe*
ISBN 978-3-8325-3548-3   43.50 EUR

158 Sebastian Ritter: Einfluss des Lerninhalts Nanogrößeneffekte auf Teilchen- und Teilchenmodellvorstellungen von Schülerinnen und Schülern
ISBN 978-3-8325-3558-2   36.00 EUR

159 Andrea Harbach: Problemorientierung und Vernetzung in kontextbasierten Lernaufgaben
ISBN 978-3-8325-3564-3   39.00 EUR

160 David Obst: Interaktive Tafeln im Physikunterricht. *Entwicklung und Evaluation einer Lehrerfortbildung*
ISBN 978-3-8325-3582-7   40.50 EUR

161 Sophie Kirschner: Modellierung und Analyse des Professionswissens von Physiklehrkräften
ISBN 978-3-8325-3601-5   35.00 EUR

162 Katja Stief: Selbstregulationsprozesse und Hausaufgabenmotivation im Chemieunterricht
ISBN 978-3-8325-3631-2   34.00 EUR

163 Nicola Meschede: Professionelle Wahrnehmung der inhaltlichen Strukturierung im naturwissenschaftlichen Grundschulunterricht. *Theoretische Beschreibung und empirische Erfassung*
ISBN 978-3-8325-3668-8   37.00 EUR

164 Johannes Maximilian Barth: Experimentieren im Physikunterricht der gymnasialen Oberstufe. *Eine Rekonstruktion übergeordneter Einbettungsstrategien*
ISBN 978-3-8325-3681-7   39.00 EUR

165 Sandra Lein: Das Betriebspraktikum in der Lehrerbildung. *Eine Untersuchung zur Förderung der Wissenschafts- und Technikbildung im allgemeinbildenden Unterricht*
ISBN 978-3-8325-3698-5   40.00 EUR

166 Veranika Maiseyenka: Modellbasiertes Experimentieren im Unterricht. *Praxistauglichkeit und Lernwirkungen*
ISBN 978-3-8325-3708-1   38.00 EUR

167 Christoph Stolzenberger: Der Einfluss der didaktischen Lernumgebung auf das Erreichen geforderter Bildungsziele am Beispiel der W- und P-Seminare im Fach Physik
ISBN 978-3-8325-3708-1   38.00 EUR

168 Pia Altenburger: Mehrebenenregressionsanalysen zum Physiklernen im Sachunterricht der Primarstufe. *Ergebnisse einer Evaluationsstudie.*
ISBN 978-3-8325-3717-3   37.50 EUR

169 Nora Ferber: Entwicklung und Validierung eines Testinstruments zur Erfassung von Kompetenzentwicklung im Fach Chemie in der Sekundarstufe I
ISBN 978-3-8325-3727-2   39.50 EUR

170 Anita Stender: Unterrichtsplanung: Vom Wissen zum Handeln. Theoretische Entwicklung und empirische Überprüfung des Transformationsmodells der Unterrichtsplanung
ISBN 978-3-8325-3750-0   41.50 EUR

171 Jenna Koenen: Entwicklung und Evaluation von experimentunterstützten Lösungsbeispielen zur Förderung naturwissenschaftlich-experimenteller Arbeitsweisen
ISBN 978-3-8325-3785-2   43.00 EUR

172 Teresa Henning: Empirische Untersuchung kontextorientierter Lernumgebungen in der Hochschuldidaktik. *Entwicklung und Evaluation kontextorientierter Aufgaben in der Studieneingangsphase für Fach- und Nebenfachstudierende der Physik*
ISBN 978-3-8325-3801-9   43.00 EUR

173 Alexander Pusch: Fachspezifische Instrumente zur Diagnose und individuellen Förderung von Lehramtsstudierenden der Physik
ISBN 978-3-8325-3829-3   38.00 EUR

174 Christoph Vogelsang: Validierung eines Instruments zur Erfassung der professionellen Handlungskompetenz von (angehenden) Physiklehrkräften. *Zusammenhangsanalysen zwischen Lehrerkompetenz und Lehrerperformanz*
ISBN 978-3-8325-3846-0   50.50 EUR

175 Ingo Brebeck: Selbstreguliertes Lernen in der Studieneingangsphase im Fach Chemie
ISBN 978-3-8325-3859-0   37.00 EUR

176 Axel Eghtessad: Merkmale und Strukturen von Professionalisierungsprozessen in der ersten und zweiten Phase der Chemielehrerbildung. *Eine empirisch-qualitative Studie mit niedersächsischen Fachleiter_innen der Sekundarstufenlehrämter*
ISBN 978-3-8325-3861-3   45.00 EUR

177 Andreas Nehring: Wissenschaftliche Denk- und Arbeitsweisen im Fach Chemie. Eine kompetenzorientierte Modell- und Testentwicklung für den Bereich der Erkenntnisgewinnung
ISBN 978-3-8325-3872-9   39.50 EUR

178 Maike Schmidt: Professionswissen von Sachunterrichtslehrkräften. Zusammenhangsanalyse zur Wirkung von Ausbildungshintergrund und Unterrichtserfahrung auf das fachspezifische Professionswissen im Unterrichtsinhalt „Verbrennung"
ISBN 978-3-8325-3907-8   38.50 EUR

179 Jan Winkelmann: Auswirkungen auf den Fachwissenszuwachs und auf affektive Schülermerkmale durch Schüler- und Demonstrationsexperimente im Physikunterricht
ISBN 978-3-8325-3915-3   41.00 EUR

180 Iwen Kobow: Entwicklung und Validierung eines Testinstrumentes zur Erfassung der Kommunikationskompetenz im Fach Chemie
ISBN 978-3-8325-3927-6   34.50 EUR

181 Yvonne Gramzow: Fachdidaktisches Wissen von Lehramtsstudierenden im Fach Physik. Modellierung und Testkonstruktion
ISBN 978-3-8325-3931-3   42.50 EUR

182 Evelin Schröter: Entwicklung der Kompetenzerwartung durch Lösen physikalischer Aufgaben einer multimedialen Lernumgebung
ISBN 978-3-8325-3975-7   54.50 EUR

183 Inga Kallweit: Effektivität des Einsatzes von Selbsteinschätzungsbögen im Chemieunterricht der Sekundarstufe I. *Individuelle Förderung durch selbstreguliertes Lernen*
ISBN 978-3-8325-3965-8   44.00 EUR

184 Andrea Schumacher: Paving the way towards authentic chemistry teaching. *A contribution to teachers' professional development*
ISBN 978-3-8325-3976-4   48.50 EUR

185 David Woitkowski: Fachliches Wissen Physik in der Hochschulausbildung. *Konzeptualisierung, Messung, Niveaubildung*
ISBN 978-3-8325-3988-7   53.00 EUR

186 Marianne Korner: Cross-Age Peer Tutoring in Physik. *Evaluation einer Unterrichtsmethode*
ISBN 978-3-8325-3979-5   38.50 EUR

187 Simone Nakoinz: Untersuchung zur Verknüpfung submikroskopischer und makroskopischer Konzepte im Fach Chemie
ISBN 978-3-8325-4057-9   38.50 EUR

188 Sandra Anus: Evaluation individueller Förderung im Chemieunterricht.*Adaptivität von Lerninhalten an das Vorwissen von Lernenden am Beispiel des Basiskonzeptes Chemische Reaktion*
ISBN 978-3-8325-4059-3   43.50 EUR

189 Thomas Roßbegalle: Fachdidaktische Entwicklungsforschung zum besseren Verständnis atmosphärischer Phänomene. *Treibhauseffekt, saurer Regen und stratosphärischer Ozonabbau als Kontexte zur Vermittlung von Basiskonzepten der Chemie*
ISBN 978-3-8325-4059-3   45.50 EUR

190 Kathrin Steckenmesser-Sander: Gemeinsamkeiten und Unterschiede physikbezogener Handlungs-, Denk- und Lernprozesse von Mädchen und Jungen
ISBN 978-3-8325-4066-1   38.50 EUR

191 Cornelia Geller: Lernprozessorientierte Sequenzierung des Physikunterrichts im Zusammenhang mit Fachwissenserwerb. *Eine Videostudie in Finnland, Deutschland und der Schweiz*
ISBN 978-3-8325-4082-1   35.50 EUR

192 Jan Hofmann: Untersuchung des Kompetenzaufbaus von Physiklehrkräften während einer Fortbildungsmaßnahme
ISBN 978-3-8325-4104-0   38.50 EUR

193 Andreas Dickhäuser: Chemiespezifischer Humor. *Theoriebildung, Materialentwicklung, Evaluation*
ISBN 978-3-8325-4108-8   37.00 EUR

194 Stefan Korte: Die Grenzen der Naturwissenschaft als Thema des Physikunterrichts
ISBN 978-3-8325-4112-5   57.50 EUR

195 Carolin Hülsmann: Kurswahlmotive im Fach Chemie. Eine Studie zum Wahlverhalten und Erfolg von Schülerinnen und Schülern in der gymnasialen Oberstufe
ISBN 978-3-8325-4144-6   49.00 EUR

196 Caroline Körbs: Mindeststandards im Fach Chemie am Ende der Pflichtschulzeit
ISBN 978-3-8325-4148-4   34.00 EUR

197 Andreas Vorholzer: Wie lassen sich Kompetenzen des experimentellen Denkens und Arbeitens fördern? *Eine empirische Untersuchung der Wirkung eines expliziten und eines impliziten Instruktionsansatzes*
ISBN 978-3-8325-4194-1   37.50 EUR

198 Anna Katharina Schmitt: Entwicklung und Evaluation einer Chemielehrerfortbildung zum Kompetenzbereich Erkenntnisgewinnung
ISBN 978-3-8325-4228-3   39.50 EUR

199 Christian Maurer: Strukturierung von Lehr-Lern-Sequenzen
ISBN 978-3-8325-4247-4   36.50 EUR

200 Helmut Fischler, Elke Sumfleth (Hrsg.): Professionelle Kompetenz von Lehrkräften der Chemie und Physik
ISBN 978-3-8325-4523-9   34.00 EUR

201 Simon Zander: Lehrerfortbildung zu Basismodellen und Zusammenhänge zum Fachwissen
ISBN 978-3-8325-4248-1   35.00 EUR

202 Kerstin Arndt: Experimentierkompetenz erfassen. *Analyse von Prozessen und Mustern am Beispiel von Lehramtsstudierenden der Chemie*
ISBN 978-3-8325-4266-5   45.00 EUR

203 Christian Lang: Kompetenzorientierung im Rahmen experimentalchemischer Praktika
ISBN 978-3-8325-4268-9   42.50 EUR

204 Eva Cauet: Testen wir relevantes Wissen? *Zusammenhang zwischen dem Professionswissen von Physiklehrkräften und gutem und erfolgreichem Unterrichten*
ISBN 978-3-8325-4276-4   39.50 EUR

205 Patrick Löffler: Modellanwendung in Problemlöseaufgaben. *Wie wirkt Kontext?*
ISBN 978-3-8325-4303-7   35.00 EUR

206 Carina Gehlen: Kompetenzstruktur naturwissenschaftlicher Erkenntnisgewinnung im Fach Chemie
ISBN 978-3-8325-4318-1   43.00 EUR

207 Lars Oettinghaus: Lehrerüberzeugungen und physikbezogenes Professionswissen. *Vergleich von Absolventinnen und Absolventen verschiedener Ausbildungswege im Physikreferendariat*
ISBN 978-3-8325-4319-8   38.50 EUR

208 Jennifer Petersen: Zum Einfluss des Merkmals Humor auf die Gesundheitsförderung im Chemieunterricht der Sekundarstufe I. *Eine Interventionsstudie zum Thema Sonnenschutz*
ISBN 978-3-8325-4348-8   40.00 EUR

209 Philipp Straube: Modellierung und Erfassung von Kompetenzen naturwissenschaftlicher Erkenntnisgewinnung bei (Lehramts-) Studierenden im Fach Physik
ISBN 978-3-8325-4351-8   35.50 EUR

210 Martin Dickmann: Messung von Experimentierfähigkeiten. *Validierungsstudien zur Qualität eines computerbasierten Testverfahrens*
ISBN 978-3-8325-4356-3   41.00 EUR

211 Markus Bohlmann: Science Education. Empirie, Kulturen und Mechanismen der Didaktik der Naturwissenschaften
ISBN 978-3-8325-4377-8   44.00 EUR

212 Martin Draude: Die Kompetenz von Physiklehrkräften, Schwierigkeiten von Schülerinnen und Schülern beim eigenständigen Experimentieren zu diagnostizieren
ISBN 978-3-8325-4382-2   37.50 EUR

213 Henning Rode: Prototypen evidenzbasierten Physikunterrichts. *Zwei empirische Studien zum Einsatz von Feedback und Blackboxes in der Sekundarstufe*
ISBN 978-3-8325-4389-1   42.00 EUR

214 Jan-Henrik Kechel: Schülerschwierigkeiten beim eigenständigen Experimentieren. *Eine qualitative Studie am Beispiel einer Experimentieraufgabe zum Hooke'schen Gesetz*
ISBN 978-3-8325-4392-1   55.00 EUR

215 Katharina Fricke: Classroom Management and its Impact on Lesson Outcomes in Physics. *A multi-perspective comparison of teaching practices in primary and secondary schools*
ISBN 978-3-8325-4394-5   40.00 EUR

216 Hannes Sander: Orientierungen von Jugendlichen beim Urteilen und Entscheiden in Kontexten nachhaltiger Entwicklung. *Eine rekonstruktive Perspektive auf Bewertungskompetenz in der Didaktik der Naturwissenschaft*
ISBN 978-3-8325-4434-8   46.00 EUR

217 Inka Haak: Maßnahmen zur Unterstützung kognitiver und metakognitiver Prozesse in der Studieneingangsphase. *Eine Design-Based-Research-Studie zum universitären Lernzentrum Physiktreff*
ISBN 978-3-8325-4437-9   46.50 EUR

218 Martina Brandenburger: Was beeinflusst den Erfolg beim Problemlösen in der Physik? *Eine Untersuchung mit Studierenden*
ISBN 978-3-8325-4409-6   42.50 EUR

219 Corinna Helms: Entwicklung und Evaluation eines Trainings zur Verbesserung der Erklärqualität von Schülerinnen und Schülern im Gruppenpuzzle
ISBN 978-3-8325-4454-6   42.50 EUR

220 Viktoria Rath: Diagnostische Kompetenz von angehenden Physiklehrkräften. *Modellierung, Testinstrumentenentwicklung und Erhebung der Performanz bei der Diagnose von Schülervorstellungen in der Mechanik*
ISBN 978-3-8325-4456-0   42.50 EUR

221 Janne Krüger: Schülerperspektiven auf die zeitliche Entwicklung der Naturwissenschaften
ISBN 978-3-8325-4457-7   45.50 EUR

222 Stefan Mutke: Das Professionswissen von Chemiereferendarinnen und -referendaren in Nordrhein-Westfalen. *Eine Längsschnittstudie*
ISBN 978-3-8325-4458-4   37.50 EUR

223 Sebastian Habig: Systematisch variierte Kontextaufgaben und ihr Einfluss auf kognitive und affektive Schülerfaktoren
ISBN 978-3-8325-4467-6   40.50 EUR

224 Sven Liepertz: Zusammenhang zwischen dem Professionswissen von Physiklehrkräften, dem sachstrukturellen Angebot des Unterrichts und der Schülerleistung
ISBN 978-3-8325-4480-5   34.00 EUR

225 Elina Platova: Optimierung eines Laborpraktikums durch kognitive Aktivierung
ISBN 978-3-8325-4481-2   39.00 EUR

226 Tim Reschke: Lesegeschichten im Chemieunterricht der Sekundarstufe I zur Unterstützung von situationalem Interesse und Lernerfolg
ISBN 978-3-8325-4487-4   41.00 EUR

227 Lena Mareike Walper: Entwicklung der physikbezogenen Interessen und selbstbezogenen Kognitionen von Schülerinnen und Schülern in der Übergangsphase von der Primar- in die Sekundarstufe. *Eine Längsschnittanalyse vom vierten bis zum siebten Schuljahr*
ISBN 978-3-8325-4495-9   43.00 EUR

228 Stefan Anthofer: Förderung des fachspezifischen Professionswissens von Chemielehramtsstudierenden
ISBN 978-3-8325-4498-0   39.50 EUR

229 Marcel Bullinger: Handlungsorientiertes Physiklernen mit instruierten Selbsterklärungen in der Primarstufe. *Eine experimentelle Laborstudie*
ISBN 978-3-8325-4504-8   44.00 EUR

230 Thomas Amenda: Bedeutung fachlicher Elementarisierungen für das Verständnis der Kinematik
ISBN 978-3-8325-4531-4   43.50 EUR

231 Sabrina Milke: Beeinflusst *Priming* das Physiklernen? *Eine empirische Studie zum Dritten Newtonschen Axiom*
ISBN 978-3-8325-4549-4   42.00 EUR

232 Corinna Erfmann: Ein anschaulicher Weg zum Verständnis der elektromagnetischen Induktion. *Evaluation eines Unterrichtsvorschlags und Validierung eines Leistungsdiagnoseinstruments*
ISBN 978-3-8325-4550-5   49.50 EUR

233 Hanne Rautenstrauch: Erhebung des (Fach-)Sprachstandes bei Lehramtsstudierenden im Kontext des Faches Chemie
ISBN 978-3-8325-4556-7   40.50 EUR

234 Tobias Klug: Wirkung kontextorientierter physikalischer Praktikumsversuche auf Lernprozesse von Studierenden der Medizin
ISBN 978-3-8325-4558-1   37.00 EUR

235 Mareike Bohrmann: Zur Förderung des Verständnisses der Variablenkontrolle im naturwissenschaftlichen Sachunterricht
ISBN 978-3-8325-4559-8   52.00 EUR

236 Anja Schödl: FALKO-Physik – Fachspezifische Lehrerkompetenzen im Fach Physik. *Entwicklung und Validierung eines Testinstruments zur Erfassung des fachspezifischen Professionswissens von Physiklehrkräften*
ISBN 978-3-8325-4553-6   40.50 EUR

237 Hilda Scheuermann: Entwicklung und Evaluation von Unterstützungsmaßnahmen zur Förderung der Variablenkontrollstrategie beim Planen von Experimenten
ISBN 978-3-8325-4568-0   39.00 EUR

238 Christian G. Strippel: Naturwissenschaftliche Erkenntnisgewinnung an chemischen Inhalten vermitteln. *Konzeption und empirische Untersuchung einer Ausstellung mit Experimentierstation*
ISBN 978-3-8325-4577-2   41.50 EUR

239 Sarah Rau: Durchführung von Sachunterricht im Vorbereitungsdienst. *Eine längsschnittliche, videobasierte Unterrichtsanalyse*
ISBN 978-3-8325-4579-6   46.00 EUR

240 Thomas Plotz: Lernprozesse zu nicht-sichtbarer Strahlung. *Empirische Untersuchungen in der Sekundarstufe 2*
ISBN 978-3-8325-4624-3   39.50 EUR

241 Wolfgang Aschauer: Elektrische und magnetische Felder. *Eine empirische Studie zu Lernprozessen in der Sekundarstufe II*
ISBN 978-3-8325-4625-0   50.00 EUR

242 Anna Donhauser: Didaktisch rekonstruierte Materialwissenschaft. *Aufbau und Konzeption eines Schülerlabors für den Exzellenzcluster Engineering of Advanced Materials*
ISBN 978-3-8325-4636-6   39.00 EUR

243 Katrin Schüßler: Lernen mit Lösungsbeispielen im Chemieunterricht. *Einflüsse auf Lernerfolg, kognitive Belastung und Motivation*
ISBN 978-3-8325-4640-3   42.50 EUR

244 Timo Fleischer: Untersuchung der chemischen Fachsprache unter besonderer Berücksichtigung chemischer Repräsentationen
ISBN 978-3-8325-4642-7   46.50 EUR

245 Rosina Steininger: Concept Cartoons als Stimuli für Kleingruppendiskussionen im Chemieunterricht. *Beschreibung und Analyse einer komplexen Lerngelegenheit*
ISBN 978-3-8325-4647-2   39.00 EUR

246 Daniel Rehfeldt: Erfassung der Lehrqualität naturwissenschaftlicher Experimentalpraktika
ISBN 978-3-8325-4590-1   40.00 EUR

247 Sandra Puddu: Implementing Inquiry-based Learning in a Diverse Classroom: Investigating Strategies of Scaffolding and Students' Views of Scientific Inquiry
ISBN 978-3-8325-4591-8   35.50 EUR

248 Markus Bliersbach: Kreativität in der Chemie. *Erhebung und Förderung der Vorstellungen von Chemielehramtsstudierenden*
ISBN 978-3-8325-4593-2   44.00 EUR

249 Lennart Kimpel: Aufgaben in der Allgemeinen Chemie. *Zum Zusammenspiel von chemischem Verständnis und Rechenfähigkeit*
ISBN 978-3-8325-4618-2   36.00 EUR

250 Louise Bindel: Effects of integrated learning: explicating a mathematical concept in inquiry-based science camps
ISBN 978-3-8325-4655-7   37.50 EUR

251 Michael Wenzel: Computereinsatz in Schule und Schülerlabor. *Einstellung von Physiklehrkräften zu Neuen Medien*
ISBN 978-3-8325-4659-5   38.50 EUR

252 Laura Muth: Einfluss der Auswertephase von Experimenten im Physikunterricht. *Ergebnisse einer Interventionsstudie zum Zuwachs von Fachwissen und experimenteller Kompetenz von Schülerinnen und Schülern*
ISBN 978-3-8325-4675-5   36.50 EUR

253 Annika Fricke: Interaktive Skripte im Physikalischen Praktikum. *Entwicklung und Evaluation von Hypermedien für die Nebenfachausbildung*
ISBN 978-3-8325-4676-2   41.00 EUR

254 Julia Haase: Selbstbestimmtes Lernen im naturwissenschaftlichen Sachunterricht. *Eine empirische Interventionsstudie mit Fokus auf Feedback und Kompetenzerleben*
ISBN 978-3-8325-4685-4   38.50 EUR

255 Antje J. Heine: Was ist Theoretische Physik? *Eine wissenschaftstheoretische Betrachtung und Rekonstruktion von Vorstellungen von Studierenden und Dozenten über das Wesen der Theoretischen Physik*
ISBN 978-3-8325-4691-5   46.50 EUR

256 Claudia Meinhardt: Entwicklung und Validierung eines Testinstruments zu Selbstwirksamkeitserwartungen von (angehenden) Physiklehrkräften in physikdidaktischen Handlungsfeldern
ISBN 978-3-8325-4712-7   47.00 EUR

257 Ann-Kathrin Schlüter: Professionalisierung angehender Chemielehrkräfte für einen Gemeinsamen Unterricht
ISBN 978-3-8325-4713-4   53.50 EUR

258 Stefan Richtberg: Elektronenbahnen in Feldern. Konzeption und Evaluation einer webbasierten Lernumgebung
ISBN 978-3-8325-4723-3   49.00 EUR

259 Jan-Philipp Burde: Konzeption und Evaluation eines Unterrichtskonzepts zu einfachen Stromkreisen auf Basis des Elektronengasmodells
ISBN 978-3-8325-4726-4   57.50 EUR

260 Frank Finkenberg: Flipped Classroom im Physikunterricht
ISBN 978-3-8325-4737-4   42.50 EUR

261 Florian Treisch: Die Entwicklung der Professionellen Unterrichtswahrnehmung im Lehr-Lern-Labor Seminar
ISBN 978-3-8325-4741-4   41.50 EUR

262 Desiree Mayr: Strukturiertheit des experimentellen naturwissenschaftlichen Problemlöseprozesses
ISBN 978-3-8325-4757-8   37.00 EUR

263 Katrin Weber: Entwicklung und Validierung einer Learning Progression für das Konzept der chemischen Reaktion in der Sekundarstufe I
ISBN 978-3-8325-4762-2   48.50 EUR

264 Hauke Bartels: Entwicklung und Bewertung eines performanznahen Videovignettentests zur Messung der Erklärfähigkeit von Physiklehrkräften
ISBN 978-3-8325-4804-9   37.00 EUR

265 Karl Marniok: Zum Wesen von Theorien und Gesetzen in der Chemie. *Begriffsanalyse und Förderung der Vorstellungen von Lehramtsstudierenden*
ISBN 978-3-8325-4805-6   42.00 EUR

266 Marisa Holzapfel: Fachspezifischer Humor als Methode in der Gesundheitsbildung im Übergang von der Primarstufe zur Sekundarstufe I

ISBN 978-3-8325-4808-7 50.00 EUR

267 Anna Stolz: Die Auswirkungen von Experimentiersituationen mit unterschiedlichem Öffnungsgrad auf Leistung und Motivation der Schülerinnen und Schüler
ISBN 978-3-8325-4781-3 38.00 EUR

268 Nina Ulrich: Interaktive Lernaufgaben in dem digitalen Schulbuch eChemBook. *Einfluss des Interaktivitätsgrads der Lernaufgaben und des Vorwissens der Lernenden auf den Lernerfolg*
ISBN 978-3-8325-4814-8 43.50 EUR

269 Kim-Alessandro Weber: Quantenoptik in der Lehrerfortbildung. *Ein bedarfsgeprägtes Fortbildungskonzept zum Quantenobjekt Photon mit Realexperimenten*
ISBN 978-3-8325-4792-9 55.00 EUR

Alle erschienenen Bücher können unter der angegebenen ISBN direkt online (http://www.logos-verlag.de) oder per Fax (030 - 42 85 10 92) beim Logos Verlag Berlin bestellt werden.